비디오 저널리즘

멀티미디어 스토리텔링

케네스 코브레 원저
문 원 립 역

▲ 전국사진기자협회의 비디오 워크숍에 참여한 사진사들.(사진 촬영: 도날드 윈슬로)

북스힐

헌정

이 책을 아내 베치 브릴에게 바친다.

▲ 앨 캐피탄과 하프돔, 요세미티 국립공원, 캘리포니아.(사진 촬영: 피트 에릭슨)

R
A
B

역자 서문

비디오 저널리즘은 말 그대로 '비디오'와 '저널리즘'이 합쳐진 용어이다. 그래서 신문이나 잡지처럼 글로서가 아니라 비디오 영상으로 취재 및 보도를 하는 언론으로 해석할 수 있다. 그러나 비디오 저널리즘은 단지 그런 의미만이 아니라, 혼자서 모든 과정을 처리한다는 의미도 담고 있다. 그것은 전통적으로 언론사의 기자가 하는 일을 생각해 보면 이해가 될 것이다. 하나의 사건을 여러 기자가 취재하는 경우도 있겠지만 보통 한 명의 기자가 현장에서 취재하여 그것을 바탕으로 기사를 작성한다. 그 과정을 비디오 취재 및 '기사' 작성에 적용한 것이 비디오 저널리즘이라고 볼 수 있다. (따옴표를 한 것은 물론, 전통적인 글 기사가 아니라 비디오로 된 '기사'이기 때문이다.)

비디오 저널리즘을 신문, 잡지의 입장에서가 아니라, TV 방송의 입장에서도 볼 수 있다. 사실 어떤 의미에서는 '비디오 저널리즘'이 등장하기 전에 이미 TV는 비디오를 매체로 한 언론 활동을 하고 있었다. 그러나 TV 방송을 위한 취재를 할 때는 한 명이 가는 경우가 드물며, 취재해 온 영상 및 소리를 편집하는 데도 여러 전문가가 개입된다. 그런데 그것의 규모가 줄어들어 혼자서 취재 및 프로그램 완성을 하게 된 것이 비디오 저널리즘이라고도 말할 수 있다.

혼자서 모든 과정을 할 수 있게 된 것은 가볍고, 다루기 쉽고, 비교적 저렴한 장비들이 보급되었기 때문이다. 그러나 비디오 저널리즘이 확산된 것은 단지 그런 기술적인 이유만이 아니다. 가장 큰 요소는 인터넷이라고 할 수 있다. '홈페이지'를 새로이 가지게 된 언론사들이 그곳을 채울 것들이 필요했기 때문이다. 앞서 TV를 언급했지만, TV 방송은 아무래도 제작비를 많이 들이고 길이도 어느 정도 되는 보도 프로그램이 주축이 된다. 그러나 인터넷은 이용자들이 짧고 비교적 단순한 동영상을 보는 데 익숙해져 있어서 1인 비디오 저널리즘의 적절한 매체가 되었다.

우리나라에서는 TV 방송에서 가끔 '비디오 저널리스트'가 만든 영상을 방영하기도 하지만, 아직 언론사들이 인터넷 홈페이지에 짤막한 다큐멘터리들을 게재하는 경우는 드문 것 같다. 아마 언론사들의 규모가 크지 않아서 그런지 모른다. 그래도 그런 영상을 만드는 데 비용이 많이 드는 것이 아니기 때문에 상황에 따라 우리나라에도 인터넷에 비디오 저널리즘이 확산될 수 있을 것이다.

이 책은 꼭 인터넷을 위한 것이 아니라도, 넓은 의미의 다큐멘터리를 하고자 하는 사람들에게 도움이 될 것이다. 카메라나 녹음기 다루는 법은 다른 책에서도 쉽게 접할 수 있지만, 다큐멘터리를 어떻게 만들 것인가에 관한 책은 별로 없다. 더구나 이 책은 이론적인 것보다 실무적인 내용이 많고, 특히 실제 예들을 많이 거론하는 것이 큰 장점이다. 그 예들은 대부분 인터넷에서 찾아볼 수 있다. 물론 언어의 문제가 있겠지만, 이 책을 참고로 하면 대략적인 내용을 이해할 수 있을 것이다.

그리고 용어에 대해 한 가지 말하고 싶은 것이 있다. '스토리'라는 단어가 자주 사용되는데, 그것은 우리말에서는 그냥 '이야기' 정도의 의미만 가지지만, 영어에서는 신문, 잡지 등의 기사를 의미하는 경우도 흔하다. 그래서 '좋은 스토리'라고 하면 좋은 이야기라는 뜻도 되지만 좋은 기사 혹은 기삿거리를 뜻할 수도 있다. 좋은 이야기를 가져야 좋은 기사가 될 테니까 둘이 같은 것이라고도 할 수 있겠지만, 좋은 이야기를 가졌어도 영화나 드라마를 기사라고 하지는 않으므로 다르다. 글을 읽을 때 염두에 두면 좋을 것이다.

끝으로, 좋은 책을 번역할 기회를 주고 교정을 꼼꼼히 봐주신 출판사 관계자분들에게 감사드린다.

2015년 10월 역자 일동

서문

비디오 저널리즘은 신문이나 잡지의 사진 저널리즘, 사진과 사운드를 결합하는 슬라이드쇼, 공영라디오 방송, 다큐멘터리 영화, TV의 보도 특집 등 다양한 전통으로부터 태어난 새로운 분야이다. 이 새로운 혼합물은 인터넷 사용자들의 비디오 스토리에 대한 왕성한 욕구에 부응하고 있다. 좋은 비디오 저널리즘을 위해서는 많은 전문적 기술과 스토리텔링 기법을 익혀야 한다. 그러나 앞서 말한 다양한 전통으로부터 축적된 지식과 경험은 그것을 비교적 쉽게 할 수 있도록 해준다. 사실, 이 책이 바로 그것을 하고자 하는 것이다.

비디오 저널리즘은 신문이나 잡지의 사진 저널리즘, 사진과 사운드를 결합하는 슬라이드쇼, 공영라디오 방송, 다큐멘터리 영화, TV의 보도 특집 등 다양한 전통으로부터 태어난 새로운 분야이다. 이 새로운 혼합물은 인터넷 사용자들의 비디오 스토리에 대한 왕성한 욕구에 부응하고 있다.

좋은 비디오 저널리즘을 위해서는 많은 전문적 기술과 스토리텔링 기법을 익혀야 한다. 그러나 앞서 말한 다양한 전통으로부터 축적된 지식과 경험은 그것을 비교적 쉽게 할 수 있도록 해준다. 사실, 이 책이 바로 그것을 하고자 하는 것이다.

간략한 역사

21세기로 들어설 즈음에 인터넷 사용이 폭발적으로 증가하면서 전통적인 신문과 잡지의 판매 부수가 떨어지기 시작했다. 같은 시기에 지역 TV의 시청자들은 케이블 방송이나 웹으로 눈을 돌리고 있었다.

신문이나 잡지사의 매출이 줄어들면서 편집장들은 인터넷이 구세주라는 말을 듣게 되었고, 그것에 대한 그들의 첫 반응은 인쇄물의 내용을 그대로 자신들의 웹사이트에 퍼 올리는 것이었다. 그러고는 그들은 다시 좋아지길 기다렸다. 그러나 말할 필요도 없이 그대로 퍼 나르는 방식으로 인쇄 저널리즘을 살릴 수는 없었다.

언론 컨설턴트들은 편집장들에게 그들의 웹사이트에 정말 필요한 것은 멀티미디어, 즉 그림과 소리라고 충고했다. 편집장들은 자신들의 사무실 유리창 너머로 사진부를 바라보았다. 그리고 그들은 이렇게 말했다. "아, 그래. 나쁠 거 없지. 사진사들이 그림을 만들어낼 수 있으니까 그들에게 녹음기를 들려 보내자." 하루아침에 멀티미디어 스토리들이 뉴스 사이트에 만발할 것이라고 그들은 판단했다.

실제로 거의 그렇게 되었다. 뉴스 사이트에 그림과 소리가 더해졌다.

갑자기 내로라하는 언론사들의 사이트는 모두 멀티미디어 요소를 넣기 위해 달려들었다. 스틸 사진사들은 그들의 전통적인 카메라를 어깨에 메고 최신의 고급 녹음기를 손에 들고 취재를 나갔다. 편집장들은 사진사들에게 스토리를 찾고, 촬영하고, 녹음하라고 지시했다. 사진사들은 그 작업들을 한꺼번에 하도록 요구받았다. 그뿐 아니라 그들은 가까운 커피숍에 가서 노트북 컴퓨터로 그 스토리를 편집하여 웹사이트에 올리는 것까지 해야 했다. 몇몇 신문사는 사진 기자들에게 음향 녹음에 대해 배울 기회를 제공하기도 했지만 대부분은 그러지 않았다. 비유적으로 말하자면, 사진사들은 카메라와 녹음기를 다루면서 동시에 물에 뛰어들어 헤엄을 쳐야만 하는 상황이었다. 이것은 힘들고 불충분한 교육 방식이었다.

그러나 놀랍게도 사진 저널리스트들은 휴대용 녹음기를 직업적 구명 밧줄이라도 되는 듯이 붙잡고 직감으로 잘 배워나갔다. 이미지와 오디오를 쉽게 결합할 수 있도록 해주는 컴퓨터 프로그램이 등장하면서 미국을 비롯한 많은 나라들의 웹사이트들이 멀티미디어 슬라이드쇼 특집을 싣기 시작했다.

새롭게 유행하기 시작한 이 슬라이드쇼는 1시간 분량인 일반적인 TV 다큐멘터리나 90분 정도인 극장용 다큐멘터리보다는 짧았으나, 보통 1분 30초 정도인 TV의 뉴스 기사보다는 길었다.

프로듀서, 리포터, 카메라맨, 녹음 기사, 그리고 때로는 조명 기사까지 포함된 전통적인 다큐멘터리 제작팀이나 TV 방송

◀ 비디오카메라를 총처럼 들고 있는 젊은 남자의 3층 높이 포스터 앞에 사진사가 서 있다. 이 포스터는 프랑스 사진가 두 명이 벽을 대형 사진으로 도배하는 프로젝트의 일부다.(사진 촬영: 켄 코브레)

▲ 비디오 저널리스트는 온갖 종류의 카메라를 사용한다.(사진 촬영: 베치 브릴)

국의 뉴스 보도팀과 달리 이 새로운 멀티미디어 제작자는 대체로 혼자서 작업하는, 말하자면 배낭 저널리스트였다.

인쇄 매체의 이러한 변화와 비슷하게, 지역 TV의 뉴스 제작자들도 시청자가 감소하는 데 따라 비용 절감의 압박을 받았다. 그들 또한 외톨이 늑대 저널리스트가 각자 자신의 스토리를 보도하고 촬영하고 편집하는 것을—이전에 여러 명의 기술자가 하던 일을 한 사람이 통합하는 것을—지지하였다.

신문사나 잡지사들에서는 혁명이 멀티미디어 슬라이드쇼에서 그치지 않았다. 디지털 비디오카메라가 저렴해지고, 개인용 컴퓨터에서 사용할 수 있는 쉬운 비디오 편집 프로그램들이 나타났다. 그리고 인터넷의 속도가 증가함에 따라 비디오를 전송하고 재생하는 속도 또한 증가하였다. 사람들은 유튜브(YouTube)나 비메오(Vimeo) 같은 사이트에서 몇 시간씩 비디오를 보았다.

그래서 휴대용 녹음기를 나눠주었던 편집장들은 이제 비디오 스토리를 원했다. 이제 리포터이기도 한 사진사들에게 비디오카메라를 들려 보내는 것도 나쁘지 않지 않겠는가?

그리하여 많은 방송국과 신문사들은 한 사람에게 많은 사람의 일을 맡기게 되었다. 사진 저널리스트든, 리포터든, 편집자든, 비디오카메라를 들 수 있는 사람이면 누구든 나가서 관객의 흥미를 끌 수 있는 비디오를 만들어 인터넷에, 때로는 공중파 방송에도 내보내야 했다.

신문 및 방송 저널리스트들이 이렇게 익숙하지 않은 많은 기술들을 구사해야 하는 임무들을 맡으면서 불확실성이 증가하게 되었다.

좋은 소재를 찾고, 전문가적 수준으로 촬영을 하고, 인물들을 토크쇼 진행자처럼 능숙하게 인터뷰하고, 깨끗한 사운드를 녹음하고, 활력 넘친 대본을 쓰고, 그리고 마지막으로, 관객의 주의를 5분 동안 붙들어 둘 수 있는 비디오를 편집해 내는 일은 간단하지도 쉽지도 않다. 사실, 스토리텔링의 이러한 새 형태를 숙달하는 것은 베테랑에게도 쉽지 않은 일이다. 물론 거의 모든 사람이 할 수 있다. 그러나 모든 사람이 잘 할 수 있는 것은 아니다.

'비디오 저널리스트'란 용어는 이렇게 혼자 다 하는 만능 저널리스트를 일컫기 위해 만들어진 것이다. 이 개념은 너무 새로운 것이라서 '비디오 저널리스트'란 단어는 아직 모든 사전에 나와 있지 않다.

새로운 책

나는 이 책을 다른 8명의 전문가와 공동으로 저술하였다. 그들은 비디오 저널리즘을 탄생시킨 다양한 전통들을 대변한다. 나는 이 책의 제목을 '비디오 저널리즘: 멀티미디어 스토리텔링'으로 하기로 했다. 이유는 말과 사운드와 그림을 결합하여 웹이나 TV를 위한 짧은 리얼 스토리를 만드는 기술과 예술을 배우고자 하는 사람들을 돕고 싶기 때문이다.

이 책의 각 챕터는 순서대로 읽어도 되지만, 독자의 지식 수준에 맞춰 선별적으로 읽을 수도 있다. 이미 비디오카메라를 다룰 줄 아는 사람은 카메라 기초와 노출에 관한 챕터는 건너뛰어도 될 것이다. 미디어 관련법을 잘 아는 사람은 법 챕터를 자세히 읽지 않아도 될 것이다. 이 분야의 전업 종사자들에게는 마케팅 챕터는 불필요할 수 있다. 그러나 멀티미디어 스토리텔링을 처음 시작하려는 사람에게는 기초적인 챕터들을 꼭 읽어보기를 권한다.

웹사이트

이 책은 독자적인 웹사이트와 페이스북 페이지를 가지고 있다. 이 책에 언급된 모든 비디오 작품들은 그 사이트에서 찾을 수 있다. 초보자를 위한 교육용 비디오도 거기에 있다. 주소는 다음과 같다. http://www.kobreguide.com/content/videojournalism

이 아이콘을 자주 보게 될 것인데, 이것은 위 웹사이트에 가면 더 자세한 정보를 얻을 수 있거나 언급된 비디오 작품을 볼 수 있음을 나타낸다. 작품의 제목 및 책에서 거론된 챕터와 페이지가 나와 있다. 책에 있는 것과 동일한 사진도 볼 수 있다.

신형 카메라나 새 책, 혹은 새로운 작품이나 편집 소프트웨어에 대한 정보도 수시로 제공되므로 자주 방문하면 좋을 것이다. 아래의 페이스북 페이지도 참고할 수 있을 것이다. www.facebook.com/KobreGuide. ■

공동 저자

챕터 1: 레지나 맥콤즈, 포인터인스티튜트 〈멀티미디어와 모바일〉 교수

챕터 2: 조쉬 멜처, 웨스턴켄터키대학교 사진 저널리스트, 전 〈로아노크타임스〉 사진사

챕터 3: 조쉬 멜처, 웨스턴켄터키대학교 사진 저널리스트, 전 〈로아노크타임스〉 사진사

챕터 4: 조쉬 멜처, 웨스턴켄터키대학교 사진 저널리스트, 전 〈로아노크타임스〉 사진사

챕터 11: 제리 라자, KobreGuide.com 편집이사

챕터 12: 스탠리 하이스트, 메릴랜드대학교 언론대학 강사

챕터 13: 케이시 킬리체프스키, 〈디트로이트 프리프레스〉 사진 및 비디오 부국장

챕터 14: 도날드 윈슬로, 〈뉴스 포토그래퍼〉 매거진 편집장

챕터 15: 데이비드 와인트럽, 사우스캐롤라이나대학교 커뮤니케이션대학 강사

챕터 16: 메리 쏘스비, 독립 상업문 작가 ■

감사의 말

어떤 책은 한 명의 작가가 어두운 방에서 쓰고 또 쓴다. 그러나 이 책은 다르다. 많은 사람들이 기여하였다. 8명의 전문가들이 비디오 저널리즘의 다양한 측면들을 다루었고 여러 명의 편집자가 각 챕터를 재검토하였다. 그 외에도 많은 전문가들과 학자들이 기술적인 실수나 빠진 것이 없는지 여러 차례에 걸쳐 확인하였다. 이 모든 사람이 기여하지 않았더라면 이 책이 세상에 나올 수 없었을 것이다.

나의 멘토

첫째로, 샌프란시스코주립대학교 방송학과 명예교수인 존 휴잇에게 감사를 표한다. 〈다큐멘터리 필름메이킹〉의 저자이기도 한 그는 12년간 나의 멘토였고 나의 많은 작품에 도움을 주셨다. 또한 〈매순간 데드라인: 12명의 AP 사진사와의 프로젝트〉를 편집해 주셨고 저와 함께 연출을 하셨습니다. 비디오 저널리즘에 대하여 정말 많은 것을 가르쳐 주신 분입니다.

기여자들

이 책의 깊이와 폭은 각 챕터를 써준 8명의 기고자 덕분이다. 그들의 연구와 글은 세월의 시험을 견딜 것이라고 믿는다.

스탠 하이스트, 〈메릴랜드 뉴스라인〉의 책임 프로듀서, 메릴랜드대학교 외래교수

▼ **메리 쏘스비.** 이 책에 기여한 메리 쏘스비가 테스트 촬영을 하고 있다.(사진 촬영: 켄 코브레)

케이시 킬리체프스키, 〈디트로이트 프리프레스〉 부국장

제리 라자, KobreGuide.com 편집이사

레지나 맥콤즈, 포인터인스티튜트 멀티미디어와 모바일 교수

조쉬 멜처, 웨스턴켄터키대학교 사진 저널리스트, 전 〈로아노크타임스〉 사진사

메리 쏘스비, 독립 상업문 작가

데이비드 와인트럽, 사우스캐롤라이나대학교 커뮤니케이션대학 강사

도날드 윈슬로, 〈뉴스 포토그래퍼〉 매거진 편집장

편집자들

명확성과 일관성을 위하여 각 챕터, 각 페이지와 단어 하나하나를 꼼꼼하게 봐주신 분들 모두에게 감사드린다.

존 놀튼, Business@Home 편집장이자 그린리버커뮤니티대학의 저널리즘학 교수. 초기에 책 편집에 도움을 주었다.

데이비드 와인트럽, 뛰어난 선생이자 작가. 사우스캐롤라이나대학교에서 비디오 저널리즘 강의. 어느 부분을 넣고 빼야 하는지를 잘 알았다. 이 책의 내용이 일관성 있게 전개될 수 있도록 도와주었다.

수잔 화이트, 특출한 작가인 수잔은 글 하나하나를 꼼꼼히 확인해주었고 문장을 더욱 탄탄하게 만들어 주었다.

베치 브릴, 나와 함께 책 〈포토그래피〉 6판과 7판을 공동 집필하였고, 책 〈사진저널리즘: 전문가들의 접근법〉의 편집자이며, 나의 아내이다. 이 책이 인쇄되기 전에 글 전체를 검토해주었다.

에마뉴엘 세리에, 프랑스 출신이지만 영어 철자 틀린 것을 찾아내는 것을 좋아한다. 최종 교정지를 보고 우리도 놓쳤던 것을 찾아주었다!

학문적 검토위원

맥스 네긴, 엘론대학교

마이클 랜드, 클리블랜드주립대학교 디지털비디오 센터 부교수

제프 사우스, 버지니아 커먼웰스대학교 커뮤니케이션대학 부교수

수잔 워커, 보스턴대학교 방송저널리즘학 교수

챕터 검토위원

리사 베르그룬트, 월드비전의 프로듀서, 전 KNSD-TV 촬영감독

MJ 보가틴, 미디어법 변호사

데니스 보스트롬, 시나리오 작가 및 샌프란시스코시티대학교 시나리오 강사

존 고힌, 테라노바 픽쳐스 프로듀서, 텔레비전 뉴스 촬영상 3회 수상(미국 전국사진기자협회)

스텐 하이스트, 〈메릴랜드 뉴스라인〉 책임 프로듀서, 메릴랜드대학교 외래교수

러스 존슨, 커넥티드 트래블러 웹사이트 운영, 라디오와 텔레비전 분야에서 25년 경력의 전문가

로드니 맥마혼, CBS TV 촬영감독

콜린 멀바니, 워싱턴 스포캔의 〈스포캔리뷰〉 비디오 저널리스트

스티브 스와이처, 인디아나대학교 외래교수, 미국 전국사진기자협회 회장

비디오 및 사진 촬영자

훌륭한 이미지를 이 책에 사용할 수 있게 도와준 모든 비디오 및 사진 촬영자에게 감사한다. 그들의 이름은 사진 아래에 명시되어 있다. 그들이 촬영한 사진들이 이 책을 더욱 시각적으로 풍부하게 만들어 주었다.

다른 중요한 기여자들

벤 바밴트, 다른 책 작업을 수년간 같이 해왔고 이번에도 삽화를 그려주었다.

빌 듀크, 사진 일러스트레이터로서 책의 표지를 멋지게 만들어 주었다.

제리 라자, KobreGuide.com 편집 이사이며 이 책에 언급된 모든 스토리와 링크를 그 사이트에 정리해 주었다.

빌 페칼라, 니콘 프로페셔널의 국장이며, 니콘 카메라의 비디오 성능을 테스트하고 또 이 책에 필요한 사진들을 촬영할 수 있도록 나에게 다양한 카메라를 빌려주었다.
시빌라 허비치와 **데이브 홀**은 조명 예시 사진을 촬영해 주었다.

포컬 프레스의 편집자들

엘리너 액티피스, 포컬 프레스 출판사에서 나의 편집자이며 이 책의 필요성에 공감하였고 출판 과정 전반을 이끌어 주었다.

미셸 크로닌, 포컬 프레스의 편집자로 책이 수정되는 과정에서 인내심을 갖고 많은 도움을 주었다.

낸시 코타리, 철자 오류를 포함하여 마지막 단계에서 놓친 실수들을 잡아주었다.

페이지 라킨, 로렐테크의 제작 담당자로서 글과 사진이 논리적으로 그리고 보기 좋게 잘 연결될 수 있도록 도와주었다. ■

차례

▲ **기차 뛰어 타기: 필사적 여행.** 사진사는 기차에 함께 탔고 리포터는 '약속된 땅'으로 가려는 이민자들에 대한 이 참혹한 이야기의 보이스오버 내레이션을 직접 했다.(사진 촬영: 게리 코로나도, 팜비치포스트)

1

이야기하기

레지나 맥콤즈
포인터인스티튜트 멀티미디어 및 모바일 교수
(추가 내용: 스탠리 하이스트, 케이시 킬리체프스키, 켄 코브레, 조시 멜처,
데이비드 와인트럽, 수잔 화이트)

이 챕터에서는 이야기를 하는 다양한 방법을 설명하며, 논픽션 스토리텔링으로서 비디오 저널리즘을 소개할 것이다. 비디오 저널리즘은 리얼리티 TV가 아니다. 일반적인 신문 기사와도 다르다. 좋은 비디오 저널리즘의 비밀은 멀티미디어를 활용하여 짜임새와 호소력이 있는 스토리를 만드는 것이다.

이야기를 하는 데는 여러 가지 방법이 있다. 시간 순서대로, 처음에서 시작하여 끝나는 데서 끝낼 수 있다. 또는 가장 중요한 정보를 먼저 알려준 다음 조금씩 나머지 이야기를 드러낼 수도 있다. 등장인물의 시점으로 이야기를 할 수도 있고 제3자의 시점으로 이야기를 할 수도 있다. 비디오 저널리스트로서 당신은 관객이 하던 일을 멈춰 쳐다보고 귀 기울이게 만드는, 그런 이야기를 만들어내야 한다.

이 아이콘은 〈비디오 저널리즘〉 웹사이트에 가면 더 자세한 정보를 얻을 수 있거나 언급된 비디오 작품을 볼 수 있음을 나타낸다. 작품의 제목 및 책에서 거론된 챕터와 페이지가 나와 있다. 책에 있는 것과 동일한 사진도 볼 수 있다.
http://www.kobreguide.com/content/videojournalism.

스마트폰의 앱을 사용하여 아래의 QR 코드를 읽어도 된다.

이야기의 기승전결

우리는 늘 이야기를 하며 산다

당신은 이야기하는 방법을 이미 알고 있다. 당신은 늘 그것을 하고 있지 않은가? 병원에 가는 길에 차가 고장 났을 때? 또는 당신의 애인이 떠났을 때? 또는 그냥 강아지가 당신의 숙제를 망가뜨렸을 때? 그럴 때 당신은 자연스럽게 친구에게 이야기를 한다.

당신의 이야기는 소설이나 영화의 이야기와 어떻게 다른가? 무엇보다 중요한 것은 당신의 이야기는 **사실**이라는 것이다. 그 사건들이 실제로 일어났기에 당신에게 상상의 산물이 아니다. 인물이나 플롯을 꾸며내지 않았다. 당신의 이야기는 논픽션이다.

이 책에서 우리는 논픽션 스토리만—실제로 일어난 일, 현재 일어나고 있는 일, 혹은 일어날 수 있는 일만—다룰 것이다. 실제의 인물들에게 일어난 실제의 사건들만 다룬다. 배우나 아마추어 연기자나 게임 참여자는 제외된다. 다시 말하지만 이 책은 리얼리티만을 다룬다.

리얼리티 TV와 실제 스토리

〈빅 브라더〉나 〈서바이벌〉 같은 TV 프로그램도 흔히 '리얼리티 쇼'라고 불린다. 그러나 그런 프로그램이 정말 리얼리티인가? 별로 그렇지 않다. 〈어프렌티스〉, 〈피어 팩터〉, 〈어메이징 레이스〉 같은 리얼리티 TV 쇼는 매우 잘 조직된 것이며, 종종 부분적으로 내용이 꾸며진 오락물이다. 그런 프로그램은 제작자, 많은 인원으로 구성된 촬영진, 적극적 참여자들, 많은 돈 등이 없이는 만들어 질 수 없다. 그것들은 꾸며진 게임이며 실제의 이야기가 아니다. 작가나 제작자나 감독의 창의적 에너지에서 나오는 것이다. 그런 TV 쇼의 결과가 처음부터 정해진 것은 아닐 수 있다. 그러나 상황은 거의 극적인 효과를 내게끔 연출된다.

◀ **배철러(Bachelor).** '리얼리티' 쇼 '배철러'에서 독신자 제이슨 메스닉이 6주 전에 자신이 퇴짜를 놓았던 몰리 맬러니를 최종적으로 선택했을 때, 일부 시청자들은 그의 마음이 바뀐 것은 프로듀서들의 개입 때문이며 말로만 '리얼'한 또 하나의 예라고 판단했다.

그러나 실제의 이야기는—〈60분〉 같은 TV 뉴스 프로그램이나 **KobreGuide.com** 같은 데서 볼 수 있는 그런 것은—실제의 인물들이 살면서 겪는 희로애락을 가감 없이, 대본 작가의 개입 없이 보여준다.

스토리텔링과 뉴스 기사

당신이 친구에게 이야기해주는 그런 스토리는 신문의 1면 기사나 앵커가 나오는 9시 뉴스와 어떻게 다른가?

◀ **전쟁의 범위: 실종 병사에 대한 위험한 수색.** 이것을 촬영한 사진사는 자신이 이라크에서 종군하며 직접 목격한 것을 이야기한다. 세 명의 병사가 부상했고, 한 명이 사망했다. 사진사의 사진과 내레이션은 관객을 사로잡는다.(마이클 캠버, 뉴욕타임즈)

전통적 뉴스

전통적인 뉴스 기사는 가장 중요한 사실부터 시작한다. 소위 '역(逆)피라미드' 형식이라는 것이다.

예를 들면 다음과 같다.

"샌 브루노에서 불이 나 30가구가 탔다."
"샌프란시스코 자이언츠가 어제 월드시리즈에서 우승했다."

가끔 뉴스 기사는 한 줄의 헤드라인으로 끝날 수 있다. 또는 추가적인 사실을 포함할 수도 있다. 그러나 이런 기사는 오늘 일어난 일을 전달하지만, 등장인물과 플롯으로 관객을 사로잡지는 않는다.

기사는 이야기 구조를 가지는 경우가 드물다. 어떤 인물을 소개하고, 그 인물의 감정 변화를 따라가고, 그가 직면한 도전을 보여주고, 그가 그 문제를 해결하는 그런 과정을 보여주는 경우가 드물다. 뉴스 기사나 일반적인 TV 보도는 정보를 주는 것에 만족한다. 그러나 스토리텔링은 단지 관객에게 정보를 줄 뿐 아니라 관객을 감정적으로 사로잡는다.

개인의 이야기

당신의 처음의 이야기—차가 고장 나서 병원에 어렵게 갔던 이야기, 애인과 비극적으로 헤어진 이야기, 혹은 강아지가 당신의 숙제를 먹어치운 이야기로 돌아가 보자.

당신이 그런 흥미 있는 이야기를 할 때 왜 그것은 평범한 신문 기사나 저녁 TV 뉴스와 다르게 여겨지는가? 그것은 당신이 단지 중요한 것부터 시작해서 사실을 나열하는 게 아니라, 내러티브 형태로 이야기를 하기 때문이다.

그리고 물론 그 이야기에는 감정이입이 되는 등장인물이 있다. 바로 당신이다!

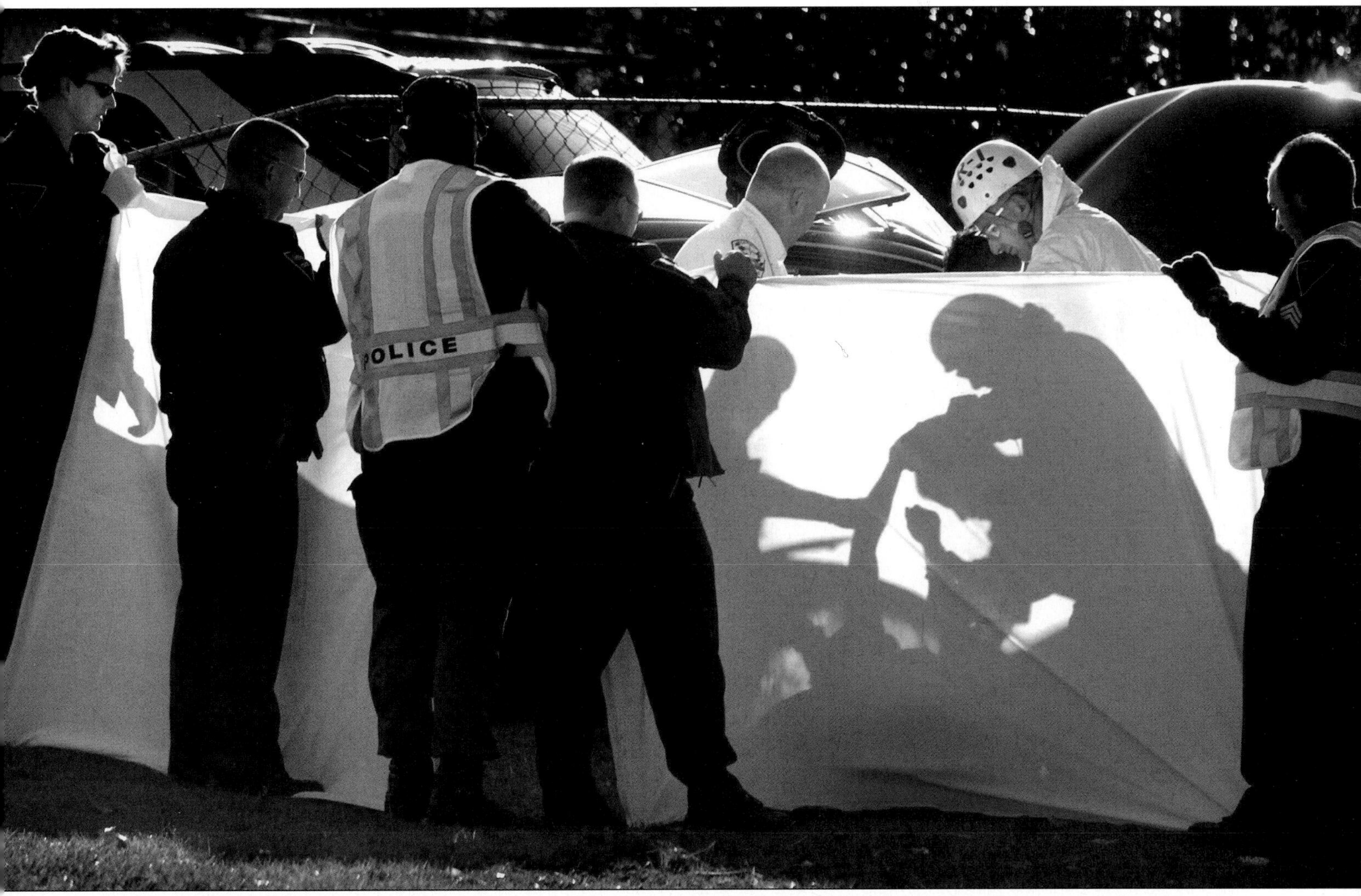

▲ **자동차 사고.** 노스캐롤라이나 주 페이엣빌. 경찰관들이 흰 천을 들고 있는 너머에서 의료진이 사고를 낸 차 안에서 운전자를 꺼내고 있다. 그 운전자는 사망했다. 뉴스는 일반적으로 가장 중요한 사실을 맨 먼저 제시한다.(앤드류 크래프트, 페이엣빌 옵저버)

당신의 그 이야기는 차 고장, 이별, 혹은 망가진 숙제 등에 따른 곤경을 떠올린다. 당신은 "병원에 가는 길에 차가 고장났지 뭐야!"라고 자신이 겪은 문제를 말하면서 시작한다. 다음 당신은 그 문제를 해결하기 위해 했던 일을 설명할 수 있을 것이다. 자동차 서비스센터에 전화를 한 거라든지, 견인 트럭을 타고 병원에 갔던 것을 이야기할 수 있다. 혹은 애인과 화해하기 위해서 얼마나 많은 전화와 선물과 편지를 했는지를 이야기하거나, 강아지가 물어 뜯어버린 200쪽에 달하는 기말 보고서를 다시 프린트하느라 거의 마감 시간을 놓칠 뻔했던 이야기를 할 수 있을 것이다.

당신의 이야기에는 극복해야 하는 난관에 처한 예민한 캐릭터(바로 당신)가 등장한다. 당신의 모험은 내러티브 구조—시작과 중간과 끝—을 가지고 있다. 그 구조 속에서 당신은 난관을 어떻게 극복했고 결국 어떻게 되었는지 드러내면서 유머와 통찰력과 극적 요소를 끼워 넣는다. 겪은 이야기를 하면서 당신은 바로 그 고전적 의미의 이야기꾼이 된다.

프라이타크의 피라미드

내러티브는 고전적인 이야기 형식이다. 영화나 소설이나, 아니면 당신이 친구에게 해주는 이야기처럼, 내러티브에는 분명한 시작과 중간과 끝이 있다. 그것은 **발단, 상승(전개), 절정, 하강, 대단원**의 단계로 이루어지며 이것을 **프라이타크의 피라미드**

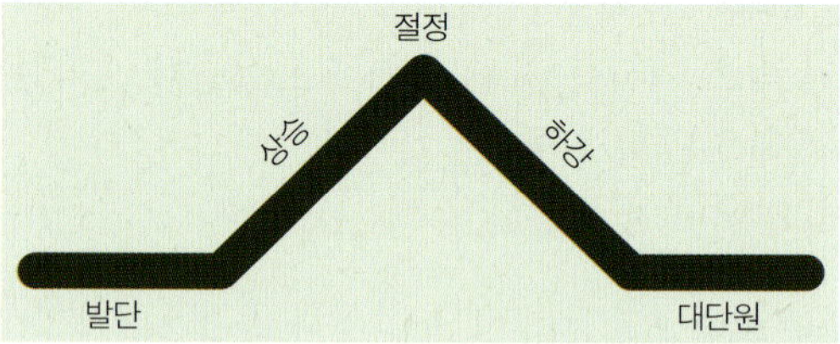

▲ **프라이타크의 피라미드.** 고전적 이야기 구조

라고 한다.

- **발단**은 인물과 문제와 기본 상황을 소개하는 단계다.
- **상승**은 상황의 복잡함을 더 자세히 보여주는 단계다.
- **절정**은 스토리에서 가장 긴장된 순간으로서, 갈등 해결(되든 안 되든)의 전환점이다.
- **하강**은 절정 이후의 상황으로서, 긴장이 계속될 수 있지만 결말로 향한다.
- 마지막으로 **대단원**에서는 복잡함이 해소되고 스토리가 끝을 맺는다.

프라이타크의 피라미드는 고대 그리스와 로마의 연극이나 셰익스피어의 드라마를 분석하기 위해 만들어진 개념이지만 다큐멘터리 스타일의 영상 스토리텔링에도 적용된다. 당신은 스토리의 요소들—인물, 문제, 장소 등—을 잘 다루어 관객이

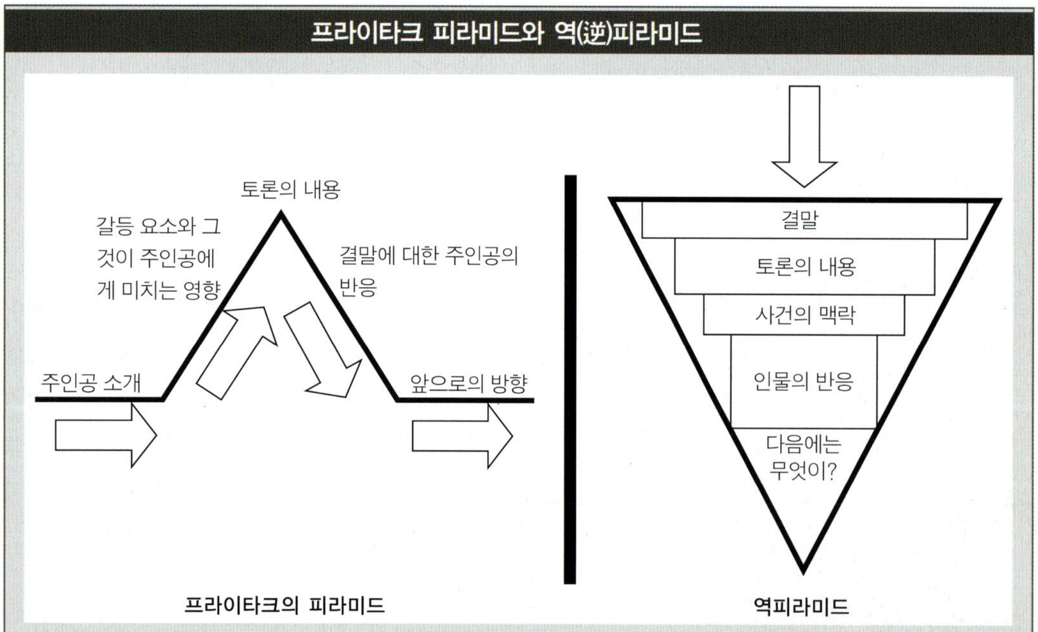

프라이타크의 이야기 방식이나 **역**피라미드 방식이나 그날의 뉴스(결론)를 전달하는 것은 같다. 그러나 내러티브 방식(왼쪽)에서는 관객이 결말에 이르기 전에 갈등에 감정이입할 기회를 준다. 반면 역피라미드 방식은 중요한 결말을 먼저 알려주지만 관객을 감정적으로 이끌어 끝까지 보게 만드는 힘은 없다.

◀ 휘발유세 인상에 대한 찬반 투표에 관한 스토리를 만든다고 하자. 두 가지 방식을 생각해 볼 수 있다.

그 문제에 대해, 그 인물이 겪는 갈등에 대해, 그 문제가 어떻게 해결되는지(안 되는지)에 대해, 그리고 그 인물이 마지막에 무엇을 하는지에 대해 점차적으로 알게 되도록 해야 한다. 옛 서부 영화의 마지막에 주인공 카우보이가 석양을 향해 떠나듯이, 당신의 이야기의 마지막에 실제 인물들은 삶을 계속한다.

내러티브 대 뉴스 기사

아이디어는 스토리가 아니다

당신은 스토리를 위한 좋은 아이디어를 매우 많이 가지고 있을지 모른다. 그러나 아이디어와 스토리를 혼동해서는 안 된다.

예를 들어, 하워드카운티 타임스의 스티브 켈리와 메이시 크로우는 프레더 윌리 증후군이라고 불리는 불치의 유전병에 대해 기록하면 좋겠다는 아이디어를 가졌다. 그 병은 끝없는 배고픔과 낮은 IQ와 행동 장애를 유발하는 것이었다. 특이한 병이지만 그 증후군을 단순히 기록하는 것은 잘해야 의대생들을 위한 좋은 작품이 될 뿐이었다. 그것은 스토리가 될 수는 없었다.

단지 보도를 하는 대신에, 켈리와 크로우는 그 병을 앓고 있는 10대 소년과 그를 돌보는 아버지 사이의 관계를 보여주었다. 그들이 만든 '배고픔: 프레더 윌리 증후군과 살기'라는 제목의 5분짜리 멀티미디어 비디오는 그 병의 영향을 잘 보여준다. 병 때문에 아버지와 아들의 관계가 어떻게 스트레스를 받는지, 그리고 그들이 어떻게 살아갈 힘을 얻는지를 보여준다.

그래서 당신이 세워야 할 첫 번째 목표는 당신의 참신한 아이디어 속에서 스토리를 찾아내는 것이다. 예를 들어, '프레더 윌리 증후군과 살기'라는 아이디어를 스토리로 바꿔야 하는 것이다. 주제는 병이다. 스토리는 그 병에 걸린 아들과 아버지의 관계다. 적당한 스토리를 찾으면 다음 목표는 촬영하고, 내레이션 내용을 쓰고, 영상을 편집하는 것이다. 관객의 감정을 사로잡는 방식으로 이야기를 진행하는 것이 중요하다.

▲ **배고픔: 프레더 윌리 증후군과 살기.** 이 스토리는 병 자체를 보여줄 뿐 아니라 병이 아버지와 아들 관계에 어떤 영향을 미치는지 보여준다. 이 비디오에서 시계 소리를 포함한 사운드 트랙이 스토리에 깊이를 더 해주는 것에 주목하라.(스티브 켈리와 메이시 크로우, 하워드카운티타임스)

좋은 이야기꾼 혹은 지루함?

솔직히 말하면, 이야기를 잘하는 사람이 있고 못하는 사람이 있다. 어떤 사람은 이야기를 중간에서 시작하고 몇 분 안에 청중은 꾸벅꾸벅 존다. 또 어떤 사람은 사건을 나열하는 것이 이야기인 것처럼 생각한다. 그러나 잘하는 사람은 "여러분은 이걸 믿을 수 없을 겁니다. 그러나 제가 …"로 시작해서 "그래서 결국 전 안전하게 빠져 나왔죠."로 끝내며 관객을 사로잡는다.

흥미진진한 이야기꾼과 지루한 이야기꾼의 차이는 무엇일까?

다른 말로 하면, 관객의 눈을 붙들고 마지막에 크레디트가 나올 때까지 놓지 않는 단편 비디오 다큐멘터리와 10초 만에 '다음' 버튼을 누르게 하는 지루한 다큐멘터리의 차이는 무엇인가?

좋은 비디오 저널리스트들은 단순히 사건을 보고하지 않는다. 그들은 고전적인 스토리텔링 기법을 활용하여 실제 사람들에 관한 이야기를 한다. 그들은 짧은 다큐멘터리를 만들어 보통 인터넷에 발표하지만, TV에서 방영하거나 때로는 극장에서 상영할 수도 있다. 비디오 저널리즘은 극중 인물을 발전시키고 이야기를 꾸미는 고전적인 기법을 현실에 적용하여 실제 사람들이 겪는 행복과 성취와 투쟁과 성공과 실패와 근심을 이야기한다.

비결은 힘 있는 스토리에 있다.

킹슬리의 횡단: 강력한 내러티브

시파 프레스의 사진가 올리비에 조바르와 미디어스톰의 제작자 브라이언 스톰과 에릭 메이어슨은 보다 나은 삶을 찾으러 유럽으로 가려는 가난한 젊은 카메룬인 킹슬리에 대한 이야기를 한다. 킹슬리는 고향의 삶이 가난하고 침체되어 있어 다른 데로 이주할 수밖에 없다고, 탈출해야 한다고 느낀다. 그가 당면한 치열한 문제는 불법으로 이주할 수밖에 없다는 사실이다. '킹슬리의 횡단'이라는 멀티미디어 작품이 보여주듯, 그 젊은이는 첩첩한 난관에 마주친다.

킹슬리는 서아프리카의 카메룬에 사는 스물세 살의 인명구조원이었다. 인명 구조원을 하며 그는 부모 및 일곱 형제자매와 같이 쓰는, 방 두 개짜리 집의 집세와 식비를 겨우 벌 수 있었다. 새 엘도라도인 유럽에서는 아프리카 이민자들이 고향의 가족들을 충분히 부양하고도 남는 많은 돈을 벌 수 있다는 것을 킹슬리는 알고 있었다.

사진 저널리스트 올리비에 조바르는 필사적으로 유럽에서 나은 삶과 경제적 기회를 찾으려는 아프리카 이민자들의 물결에 대해 잘 알고 있었다. 조바르는 그 젊은이들이 어떤 갈등을 겪는지 보여주기 위해, 한 명을 선택하여 아프리카에서 유럽으로 가는 그의 위태롭고 불법적인 여행을 기록하기로 했다. 밀입국 브로커들에게 돈을 주고 조바르와 그의 비디오 저널리스트 친구는 킹슬리와 함께 사막과 바다를 건넜다.

MediaStorm.org에 올라와 있는 '킹슬리의 횡단'은 조바르의 사진들과 킹슬리의 비디오 인터뷰를 조합한 멀티미디어 작품이다. 카메라를 향한 정면 인터뷰에서 관객은 킹슬리를 접하게 된다. 이러한 효과적인 장치를 통해 사람들은 그 젊은이의 이야기를 직접 그의 목소리로 듣는다. 따라서 사람들은 그가 자신의 필사적인 여행을 설명할 때 감정적으로 동조하게 된다.

이야기를 구성하기

당신이 도전해야 하는 일은 이야기의 틀을 짜고 구성을 하는 것이다. 드물지만 가끔은 촬영을 시작하기도 전에 구성을 어떻게 할지 생각이 정해졌을 수 있다. 그러나 대부분의 경우에는 현장에서 작업을 해 나가면서 이야기의 틀이 잡힌다. 어떤 때는 편집을 시작할 때가 되어서야 구성안이 나오기도 한다.

▲ **킹슬리의 횡단.** 23세의 카메룬 청년 킹슬리는 유럽으로 이주하는 것에 대해 깊이 생각한다. 그는 거기서 더 좋은 일자리와 나은 삶을 기대한다.

킹슬리: 전 차에서 떨어질까 봐 겁났어요. 끄트머리에 앉아있었거든요. 내 뒤에는 남자들이 싸우고 있었어요. '내 다리에서 떨어져. 내 다리.' 갈수록 점점 더 더위와 태양과 먼지가 힘들었어요.

킹슬리: 선장은 파도를 겨우 넘었어요. 물이 사방에서 들어왔어요. 급격히. 사람들은 점점 더 겁이 났어요. 사람들이 외치고 있었어요, '선장, 돌아가요. 돌아가!'

(이때 스페인의 해안 경비정이 다가온다.)

"그들(스페인 해안경비대)은 아무도 움직이지 말라고 말했어요. 우리 배가 전복될 수 있었기 때문에 그들은 우리를 한 명씩 승선시켰어요. 우리는 매우 기뻤어요. 이제 살았다고 생각했어요."

킹슬리: 옛 친구에게 연락했어요. 우린 같이 자랐죠. 그는 프랑스에 사는 프랑스 여자와 결혼했어요. 그래서 그에게 전화를 해서 내가 왔다는 걸 알렸어요. 기차역에서 그를 기다렸어요. 그가 내 뒤에서 다가와 날 쳤을 때 표현할 수 없을 만큼 기뻤어요. 난 좋아서 고함을 쳤어요. 나중에 그는 자기 차로 날 그의 집에 데려 갔어요. 그의 부인을 만났어요. 우리는 많은 얘기를 나눴어요. 그날은 정말 신나는 날이었어요. 사막과 바다를 건너는 것이 빠져 나오는 유일한 길이었지만, 난 해냈어요.(사진 촬영: 올리비에 조바르, 시파 프레스/ 제작: 브라이언 스톰과 에릭 메이어슨, 미디어스톰)

3막 연극

많은 이야기꾼들은 이야기 구조를 3막의 연극처럼 생각한다.

1막. 인물들을 소개한다. 관객을 그들과 만나게 하고, 관객이 그들에게 관심을 가질 이유를 제공한다. 문제의 핵심을 소개한다.

2막. 문제가 복잡해진다. 보통 이것은 스토리에서 가장 긴 부분이다. 이 막은 갈등이 고조되는 것을—1막에서 제시된 문제가 쉽게 해결되지 않는다는 것을—보여주며 마지막 위기의 순간으로 향한다.

3막. 갈등/위기를 해소하고 이야기를 만족할 수 있는 방법으로 마무리한다. 이 막에서는 위기의 순간에 내렸던 결정들이 드러나고 그 결말을 보여준다.

3막 구조는 고대 그리스만큼 오래된 것이면서 가장 최근의 할리우드 영화만큼 현대적이기도 하다. 영화나 TV 프로그램이나 심지어는 일부 광고 영화조차 잘 살펴보면 3막 구조가 계속 사용되는 것을 알 수 있다.

앞서 언급한 '프레더 윌리 증후군과 살기'를 보면, 1막에서는 아버지와 아들을 소개한다. 2막에서는 그 병을 설명한다. 그리고 3막에서는 그 병이 어떻게 아버지와 아들 사이를 더 가깝게 했는지 보여준다.

'킹슬리의 횡단'을 보면, 1막에서 관객은 카메룬에 있는 킹슬리를 만나고, 그에 대한 기본적인 것과 왜 필사적으로 현 상황을 벗어나고 싶어 하는지 알게 된다. 2막은 그가 경제적 자유를 찾아서 사막과 지중해를 건너는 끔찍한 경험을 따라간다. 마지막 3막에서는 그의 시련의 결말을 보게 된다.

갈등과 해소

퓰리처상 수상 작가 존 프랭클린은 〈스토리를 위한 글쓰기〉라는 책에서 스토리들이 공통된 구조를 가지고 있지만 3막 구조의 연극과는 조금 다르다고 말한다. 심층 기사로 퓰리처상을 두 번이나 수상한 프랭클린은 이야기는 갈등과 해소를 중심으로 이루어진다고 말한다. 좋은 스토리는 대개 여러 층의 갈등 구조를 가지고 있다.

갈등은 좋을 수도 나쁠 수도 있다. 프랭클린은 **갈등**을 "사람이 맞닥뜨리는 모든 문제"로 정의한다. 골목대장에게 괴롭힘을 당하는 것이 갈등이다. 자동차를 도둑맞거나 암 진단을 받는 것도 갈등이다.

'킹슬리의 횡단'에서 주인공은 카메룬에서의 끝없는 빈곤을 벗어나기 위해 불법으로 유럽에 가려고 하는 데서 발생하는 시련과 갈등을 이야기한다. 당신은 그가 사막과 바다를 건너며 극복해야 하는 장애물들을 목격한다.

'킹슬리의 횡단' 이야기는 3막 구조의 예가 될 수 있지만, 프랭클린의 갈등과 해소 개념을 사용하여 분석할 수도 있다.

갈등은 항상 나쁜 것이 아니라고 프랭클린은 말한다. 사랑에 빠지는 것은, 상대방도 날 사랑하는지 모르기 때문에 갈등이다. 복권에 당첨되는 것은 돈 쓸 방법을 찾는 것을 의미하지만, 당신은 세금을 내야 한다.

중요성. 저널리즘에 어울리는 갈등은 보통 사람들이 공감할 수 있을 만큼 근본적이고 의미 있는 것이어야 한다. 모기에 물리는 것도 하나의 갈등이라고 할 수 있다. 하지만 그것은 인간의 근본적 딜레마나 의미 있는 보편적 문제를 반영하지 않는다. 반면, 말라리아에 걸려서 죽을지도 모른다는 것은 대부분의 사람이 공감할 수 있는 근본적인 갈등이다. 킹슬리는 유럽에서의 나은 삶을 희망하며 나아가는 과정에서 죽음에 이를 수도 있는 여러가지 위험한 갈등을 겪는다.

해소. 좋은 스토리의 두 번째 부분은 해소 과정으로서, 프랭클린은 **해소**를 "갈등을 해결하는 인물이나 상황의 변화"로 정의한다.

말라리아에 걸려 죽든 살아나든 갈등이 해소되는 것이다. 스토리는 갈등과 해소가 있어야 한다. 대부분의 일상의 문제는 해결이 안 된 상태로 있기 때문에 그런 것은 아주 좋은 스토리의 소재가 되지 못한다고 프랭클린은 말한다. 수개월에 걸친 시련 끝에 킹슬리가 프랑스에 도착하여 머무르게 되면서 그의 스토리는 마무리/해결이 된다.

외적 및 내적 갈등. 프랭클린의 책은 글 쓰는 작가를 대상으로 한 것이지만, 중심 개념은 다른 스토리 형태에도 적용된다. 그의 핵심 사상을 비디오에 적용해보자. 그는 "문학적 가치가 있으려면 갈등은 단지 근본적인 종류여야 할 뿐 아니라 인간의 존재에 의미 있는 것이어야 한다."라고 말한다.

그래서 갈등은 필수적인 스토리 요소이다. 인물을 등장시키는 것만으로 훌륭한 스토리가 될 수 없다. 갈등을—그 인물이 나아가는 데 방해가 되는 장애물을—추가함으로써 비로소 관객이 그에게 감정이입할 수 있다.

'킹슬리의 횡단'의 주인공 킹슬리는 나은 삶을 찾아 유럽으로 가는 중에 노상강도, 사막에서의 차 고장, 물새는 배 등 많은 위험한 장애물을 극복해야 했다.

일반적인 뉴스에서 갈등 요소는 분명하다. 화재와 싸우는 사람, 차별과 싸우는 여성, 왕따를 극복하는 아이, 미스터리를 푸는 경찰, 이웃과의 재산권 분쟁 등, 이 모든 것은 외적 갈등이다. 그래서 보고 공감하기 쉽다.

심층 보도 기사는 훨씬 더 미묘할 수 있다. 갈등이 내면적이거나 겉으로 잘 드러나지 않을 수 있기 때문이다. 예를 들어 이혼 후의 우울증을 극복하는 데에는 눈에 보이지 않는, 당사자의 내적 변화가 필요하다. 그 사람의 도전은 화재와 싸우는 것이나 불량배의 괴롭힘을 극복하는 것만큼이나 큰 것이다. 그러나 그 변화는 내적으로 발생한다. 어쨌든 이제 우리는 독자나 관객에게 가치 있는 것이 되기 위해서는 이야기가 갈등을 포함해야 한다는 것을 안다.

'왜?'라는 질문. 갈등을 어떻게 찾아서 활용할 것인가? 스토리에서 갈등 요소를 찾을 때 '왜?'라는 간단한 질문으로 시작하는 게 도움이 될 수 있다.

등장인물들의 행동 동기는 무엇인가? 행동의 동기는 흔히 내적 갈등을 드러내며, '왜?'라는 질문에 답을 준다. 어떤 사람이 조각품을 만들고 있는 것을 보여주는 것만으로는 스토리가 되지 않는다. 제작 과정을 보여주는 영상일 뿐이다. 조각 과정 내면의 갈등에 접근하기 위해서는 그 예술가에게 "당신은 왜 이 조각품을 만드나요?"라는 질문을 던질 필요가 있다. 이런 방법으로 우리는 어떤 흥미롭고 놀라운 것을 발견하게 될 수 있다. 그 조각가는 자신의 꿈의 이미지를 표현하고자 하는 강렬한 욕구를 가졌을 수도 있고, 어떤 독특한 재료를 사용하여 특정 형태를 만들어 보는 실험을 해보고 싶었을 수도 있다.

사람들은 다른 사람의 마음에 들고자 하는 동기에서 행동할 수도 있고, 어떤 내적 필연성을 느껴서 행동할 수도 있다. 이런 미묘한 동기들은 이야기를 흥미 있게 하는 갈등 요소가 된다.

주인공이 변화를 원한다. 이야기는 흔히 주인공이 자신의 삶이나 환경, 혹은 어떤 사물이나 사람을 바꾸고 싶어 하는 데서 시작된다. 킹슬리는 자신의 삶을 바꾸고 싶어 했다. 사실 그는 이전에 유럽으로 가려고 했다가 실패한 적이 있다. 바꾸고자 하는 욕구를 주인공 스스로 깨닫고 있든 있지 못하든, 어떤 사건이 그의 삶을 흔들어 놓는 바람에 (이것을 '촉발 사건'이라고도 한다.) 실제 행동에 착수하게 된다. 어떤 스토리를 만들든, 균형을 깨어 스토리를 출발시킬 수 있는 사건을 찾아보라.

이제 우리는 관객이 등장인물의 동기나 강한 욕구를 이해했을 때 갈등이 설정된다는 것을 안다. 주인공이 변화를 원한다.

인물 중심의 스토리

모든 스토리에 주인공이 있을 필요는 없지만 대부분의 성공적인 스토리에는 주인공이 있다. 한 명 혹은 몇 명의 흡인력 있는 중심인물을 찾는 것은 뛰어난 스토리와 맥 빠진 스토리의 차이가 될 수 있다. 프레더 윌리 증후군을 가진 그 아이는 관객이 고통을 같이 느낄 수 있는, 감정이입할 수 있는 인물이다. 킹슬리는 대규모 이주라는 세계적 문제의 구체적 사례를 보여준다.

주인공은 단순히 흥미 있는 이야기의 중심인물일 수도 있고 또는 특이한 재능을 가졌거나 비범한 성취를 했거나 기이한 성격을 가진 사람일 수도 있다. 혹은 당신의 주인공은 환경오염이나 국민건강보험 같은 사회 문제를 개인화한 사람일 수도 있다.

특이한 재능

특이한 재능에 바탕을 둔 스토리가 있다. 미네소타 KARE-TV의 보이드 휴퍼트와 조나단 말라트가 만든 '콜린 록을 하다'에서 주인공은 특이한 재능을 가진 아이다. 이야기가 진행됨에 따라 우리는 그가 병력이 있고 특별한 개성의 소유자라는 것을 알게 된다. 그는 알 만한 가치가 있는 캐릭터다. 그와 함께 우리는 조연들도 만난다. 그의 부모, 누나, 선생 등, 그들 각각은 콜린의 이야기의 주요 요소들을 발전시킨다.

사회 문제를 개인화하다

주인공의 또 다른 형태는 사회 문제나 이슈를 개인 관점에서 보여주는 것이다. 이 인물은 일반 사람을 대신하며, 딱딱하고 지루한 사실 나열식의 이야기가 될 수 있는 내용에 관객이 공감할 수 있게 한다. 이런 인물들이 처한 상황은 정부의 재정 지원이라든지 건강보험, 법제도의 복잡함 등과 같은 문제를 구체적 사례로 보여준다. 감당하기 힘든 장애물과 싸우는 사람을 그렇게 직접 봄으로써 관객은 공감하고 그 인물과 동일시할 수도 있

▲ **콜린 록을 하다.** 이 짧은 비디오의 주인공 콜린은 강한 개성을 가지고 있어서 스토리에 생기를 불어넣을 수 있었다.(보이드 휴퍼트와 조나단 말라트, KARE TV, 미니애폴리스)

▲ **그들은 석유를 발견했지만 부자가 아니다.** 어부 판 플로크는 영국 석유회사 BP가 멕시코 만에서 대규모 기름 유출 사고를 내는 바람에 수입의 큰 부분을 잃었다. 이 비디오 스토리는 플로크가 자신의 이야기를 하는 것을 중심으로 이루어진다.

다. 그렇게 하여 관객은 법과 제도가 어떻게 한 개인에게 영향을 미치는지 분명히 그리고 정서적으로 알게 된다.

국가적 문제를 개인화한 예로서 판 플로크와 그의 아내 탈의 이야기를 보자. 그들은 캄보디아 난민으로서 루이지애나의 바닷가에 정착해 새우잡이를 하며 살고 있었다. 그들의 삶은 석유회사 BP(British Petroleum)의 유정 굴착 장치가 폭발하여 수백 마일의 바다가 오염되는 사건으로 인해 완전히 바뀌었다. 어업을 전혀 할 수 없게 되었다. 이제 새우를 잡는 대신 그의 배와 선원들은 방책으로 바다 위 기름을 걷어내는 작업을 해야 했다. BP는 판에게 싫으면 관두라는 식의 일당을 지불했다. 그 일당은 판이 유출 사고 이전에 벌던 것의 절반에 불과했다.

사치 커닝햄이 만든 LA타임스의 이 비디오는 플로크 부부가 재앙 속에서 최선을 다하려고 노력하는 모습을 보여준다. 관객은 그래서 기름 유출이 어민들에게 미치는 영향을 한 구체적 인간의 관점에서 이해하게 된다. 판과 그의 선원들이 안전복과 장갑을 착용하고 기름을 흠뻑 먹은 굵은 로프를 바다에서 끌어당기는 동안, 탈은 남편의 안전을 기도한다. 그것은 유출 사고 이전에 그들이 유독 물질이 아니라 꿈틀거리는 새우들을 다뤘던 것과 완전히 다른 상황이다. 경험이 없는 까닭에 어부들은 기름을 걷는 일에 서투른 것은 당연하다.

그 비디오에서 판은 폴 포트 치하의 캄보디아에서 굶으며 생활했던 어린 시절을 회상한다. 그리고 미국에서의 삶이 지금까지 얼마나 좋았는지 이야기한다. 그러나 바다 한가운데서 작은 새우잡이 배로 기름 걷는 일을 하는 것은 위험하다. 폭풍이 오면 배가 뒤집힐 수 있다. 그는 "앞으로 우리는 이 일로 먹고살아야 할 것 같아."라고 동료 어부에게 말한다.

줄리 위노커와 쉴라 웨센버그가 제작 및 감독한 '거부되

▲ 주인공 판 플로크는 루이지애나 해안에서 발생한 BP의 기름 유출 사고의 충격을 개인화한다.(사진 촬영: 커닝햄, LA타임스)

다'의 주인공은 얽히고 설킨 미국 건강보험제도에 희생되는 보통 사람을 대변한다. 계속 오르는 보험료를 감당할 수 없었던 주인공은 유방암 치료를 위한 화학요법을 중단해야 했다. 그녀는 정부가 지원하는 건강보험 프로그램인 메디케어의 혜택을 받을 수 있게 된 날 하루 전에 사망했다.

휘어잡는 캐릭터

휘어잡는 캐릭터는 쉽게 눈에 띈다. 그들은 뚜렷한 개성이 있으며 분명하고 설득력 있게 말을 한다. 주인공 캐릭터는 모두가 친구로 삼고 싶어 하는 그런 사람이어야 한다. 그들은 우리를 즐겁게 하고 깨우치게 하고 그들이 전하는 이야기에 집중하게 한다. 어떤 사람을 처음 만났을 때 그에 대해 더 알고 싶은 마음이 든다면 그것은 좋은 징조다. 당신이 제작 현장에서 많은 사람 중에 인터뷰할 사람을 찾고 있다면, 카메라를 들고 있음에도 당신과 눈을 마주치는 사람이 강한 캐릭터가 될 가능성이 있다. CNN에 근무하며 해당 방송의 '인 포커스'라는 사진 시리즈를 제작하기도 하는 사진 저널리스트 베서니 스웨인은 적당한 인물을 찾기 위해 다른 사람들에게 도움을 청한다. "한 그룹의 사람들(예를 들어 한 그룹의 학생들) 중에서 한 명을 인터뷰할 예정이라면 난 종종 그들에게 '누가 제일 말이 많죠?' 혹은 '내가 즐겁게 인터뷰할 만한 사람이 있을까요?'라고 묻습니다." 스웨인의 방법은 누가 제일 중요한 사람인지 묻는 것보다 훨씬 좋은 결과를 낳는다.

휘어잡는 캐릭터는 보통 단순하지 않다. 우리는 그들의 강한 점과 약한 점을 알게 된다. 우리는 그들이 '잘못을 바로잡는' 혹은 '상황을 바꾸는' 혹은 '사람을 구하는' 일에 착수하는 것을 보지만, 한편으로는 우여곡절도 있다. 그들은 스스로 의심을 가지거나 두려워하거나 불안해 할 수 있으며, 자신이 진정으로 믿는 것이 무엇인지, 자신의 목표와 비전을 재고해야 하

▲ **거부되다.** 이 스토리에서 감독은 의료비가 없어 거리에서 도움을 요청해야 했던 한 여자의 경험을 통해 건강보험 문제를 이야기한다.(사진 촬영: 에드 카쉬)

는 것이 아닌지 숙고한다.

잊을 수 없는 캐릭터

렉싱턴 헤럴드리더의 데이비드 스티븐슨은 켄터키에 사는 어니 브라운 주니어라는 식용 거북을 잡는 사람에게서 훌륭한 캐릭터를 발견했다. 스티븐슨의 '거북 남자'에서 브라운은 걸쭉한 켄터키 사투리로 농담을 던지며 유별난 행동을 한다. 그는 흙탕물로 뛰어들어 맨손으로 거북을 잡아 올리면서 귀청이 찢어질 정도의 탄성을 지른다. 브라운의 이야기는 유별나고 특이하며 그래서 이 캐릭터가 많은 관객에게 매력 있게 다가간다.

▲ '거북 남자'로 알려진 어니 브라운 주니어는 거북을 맨손으로 익살스럽게 잡는 것으로 유명해지고 싶어 한다.(사진 촬영: 데이비드 스티븐슨/렉싱턴 헤럴드리더)

스티븐슨은 이 책을 위한 인터뷰에서 "어니는 아주 재미있다. 사실 그는 엔터테이너가 되고 싶어 한다. 실제로 그것이 그 스토리의 큰 부분이다. 사실, 어니는 재미있으려고 지나치게 노력하고, 그게 웃긴다. 그는 여러 면에서 유별나지만 특히 자신의 사투리나 악센트 외에 웃기는 소리를 잘 낸다. 그리고 탄성을 지르고 고함을 친다."라고 말한다.

스티븐슨은 많은 저널리스트들이 그 거북 남자에 대해 다루었다고 말한다. 그래서 그와 작가이자 내레이터인 에이미 윌슨은 그 스토리를 더 깊이 파고들기로 했다. "우리는 어니 브라운이 왜 유명해지고 싶어 하는지 더 조사하고 싶었다. 그는 국제적으로나 전국적으로 크게 성공할 만한 사람은 되지 못했다. 그럴 만큼 세련되지 못했다. 그러나 통속적인 수준에서는 뛰어났고 그 정도가 그에겐 족할 것이다. 그는 '가장 가난한 유명인'이라는 그의 말처럼 그것으로 돈을 벌 것이다." 그래서 어니의 이야기는 기본적으로는 그냥 웃기는 것이지만, 감독은 한 걸음 더 나아가 그의 동기, 즉 방법이 좀 기이하기는 하지만 유명

▲ **거북 남자.** 어니 브라운 주니어가 켄터키 주 링컨 카운티의 한 저수지에서 거북 두 마리를 잡아 올린다. 거북을 잡는 것은 특이한 직업이지만 이 작품에 특징을 부여하는 것은 브라운의 개성이다.(사진 촬영: 데이비드 스티븐슨, 렉싱턴 헤럴드리더)

▲ 브라운이 물에서 채어내는 바람에 화가 난 거북 한 마리가 카메라로 다가온다.

해지고 싶어 하는 그의 욕망을 다룸으로써 한 차원 높은 스토리텔링을 할 수 있었다. 에이미 윌슨과 스티븐슨은 관객을 정서적으로 사로잡기를 원했고 결국 성공했다.

스티븐슨은 종종 내레이션 대본을 쓰는 작가와 함께 일하지만, 등장인물이 스스로 자신의 이야기를 내레이션하는 것을 더 선호한다. 그는 "취재 대상이 스스로 말을 하게 하면 … 그들이 표현력이 있다면 그게 훨씬 좋다."라고 말한다.

그러나 휘어잡는 캐릭터는 그 거북 남자처럼 쉽게 눈에 띄지 않을 수 있으니 당신은 눈과 귀를 모두 집중해서 찾아다녀야 한다. 때로는 관객의 주의를 5분 동안 붙들 수 있는 알맞은 캐릭터를 찾기 위해 수십 명의 사람들을 예비 인터뷰해야 한다.

모든 측면을 이야기할 인물 찾기

당신의 이야기가 공적 이슈를 다룬다면 한 명의 인물로 충분한 경우가 거의 없다는 것을 기억하라. 그 이슈에 대한 서로 다른 입장을 대변할, 똑같이 말 잘하고 신빙성 있는 사람이 있어야 한다.

필라델피아 인콰이어러는 MOVE 폭격 사건 25주년을 앞두고 그 비극에 대한 종합적인 멀티미디어 프로젝트를 기획했다. 그 사건은 흑인해방집단인 MOVE를 해체하기 위해 경찰이 폭탄 공격을 가한 것이었다. 그 사건으로 5명의 아이를 비롯해 11명이 죽었고, 주변의 집 65채가 파손되었다. 그 프로젝트는 MOVE 집단 및 그것의 역사와 관련된 모든 스토리와 사진 자료를 포함한다. 네 개의 영상물, 하나의 사진 전시실, 대화형 타임라인, 그리고 여러 글들이 주민과 경찰 및 소방관, 당시와 지금의 정치가, 그리고 MOVE의 유일한 생존자의 목소리를 통해 그 비극이 준 충격을 기록하고 탐구한다.

보편적 주제

모든 인간은 경험을 공유한다. 탄생, 죽음, 사랑, 공포, 기쁨, 그리고 때로는 경쟁심. 보편적인 주제는 다음과 같은 것을 포함할 수 있다. 영웅이 된다는 것은, 악(惡)을 대면한다는 것은,

◀ **MOVE의 해결되지 않은 유산.** 1985년, 필라델피아 경찰은 그 도시의 한 연립주택으로 몰려들었다. 그 건물 안의 사람들을 해산시킬 목적이었다. 그 건물은 자연으로 돌아가자는 MOVE라는 이름의 해방집단의 본부였다. 최루탄으로 사람들을 쫓아내는 데 실패한 경찰은 군용 폭탄을 그 건물에 떨어트렸다. 그 결과 아이 5명을 포함하여 11명이 죽었고 65채의 집이 불에 탔다. 제작자는 다양한 관점의 많은 인터뷰를 통해 이 비극적 사건의 영향을 탐구하였다.(비디오 촬영: 사라 글로버, 로렌스 케터슨, 프랭크 위즈/비디오 편집: 프랭크 위즈, 로렌스 케터슨, 하이 도)

▲ **학교는 작다, 그러나 경기는 크다.** 이 스토리는 텍사스의 두 작은 학교의 경쟁의 역사를 보여준 다음, 모두 고대하는 연례적 결전의 밤에 그 두 팀을 따라가며 긴장감을 높인다.

▲ 텍사스의 두 마을 고든과 스트론은 8마일밖에 떨어져 있지 않으며, 고등학교는 너무 작고 남학생 숫자가 많지 않아 11명이 아닌 6명의 팀으로 미식축구를 한다.

▲ 두 마을의 주민들은 미식축구에 열광적이며, 두 팀은 해마다 한 번 시합을 치른다. 그것이 86년의 전통이 되었다. 그 경기는 졸업만큼 중요하다고 한 선수는 말한다. "가장 중요한 것은 오늘 밤의 경기입니다."(제작: 제이 재너/ 내레이션: 켄 로빈스, 오스틴 아메리칸스테이츠맨)

혹은 성공한다는 것은 무엇을 의미하는가? 운이 좋아 보편적인 주제를 건드리는 스토리를 만난다면 당신은 아마 관객의 흥미를 불러일으킬 수 있을 것이다.

경쟁

텍사스의 두 마을 고든과 스트론은 8마일밖에 떨어져 있지 않으며, 고등학교는 너무 작고 남학생 숫자가 많지 않아 11명이 아닌 6명의 팀으로 미식축구를 한다.

오스틴 아메리칸스테이츠맨의 제이 재너가 제작한 '학교는 작다. 그러나 경기는 크다'라는 내레이션이 있는 오디오 슬라이드쇼는 스틸 사진과 자연음과 음악과 인터뷰를 잘 혼합한 작품이다. 그것은 두 마을의 경쟁의 역사를 보여준 다음, 모두 고대하는 연례적 결전의 밤에 그 두 팀을 따라가며 긴장감을 높인다.

우리 모두가 텍사스의 작은 고등학교에 다닌 건 아니지만, 대부분의 사람은 취직을 위해서든, 장학금을 위해서든, 경기장에서든 경쟁을 해 본 경험이 있다.

미국은퇴자협회가 매달 내어놓는 성공적인 중년 위기 극복에 관한 영상물 시리즈 '당신의 인생 소명'의 한 편에서 제인 폴리는 53세의 로버트 루돌프를 소개한다. 그는 주택융자 중개인으로서의 경력과 5,000평방피트에 달하는 애틀랜타 소재 집을 버리고 자신의 원래 꿈이었던 교회 음악 종사자가 되었다.

앉아서 혹은 같이 걸어가며 하는 인터뷰와 루돌프의 과거 경력을 보여주는 고화질 사진 자료를 결합하여 폴리는 루돌프의 직업적 성장과 몰락과 부활의 대서사를 밝혀내준다.

루돌프는 음악으로 석사 학위를 받았다. 그러나 일찍 은퇴할 수 있도록 돈을 많이 버는 것을 중요하게 생각한 사업가 아버지의 뒤를 따라 그는 전형적인 사업가의 길을 걸었다. 그러나 주택시장이 몰락했을 때 루돌프는 새로운 문이 열리는 것을 보았다. 일자리를 (헛되이) 찾아다니다가 그는 일생의 꿈인 교회 음악으로 돌아갔고 그 와중에 자신의 재산을 다 써 버렸다. 그러나 한 작은 교회가 그에게 일자리를 제공했고 그것

◀ **음악을 향한 열정의 재발견.** 로버트 루돌프는 교회 성가대의 지휘자가 되면서 마침내 꿈을 실현한다.

▲ NBC 방송의 제인 폴리가 53세의 로버트 루돌프를 인터뷰하고 있다. 그는 항상 교회 음악을 하고 싶어 했다.

을 계기로 그는 교회 성가대 지휘자 자리를 얻게 되었다. 그래서 지금 그는 새로운 인생 경로를 걷고 있다.

경쟁, 꿈, 탄생, 죽음, 사랑, 공포, 기쁨 같은 보편적인 주제를 구체적 상황에서 찾아내는 것은 당신의 스토리를 관객의 삶과 연결하는 길이다(챕터 3의 '성공적인 이야기 주제'를 보라).

삶의 단면

'삶의 단면' 스토리는 관객이 잘 모르는 어떤 사람이나 장소의 일상을 해부한다.

관점

삶의 단면 스토리는 관점을 가지고 있다. 이런 종류의 이야기는 예를 들어 한 싱글맘이 어떻게 직장을 다니고 아이도 키우면서 가정을 꾸려가는지 기록한다. 촬영자는 단순히 그 여자의 일상의 모든 순간을 기록할 뿐 아니라, 싱글맘으로서 직면하는 도전을 부각한다. 삶의 단면 스토리는 음식 차량을 운전하며 일품요리를 수많은 고객에게 배달하는 요리사의 일상을 기록할 수도 있다. 그 이야기는 그 요리사가 매일 까다로운 고객들을 만나며 받는 압박감에 집중할 수 있다. 토요일 밤 병원 응급실의 간호사를 따라가는 삶의 단면 스토리는 완전히 무료한 시간과 절체절명의 긴박한 순간을 대비시킬 수 있다. 이민자 출신 정원사에 대한 스토리는 그가 부자 고객들의 요구와 변덕에 어떻게 대응하는지 어렵지 않게 보여줄 수 있을 것이다. 장소에 관한 삶의 단면 스토리는 무엇이 한 작은 프랑스 마을을 그렇게 프랑스적으로 만드는지 보여줄 수 있다. 이 비디오는 그 마을의 특징적인 면들을 강조할 것이다.

삶의 단면 vs. 내러티브

내러티브가 있는 이야기에서는 앞서 논의했듯이 주인공이 어떤 갈등에 직면하고, 결국 그 사람이나 그 상황이 변한다. 삶의 단면 다큐멘터리에서는 아무것도 변하지 않는다. 갈등이 해소되지 않는다. 대신, 샌프란시스코 시티컬리지의 영화 시나리오 강사 데니스 보스트롬이 말하듯이, 관객은 다른 사람의 삶이나 다른 장소의 내막을 보게 된다. 비디오 저널리스트는 그런 사람이나 장소를 통해 삶의 한 측면을 강조한다. 싱글맘의 스트레스나, 요리사의 압박감이나, 한 프랑스 마을의 '프랑스스러움'을 드러낸다.

비디오 저널리스트들이 미디어스톰을 위해 제작한 '뉴욕의 90세 택시 기사, 조니 풋맨'이라는 삶의 단면 스토리에서는 대도시의 거리를 여전히 누비고 있는 생기 넘치고 고집 센 운전수를 보여준다. 이 기억할 만한 캐릭터의 원기 왕성함이 이 비디오의 관점/강조점이 된다.

트래비스 폭스의 짧은 비디오 다큐멘터리 '코니아일랜드의 초상'에서는 그 비디오 저널리스트가 곧 없어질 놀이공원

▲ **뉴욕의 90세 택시 기사, 조니 풋맨.** 90세의 조니 풋맨은 아마 뉴욕 시에서 가장 나이 많은 택시 기사일 것이다. 여자들과 자신의 과거에 대해 승객들과 막힘없이 떠들어댈 때 드러나는 그의 별난 개성이 이 스토리의 관점을 제공한다.

코니아일랜드의 초상

◀ 사이드쇼 텐트. 코니아일랜드의 여섯 블록 대부분이 개발업자에게 팔린 상황에서 트래비스 폭스의 짧은 다큐멘터리는 디즈니랜드 이전 시대의 마지막을 담아냈다(트래비스 폭스, 워싱턴포스트).

◀ 사이클론 롤러코스터

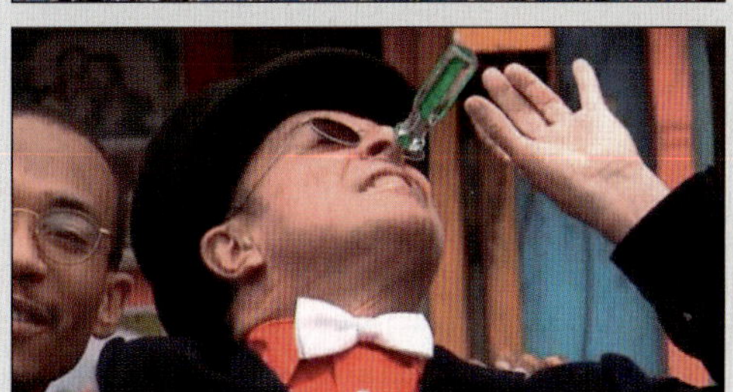

◀ 코에 드라이버를 집어넣은 바커(손님 끄는 사람).

◀ '괴짜를 쏴라' 페인트볼 쏘기

에 대한 삶의 단면을 묘사한다. 보고 있는 것에 대해 설명하는 보이스오버의 도움 전혀 없이 그는 이 향수를 불러일으키는, 디즈니랜드 이전 오락 공원의 특별한 측면들을 보여준다. 그의 관점은 대상 선택에서 분명히 드러난다. 그는 바닷가 판자 산책로의 몇몇 기묘한 측면들을 강조하였다.

삶의 하루

'삶의 하루' 스토리는 어떤 사람의 생활을 일정 기간, 예를 들어 하루 동안 기록한다. 비디오 저널리스트는 어떤 의미심장한 것을 포착하기를 희망하며 모든 것을 촬영한다. 그러나 대부분의 사람의 일상은 실제로 스토리가 되지 못한다. '…의 하루'라는 제목을 가진 멋진 사진들로 가득한 책들을 본 적이 있을 것이다. 그런 책에서 특정 인물이나 스토리를 기억하는가? 아마 아닐 것이다. 왜 그럴까? 그런 책은 아름다운 사진들로 이루어져 있지만, 개별 사진들을 더한다고 일관성 있는 이야기가 만들어지는 게 아니기 때문이다.

중심 주제와 관점의 결여

'…의 하루'와 진정한 스토리 사이에는 다른 차이도 있다. 삶의 하루 비디오에는 중심 주제나 관점이 없다. 어떤 사람을 낮부터 밤까지 따라다녀도 그가 어떤 내적 혹은 외적 갈등을 겪거나 그것을 해소하는 모습을 보지 못할 수 있다. 삶의 하루 비디오는 그냥 일정 기간에 무슨 일이 일어나는지 기록하는 것일 뿐이다.

가능하다면 취재 대상의 삶의 하루보다는 좋은 스토리 플롯을 찾아보라. 삶의 하루 프로젝트는 별로 경쟁자가 없는 거실 탁자 비치용으로는 좋을지 모르지만, 인터넷 공개용으로는 적당하지 않다.

삶의 하루 아이디어에서 주제를 갖춘 스토리로

USA 투데이 소속 사진가이자 경험 많은 비디오 저널리스트인 아일린 블라스는 웨스턴켄터키대학교에서 멀티미디어 스토리텔링 워크숍에 참여했을 때, 스토리 아이디어로 유기 농장을 하고 있는 한 켄터키 가족을 선택했다. 멀티미디어 저널리스트이며 그 워크숍의 강사였던 봅 사챠는 그녀에게 그 스토리가 (아이디어가 아니라!) 무엇에 관한 게 될 것인지 2분 이내에 설명해 보라고 했다. 그녀는 그 농부가 가족 농장을 유지하기 위해 환경관리원으로 부업을 해야 하는 것에 대해—말하자면 농장을 유지하기 위해 진력하는 한 남자의 삶의 하루에 대해—만들 계획이라고 대답했다. 블라스는 그러나 '그 이상의 초점은 없다'는 것을 인정했다.

워크숍 강사에게 설명한 블라스의 계획은 한 이틀 동안 촬영하며 스토리가 저절로 틀을 갖추기를 희망하는 것이었다. 블라스는 "인터뷰를 하기 전에는 스토리가 어떻게 될지 정말 몰랐어요. 그래서 첫날에는 눈에 보이는 것을 전부 촬영했어요. 수 시간 분량이었죠."라고 회상한다.

"난 실제 개인적으로 유기농과 건강식에 관심이 있어요. 하지만 나 자신조차도 그 스토리에 진정한 흥미를 가질 수가 없었어요. 난 여전히 왜 우리가—나나 일반 관객이—그 스토리에 관심을 가져야 하는지 몰랐어요. 나는 일반 관객이 유기농이나 건강식이라는 이유만으로 그 스토리에 관심을 가지지 않을 것이라는 걸 알고 있었어요. 다른 어떤, 더 보편적이고 감정적인 유인 요소가 필요했었죠. 솔직히 말해 그때까지 내 스토리는 분명히 지루한 것이 될 것 같아 보였어요." 워크숍이 끝난 후 그녀는 인터뷰에서 말했다.

블라스는 첫날에 어떻게 해야 할지 몰랐고 그래서 보이는 모든 것을 촬영했다고 말한다. 자신의 원래 아이디어를 바탕으로 어떤 스토리를 전개시켜 보려고 인터뷰도 하긴 했다. 그러나 여전히 봅 사챠가 원했던 그런 감정적 매력 요소는 찾아내지 못했다.

주제를 찾다

블라스는 이 책을 위한 인터뷰에서 이렇게 회상한다. "인터뷰가 끝나면 항상 '제가 알아야 할 것이 더 있나요?'라고 물어야 한다는 것을 늘 들어 알고 있었어요. 그래서 그 농부에게 바로 그 질문을 했죠. 그런데 그때가 그가 정말 자신의 마음속에 있는 이야기를 한 순간이었어요. 그는 자신의 좋은 친구였던 한 선배 농부가 얼마 전에 죽었다고 말했어요. 그 친구에 대해 이야기하면서 감정이 북받쳐 눈물을 글썽였어요. 정말 예상치 못했던 거였죠. 난 정말 놀랐어요. 그는 사탕옥수수 만드는 법을 가르쳐 준 그 친구를 생각하며 울었고 그 전통을 보존할 계획을 이야기했어요. 그때 난 스토리를 찾았다는 걸 알았어요."

자신의 농장을 유지하기 위해 부업을 하는 한 농부를 따라가 보자는 그녀의 아이디어는 그 대신 인간관계, 전통, 상실, 그리고 사랑에 관한 이야기가 되었다. 이런 것들은 일반 관객이 정서적으로 공감을 느낄 수 있는 주제다.

2분이 조금 넘는, 블라스의 완성된 스토리는 이런 보편적 주제를 중심으로 하고 있다. 물론 소재는 여전히 유기농 농부이면서 말이다. 그 농부가 일상의 일을 하는 동안 블라스는 관객이 이입할 수 있는 감정적 문제에 초점을 맞추었다.

간결한 묘사

괜찮은 스토리를 가졌는지 아닌지를 아는 간단한 방법 하나는 다른 사람에게 두세 문장으로 그 스토리를 설명해 보는 것이다. 조금 훈련을 하면 간결하게 캐릭터를 소개하고 문제(갈등)와 그것의 도전을 묘사할 수 있을 것이다.

예를 들면 아일린 블라스는 자신의 스토리를 이렇게 묘사할 수 있을 것이다. "이것은 친한 친구이자 동료였던 사람을 잃은 한 젊은 유기농 농부에 대한 스토리다. 그 상실을 극복하기 위해 그는 죽은 친구가 가르쳐준 전통을 보존하고, 그에게서 배운 것을 실천함으로써 그를 기린다." 당신의 이야기를 몇 줄로 간단하게 요약할 수 있고, 그것을 듣는 사람이 흥미를 느낀다면 아마 당신은 아주 좋은 스토리를 가진 것일 것이다.

관객이 관심을 가져야 한다

이제 스토리에 대해 많은 것을 배웠다. 온갖 종류의 인간 경험—모험, 탈출, 상실, 재탄생, 경쟁, 복수, 슬픔—이 모든 것들이 스토리의 바탕이 될 수 있다. 물론, 주제가 마음을 강하게 사로잡는 것이어도 캐릭터가 흡인력이 있어야 한다. 우리는 관객이 주인공에 대해 관심을 가지게끔 해야 한다. 이미지와 사운드의 퍼즐 조각을 맞춰 마음을 울리는 스토리를 만드는 것은 우리에게 달렸다. 하나는 분명하다. 좋은 스토리는 예쁜 그림의 문제가 아니다. ■

▼ **전통과 연결된.** 브래드 로우가 자신의 가족 농장에서 닭과 칠면조에게 먹이를 주고 있다.
이 비디오는 단지 이 농부의 삶의 하루를 보여주는 것을 넘어서서 보편적 주제를 다루고 있다.(제작: 아일린 블라스)

▲ **10대 교통사고 희생자를 위한 추도회.** 비디오 저널리스트는 시사에 밝아야 한다. 체니 고등학교의 한 학생이 자동차 충돌 사고로 사망했을 때 추모자들이 촛불을 들고 사고 현장 근처에 모였다. 신문사 웹사이트에 올라온 단신이 제작자의 눈길을 끌었다.(사진 촬영: 콜린 멀바니, 스포욱스맨리뷰)

2

스토리를 찾고 평가하기

조쉬 멜처

웨스턴켄터키대학교 사진저널리스트, 전 〈로아노크타임스〉 사진사

좋은 스토리텔링이 어떤 것인지 배운 이제, 당신은 비디오나 멀티미디어 프로젝트를 위한 스토리를 어떻게 실제로 찾고 평가할 것인가? 때로는 스토리가 비디오저널리스트 자신의 경험에서 나올 수 있다. 때로는 다른 사람들과 대화하는 중에 나올 수도 있다. 스토리 아이디어는 뉴스 취재 도중에 나올 수도 있다. 아래에서는 그 외에 다른 가능성들을 살펴볼 것이다.

이 아이콘은 〈비디오 저널리즘〉 웹사이트에 가면 더 자세한 정보를 얻을 수 있거나 언급된 비디오 작품을 볼 수 있음을 나타낸다. 작품의 제목 및 책에서 거론된 챕터와 페이지가 나와 있다. 책에 있는 것과 동일한 사진도 볼 수 있다.

http://www.kobreguide.com/content/videojournalism.

어디서 스토리를 위한 아이디어를 발견하나

스토리는 주변 어디에나 있다, 하지만 어디서 시작할 것인가? 사람들의 구매 성향이나 생활 방식의 변화 혹은 기술 혁명 같은 사회 동향을 주의해 보라. 예를 들어 새로운 스마트폰에 대한 뉴스 스토리로 출발한 것은 스마트폰이 사람들의 의사소통 방식을 어떻게 바꾸는지에 대한 사회 동향 스토리로 귀착될 수 있다.

동향은 하루아침에 시작되지 않는다. 시간을 두고 점진적으로 일어난다. 팜비치포스트의 게리 코로나도는 중앙아메리카 이민자들이 미국행 기차에 몰래 뛰어오르는 유행에 대한 기사를 읽었다. 그는 그 기사를 오려 두었다가 나중에 편집장에게 그것에 대한 스토리를 제안했다. 그래서 그의 극적 멀티미디어 스토리 '기차 뛰어 타기'가 만들어졌다.

신문이나 온라인 기사를 읽어라

워싱턴 주 스포캔의 스포욱스맨리뷰에서 멀티미디어 프로듀서로 있는 콜린 멀바니는 이렇게 말한다. "같은 신문사에서 22년 동안 일했기 때문에 난 우리 커뮤니티와 상당히 잘 연결되어 있어요. 마을에서 무슨 일이 일어나고 있는지 알아요. 사람들이 무슨 이야기를 하는지 알고 있고, 이런 것들이 좋은 스토리를 발견하게 해줍니다.

우리 신문사에 보면, 보조 편집자들이 마을에 중요 행사가 있을 때 그것에 대한 스토리를 제안하고는 합니다. 나의 접근 방식은 행사보다는 그 행사 속의 사람들에 대해 생각하는 것입니다. 큰, 확산적인 스토리를 흡인력 있는 캐릭터 중심으로 개인화하면 당신의 비디오는 살아날 것입니다.

멀티미디어 스토리의 가능성을 찾기 위해 나는 다음 호 기사 목록을 훑어봅니다. 단순한 스틸 사진 대신에 비디오나 오디오 슬라이드쇼를 할지 결정하는 것은 다음 두 가지에 달렸습니다. (1) 흡인력 있는 중심 캐릭터가 있는가? (2) 시각적인가? 둘 중 하나만으로는 보통 부족합니다.

나는 항상 손에 잘 잡히지 않는 감정의 보석을 찾습니다. 글 기사와 비디오를 함께 묶을 때, 나는 그 글의 기자가 한 것과는 조금 다른 방식으로 그 이야기를 하려고 노력합니다. 넓게 생각하기보다는 나는 분명하게 생각합니다. 그것은 그 기자

▼ **기차 뛰어 타기.** 이 스토리의 제작자는 신문 기사를 읽고 중앙아메리카 이민자들이 기차에 몰래 타는 유행을 알게 되었다.(사진 촬영: 게리 코로나도, 팜비치포스트)

가 취재한 가령 6명 중에 한두 명의 사람에만 집중하는 것을 의미합니다.

세계적인 스토리라 하더라도 보통 국지적인 의미가 있습니다. 거의 모든 작은 마을에는 아프가니스탄이나 이라크에 파병된 군인이 있습니다. 모든 시골 마을에는 침체된 경제 탓에 실직한 부모를 둔 가정이 있습니다.

지역 주민들을 위해 이런 스토리를 만들면 세계적인 이슈를 이해할 수 있는 시각을 제공할 것이고, 강력한 내러티브와 흡인력 있는 캐릭터가 거기 동반된다면 당신은 정말로 관객을 끌어들일 수 있을 것입니다."

스토리를 찾는 것에 대해 멀바니는 이렇게 충고한다. "매일 시간을 내어서 기사를 읽고 보도를 들으세요. 퍼블릭라디오 방송을 듣고, 뉴욕타임스나 월스트리트저널 같은 전국 신문이나 외국의 신문을 읽으세요. 다양한 TV 뉴스 프로그램을 보고 최신 정보를 알아두세요. 아이디어를 기록하고 관련된 조사를 하세요."

벼룩시장, 소셜 미디어

오늘날 크레이그리스트 같은 온라인 벼룩시장이나 페이스북 같은 소셜 미디어가 폭발적인 인기를 얻고 있다. 우리는 소셜 미디어가 가족이나 친구들과 연락하기 좋은 도구라는 것을 알고 있다. 그러나 그것이 용도의 전부가 아니다. 그것은 또한 지역의 최신 정황을 알게 한다. 당신보다 잘 아는 사람들과의 인맥을 잘 활용하라. 온라인 토론에 참여하라. 그런 사이트를 매일 체크하고 친구들과 계속 연락을 하도록 하라. 소셜 미디어 사이트는 스토리 아이디어나 소재의 보물창고일 수 있다. 한 친구가 딸기 축제가 있는 것에 대해서, 혹은 지휘봉 돌리기 대회나 미인 대회나 중요한 정치적 집회가 있는 것에 대해 알고 있을 수 있다. 당신이 항상 준비가 되어 있다면 바로 달려 나가서 취재를 할 수 있다. 연결을 유지하기 위해 페이스북이나 트위터 같은 도구를 사용하라. 예상치 못했던 놀라운 스토리로 당신을 이끌지도 모른다.

중환자실: LA 커넥션. 세계적인 인터넷 벼룩시장 사이트인 크레이그리스트는 스토리 아이디어의 보고일 수 있다. LA타임스는 크레이그리스트의 '놓친 연결' 섹션을 소재로 아예 하나의 시리즈를 만들었다. 그 섹션에서는 사람들이 우연히 마주친 어떤 사람과 실제로 '연결'해보고 싶다는 광고를 게재한다. 예를 들어 지하철에서 눈이 마주쳐 서로 미소를 지었는데 실제로 만나고 싶다는 그런 광고를 올리는 것이다. 이런 놓친 기회에 관한 그 시리즈의 제목은 'ICU(I See You)'로서 사랑, 욕망,

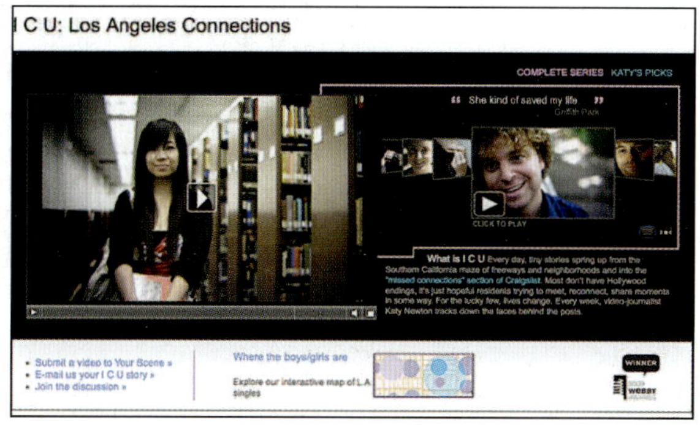

▲ ICU: LA 커넥션.

▲ **ICU: 내가 차로 친 멋쟁이 남자.** 이것을 만든 비디오 저널리스트는 크레이그리스트의 '놓친 연결' 섹션에서 이 주인공을 알게 되었다.(제작: 케이티 뉴튼)

상실, 비밀 등의 감정이 등장하며, 가슴 찡한 것에서부터 우스꽝스러운 것까지 다양하다.

그 프로젝트의 제작자인 비디오 저널리스트 케이티 뉴튼은 아이디어의 계기를 이렇게 말했다. "친구가 한 명 있었는데, 수 주 동안 매일 같은 시간에 한 남자를 만날 희망을 품고 트레이더조 식료품점에 갔었죠. 그 남자가 구입한 야채만을 기준으로 자신의 완벽한 짝일 거라고 생각한 것이죠." 케이티는 "크레이그리스트의 '놓친 연결' 섹션을 들어본 적이 없었어요. 하지만 다음 날 그것을 확인했을 때 나의 첫 반응은 그 목록 중에 많은 것이 정말 인간적인 스토리라는 것이었어요. 드라마가 있었고, 강한 욕구를 가진 공감 가는 캐릭터들이 있었어요."라고 설명한다.

그 스토리들이 자체적으로 강력한 내러티브를 가지고 있다는 사실이 뉴튼으로 하여금 정규적인 온라인 비디오 시리즈를 기획하게 했다.

뉴튼의 제안을 편집장이 수용한 후 그녀는 매일 아침 일찍 일어나서 '놓친 연결' 섹션을 읽고 수백 개의 글에서 추려내는 작업을 시작했다. "그들이 그 광고를 쓰는 방식만으로 나는 누가 좋은 스토리가 될지 알 수 있었어요. 그래서 하루에 10여 명

의 사람들에게 이메일을 보내고, 두어 명에게서 회신을 받고, 다시 전화 통화를 한 후에 최종 선택을 했지요."

뉴튼은 "놓친 연결에서 나온 이 내러티브들은 완벽한 자체적 기승전결을 가지고 있어요."라고 말한다. 예를 들어 뉴튼의 스토리 중 하나는 자전거 타고 가는 한 남자를 자기 차로 친 여자에 관한 것이다.

처음은 일상적인 하루다. 한 여자가 주유를 하기 위해 들어서고 있고 그 순간 꽝! 그녀는 무엇인가를 혹은 누군가를 쳤다. 이때 관객은 궁금하게 생각한다. 그녀가 친 게 무엇일까? 그때 그녀는 재미있는 코멘트를 한다. 관객은 그 여자의 말 내용에 놀란다. "난 아기를 친 줄 알았어요." 그러고는 사실이 드러난다. 자전거를 탄 남자를 친 것이다. 그 남자가 화를 내거나 상당히 다쳤다고 생각할지 모른다. 그 두 사람은 서로 미워하게 될 수도 있다. 그 대신 반전이 있다. 그 남자는 화를 내는 게 아니라 오히려 운전한 여자를 걱정한다. 이것은 그 여자뿐 아니라 관객에게도 반가운 놀람이다. 한 순간에 그 가해자 여자는 자신이 늘 찾던 그런 종류의—자신의 안녕보다는 다른 사람을 먼저 챙기는—남자를 만난 것이다. 그런 사람을 만나고 싶어 하지 않는 사람이 어디 있겠는가? 물론 그 스토리의 결말은 두 사람이 영원히 행복하게 같이 살았다는 것이 아니라, 주인공이 만나기를 꿈꾸어 왔던 그런 사람을 만났다는 것이 중요하다. 묘하게도, 그 남자는 사라져버렸다. 이제 그 젊은 여자는 궁금하다. 이 꿈의 남자와 연락할 방법을 전혀 모른다. 그래서 그녀는 크레이그리스트의 놓친 연결 섹션에 광고를 올리게 되었다.

그래서 그 스토리는 욕구(이상적 남자)에서 출발하고, 반전이 있고, 그 욕구를 만족하고 그렇게 마무리된다. 뉴튼에 따르면 그해 제작된 ICU 시리즈의 52개 스토리 전부가 정도의 차이는 있겠지만 이와 같은 구조를 가지고 있다.

뉴튼은 돌이켜 보면 그 시리즈는 성공했다고 말한다. 많은 시청자가 호의적인 메일을 보내왔다.

분명 그 스토리 시리즈의 성공은 모든 사람이 근본적으로 누군가와 연결하고 사랑을 찾고 싶어 한다는 사실 때문이다. 사랑을 원하는 것은 보편적 주제다. 그래서 우리 모두는 그 인물들의 놓친 기회 이야기에 공감할 수 있다.

크레이그리스트 외에도, 당신이 생각할 수 있는 모든 주제에 대해 블로그나 웹사이트를 찾아보라. 지금 이 글을 쓰는 시점에 인터넷에 1억 2천5백만 개의 블로그가 있고, 5억 명의 페이스북 사용자가 있으며, 2억 5천5백만 개의 웹사이트가 있다. 당신이 생각하는 어떤 주제이든 구글이나 야후, 빙 등에서 검색하면 스토리의 가능성을 상당히 발견할 수 있을 것이다. 한 주제에 대해 전 세계적으로 조사할 수도 있고, 전국적으로 할 수도 있고, 아니면 당신이 사는 지역에 국한해서 할 수도 있다. 효율적인 조사로 당신의 토픽을 연마하는 법을 전문가들에게서 배워라.

당신의 스토리에 필요한 사실을 체크하기 위해서도 웹 검색을 활용할 수 있다. 혹은 인터뷰할 대상을 찾거나 연결하기 위해 그 방법을 쓸 수도 있다. 한 연구에 의하면 89%의 저널리스트가 조사를 위해 블로그를 방문하며, 65%가 페이스북이나 링크트인 같은 소셜 네트워크를 방문하고, 61%가 위키피디아를 이용하며, 52%가 트위터 같은 마이크로블로그를 한다.

게시판

쓸 만한 스토리를 찾기 위해서는 항상 관찰을 해야 한다. 게시판이나 전단이 붙은 전신주를 그냥 지나치지 말고 최소한 대충이라도 훑어보라. 아마도 전신주 하나에 최소한 스토리 하나는 있을 것이다. 이웃이 돌리는 전단을 받아보고, 클럽이나 단체

▶ **집 없는 팀.** 스콧 스트래잔트가 이 노숙자 축구팀에 대해 알게 된 과정은 귀와 마음을 항상 열어둠으로써 소재를 발견한 좋은 예다.(스콧 스트래잔트, 시카고트리뷴)

▲ **불확실성의 시대.** 실비아 콜맨이 포도주잔을 들어 해티 브라운의 성찬 예배를 돕고 있다. 사진사가 같은 교회 사람들을 돕는 이 여자에 대한 스토리를 제안했을 때 한 동료는 그 여자의 행동을 노인 문제 전반과 결부시켜 폭넓게 생각해 보라고 권했다.(사진 촬영: 조쉬 멜처, 로아노크타임스)

등의 이메일 리스트에 가입하여 어떤 일이 벌어지는지 알아보라. 종종 당신은 어떤 단체의 활동에서 진짜 흥미 있는 이야기를 끌어낼 수 있다.

즉흥적인 발언에 귀 기울여라

당신의 스마트폰에서 1초만 눈을 떼라. 스토리는 당신이 매일 움직이는 환경 속에 숨어있을 수 있다. 항상 깨어있고 주변을 관찰하라.

시카고트리뷴의 사진 저널리스트인 스콧 스트래잔트는 자신의 안테나는 항상 세워져 있다고 말한다. "일상적인 촬영 취재를 할 때 난 항상 동시에 사람들이 하는 말에 귀를 기울여요. 난 동네에서 나오는 모든 출간물의 광고문을 읽어요, 끊임없이 아이디어를 찾는 거죠. 내 신문사에서는 그냥 간단한 스토리라고 생각하는 것에서 나는 극적인 각도를 찾아서 강력한 오디오 슬라이드쇼를 만들기도 해요. 나는 그냥 지나가는 아이디어도 결코 가볍게 보지 않아요."

예를 들어, 스트래잔트는 크리스마스 선물 스토리를 위해 근처 동네의 노숙자 보호 시설에서 생활하는 한 가족을 취재했다. 그 보호소의 야간 관리인이 시설을 간단하게 둘러보게 해주었고 스트래잔트는 인물 사진들을 찍었다. 그는 "나오는 길에 그 관리인이 말했어요. '노숙자 축구라고 들어보셨나요? 노숙자 축구 월드컵이라는 게 있어요. 그리고 일리노이 주에 아직 팀이 없지만 우리가 준비하고 있어요.' 그래서 물론 나의 스토리 전구가 번쩍 켜졌죠."라고 말한다.

스트래잔트는 이후 수개월 동안 일리노이 보호소 팀을 따라다니며 사진을 찍고 인터뷰를 하고 주변 음향을 녹음했다. 그는 그것이 완벽한 스포츠 스토리였다고 말한다. 그들은 성공할 것인가, 실패할 것인가? 그들은 훈련했고 땀 흘렸고 열심히 달렸다. 물론 그들의 시즌에 부침은 있었다. 여러 번 졌고 부코치의 죽음도 있었다. 그러나 그 팀 멤버들은 계속 분투했다. 노숙자로서의 개인 문제들을 여전히 안고서 말이다.

철길 건너기

최고의 스토리를 찾아내기 위해서 매일 하나씩 스스로 불편한 일을 하라. 모르는 동네에 가서 전혀 모르는 집단의 모임에 참가하라. 거기서 명함을 나눠주어라. 앉아서 거기 있는 사람들과 이야기를 나누어라. 그들의 삶과 그 커뮤니티에 어떤 일이 있는지 물어보라.

그들에게 지금 중요한 것은 무엇인가?
무엇이 혹은 누가 흥미 있는 스토리의 주인공이 될 수 있겠는가?
그들의 삶에서 뉴스 매체가 다루지 않은 것이 어떤 게 있는가?
그 지역에 어떤 논란거리가 있는가?
그 커뮤니티에 어떤 캐릭터들이 있는가?
눈에 띄는 사람은? 적응하지 못하는 사람은? 리더는?

당시 로아노크타임스에서 일했던 이 챕터의 공동 필자는 이렇게 말한다. "일이 없는 어느 일요일 아침에 난 가본 적 없는 한 작은 침례교회에 갔어요. 거기서 난 몇 명의 나이 많은 여자들을 예배 중에 돌보는 한 중년 여자를 촬영했어요. 그 여자들 중 일부는 미망인이었고 일부는 남편이 앞쪽에서 일을 보고 있었어요. 그래서 그들은 혼자 앉아 있었지요."

"실비아 콜맨은 그 할머니들이 성경 페이지 찾는 걸 도와주었어요. 그녀는 그들에게 일어서거나 앉아야 할 때를 말해주었고, 성찬 포도주를 마실 때를 알려주었어요. 그 할머니의 상당수는 알츠하이머병이나 치매를 앓고 있었어요.

그 다음 주에, 난 동료인 베스 메이시와 잡담하다가 같은 교회 사람들을 도와주는 그 여자에 대한 심층 스토리를 제안했어요. 메이시는 내게 그 여자의 행동을, 노인 돌보는 문제를, 더 넓게 생각해 보기를 권했지요. 편집장이나 노인 문제 전문가들과의 몇 주에 걸친 논의 끝에 우리는 노인을 자발적으로 돌보는 사람들에 대한 총 9편으로 된 시리즈를 계획했어요. 그것은 버지니아 주 서부의 우리 커뮤니티에 노인 인구가 크게 증가하고 있다는 점에서 시의성이 있었어요. 이런 인구 변화는 질문을 던지게 하죠. '이 급증하는 노인들을 누가 돌볼 것인가?'"

그 첫 일요일 아침에 촬영한 사진들은 최종 프로젝트에 포함되지도 않았다. 그러나 그것들은 다양한 배경의 사람들이 개인적으로 깊이 공감할 수 있는 멀티미디어 시리즈의 촉매가 되었다. '불확실성의 시대'라는 제목을 붙인 그 시리즈는 9개의 비디오 스토리와 사진 갤러리와 상호 작용 요소들로 구성되어 있다. 그리고 그것은 필자가 자주 다니는 곳에서 철길 너머에 있는 낯선 교회를 어느 일요일 아침에 갑자기 방문한 데 따른 우연한 결과였다.

당대의 큰 이슈를 지역화하고 개인화하라

지금 현재의 가장 큰 뉴스거리를 생각해 보라. 그것은 아마 워

▲ **자물쇠공 이야기 및 다른 건강보험 스토리들.** 복잡한 건강보험 문제를 다룰 때 로버트 크룰위치는 몇 명의 개인들에 초점을 맞추었다.(로버트 크룰위치와 윌 호프만, NPR 온라인)

싱턴 시에서 벌어지고 있고 전국 신문에 보도되고 있을 것이다. 혹은 그것은 가장 큰 이민자 커뮤니티에서 발생하고 있을 것이다. 그러나 그것이 어디서 발생하고 있든 그것은 당신이 살고 있는 커뮤니티나 마을에 영향을 미치고 있을 가능성이 크다.

건강보험 개혁 문제는 지속적으로 보도되었다. 그러나 대부분의 보도 영상은 그 이슈와 관련된 중요한 타운홀 회의나 국회에서의 논쟁 장면을 보여주었다. 로버트 크룰위치가 퍼블릭라디오 온라인 방송을 위해 제작한 '건강보험의 네 스토리'는 그 이슈를 인간화했다. 그것은 건강보험 개혁의 영향을 받을 실제 미국인들의 다양한 상황과 관점을 보여주는, 네 개의 서로 다른 스토리였다.

한 스토리에서는 자물쇠 제조공이 나와서 자신은 건강보험이 필요한 적이 없었으며 원하지도 않는다고 말한다. 다른 스토리에서는 한 남자가 집에서 거의 죽을 뻔한 사고를 겪은 후 보험에 가입되어 있었던 것에 감사한다고 말한다.

이러한 다양한 개인들의 스토리는 관객으로 하여금 보험이라는 큰 문제에 실제로 집중할 수 있게 해준다. 그러나 그것들은 더 나아가서 관객이 문제를 이해하고 동일시하게 한다. 더구나 관객은 특정 개인을 통해 그 스토리들을 경험하므로 더 몰입하고 전체를 흡수할 가능성이 크다.

과거에 대한 스토리

과거에 대한 완전한 스토리를 사진만 가지고 만드는 것은 불가능하지는 않지만 쉽지 않다. 그러나 인터뷰, 그래픽, 자료 동영상 등이 있다면 과거 이야기를 하는 것은 훨씬 쉬워진다. 작가들은 항상 과거에 대해 이야기하기를 좋아했다. 그러나 사진가

◀ **그들 자신을 위해.** 과거에 대한 스토리는 그 과거를 촬영하는 것이 불가능하기 때문에 창의적인 이미지 작업이 필요하다. 초상사진, 풍경사진, 정물사진 등이 강한 오디오 스토리를 받쳐줄 수 있다.(벤 몽고메리, 웨이브니 앤 무어, 사진기자 에드먼드 파운틴/ 세인트피터스버그 타임스)

들은 지나간 일과 관련하여 어떤 사진을 찍어야 할지 어려워하는 경우가 종종 있었다. 이제 강력한 멀티미디어 도구의 사용으로, 우리 비디오의 주인공들은 작가가 글로 하듯이 관객을 과거로 데려갈 수 있다.

벤 몽고메리와 웨이브니 앤 무어, 그리고 세인트피터스버그 타임스의 사진가 에드먼드 파운틴은 '그들 자신을 위해'라는 스토리를 만들었는데 그것은 50년 전에 플로리다의 소년 감화원에서 학대를 받았던 사람들에 관한 것이다. 그 사람들은 끔찍한 학대와 처벌 그리고 여전히 남아 있는 트라우마에 대해 이야기한다.

그 남자들의 초상사진과 이제는 버려진 그 감화원의 풍경이 강력한 비디오 인터뷰에 곁들여진다.

장기 프로젝트

지금은 노스캐롤라이나대학교 채플힐 캠퍼스에서 조교수로 있는 채드 스티븐스는 2003년에 웨스턴켄터키대학교의 학생들과 봄방학 워크숍을 실시하기 위해 켄터키 주 동부 석탄광 지역에 있는 마을 화이츠버그를 찾았다. 몇십 명의 학생들과 거기서 작업하던 중에 그는 '산봉우리 제거'라고 불리는 채굴 공정에 대해 처음 들었다. 그것은 석탄 회사들이 지하로 굴을 파지 않고 산봉우리를 폭파시켜서 석탄을 캐는 방식이었다. 스티븐스는 "난 켄터키에서 자랐지만 그런 걸 들어본 적이 없었어요. 그러나 그것을 직접 처음 본 후 전 완전히 바뀌었어요."라고 말한다. 스티븐스는 〈잃어버린 산〉이라는 책을 읽었다. 그 책은 그가 오하이오대학교에서 석사 논문을 쓸 때 바탕이 되었다. "내 프로젝트의 시작은 스틸 사진만으로 그 책의 시각적 버전을 만들고자 하는 것이었어요. 이 과격한 공정을 통해 산이 변하는 것을 상징적으로 표현하고 싶었어요."

그렇게 시작된 것이 이제 7년째 이어지고 동영상 프로젝트로 진화했다. 그는 지금도 촬영하고 있다.

▲ **천 개의 작은 상처.** 시민 불복종의 한 극단적인 예로서, 한 운동가가 환경을 파괴하는 석탄 채굴 방식에 반대하기 위해 십자가의 예수를 모방하고 있다.

코울리버 산에서의 이 첫 비폭력 시위로 풍력 발전 단지를 건설하자는 운동이 주목을 끌었다. 시위자들이 산봉우리 제거 공사장의 굴착기에 몸을 묶었다. 이것을 촬영한 채드 스티븐스는 이 프로젝트를 7년 넘게 수행해 오고 있다.(사진 촬영: 채드 스티븐스)

촬영을 진행하면서 스티븐스는 동시에 기금을 모으기 위해 치열하게 노력했다. 사진가나 영화 제작자에게 지원금을 주는 데가 많이 있다. 일부는 액수가 큰 대신 경쟁이 치열하다. 스티븐스는 몇 개는 땄고 몇 개는 탈락했다. 그러나 그 와중에 영상 사용권을 팔 수 있게 되었다. 그는 그런 운 좋은 일은 전혀 예상하지 못했다고 말한다. 그것은 그의 프로젝트 제작비 충당에 도움이 되었다.

스티븐스는 "난 폭파 동영상을 알자지라나 BBC 등 여러 방송사에 팔았어요. 최근에는 스파이크 리 감독의 영화 〈하느님이 허락하고 강물이 불지 않는다면〉도 있었지요. 예상한 것도, 노력한 것도 아니지만 난 산봉우리 제거 영상이 필요하면 찾아야 할 사람이 되었어요."라고 말한다.

스티븐스는 비록 장기적으로 개인 프로젝트를 하는 것은 재정적으로나 개인적으로 위험 부담이 있다는 것을 알지만, 그는 믿음이 있는 것 같다. "위험을 감수할 때 도움을 주는 것이 우주에 있다고 느껴요. 위험은 보통 어떻게든 보답을 받아요."

유명하고 영향력 있는 사진이나 다큐멘터리 프로젝트의 상당수는 개인적 관심에서 시작됐다. 이런 프로젝트는 쉽지도 않고 돈도 많이 든다. 그러나 재정적으로나 편집 작업에서나 꾸준히 지원해주는 체제가 있다면, 당신은 개인적으로 중요하다고 생각하는 문제를 추구할 수 있을 것이다. 당신이 선택한 주제에 확신과 열정이 있으면 종종 아주 좋은 결과물로 나타난다.

일기를 써라

산호세 머큐리뉴스에서 멀티미디어 저널리스트로 일한 적 있는 리처드 코시 헤르난데즈는 일기를 자주 쓴다. 그는 일기에 메모를 하거나 영감을 기록하고, 현재나 향후 프로젝트 계획을 스케치한다. 헤르난데즈는 "뛰어난 창의적 예술가나 이야기꾼, 작가나 음악가 등에 대해 연구했다면 당신은 상당수가 일기를 꼼꼼히 기록했다는 것을 알 것이다. 에디슨부터 피카소까지 다양하다. 서로 영역이 다르고 스타일도 다르지만 그것들은 그들의 성공에 중요한 역할을 했다. 그것은 나에게도 마찬가지였다."라고 말한다.

▲ **일기.** 리처드 코시 헤르난데즈가 산호세 머큐리뉴스에서 일할 때 썼던, 아이디어 메모용 일기.

그는 이렇게 말한다. "일기를 항상 몸에 지녀라. 규칙적으로 쓰려면 당신은 훈련이 되어 있어야 해요. 산호세 머큐리뉴스에서 일할 때도, 같은 거리를 100번을 지나다녔으면서도 101번째에 어떤 가게나 사람을 보고 스토리 아이디어를 떠올리거나 다음 프로젝트에 사용할 서체를 생각했어요. 그럴 때 기록할 수단이 없거나 습관이 되어 있지 않다면 그런 아이디어를 잊어버렸겠죠. 요즘 같은 시대에, 웹에 정보가 넘쳐나는 시대에 일기 쓰는 것은 더욱 중요합니다."

헤르난데즈는 자신의 경우 편집 단계에서 진척이 잘 안 될 때 일기가 가장 유용하다고 말한다. "아이디어를 상기하기 위해서 일기를 꺼내 보고, 그 순간 쾅! 문제가 해결돼요. 우리가 기억한다고 생각하는 많은 것들이 일상의 압박에 의한 틈새로

베스 메이시 기자가 알려주는 스토리 찾는 팁

로아노크타임스의 최우수 기자 베스 메이시는 어떤 좋은 소재를 찾은 것 같을 때는 전문가를 찾아가 커피 한 잔 하면서 가능성을 타진하고 관련 인물들에 대한 정보를 얻는다. 메이시는 늘 아이디어를 찾아다닌다. 게시판을 훑어보거나 관련 조직의 홍보 담당을 만날 때는 항상 자신의 일정표를 꺼낸다. 사람들을 직접 만나 차 한 잔 하며 이야기를 나누면서 전화 통화로는 얻기 힘든 더 많은 사람들의 이름과 연락처를 얻는다. 그녀는 "당신이 세상에 대해 진정으로 호기심을 가지고 있다면, 충분한 조사와 조정을 거쳐 훌륭한 스토리를 만들어 낼 수 없는 소재는 없어요."라고 말한다.

메이시의 팁은 다음과 같다.

- **호기심을 가져라.** 좋은 스토리를 찾는 것은 돈 벌면서 당신이 흥미를 가진 분야의 학위를 따는 것과 같다.
- **사무실에 있지 마라.**
- **홍보 담당자**도 사실 좋은 정보원이 될 수 있다. 충분히 쑤신다면.
- **당신 자신의 삶을 관찰하라.** 다른 사람들도 같은 경험을 하는가?
- **판단을 유보하라.** 성급하게 결론을 내리지 말고 아이디어가 무르익을 시간을 주어라.
- **늘 대기 상태에 있어라.** 남자 친구는 당신이 찾지 않을 때만 나타난다.
- **벽을 보라.** 게시판, 광고, 행사 포스터 등.
- **친구들이 하는 말이 귀 기울여라.** 다른 사람들의 대화를 엿들어라.
- **공동 작업을 하라.** 당신이 신뢰하며 같이 작업할 수 있는 기자, 사진가, 프로듀서, 편집자 등을 찾아라.
- **당신의 직감을 믿어라.** 당신이 남편/아내에게 어떤 사람에 대한 이야기를 하고 싶어진다면 혹은 뭔가에 대해 깊이 생각하고 있는 자신을 발견한다면 스토리는 바로 거기 있을지 모른다.
- **읽어라.** 그리고 메모를 하라.

필연적으로 빠져나가죠."

또 헤르난데즈는 영감을 얻기 위해 인터넷을 이용한다. 그는 "오프라인 일기 외에도, 당신은 소셜 미디어, 북마크, RSS 피드 등을 이용해서 영감을 주는 정보를 얻고 공유할 수 있어요. 정기적으로 체크하고 싶은 블로그나 웹사이트가 있다면 구글 리더가 구독하게 해주므로 아주 좋아요. 나는 거의 매일 아침에 내 구글 리더로 들어가 새로운 영감을 주는 게 있는지 확인합니다. 더 나아가, 페이스북, 트위터, 그리고 vimeo.com 같은 멀티미디어 사이트에 가서 당신이 존경하는 예술가나 저널리스트의 작품을 보는 것도 좋습니다."라고 말한다.

주인공 찾기

스토리의 주인공은 보통 그 스토리의 성격에 따라 결정된다. 어떤 스토리는 특정 개인이나 가족에 대한 것이다. 또 어떤 스토리는 사회적 이슈에 관한 것이고 당신은 그것을 구체적으로 보여줄 수 있는 토픽을 찾는다. 당신이 선택하는 주제는 관객을 스토리로 끌어들이고 그들이 끝까지 동참할 수 있도록 해야 한다. 그들이 단순한 관찰자로—구경하는 방관자로—느끼면 안 된다. 진정으로 흡인력 있는 주인공(주 대상)을 찾는다면 당신은 거의 절반을 성공한 것이다.

주인공을 선택하기 전에 생각할 세 가지

오픈소사이어티 파운데이션의 사진 및 멀티미디어 코디네이터인 파멜라 첸은 "어떤 한 사람의 인생 역정이 큰 이슈를 축약한 메타포일 수 있다"라고 말한다. 그러나 그 사람을 대상으로 멀티미디어 스토리를 만들기 전에 우리는 다음과 같은 것들을 살펴보아야 한다:

- **첫째,** 이 사람은 그 이슈와 적극적으로 연결되어 있는가, 그리고 시각적으로 단조롭지 않은 일을 하고 있는가?
- **둘째,** 우리가 실제로 접근해서 그의 행동을 기록할 수 있는가? 이 사람은 자신의 얼굴과 목소리를 카메라에 드러낼 마음이 있는가?
- **셋째,** 일정 기간 그를 따라다니며 일상을 기록하는 걸 허락할 것인가?

이 질문들은 액션과 접근성과 시간에 대한 것이다. 모두 성공에 필요한 것들이다. 이 세 가지 중요한 기준을 만족하지 못한다면 그 이야기를 하는 다른 방법을 찾아야 한다.

가능한 대상과 잡담을 나누라

워싱턴포스트의 비디오 촬영가인 이블리오 콘트레라스는 어떤 행사에 대한 비디오 스토리를 위해 촬영할 때 종종 촬영하기 전에 사람들과 가볍게 잡담을 나눈다고 말한다. 이것은 두 가지 좋은 점이 있다. 하나는 그 스토리에 대해 더 잘 알게 된다는 것이고, 또 하나는 비공식적 예비 인터뷰를 함으로써 나중에 누구를 공식 인터뷰할지 결정할 수 있다는 것이다.

"난 내가 파견된 곳, 일반적으로 갈 것으로 예상하는 곳으로 가지 않아요. 주된 사건이 벌어지는 곳이 아니라 그 주변을 선호합니다. 주된 스토리가 있는 곳에는 흔히 스토리를 찾기보다는 짧은 인상적 코멘트만을 원하는 사람이 너무 많아요. 그들이 원하는 것은 대화가 아니죠.

"나는 사람들과 대화를 하는 것을 원해요. 그래서 그들과 어울리고…. 그래서 그들이 긴장이 풀고 자기 자신이 되기를 바라죠. 난 그들이 자연스럽게, 인터뷰 질문에 대한 대답이 아니라, 내게 하고 싶은 이야기를 하는 느낌을 원해요."

콘트레라스는 별난 사람, 다른 사람들과 뭔가 다른 점이 있는 사람을 찾는다고 말한다. 손으로 제스처를 많이 하는 사람이 있다면 그는 스토리의 캐릭터가 될 가능성이 있다고 한다. "난 눈에 열정이 보이는 사람을 찾아요."

콘트레라스는 자신을 단도직입적인 기록자로 보이게, 그래서 가능한 한 빨리 일대일 대화를 시작할 수 있게 노력한다. 그는 이렇게 말한다. "난 잡동사니 인터뷰를 좋아하지 않아요. 그런 것은 관객에게 부담이 된다고 봐요. 그리고 그건 흔히 술책이죠. 난 한 번에 한 인물과 상호 작용하는 것이 더 신중한 이야기 방식이라고 봐요. 당신이 하고자 하는 이야기를 미리 확실히 해야 해요."

좋은 캐릭터 찾기

웨스턴켄터키대학교의 팀 브로케마 교수는 이렇게 말한다. "책상 앞에 앉아서 '흠, 이런 캐릭터를 어디서 찾을 수 있을까'라는 식으로 궁리해서는 안 된다. 휘어잡는 캐릭터는 현장에 나가서 질문들을 하는 도중에 당신에게 나타난다. 딱 맞는 인물을 찾을 때까지 많은 인물들이 당신의 삶에 들어왔다 나가게 하라. 별로 좋지 않은 선택에서 빠져 나오지 못하는 초보 비디오 작가가 너무 많다. 그들은 '이 정도면 적당하다'고 생각하는 캐릭터에 안주한다. 그러나 '적당한' 정도로는 되지 않는다. 뛰어난 달변이면서 시각적으로 당신의 토픽에 적합한 사람은 매우 드물다. 관객의 주의를 붙들고 놓지 않는 그런 캐릭터는 스토리의 중심이다. 그래서 캐릭터를 찾는 과정은 극히 중요하다. 매력적인 캐릭터는 하느님이 준 선물과도 같다."

퍼블릭라디오 방송. 퍼블릭라디오 인터내셔널(PRI) 웹사이트를 위한 〈디스 아메리칸 라이프〉의 '역사에 기록되다'에서 이라 글라스와 그의 보도팀은 고등학교 졸업 앨범 사진 촬영장을 방문하여 그날 찍은 한 장의 사진이—그 졸업생을 특별히 대변한다고 할 수 없는 그 한 장의 사진이—영원히 그 졸업생의 역사적 기록이 되는 것에 대해 이야기해보고자 했다. 이라 글라스는 시청자에게 수십 장의 앨범 사진을 보여준다. 그러고는 거기서 여섯 명의 인터뷰 대상 학생을 선택한다. 학급 사진을 찍는 날, 글라스는 앨범에 영구한 사진을 남기는 것의 의미에 대해 이야기하며 그 학생들이 마음을 터놓게 했다. 그 학생들은 남자 친구, 가십, 후회하는 일들 등에 대해 토론했다. 그들은 멋진 캐릭터들이고 무작위로 선택된 게 전혀 아니다. 그들은 모두 말을 잘한다. 그들은 수줍어하지 않으며 글라스의 코멘트와 질문에 대응하는 것을 즐긴다.

캐릭터가 이야기하는 스토리의 좋은 예를 내셔널 퍼블릭라디오(NPR)의 주간 프로그램 〈스토리부대〉에서 많이 들을 수 있다. 〈스토리부대〉는 비상업 프로그램으로서 사람들이 자신의 삶에 대해 이야기하는 것을 기록한 것이다. 제작팀은 캠핑트레일러에 라디오 부스를 설치하고 전국을 다니면서 자원자를 초빙한다. 그 자원자는 친구를 인터뷰하거나 친척과 잡담하거나 아니면 그냥 자신의 이야기를 한다.

잘 만든 라디오 스토리의 예는 〈디스 아메리칸 라이프〉나 〈라디오랩〉에서 더 많이 들을 수 있다.

외향적인 사람을 찾아라

볼티모어 WBFF-TV 방송국의 대런 둘라흐는 캐릭터를 찾는 문제를 이렇게 말한다. "희망컨대, 좋은 캐릭터는 역동적이고 개방적이며 자신의 생각을 말하는 것을 두려워하지 않는 사람이다. 관객은 일반적으로 그런 외향적 사람들에게 더 관심을 가진다. 물론 우리가 만나는 사람은 모두 다르다. 그러나 나는 직감적으로 '진짜' 사람을 찾는 것을 터득했다. 자신이 말하는 것에 대해 진지할수록 그들의 메시지는 TV 화면 밖으로 빛난다. '감'을 잡거나 올바른 방향을 찾기 위해 난 바로 뛰어들어 지나가는 거의 모든 사람에게, 카메라 없이, 한두 질문을 던진다. 아… 그리고 우리는 홍보 담당관이나 양복 입은 딱딱한 사람을 주인공으로 하는 건 항상 피하려고 노력한다. 그런 것은 진지함과는 거리가 멀다."

마리오 포라스의 장편 다큐멘터리 '달려 할머니, 달려'에서 주인공 도리스 해독은 90대 중반의 나이에 버몬트 주 상원의원

▲ **달려 할머니 달려.** 90대 중반의 도리스 해독이 버몬트 주 상원의원에 출마한 동기를 설명한다. 그녀의 캐릭터는 훌륭하다.(사진 촬영: 마리오 포라스)

선거에 출마한 동기를 유창하게 설명한다.

그녀는 영화 상영 시간 내내 관객을 자신의 희로애락에 동참시킨다. 그녀는 개방적이고 말을 잘하며, 현대 정치가의 고정관념을 깨는 시도를 하면서 종종 매우 웃긴다.

가장 '인터뷰할 만한' 캐릭터는 카메라를 싫어하지 않는다. 싫어하기는커녕 좋아할 수도 있다. 그들은 자신의 경험에 대해 분명하게 그리고 흥미 요소를 잊지 않고 말한다. 또 당신은 인터뷰할 만한 사람일수록 당신이 질문했을 때 더 많은 것을 제공한다는 것을 발견할 것이다. 그들은 마치 당신이 원하는 것이 무엇인지 알고 있는 듯하다.

인터뷰를 너무 많이 한 사람들이 있다. 그들의 말은 종종 암기된 것처럼—경구처럼—들린다. 정치가나 공적 인물들이 흔히 이런 범주에 속한다. 당신이 그런 사람을 인터뷰해야 하는 상황이라면 미리 계획을 세워 일반적이지 않은—경구 같은 대답을 초래하지 않을—질문을 하라. 90대 할머니 정치가 도리스 해독을 상기하라. 그 혈기 왕성한 여성 정치인은 분명 그런 범주에 속하지 않는다.

스토리의 가능성을 평가하기

매체가 무엇이든 모든 스토리는 다음과 같은 것을 고려해야 한다. 강한 캐릭터, 극적 긴장, 기억에 남는 것, 시각적 충격, 감정이입, 넓은 어필, 좁은 집중, 협조적인 인물들, 그리고 무리하지 않은 마감일. 다음과 같은 질문들을 해보는 것도 좋을 것이다. 이 스토리는 인간 존재에 대해 무엇을 말하는가? 이것은 시각적으로 흥미 있는 스토리가 될까? 이 스토리는 많은 관객에게 어필할 수 있을까? 관객을 끌어들이기 위해 이 스토리는 어떤 감정을 부각하는가?

강한(휘어잡는) 캐릭터?

당신의 온라인 스토리에서 강한 캐릭터란 모두가 어울리고 싶

▲ 이안 피셔: 미국 군인

어 하는 친구와 같다. 그들은 웃기고 설득력 있고 이야기를 잘 한다. 그들은 우리를 즐겁게 하고 깨우치고 그들의 스토리에 집중하게 한다.

우리는 이라크와 아프가니스탄의 전쟁을 취재한 온갖 종류의 스토리를 보았다. 전투 현장의 액션, 회복, 고향의 가족들, 심지어는 전쟁에서 소비한 돈의 분석까지. 크레이그 워커의 퓰리처상 수상 스토리 '이안 피셔: 미국 군인'은 강한 주인공 캐릭터를 포함하여 이 모든 요소들을 가지고 있다. 10개 부분으로 되어 있는 이 비디오 스토리는 한 보통의 미국 군인인 이안 피셔가 입대하고, 훈련받고, 전장으로 가고, 그리고 돌아오는 행적을 따라간다. 내러티브는 힘이 있고 피셔 및 그의 부모와의 인터뷰는 솔직하다.

이 작품의 스토리 구조는 고전적이다. 그것은 시간 순서대로 진행되며 삶의 중요한 변화를 겪는 피셔를 따라간다. 그러면서 예상 외 전개와 반전, 상승과 하강, 작은 실패와 성공 등이 관객의 주의를 붙들어놓는다. 더구나 이 스토리는 파병된 군인이 있는 모든 미국 도시와 마을이 보았다. 그래서 이 스토리는, 한 군인의 눈을 통해 이야기함으로써, 그 군인들이 누군지, 개

◀ 조지아 주 포트베닝에서 입대 절차를 밟으면서 이안 피셔가 다친 팔꿈치를 감싸고 있다. 나중에 생각을 바꾸기는 했지만, 그는 도착한 지 이틀 만에 달아날 생각을 했다. 군복을 입은 첫날부터 이라크에서 지프차를 운전할 때까지 군대 생활은 종종 그의 기대와 상충했다.(사진 촬영: 크레이그 워커, 덴버포스트)

▲ 훈련 마친 것을 상징하는 배지를 받으면서 이안이 잔뜩 긴장하고 있다. 훈련 교관 엘드리지는 주먹으로 쳐서 배지를 고정시킨다. 엘드리지는 "가슴을 정통으로 가격하죠. 구멍이 두 개 생기고 피가 흐릅니다."라고 말한다. 한 하사가 의식을 마치며 이렇게 말한다. "너희들은 이제 자유와 미국식 삶의 수호자다! 전사다!"

◀ 그의 4인 팀이 한 방에서 방어 태세를 갖출 때 이안이 맨 앞에 있다. 이 중대는 3일 동안 진행된 시가 전투 훈련을 하고 있다. 훈련 교관 토미 보샘은 많은 경험을 나눠줄 수 있다. 그는 아프가니스탄에서 한 번, 이라크에서 두 번 복무하였다.

인적으로 어떤 일들을 겪는지를 이해시키는 데 도움을 준다.

워커는 피셔가 고등학교를 졸업할 때부터 그가 돌아올 때까지 27개월을 따라다닌다. 그리고 피셔는 완벽한 캐릭터다. 완전히 개방적이며 흡인력이 있다. 자신의 상황에 대한 통찰력을 제공하며, 이라크에서 복무하는 10만이 넘는 군인들을 대표하는 역할을 한다. 내러티브는 우여곡절이 있어서 관객의 흥미를 유지시키고 이 평범한 군인 주인공에게 어떤 일이 생길 것인지를 궁금하게 한다.

끝으로, 이안의 이야기는 사회 현안과 관련 있고, 피셔가 전쟁에 대해 느끼는 것, 참전과 귀향에 대해 느끼는 것을 잘 반영하고 있다. 이 인상적인 작품은 근래 미국 역사에서 가장 큰 사건, 가장 큰 이슈라고 할 수 있는 것에 인간의 얼굴을 부여한다. 그것은 당대의 가장 중요한 스토리를 근거리에서 개인의 시선으로 본다.

▲ 이안이 카운슬링 도중 욕구불만을 드러내고 있다. 주말을 집에서 보내고 늦게 귀대한 게 두 번째이고, 이번엔 마약 문제를 자수했다. 이후, 이안이 말을 잘 안 들어 군대에서 쫓겨날 위기에 처했다. 사령관은 대신 그의 계급을 강등했다. 그건 불명예지만 새로운 출발이었다.

▲ 이라크에서 돌아온 지 3일 후 이안과 데빈은 혼인 허가 신청을 한다. 그 한 시간 뒤 그들은 한 조용한 법정에서 결혼식을 올렸다. 돌아오는 차 안에서 이안은 음악 소리를 줄이고 이렇게 말한다. "이라크에서 상담할 때 다들 고향에 돌아가면 삶은 너 꿈대로 되지 않을 거라는 말을 들었죠. 하지만 전 꿈 목록에서 하나는 체크했어요."

극적 긴장?

미디어스톰에 올라 있는 마이클 니콜스와 J. 마이클 페이의 '상아 전쟁'은 종종 상아 때문에 차드의 국립공원 안팎에서 포획되고 있는 코끼리의 보호에 대한 스토리다. 물론 이 밀렵 문제는 그 자체로 중요하지만, 관객을 끌어들이기 위해서는 내러티브가 필요하다. 그 제작자와 감독들은 국립공원의 종합 보고서 안에서 내러티브를 찾았다. 그들은 연구자들이 추적 장치를 단 애니라는 이름의 코끼리 한 마리에 집중했다.

이제 그들의 스토리는, 여전히 밀렵과 자연 보호에 관한 것이지만, 추격의 요소를 가지게 되었다. 그들은 그 코끼리의 모든 움직임을 추적하는 연구자들을 따라가면서 동시에 안전한 자쿠마 국립공원 밖으로 그 코끼리가 나오는 즉시 죽이려는 밀렵꾼들을 따라간다. 애니가 한 쪽으로 움직인다. 긴장이 고조된다. 애니가 또 다른 쪽으로 움직이고, 그것이 물을 찾아서 그 지역을 돌아다님에 따라 우리는 더 몰입하게 된다. 마침내 관객은 애니가 밀렵꾼들의 총에 맞았다는 것을 알게 된다.

애니에게 무슨 일이 생길지 알 수 없다는 긴장감이 바로 관객의 주의를 붙들어두는 것이다. 감독이 만들어내고 고조하는 그 극적 긴장은 관객을 데리고 다니는 일종의 차와 같다.

▲ **상아 전쟁.** 밀렵에 대한 스토리. 극적 긴장이 있다.(사진 촬영: 마이클 니콜스)

협조적인 인물?

스토리를 실패하게 하는 장애물 중 하나는 등장인물이 스토리를 끝내야 하는 필요성에 장단을 맞추지 못하는 것이다. 이 장애물은 당신이 초기에 처리해야 하는 것이다. 당신의 캐릭터는 당신을 그냥 인물 사진 한두 장 찍고 가는 사진가로 생각할지 모른다. 그러나 사실 당신은 그 사람 주위에서 많은 시간을 보낼 계획을 가지고 있다. 당신은 인터뷰를 여러 번 하려고 하며, 몇 차례 재방문할 것이다. 당신이 촬영할 사람들과 일찍 대화를 나누어서 당신이 기대하고 있는 게 어떤 것인지 그들이 충분히 알 수 있게 하라.

마찬가지로, 당신은 당신의 스토리가 얼마나 깊이 파고들지에 대해서도 대화를 해야 한다. 이것은 미묘한 문제이고 그래서 당신은 상대방이 영역을 침해받는다고 느끼지 않도록—그래서 심층 스토리를 만들 가능성을 망치지 않도록—조심스럽게 접근해야 한다. 즉 상대를 겁먹게 하지 말라는 것이다.

달라스 모닝뉴스의 소냐 허버트는 희귀한 선천적 질환으로 신생아를 잃는 한 부모에 대한 감동적인 스토리를 제작했다. 허버트는 그 가족의 신뢰를 얻었다. 그들은 아들이 실제로 죽어가는 걸 곁에서 촬영하는 것을 허락했다. 죽음의 순간을 촬영한다는 것은 가족 구성원들과 강한 신뢰를 쌓았음을 보여준다.

첫날부터 자신의 모든 것을 내놓길 요구함으로써 겁먹고 달아나게 하는 것과 좋은 스토리를 위해서는 전적인 협조가 필요하다고 철저히 솔직하게 이야기하는 것 사이에는 미묘한 균형이 있다. 전에 언급한 적 있는, 멀티미디어 제작자이자 선생인 봅 사챠는 제작 초기에 솔직해지고 싶어 한다. "난 사람들에게 말해요, '전 당신에 대해 정확하게 이야기하고 싶어요. 그래서 여기서 최대한 많은 시간을 보내고 싶습니다.' 난 그 일이 사람들에게 긍정적이고 기분 좋은 경험이 되기를 원해요. 기본적으로 그것은 사람들과 좋은 관계를 쌓는 문제예요. 당신은 그들에게 골칫덩이가 되는 걸 원하지 않지요. 하지만 당신은 또한 시간을 낭비하고 별 소득이 없는 것도 원하지 않지요."

사챠는 사람들로 하여금 완전히 참여하게 하려면 종종 끈기가 있어야 한다고 말한다. "당신이 다시 나타나면 그들은 당신이 열심히 노력하는 것에 호감을 가질 수 있어요. 세 번째, 네 번째, 다섯 번째 그들을 방문하면 그들은 이제 당신에 익숙해지고, 나아가 당신이 자신의 이야기에 그렇게 헌신적인 것에 기분이 좋아질 수도 있어요. 그렇게 헌신적인 것을 보여주는 것이 당신이 기다리는 친밀성의 최종 관문을 여는 길이 될 것입니다."

산호세 머큐리뉴스의 멀티미디어 저널리스트 데이 슈가노는 동의한다. "그것은 전적으로 관계를 유지하는 문제이지요. …당신이 일관성이 있고 그 스토리에 열심인 것을 보면 사람들은 대개 당신을 받아들입니다. 사람들이 '그걸 왜 찍어요?'라는 질문을 안 하게 되면 당신은 일단 성공한 것입니다. 좋은 관계를 형성하면 사람들은 오히려 당신에게 먼저 연락을 해서 곧 있을 일을 알려줄 수 있어요. 이것은 물론 당신이 귀찮은 질문을 쉼 없이 해대야 할 필요를 없애주는 것이죠.

특히 처음 만났을 때, 사람들이 무슨 생각을 하는지 알아내는 마법은 없어요. 시간을 들여서 당신이 그 스토리를 만드는 데 필요한 것이 무엇인지 충분히 설명하는 것은 항상 좋습니다. 양쪽 모두의 처음 희망과 달리 상황이 부드럽게 진행되지 않을 수 있다는 말을 하는 걸 두려워하지 마세요.

다큐멘터리를 만들 때는 다음에 무슨 일이 생길지 예측할 수 없어요. 상황은 그냥 발생합니다. 그리고 일이 벌어질 때 허락을 요청할 시간이 정말 없을 수 있어요. 이것이 당신이 기본적인 원칙들을 미리 설명해 두는 게 그렇게 중요한 이유의 하나입니다. 그러지 않았다면 당신이 촬영하는 그 사람은 당신이 선을 넘었다거나 무례하다고 생각할 수가 있지요. 물론 당신은 항상 나중에 왜 그런 민감한 순간을 촬영해야 했는지 설명할

▼ T. K. 록스가 토마스의 심장 박동을 확인해 보고 있다. 아이는 헐떡이다가 한참 잠잠해지는 증상을 되풀이하였다. 록스는 이렇게 말했다. "사랑한다. 아가야, 집으로 가거라. 고맙다. 토마스야, 제발 가거라." 데이드리아가 한숨을 쉬며 "자기 방식대로 하게 내버려둬요."라고 말했다. 토마스가 10분의 침묵 끝에 또 다시 헐떡이기 시작했다. "우리가 할 수 있는 것은 아무 것도 없어요."라고 데이드리아가 말했다.

▲ **'토마스를 선택하다'** 아기 손의 석고 모형을 뜨고 마지막 목욕을 시키기 전에 데이드리아가 그를 안고 화장실 바닥에 앉아 있다. 데이드리아가 "난 엄마가 되는 게 어떤 것인지 알아야 했어. 그건 정말 좋았어. 고맙다. 토마스야, 네가 필요했었어."라고 아기에게 말했다. 비디오 저널리스트는 한 부부의 이러한 사적인 순간을 포착할 수 있었다.(사진 촬영: 소냐 허버트, 달라스 모닝뉴스)

수 있습니다. 그러나 당신이 언젠가는 민감한 영역으로 들어올 수 있다는 것을 그 사람이 알고 있었다면 그들은 그 불편한 순간을 허용할 가능성이 더 클 것입니다."

슈가노는 '찢어진'이라는 스토리를 제작하고 촬영했는데, 이는 부모는 이민자이고 아이는 미국 태생인 한 가정의 부모가 추방 위기에 놓인 것에 대한 이야기다. 슈가노는 그 가족을 거의 1년 동안 따라다녔다. 그는 "난 맏딸이 감정을 터트리는 순간을 포함하여, 스트레스 상황을 많이 촬영했어요. 난 나중에 그 아이에게 왜 우는 걸 찍어야 했는지 설명하려고 했어요. 그럼으로써 그 소녀는 아버지와 강제로 헤어지는 고통을 보여주는 게 왜 중요한지 더 잘 이해하게 되었어요."라고 말한다.

슈가노는 이렇게 덧붙인다. "사람들이 당신에게 따라다니는 것을 허락할 때, 그들이 그것이 정말 무엇을 의미하는지 아는 것이 중요하다. 그렇지 않으면 나중에 큰 오해가 생길 수 있고 그래서 스토리를 망칠 수 있다. 하지만 그렇다고 처음부터 지나치게 꼼꼼하게 기본 원칙들을 규정할 필요는 없다. 대개, 사람들의 삶을 촬영하는 과정은 서로 신뢰하는 관계를 점진적으로 쌓아나가는 과정처럼 자연스럽게 발전한다."

기억에 남는 것?

관객의 흥미를 끌 만큼 좋은 캐릭터와 충분한 드라마를 확보

▲ **찢어진.** 부모가 추방 위기에 놓인 가족 이야기. 촬영자는 이 스토리를 완성하는 데 1년이 걸렸다. 그는 그 가족에게 미리 촬영 과정을 설명했고 그래서 그들은 그를 긴 기간 동안 머무르게 해주었다.(데이 슈가노, 산호세 머큐리뉴스)

했다면, 스토리는 또한 기억에 남을 메시지도 가져야 한다. 스토리가 어떤 교훈을 줄 수 있고, 아니면 그냥 우리가 전에 잘 몰랐던 것을 가르쳐 줄 수도 있다. 스토리는 우리를 웃게 하거나 울게 할 수 있다. 그러나 어떤 스토리든 목적을 가져야 하고, 관객이 마지막 이미지를 보고 난 후에 그것이 마음에 남아 있어야 한다.

시각적 충격 그 이상?

비디오나 멀티미디어 프로젝트에서 스토리가 가장 중요한 부분이다. 그것 없이는 아무것도 없다. 그러나 우리는 시각 매체를 이용하고 있고 그래서 당신의 프로젝트는 시각적으로 뛰어나야 한다. 뛰어난 비주얼은 그 자체로서는 멀티미디어 스토리를 짊어질 수 없지만, 분명히 그것의 질을 높일 것이다.

미디어스톰의 제작자인 에릭 메이어슨은 처음에는 순전히 시각적인 이유로 어떤 스토리에 끌릴 수 있다고 말한다. "뛰어난 이미지를 잘 만들어내는 사람들이 있다. 그것이 그들의 장점이고 그 자체에는 아무 잘못이 없다. 그러나 당신이 저널리스트라면 흥미 있는 비주얼 이상의 것이 필요하다. 스토리가 있어야 한다."

메이어슨이 제작에 도움을 준 '돌보다'라는 스토리는 사진가 질리언 롭이 발견했다. 롭은 그 스토리의 주인공, 몸에 문신을 잔뜩 새긴 22세의 여자 버지니아 갠디를 지하철역에서 처음 보았다. 그 여자에 대한 첫 관심은 순전히 시각적인 것이었다. 그러나 롭은 그 문신한 여자에 대한 스토리를 발견했다. 그 여자는 싱글맘이었을 뿐 아니라 죽어가는 할아버지를 돌보고 있기도 했던 것이다.

메이어슨은 "그것이 그 스토리의 흡인력이었다. 뛰어난 시각적 가능성을 가지는 것 외에도 좋은 스토리는 관객과 연결할 수 있는 내러티브를 가져야 한다. 게다가 이 스토리에는 커다란 모순과 대립이 있다. 갠디는 몸에 문신을 한 거친 여자이지만, 할아버지를 돌본다. 이 대비가 관객을 충격에 휩싸이게 한다."라고 말한다.

▲ **돌보다.** 제작자는 처음에는 버지니아 갠디의 찬란한 빨간 머리와 온몸의 문신에 끌렸지만 그것에 머무르지 않고 더 파고들었다. 갠디는 트레일러에서 죽어가는 할아버지를 돌보며 살고 있었다.(사진 및 비디오 촬영: 질리언 롭, 미디어스톰)

스토리가 시각적 가능성을 가지고 있다는 것은 적어도 몇 장면에서는 스토리를 '말하기'보다는 '보여줄' 수 있다는 의미다. 이런 접근 방식에서는 당신은 스틸 사진가처럼 사고한다. 아니면, '돌보다' 같은 스토리에서처럼 캐릭터 자체에 시선을 사로잡는 어떤 것이 있을 수 있다. 그 처음의 호기심이 당신을 멋진 스토리로 이끌 수 있다. 이야기꾼으로서 우리는 항상 카메라나 마이크로 삶의 순간을 기록할 기회를 노리고 있어야 한다.

당신이 만드는 모든 스토리는 강한 비주얼과 강한 내러티브 사이 어딘가에 있다. 그래서 당신이 해야 할 것의 하나는 당신의 스토리를 어느 위치에 두고 싶은지 그리고 둘 수 있는지 결정하는 것이다. 서류상으로는 시각적 가능성이나 내러티브 가능성이 거의 없어 보이는 것이 뛰어난 결과물로 나타날 수 있다. 이것은 대개 그 사진가나 이야기꾼의 창의적 사고 과정 덕분이다. 어떤 스토리를 포기하기 전에 당신이 해 볼 수 있는 수많은 것들에 대해 생각해보라. 이야기를 하는 방법은 하나만 있는 것이 아니다.

중요한 순간을 포착할 수 있는가?

야니나 마놀라바는 오하이오대학교의 대학원에 재학 중일 때 애팔래치아 지역에서 약물 남용이나 가정 폭력에서 벗어나기 위해 애쓰는 여자들에 대한 일련의 비디오 스토리를 만들었다. 그녀는 그 여자들의 모든 단계—치료 과정, 감옥 방문, 심지어는 그들 집에서의 폭행 순간까지—를 추적했다.

과거에 무슨 일이 있었는지 단순히 인터뷰하는 것도 힘있는 것이 될 수 있지만, 마놀라바는 그 여자들의 스토리를 '말하는' 것보다 '보여주는' 것이 비교할 수 없을 정도로 강력하다는 것을 깨달았다. 그녀는 그들의 이야기를 하기 위해서 약물 사용, 가정 폭력, 혹은 끈적한 가족관계 같은 것들이 실제로 발생하는 상황을 기록해야 했다.

감정이입?

스토리에 감정을 이용해야 한다. 당신의 스토리는 유머, 슬픔, 열정, 분노(몇 가지 예를 들자면) 같은 감정을 잘 파고드는가? 웃기거나 슬프거나 영감을 주는 것이 사람마다 다를 수 있지만, 일부 유형의 캐릭터나 스토리에 대해서는 대부분의 사람이 강하게 반응한다.

안워 사브와 티마 칼릴이 만든 '하무디'에서는 팔레스타인 난민 수용소에서 살다가 폭격으로 두 다리 모두를 잃은 12세의 모하마드 하즈 무사의 매우 솔직한 이야기를 들을 수 있다. 자살 시도를 했던 것에 대한 가감 없는 이야기라든지 가족과 친구에 대한 그의 생각들은 많은 관객이 감정이입할 수 있는 것이다.

관객으로서 우리는 이 아이에게 큰 동정심을 느끼며, 이야기꾼(만든 사람)은 그 아이를 통해 강하고 다양한 감정들을 포획한다.

넓은 어필 또는 틈새 관객

당신의 스토리가 연령대나 인종적 배경이나 경제 수준과 상관없이 많은 사람에게 어필할 수 있다면 그 스토리는 성공할 가

▲ 스테파니(19세)가 갱생 프로그램을 마치고 어머니의 어깨에 기대 울고 있다. 그녀는 마약 때문에 두 아이의 양육권을 상실하였고, 보호관찰관은 그녀에게 약물 치료를 명했다. 그녀는 전 남자 친구(딸의 아버지)와 살 때 마약을 복용하기 시작했다. 그녀는 "그는 늘 날 때리고, 목 조르고, 고함쳤어요. 목에 칼을 갖다 댄 적도 있어요. 참담했어요. 그래서 마약을 했어요. 처음에는 약한 것 조금, 나중에는 옥시콘틴과 헤로인을 했어요."라고 말한다.

▼ **네버랜드.** 패트리샤(27세)가 오하이오 주의 매스필드에서 마약을 피우고 있다. 그녀는 2009년 봄에 갱생 프로그램을 마쳤으나 같은 해 6월에 다시 빠져들었다. 14세에 아버지의 친한 친구인 중년 남자에게 성폭행당한 이후로 그녀는 술을 마시고 마약을 복용했다. 그녀는 "마약상의 아이를 배었고, 임신한 상태로 9개월 동안 치료를 받았어요. 그는 교도소에 있고 아직 아이를 보지 못했어요."라고 말한다.(사진 촬영: 야니나 마놀라바)

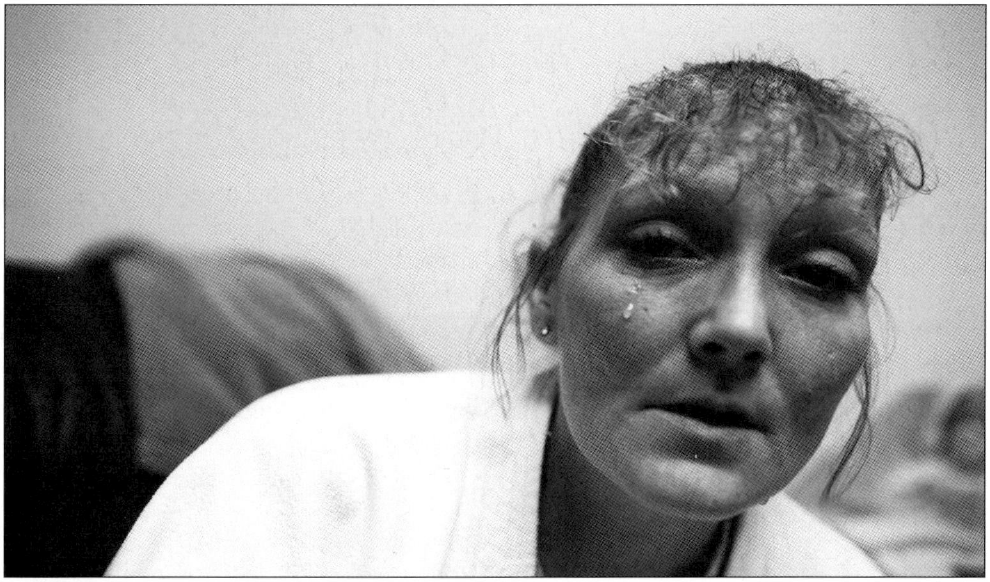

◀ 디애나(33세)가 구세군이 마련해준 임시 거처에서 울고 있다. 그녀는 남편에게 폭행을 당해왔다. 그녀는 아들의 양육권을 잃었고, 약물 치료 프로그램을 마쳤지만 금주를 하지는 못했다. 그녀는 다시 약물 치료 프로그램을 이수하기 위해 대기하고 있다.

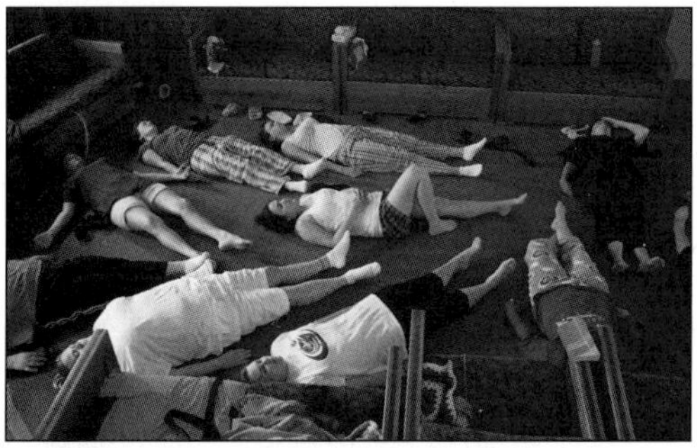

▲ 갱생 프로그램 참가자들이 요가를 하고 있다.

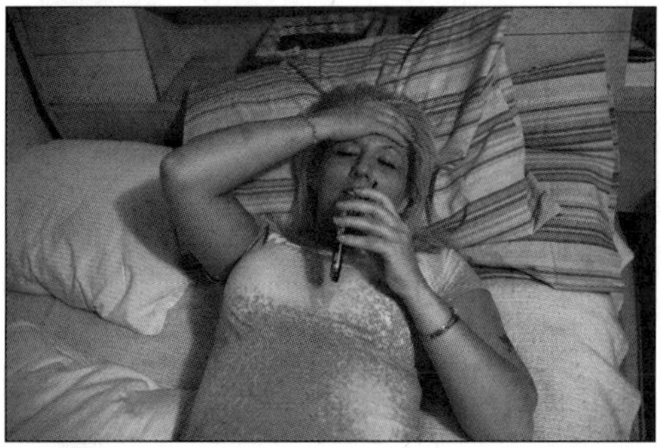

▲ 제시카(27세)가 남자 친구와 통화하고 있다. 그녀는 7개월 동안 잘 참아왔으나 다시 약물을 복용하기 시작했다. 그녀는 여러 명의 남자에게 학대를 당했으며, 세 남자와의 사이에서 다섯 아이를 낳았지만 양육권은 모두 잃었다. 그녀는 갱생 프로그램에 참여했다.

▲ 갱생 프로그램에 2주째 참여 중인 디애나(왼쪽, 33세)가 남편과 아들이 방문하고 난 후 울고 있다. 그녀의 다른 가족 구성원들도 그렇듯이 그녀의 어머니도 알코올 중독자였다. 디애나는 "하루도 빠지지 않고 아침에 일어나면 술을 마시기 시작했어요. 정신을 잃을 때까지 마셨어요."라고 말한다. 오른쪽의 리사(44세)도 남자 친구가 방문한 후 우울해 하고 있다. 그녀도 알코올 중독자이며 이 프로그램에 2주째 참여하고 있다. 그녀는 6세 때 아버지에게서 성폭행을 당했다. 마약 중독자인 남편도 그녀를 성폭행했고, 아이가 셋 있는데 그들도 모두 마약 중독자다. 그녀는 "내가 그들 아버지를 떠나자 그들도 날 떠났어요. 그 뒤로 난 술을 더 많이 마셨어요."라고 말한다. 뒤의 왼쪽에 있는 한나(29세)는 자신을 방문한 어머니와 이야기하고 있다. 그녀의 알코올 문제는 15세 때 시작되었다. 어릴 때 그녀는 아버지에게 폭행을 당했다.

◀ 데스티니(4세)가 양아버지의 차에서 포즈를 취하고 있다. 그녀의 생물학적 아버지는 마약중개인인데 최근에 교도소에서 나왔다. 그녀는 그를 본 적이 없다. 그녀의 어머니 패트리샤는 약물 치료 프로그램을 이수했다. 그러나 다시 거리로 돌아갔다. 데스티니는 조부모와 살고 있다. 그녀는 "왜 엄마는 항상 날 떠나요? 엄마는 절대 다시 떠나지 않겠다고 약속했어요."라고 말한다.

▲ **하무디**(감독: 안워 사브/ 제작: 티마 칼릴)

능성이 크다. 폭넓은 호소력을 가질수록 다양한 배경의 사람들이 당신의 스토리에 흥미를 느낄 것이다. 모든 사람이 당신의 작품에 관심을 가지기를 기대할 수는 없다. 그러나 어떤 토픽을 밀고나갈 때 당신은 충분히 많은 관객이 관심을 가질지에 대해 생각해야 한다.

당신은 넓게 어필하는 것을 원하는가, 아니면 적은 수의 틈새 관객을 대상으로 하는가? 적은 관객을 의도하고 있다면 당신은 그런 관객에게 어필할 수 있는 세부적인 묘사를 더하는 것이 좋을 것이다. 많은 관객에게 접근하는 것이 의도라면, 얼마나 그 주제를 깊이 있게 혹은 세부적으로 다룰지 잘 생각해야 한다.

높은 클릭 빈도. 미어디스톰의 창립자 브라이언 스톰은 이렇게 말한다. "당신의 작품을 시장에 성공적으로 내놓기 위해서는 둘 중 하나를 만들어야 한다. 하나는 유튜브에서 5천만 히트를 기록하는 짧고 웃기는 것을 만드는 것이고, 또 하나는 다르푸르 사태에 대한 최고의 스토리를 만드는 것이다. 당신이 원하지 않는 것은 이거도 저거도 아닌 어중간한 것이다."

미디어스톰이 관객을 끌어들이는 데 상대적으로 성공한 이유는 그 사이트의 스토리들이 바이러스와 비슷하기 때문이라고 스톰은 말한다. "우리는 사람들이 이 스토리들을 보고 너무 감동을 받아서 그들의 트위터나 페이스북에 다시 올리기를 바라죠. 한 명이라도 대단히 큰 바이럴 효과를 낼 수 있어요. 그러나 스토리가 애초에 감동적이지 않았다면 그런 일은 발생하지 않을 것입니다."

당신은 충분히 집중적인가?

모든 행사에 참여해서 대략적으로 취재하거나 이것저것 촬영하는 것, 모든 사람을 조금씩 인터뷰하는 것 등은 하지 마라. 초점을 찾고 거기에 집중하라.

▲ **스도쿠 마스터.** 템플린은 스도쿠 대회의 이야기를 하면서 두 명의 인물에만 집중했다.(제작: 제이콥 템플린)

Time.com에 올라있는 '스도쿠 마스터'의 제작자 제이콥 템플린은 스도쿠 선수권 대회를 취재했다. 그는 그 행사의 모든 것을—흥미 있는 캐릭터들이 많고 시각적으로 풍부하기는 하다—보여주기보다는 전 챔피언이며 친구 사이인 두 선수에 집중한다.

그들의 경쟁과 우정은 진부한 이야기가 될 수 있었던 것에 초점을 제공한다. 반복하자면, 주어진 소재 안에서 인간적 관심사에 집중하는 것이 효과적이다.

합리적인 마감일?

많은 스토리들이 엄격한 마감 시한 때문에 몇 시간 만에 만들어지기도 한다. 반면 다른 것들은 몇 년, 심지어는 몇 십 년에 걸쳐 완성된다. 당신의 스토리는 당신의 스케줄과 맞는가? 종종 편집장들은 짧은 것이라도 촬영하고 편집하는 데 엄청난 시간이 걸린다는 것을 잘 모른다. 당신이 경험이 별로 없다면 시간은 더 걸릴 것이다. 저급한 스토리를 만드는 것은 쉽고 간단하지만 뛰어난 걸 만드는 것은 빠르지도 단순하지도 않다. 그래서 잘 생각하고 계획을 세워라. 전체 제작 과정이 얼마나 걸릴지 미리 계산을 하라.

감독이자 제작자인 태거트 시겔은 장편 다큐멘터리 '농부 존의 진짜 흙'을 수십 년에 걸쳐 만들었다. 그는 한 대학 동창을 1980년대부터 촬영하기 시작해서 스토리가 마무리되었다고 느낄 때까지 계속했다. 그는 주인공의 삶의 주요 전환기들을 기록했다. 그는 그 대학 동창이 1980년대 농가경제 위기를 겪을 때 따라다녔다. 그는 그가 생활방식 때문에 동네 사람들과 심한 마찰이 있었던 것도 기록했다. 그리고 그는 마침내 그 주인공이 공동체 지원 농업을 크게 일으켜 성공하게 된 것을 기록했다. 그 농업은 현재 시카고 지역의 많은 가족들에게 도움이 되고 있다.

태거트 시겔의 경우처럼 당신은 스토리가 언제 어떻게 끝날지 알 수 없어서 종료일을 정하지 못할 수 있다. 결과적으로 보면, 그런 스토리는 대개 매우 흥미진진하다. 관객은 인물의 삶이 펼쳐지는 것을 만든 사람이 지켜본 것과 마찬가지로 지켜본다.

▲ **농부 존의 진짜 흙.** 이 다큐멘터리는 만드는 데 수십 년이 걸렸다.(제작: 태거트 시겔)

물론 우리 모두가 한 인물을 수십 년 동안 쫓아다니는 것은 불가능하다. 우리 대부분은 마감일이 있는 세상에 살고 있다. 그래서 당신은 편집장과 논의하여 서로 동의할 수 있는 기간을 정해야 한다. 많은 초보 이야기꾼들이 스토리를 완성하는 데 걸리는 시간을 과소평가하는 실수를 한다. 그들은 종종 마지막 순간에 사무실로 헐떡이며 달려 들어와 시간을 조금만 더 달라고 애원한다. 뛰어난 멀티미디어 스토리를 만드는 데는 집중된 노력과 시간이 많이 필요하다는 것을 기억하라. ■

▲ 앨빈 스탬퍼(26세)가 담배 잎 자르기 대회의 챔피언 타이틀을 방어하고 있다. 대회는 그 자체가 내러티브를 가지고 있기 때문에 멀티미디어 및 비디오를 위한 좋은 토픽이 된다.(사진 촬영: 데이비드 스티븐슨, 줌마 프레스)

3

성공할 수 있는 스토리 토픽

조쉬 멜처
웨스턴켄터키대학교 사진저널리스트, 전 〈로아노크타임스〉 사진사

모든 토픽이 비디오 저널리즘에 어울리지는 않는다. 어떤 것들은 인쇄 매체나 라디오에 더 어울린다. 그렇다면 토픽을 어떻게 선택해야 할까?

아이러니하게도, 가난한 사람이나 전쟁으로 고생하는 사람들이 좋은 소재가 될 수 있다. 가난의 고통이나 전쟁의 폐해는 모든 사람의 가슴을 건드린다. 역경, 장애, 또는 다른 어떤 견디기 힘든 문제를 극복하는 사람들도 좋은 영상스토리의 소재가 될 수 있다.

다행히도 삶은 가난과 전쟁 같은 비극으로만 이루어진 것이 아니다. 주변 사람들의 일상적인 이야기도 좋은 비디오 저널리즘이 된다.

이 아이콘은 〈비디오 저널리즘〉 웹사이트에 가면 더 자세한 정보를 얻을 수 있거나 언급된 비디오 작품을 볼 수 있음을 나타낸다. 작품의 제목 및 책에서 거론된 챕터와 페이지가 나와 있다. 책에 있는 것과 동일한 사진도 볼 수 있다.
http://www.kobreguide.com/content/videojournalism.

시합, 게임, 스포츠

경기는 그 자체에 기승전결이 있다. 주인공이 있고 시작과 끝이 있다. 그런 면에서 내러티브를 찾는 것은 상대적으로 쉽다. 갈등 요소가 분명하기 때문이다. 그 경기 자체가 도전이고, 경쟁은 본질적으로 갈등이다. 승패가 갈리기 전에는 결과를 알 수 없다.

데이비드 스티븐슨의 '경기를 잘라 나가다'는 노련한 두 담배 농부가 담배 잎 자르기 대회에서 시합하는 것을 따라간다. 스토리는 그 두 농부가 여름 땡볕 아래서 상의를 다 벗고 서로 자기 구역을 더 빨리 자르기 위해 미친 듯이 노력하므로 긴장이 고조된다.

스티븐슨은 말한다. "그 담배 자르기 시합은 완벽한 내러티브를 가지고 있었어요. 처음부터 정해진, 시작과 중간과 끝이 있었어요. 갈등과 해소도 분명하죠. 더구나 캐릭터는 동정할 수 있는 요소를 가지고 있었어요. 앨빈이 이기면 상금으로 자기가 입양하고 싶어 하는 아이의 양육 비용을 댈 수 있었어요. 내러티브 구성이 너무 쉬웠어요. 거의 잘못될 수가 없었죠."

이 예에서도 보듯이 분명, 경쟁은 전통적인 스포츠에서만 찾을 수 있는 것이 아니다. 사실, 경기가 관습적이지 않은 것일수록 관객을 더 끌 수 있다. 그런 것을 주 내용으로 하는 TV 프로그램이나 심지어는 전문 채널도 있다. 핫도그 먹기 시합, 나무꾼 대회, 힘쓰기 대회 같은 것들이 시청자들의 인기를 얻고 있다.

스포츠는 자연적인 스토리 구조를 가질 수 있다

흔히 스포츠나 시합은 주된 내러티브 외에 부차적인 스토리라인을 가질 수 있다. 예를 들어, 스티븐슨은 담배 잎 자르기 시합에 담배 농업의 역사와 켄터키 소규모 담배 농장의 쇠퇴에

▼ 앨빈 스탬퍼(26세)가 담배 줄기를 밑동에서 잘라 막대기에 꽂고 있다. 그의 할아버지(왼쪽)는 그의 '워커'로서 막대기를 공급해주고 격려의 말도 한다.

▲ 경기를 잘라 나가다. 개러드 카운티의 담배 잎 자르기 대회에서 구경꾼들이 담배 잎 너머로 시합이 진행되는 걸 보려고 노력하고 있다. 매년 여름이 끝나고 담배 추수할 때가 되면 남자들이 모여 누가 가장 빨리 자르는지 시합을 한다. 씨 뿌릴 때부터 경매까지, 담배는 매우 노동집약적인 작물 중의 하나다. 아직 기계가 사람의 노동을 대신하지 못하고 있다.

▼ 다니엘 에징턴(왼쪽)과 앨빈 스탬퍼가 한 시간의 격렬한 시합 후에 쉬고 있다.(사진 촬영: 데이비드 스티븐슨, 줌마 프레스)

대한 이야기를 엮어 넣었다. 그는 "그렇게 스토리를 추가할 수 있으면 금상첨화다."라고 말한다.

웨스턴켄터키대학교의 사진 저널리즘학과 학생인 베서니 몰렌코프와 벤 세버런스는 남학생 클럽의 권투 시합에 대한 스토리 '시그마 카이의 그리스인 전투'를 만들었다. 그 스토리는 어퍼컷과 좌우 연타, 술 취한 팬들 등에 집중하는 평범한 것이 될 수 있었지만, 그 대신 두 명의 선수만을 부각하였다.

몰렌코프는 이렇게 설명한다. "벤과 나는 그 전해 봄에 그 행사를 보았어요. 우리는 그것을 멀티미디어 스토리로 만들면 좋겠다고 생각했지만, 기술이 없었어요. 그래서 우리는 그냥 마음에만 담아 두었어요. 그 행사 때 우리는 에반 고다르라는 선수 한 명을 알게 되었는데, 만들 준비가 되면 그에게 연락하기로 마음먹었어요. 우리는 그가 그 행사 이면의 내러티브를 이끌 주인공이 될 수 있다는 것을 알았죠."

두 제작자는 드라마적이려면 특정 경기에 초점을 맞출 필요가 있다는 것을 알았다. 몰렌코프는 이렇게 말한다. "시합을 볼 때 당신은 한 명은 이기고 한 명은 질 것이라는 걸 알죠. 우리는 우승 후보인 에반과 약체인 다른 한 선수에 집중하고 싶었어요. 확실한 결말이 있는 스토리죠. 갈등과 액션과 캐릭터와 해소가 있어요. 우린 퍼즐의 모든 조각을 가졌어요. 그걸 잘 짜 맞추면 좋은 내러티브가 나올 걸 알았죠."

이 작품은 고전적이다. 데이비드와 골리앗, 선과 악, 신세대와 구세대, 강자와 약자 이 모든 것들이 들어있다. 몰렌코프는 "캐릭터들이 좋을수록 그들은 내러티브를 잘 이끌고 갑니

◀ **널 증명해.** 에반 고다르가 다가오는 시합에 대해 자신감 있게 말한다.(사진 촬영: 벤 세버런스, 더 헤럴드)

◀ 데릭 문트는 노련한 선수를 상대하게 될 다가오는 시합을 걱정하고 있다.

◀ 이 경기에서는 경험이 많지 않은 선수 데릭 문트와 경험 많은 선수 에반 고다르가 맞붙었다.(사진 촬영: 벤 세버런스, 베서니 몰렌코프, 더 헤럴드)

▼ 파이카파알파 회원들이 '시그마 카이 그리스인 전투'라는 연례 복싱 대회에 출전한 클럽 친구들을 향해 환호하고 있다.(사진 촬영: 베서니 몰렌코프, 더 헤럴드)

▲ 머리 위의 카메라가 심판이 고다르의 승리를 선언하는 순간을 포착하였다.(사진 촬영: 벤 세버런스, 베서니 몰렌코프, 더 헤럴드)

▲ 챔피언 벨트를 찬 에반 고다르가 링에서 데릭 문트를 패배시킨 후 그와 주먹을 마주치고 있다. 제작자 몰렌코프는 "끝에 화해를 했어요. 에반이 문트를 이긴 후 말하죠. '잘 싸웠어, 데릭. 알아, 나도 그런 때가 있었어.' 그리고 그게 우리의 스토리였죠."라고 말한다.(제작: 베서니 몰렌코프, 벤 세버런스)

다. 운 좋게도 우리는 전해에 만났던 에반을 기억하고 있었죠. 그는 강렬하고 투지가 넘쳤어요. 여학생들 사이에도 인기가 매우 높았죠."라고 말한다.

세버런스는 "에반은 대학 캠퍼스를 포함, 어디서나 볼 수 있는 인물의 원형을 제시했어요. 에반의 도전자인 데릭 문트는 신입 회원이었고 권투 시합을 한 적이 없었으며 자신에 대한 확신이 없었어요. 반면 에반은 자신에 차 있고 오만하고 인기 있는 남학생이었죠. 데릭은 분명 약자였어요."라고 말한다.

두 제작자는 인물이 정해지자 인터뷰와 촬영을 시작했다. 그러면서 그들은 어떤 울림을 줄 내면의 메시지를 찾고자 했다. 몰렌코프는 "우리는 그들에 대한 기본적인 생각은 가지고 있었지만, 외피를 벗겨내려는 노력을 계속했어요. 에반과 이야기를 나눈 후, 우리는 그가 지금의 그의 모습이 된 것은 과거에 데릭 같았기 때문이라는 걸 깨달았어요. 이런 깨달음을 스토리에 통합함으로써 상투적인 싸움 이야기를 넘어설 수 있었어요. 마지막에 화해의 순간이 있어요. 에반이 데릭을 이긴 후, 링 밖에서 그를 만나 말하죠, '잘 싸웠어, 데릭. 알아, 나도 그때가 있었어.' 그 말은 스토리에 적절한 감정을 불어넣죠."라고 말한다.

'널 증명해'라는 제목의 이 스토리는 물론 권투 시합에 대한 이야기다. 그러나 그보다 그것은 두 캐릭터에 대한 내러티브다. 그들은 같은 타이틀을 놓고 싸우지만 완전히 다른 이유를 가지고 있다. 이 요소만으로도 단순한 권투 시합 이야기가 훨씬 더 복잡하고 시사하는 바가 많은 스토리로 바뀐다. 그것은 자신에 도전하는 것에 관한 것이다. 간단한 스포츠 스토리라도 약간의 심층 보도와 인터뷰에 의해 크게 좋아질 수 있다.

회복을 통한 극적인 변화

LA타임스의 사진기자 릭 루미스는 '중독의 고리를 끊다'라는 스토리를 제작했는데, 그것은 치료센터에서 재활 중인 몇 명의 약물 중독자들에 관한 것이다. 그들은 다양한 배경과 생활방식을 가졌지만 목표는 하나, 즉 회복이다.

중독에서 회복되는 엄격한 과정은 자연스럽게 내러티브를 제공한다. 인물들은 하나의 문제를 가지고 있고, 목표가 있으며, 그 목표를 향한 길이 있다. 결과는 알 수 없다. 결과를 알 수 없다는 서스펜스가 관객을 붙잡는 요소다.

루미스는 "모든 등장인물은 밑바닥을 쳤으며, 각각의 밑바닥은 다 달랐어요. 여자 한 명은 약물 복용을 한 상태에서 운전을 했고 사람을 죽였어요. 그녀는 오랫동안 탈출구를 찾지 못했어요. 그 센터는 그녀에게 미술 치료를 하고 있었어요. 각 인물은 각자의 고민거리를 가지고 있었죠. 난 8명 정도를 대상으로 각 30분씩 예비 인터뷰를 했습니다."라고 설명한다.

루미스는 회복이 그 자체만으로도 그 인물들에게 도전이라는 것을 발견했다. 일부는 육체적으로 힘들었다. 다른 사람들은 정신적, 심리적으로 힘들었다. 루미스는 어떤 형태로 이야기를 해야 할지 고민스러웠다. 그는 이렇게 말한다. "처음엔

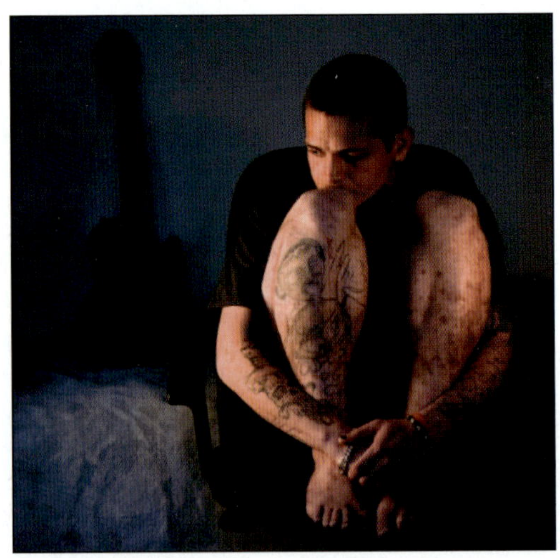

▲ **중독의 고리를 끊다.** 로스앤젤레스 도심에 있는 유대교회당이자 재활센터인 베이트 테슈바는 주로 유태인들을 상대하며, 중독 치료를 위해 영성과 유태교 율법을 활용한다. 환자는 헤로인 중독자, 알코올 중독자, 성 중독자, 도박꾼 등 다양하다.(사진 촬영: 릭 루미스, LA타임스)

난 한 명을 주인공으로 하고 싶었어요. 하지만 별로 시원치 않았고 관객이 끝까지 볼 만한 것을 찾지 못했어요. 솔직히 그땐 나 자신도 크게 흥미를 느끼지 못했어요. 그런데 인터뷰 오디오를 정리하면서 몇몇 등골을 서늘하게 하는 말들을 추려내기 시작했어요."

> "난 지옥의 문까지 헤로인을 따라갔어요."
> "봐요, 2년 안에 다시 약물을 복용하게 되면 난 영원히 못 빠져나올 거예요."
> "눈을 뜨는 순간부터 정신을 잃을 때까지 마셨어요."
> "계속 하면 죽을 거라는 걸 알고 있었어요."

이런 말들은 관객을 사로잡고 이야기를 끝까지 따라가게 만든다. 그것들은 영감을 주는 한편, 처음에 막연하게 생각했던 것이 실제로 그렇다는 걸 알게 한다.

루미스는 그 재활센터에 대한 스토리의 앞뒤를 인물 사진과 그 인물의 짧은 말(인용문)들로 틀을 잡았다. 이것은 인물들을 소개하고 각자의 스토리를 궁금하게 만드는 효과적인 방법이다.

인생을 바꾸다

뉴욕타임스의 창 리는 '두 번째 기회'라는 정기적 시리즈를 발표하고 있는데, 그것은 삶에서 어떤 전환을 겪는 사람들에 관한 것이다. 그 프로젝트에 대한 요약문에서 그가 말하듯이 그 스토리들은 '진정한 자기 존재를 찾는 여행기'다.

일부 인물들은 직업이나 생활방식이 변한다. 한 스토리는 성 전환을 하는 여자를 묘사한다. 그 비디오는 그녀가 성전환 수술을 완료하는 과정을 보여준다. 회복 과정을 취재한 루미스의 스토리처럼, 리의 스토리들은 다양한 종류의 전환을 겪는 사람들을 따라감으로써 관객을 끄는 내러티브를 구축하고자 한다.

죽음과 죽어감

죽음에 대한 이야기는 거의 항상 극적이며, 사려 깊게 잘 만들면 관객은 자연스럽게 감정이입을 하게 된다. 죽음은 탄생과 마찬가지로 모든 사람이 겪는 보편적인 것이므로, 관객들은 죽음과 죽어가는 과정에 대한 다른 사람들의 경험을 알고 싶어 한다.

소냐 허버트가 만든 댈러스 모닝뉴스의 시리즈 '삶의 가장자리에서'는 말기 환자를 위해 고통 완화 요법을 배우는 가족과 의료인들을 따라간다.

허버트는 "이 과제를 처음 맡았을 때 난 '누구나 죽는 건데 무슨 재미야'하고 생각했죠. 하지만 조사를 좀 하고 난 후에는 이 스토리가 강력한 힘을 가질 수 있다는 걸 깨달았어요. 모든 사람이 그것을 경험하고, 모든 사람이 그것에서 고통을 느끼기 때문이죠."라고 말한다.

"이야깃거리가 무궁무진하게 많이 있어요. 난 그것들을

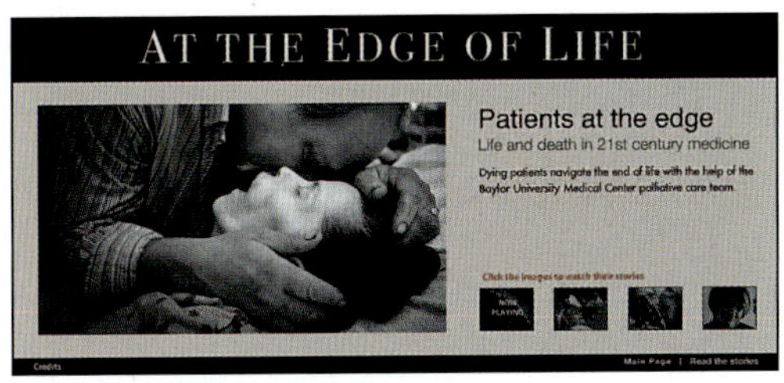

▲ **삶의 가장자리에서.** 베일러대학교 메디컬센터에서 마일즈 호프만이 그의 아내 크리스티나 호프만을 부드럽게 안고 있다. 크리스티나 호프만은 헌팅턴병을 앓고 있다. 센터의 고통완화요법팀이 마일즈가 아내의 마지막 길을 최대한 돌볼 수 있도록 도와주고 있다.(소냐 허버트, 댈러스 모닝뉴스)

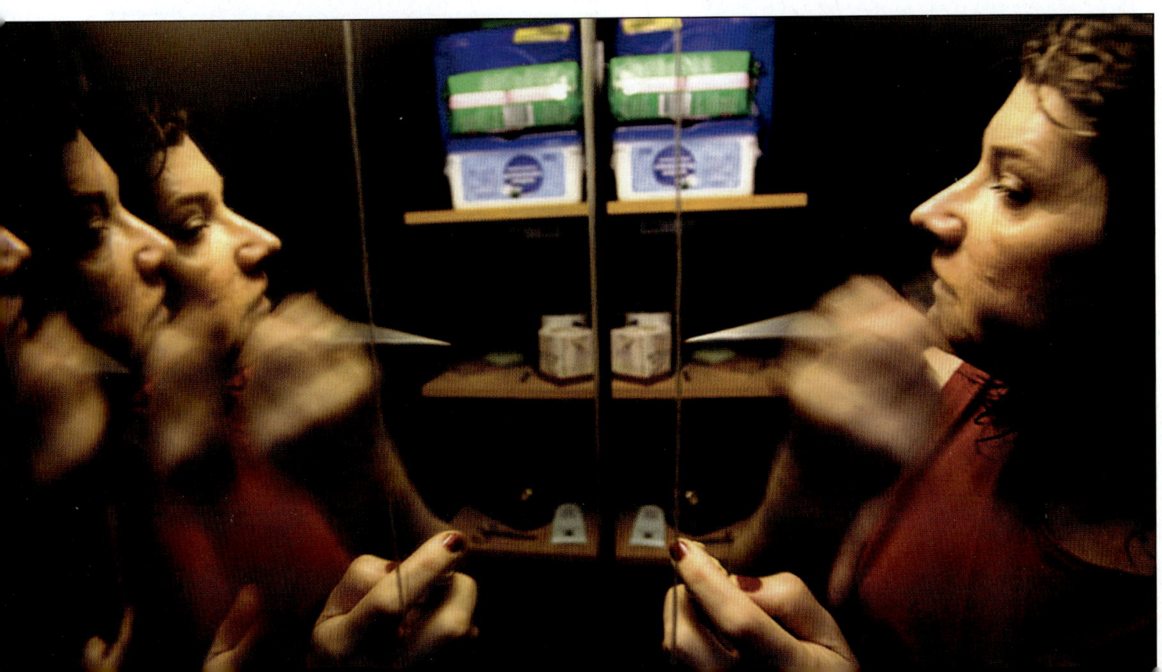

◀ **두 번째 기회.** 테리 커밍스가 성전환 수술을 받기 전에 출근할 준비를 하고 있다.(사진 촬영: 창 리, 뉴욕타임스)

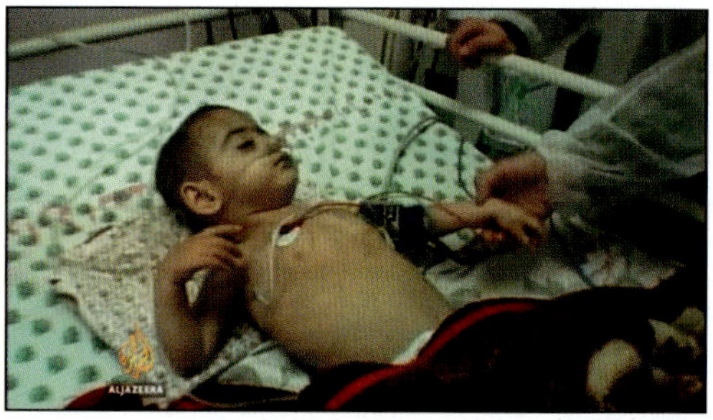

▲ **아기 페라스.** 페라스의 심장을 치료할 수 있는 병원이 가자지구에 있는 아이 부모의 집에서 불과 한 시간 거리에 있었지만 그것은 마치 바다를 사이에 둔 것과도 같았다. 병원측에서 가족의 치료 요청을 거부하였다. '응급 상황'이어야만 치료를 받을 수 있다는 것이었다. 불행히도 아기의 상태는 급격히 나빠져 실제로 '응급 상황'이 되었다. 결국 입원 허가를 받았을 때는 너무 늦어 아기를 살릴 수 없었다.(제작: 케이시 카우프만, 알자지라 인터내셔널)

이 죽음에 대한 프로젝트와 연결시키는 것이 나의 일이라고 생각했어요." 허버트는 각 가족의 구체적인 경험보다는 그 경험을 이용하여 사랑, 희망, 절망 같은 보편적인 주제에 초점을 맞추었다.

허버트는 이렇게 말한다. "좋은 문학 작품을 읽을 때 당신은 흔히 그 등장인물들과 동질성을 느낍니다. '아, 내게도 이런 일이 있을 수 있어'라고 생각하죠. 그 캐릭터의 입장이 되어 그의 감정을 느껴 보는 것입니다. 인간의 경험은 시대적, 경제적, 사회적 차이를 초월합니다. 당신과 특별히 비슷한 것이 있는 경우 더욱 공감을 하죠."

이는 토리에서 보편적 주제를 찾는 것이 중요한 이유다. 항상 관객을 인물의 진짜 경험과 연결시키도록 노력하라. 그렇게 함으로써 관객을 몰입시킬 수 있다.

케이시 카우프만은 알자지라 방송을 위해 가자 지구에 사는 한 어린 아이에 대한 스토리 '아기 페라스'를 만들었다. 페라스는 심장이 구멍이 나서 급하게 수술을 받아야 했다. 이스라엘 병원이 그의 집에서 차로 불과 한 시간 거리에 있었지만 이스라엘의 도로 봉쇄로 그는 결국 시간에 맞춰 병원에 가지 못했다.

스토리는 그 가족이 아이를 이스라엘 병원에 입원시키기 위해 반복 노력하는 과정을 따라간다. 많은 노력을 한 끝에 마침내 허가를 받았지만 그것은 너무 늦었다. 페라스는 그 허가서가 국경을 넘어오는 도중에 죽는다. 결말을 알 수 없다는 사실이 종종 관객을 집중하게 한다.

국가적 문제를 지역화하기

브라이언 카우프만이 만든 디트로이트 프리프레스의 '경제의 배달부'는 경제 위기를 한 우편배달부의 눈과 경험과 관찰을 통해 바라본다.

그 배달부는 사람들이 받는 우편물의 종류로 경제 침체 여부를 알 수 있다고 말한다, 은행 통보, 법률서비스 광고, 등기 편지 등. 평범한 사람을 주인공으로 한 이 스토리는 기발한 카메라 각도, 특이한 숏, 빠른 편집, 부드러운 장면 전환 등의 비디오 기법으로 더욱 생동감을 가진다.

거대 이슈를 인간화하기

경제 위기든 증가하는 살인율이든, 큰 이슈에 대한 스토리가

▶ **경제의 배달부.** 한 우편배달부의 관찰을 통해 경제 위기를 바라본다.(제작: 브라이언 카우프만, 디트로이트 프리프레스)

흔히 가지는 문제는 많은 관객이 별로 재미를 느끼지 못한다는 것이다. 대중 시장의 소비자들은 보통 대략적인 뉴스 가치 이상을 보지 않는다. 비디오 저널리스트가 할 일은 작품에 인간적인 요소뿐 아니라 재미있는 비디오 기법을 넣어 관객을 자극하는 것이다.

로체스터 데모크랫앤크로니클의 사진기자 윌 여먼은 어느 날 아침 자신의 신문에서 그 도시에서 일어난 살인사건 50건 중의 하나에 대한, 102개 단어로 된 짧은 기사를 읽었다. 여먼은 "그것은 아주 기본적인 사실만 담고 있었어요. '한 남자가 아침 7시에 시체로 발견되었다. 용의자는 없다'는 거였죠."라고 말한다.

며칠 후 여먼은 그 살해당한 남자의 장례식 취재를 맡게 되었다. 그는 이렇게 말한다. "그래서 난 철야 장례식장에 일찍 갔고 집 밖에서 누이를 만났어요. 난 그녀에게 순진하게 말했어요. '우리 신문사가 당신의 동생 사건을 별로 기사화하지 못해서 미안합니다.' 그녀는 말했어요. '놀랍지 않아요. 자메이카에서 온 흑인 남자에게 관심을 가지는 사람은 없어요.' 그녀는 화를 내면서 말한 것도 아니고 나나 우리 신문사를 탓한 것도 아니었어요. 하지만 말하자면 이런 말을 한 거죠. '풀은 초록이고 하늘은 푸르다. 죽은 자메이카 남자에게는 아무도 관심이 없다.'

난 그녀가 한 말을 잊을 수 없었어요. 돌아오면서 생각했죠. '관심을 가져야 해.' 사실 로체스터에서는 살인 범죄가 상당히 많았어요. 1년에 평균 50명 정도 되었죠. 이안 크로포드 같은 사람을 잊으면 안 되었어요. 그래서 난 이 살인 희생자들

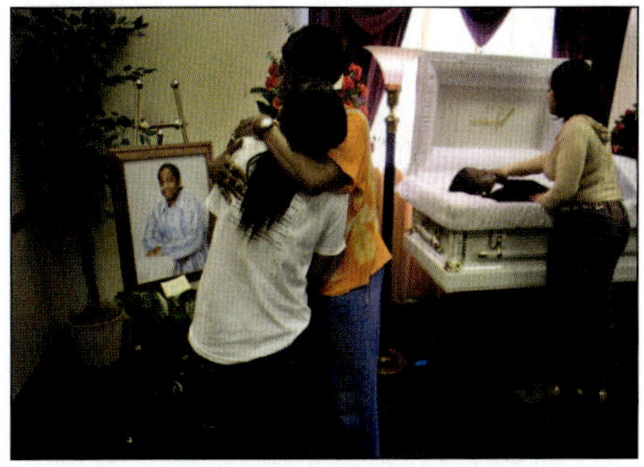

◀ **잊히지 않은.** 샤마르 패터슨의 장례식에서 산드라 포터가 조카이자 샤마르의 이복 여동생인 타샤 가노를 위로하고 있다.

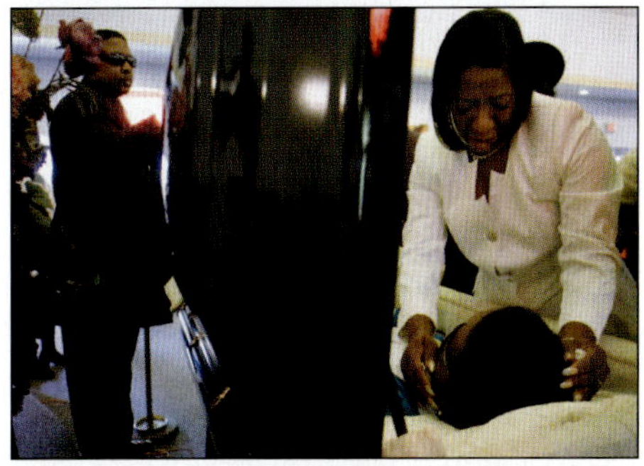

◀ 로체스터의 비벌리 던바가 장례식에서 크리스토퍼 던바에게 작별 인사를 하고 있다.

◀ 살인의 희생자인 라몬 버고스의 장례식장에서 운구자들이 관을 들고 나오고 있다.

◀ 살인 희생자 코리 엘리스를 위한 촛불 추도회에 추모자들이 모여 있다.(사진 촬영: 여먼 데모크랫앤크로니클)

이 어떤 사람들이었는지에 관한 프로젝트를 생각하게 되었어요. 범죄에 대한 스토리가 아니라, 인간으로서 그들과 그들의 죽음이 가족 및 친구에게 미친 영향에 대한 스토리였어요."

그는 이어서 말한다. "난 그 프로젝트를 편집장에게 제안했고 그는 웹에만 올리는 프로젝트로 허락했어요. 그래서 난 1년 동안 살인 사건이 있을 때마다 희생자 가족을 찾아갔어요. 장례식과 철야 기도에도 종종 갔어요. 그 중 네다섯 가족은 정중하게 거절했지만 대부분의 사람들은 프로젝트를 흔쾌히 받아들였어요."

여먼의 스토리는 왜 당신이 뉴욕 주 로체스터의 살인 통계에 관심을 가져야 하는지 보여준다. 그 스토리를 보고 난 후에 살인에 관한 숫자나 통계를 접하면 그 사람들의 원통함을 떠올릴 것이다. 통계 숫자는 분명하다. 그러나 그것을 어떻게 인간적 스토리로 만들것인가?

여먼은 "난 최소한 그 스토리가 사람들로 하여금 숫자를 접할 때 생각하게 만든다고 봐요. 그해 27번째 살인이나 증가하는 중퇴자나 빈곤율에 대해 보도하면 사람들은 그냥 무심하게 읽고 지나갈 수 있습니다. 사실 당신이 안전한 교외에 살고 있다면 그런 뉴스는 지역 신문에서 보는 많은 부정적 뉴스 중 하나에 불과할 것입니다. 왜 그런 사람들에 관심을 가져야 해? 그러나 그들이 나의 영상 스토리를 본다면 알파 리에 대해, 그녀가 어떻게 아들을 잃었는지에 대해 관심을 가질 것입니다. 교외에 살더라도 누구나 잃을 수 있는 아들이나 형제자매가 있기 때문이지요. 그 스토리는 사회적 지위나 사는 지역과 상관없이 모든 사람에게 본능적으로 어필합니다."라고 말한다.

유머

멀티미디어와 비디오 저널리즘은 유머에 안성맞춤이다. 친구가 보내준 유튜브 비디오를 보고 배꼽잡고 웃은 것을 기억해보라. 아마 당신은 너무 재미있어서 그것을 수십 명의 다른 사람들에게 포워딩했을지도 모른다.

파우더퍼프 풋볼은 미국 전역의 고등학교에서 볼 수 있는 전통이다. 남학생과 여학생이 역할을 바꾼다. 여학생들이 풋볼

▲ 학생들이 경기 도중에 동료 파우더퍼프 치어리더를 들고 있다. 남자 치어리더 중 한 명이 "우린 자매 같아요."라고 말한다.

▶ 치어리더 에릭 핀치(왼쪽)가 브라 안에 양말 만 것을 넣으면서 팀 동료 제이콥 앤드류(오른쪽)의 도움을 받고 있다.

▲ **파우더퍼프 치어스.** 한 고학년 파우더퍼프 치어리더가 경기 시작 전에 풍선의 위치를 점검하고 있다. 이 파우더퍼프 풋볼 경기에서 남자와 여자가 전통적인 역할을 서로 바꾼다.

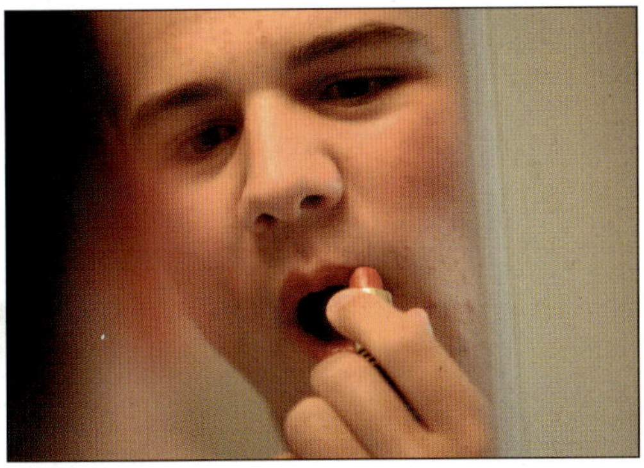

▲ 치어리더 에릭 핀치가 경기장에 나가기 전에 립스틱을 바르고 있다. 핀치와 몇몇 고학년 친구들이 이 연례 행사에서 치어리더 역할을 했다.

을 하고 남학생들이 치어리더를 한다. 필자는 로아노크타임스에 있을 때 '파우더퍼프 치어스: 히든밸리 남학생들 치장하다'라는 스토리를 만들었다. 여자로 분장하는 남학생들을 중심으로 한 이 스토리는 웃기는 멘트로 가득하다. 자신의 가짜 유방에 대해 한 남학생이 여학생에게 이렇게 말한다. "풍선은 꽤 크고 진짜 같아 보이지만, 느낌은 돌돌 만 양말이 딱 맞는 것 같아."

로아노크타임스의 카일 그린은 개똥 치우는 사업을 하는 여자에 대한 스토리를 제작했다. 그린의 질문에 주인공은 재미있는 대답들을 한다. 그 주인공은 "작은 개에 대해 돈을 더 받지는 않아요. 작은 개의 똥을 찾기가 훨씬 어렵지만 말예요. 뜰을 다 돌아다녀야 해요. 안 밟으려고 조심해야 하지만 사실 그게 찾는 방법이죠. 큰 개의 똥은 금방 눈에 띄어요."라고 말한다.

다른 질문에 대한 대답은 이렇다. "난 우리 동네에서 집에 돌아와 '내가 오늘 얼마나 많이 똥 같은 일을 겪었는지 알아?'라는 말을 할 수 있는 몇 안 되는 사람 중 하나예요." 그리고 이런 삶의 통찰도 덧붙인다. "하루에 쓸 수 있는 시간은 정해져 있어요. 그중 얼마를 당신 개의 똥을 치우는 데 쓰고 싶으세요?"

▼ **두티 디바.** 케이티 할스테드는 '두티 디바'라는 사업을 시작했다. 사업 내용은? '전문적인 개똥 청소'다. 케이티는 고객의 집을 방문하여 개똥을 치워준다. 이 사진에서는 케이티가 개 세 마리와 걷고 있다. 자체적으로 유머를 내포한 이런 스토리가 관객의 흥미를 끈다.(사진 촬영: 카일 그린, 로아노크타임스)

평범한 것들 속의 특이한 것

사람들은 온라인에 넘쳐나는 뉴스 스토리들 중에서 항상 주의를 끄는 것을 찾는다. 흔히 주제에 대한 약간의 별난 시각이 효과를 발휘한다. 모두가 스토리를 가지고 있다. 그러나 모든 스토리가 많은 관객에게 어필하는 것은 아니다. 비디오 저널리스트로서 당신은 오늘날 매체를 가득 채우고 있는 많은 매력적인 스토리들 중에서 두드러지는 것을 만들어내야 한다.

뉴욕타임스의 토드 하이슬러는 흥미로운 사람들을 찾아서 주간 멀티미디어 시리즈 '8백만 중 하나'에서 보여준다. 그는 매주 한 명의 뉴요커에 대한 이야기를 한다. 그의 캐릭터들은 박제사부터 변태 섹스를 즐기는 여자까지 다양하다. 재향군인, 스포츠 팬, 바람둥이, 보트 거주자, 갱단 조직원, 형사, 범죄자, 정원사, 문지기, 모차렐라 제조자 등 많다. 모두 흑백으로 촬영된 그 사진들은 매우 뛰어나고, 각 스토리에 맞는 속도감도 완벽하다. 그 스토리는 관객을 유명인사가 아닌 한 개인—뉴욕에 사는 8백만 명 중 한 사람—그러나 뭔가 특이한 것을 보여줄 수 있는 한 개인과 연결시켜 준다. ■

▲ **스테파니 린자: 동물 구조자.** '8백만 중 하나'는 뉴욕에 사는 다양한 캐릭터들을 보여준다. 스테파니 린자도 그런 캐릭터 중의 한 명이다.

▲ **기록하기.** 촬영이 진행되면서 비디오 저널리스트들은 필요한 숏들을 잊지 않기 위해 메모를 한다.

4

스토리를 제작하기

조쉬 멜처
웨스턴켄터키대학교 사진저널리스트, 전 〈로아노크타임스〉 사진사

이제 당신은 좋은 비디오 혹은 멀티미디어 스토리가 될 만한 것을 찾았다. 당신은 그것이 성공적인 스토리가 되기 위해 필요한 다음과 같은 조건의 적어도 일부는 갖추었다고 판단한다.

- 그것은 내러티브를 가지고 있고 갈등이나 긴장이 있다.
- 강한(휘어잡는) 캐릭터들이 있다.
- 그것은 그 스토리 자체를 넘어서는 보편적인 주제를 포함한다.
- 그것은 인간 존재에 대해 뭔가를 말하거나 중요한 이슈와 직접 연관되어 있다.

그러나 아직 덤비지 마라! 당신은 하고자 하는 이야기의 윤곽이나 실제적 계획을 가지고 있는가? 누구를 인터뷰해야 할지 생각했는가? 스토리가 어떤 방향으로 갈지 알고 있는가?

이 아이콘은 〈비디오 저널리즘〉 웹사이트에 가면 더 자세한 정보를 얻을 수 있거나 언급된 비디오 작품을 볼 수 있음을 나타낸다. 작품의 제목 및 책에서 거론된 챕터와 페이지가 나와 있다. 책에 있는 것과 동일한 사진도 볼 수 있다.
http://www.kobreguide.com/content/videojournalism.

계획 세우기

멀티미디어 저널리스트이며 선생인 봅 사챠는 현장에 나가기 전에 자신이 얻고자 하는 것이 무엇인지에 대한 분명한 생각을 원한다. 그는 "일정 수준의 사전 계획이 있으면 나가서 마구잡이로 촬영하지 않게 되죠. 불필요한 자료들을 너무 많이 모으지도 않고요."라고 말한다. 그는 처음에 구상했던 시나리오대로 스토리가 진행될 필요는 없지만, 사전 계획이 출발점은 된다고 말한다. 더구나 알다시피 대부분의 저널리스트는 취재할 시간이 충분하지 않으므로 탄탄한 계획이 시간을 현명하게 쓰는 데 도움이 된다. "난 갈등 요소가 무엇이 될지 항상 생각합니다. 막연한 희망을 가지고 현장에 뛰어드는 것은 실패의 지름길입니다."라고 그는 말한다.

스토리의 가능성을 최대화하기 위해서는 연구를 해야 한다. 먼저 아이디어가 있어야 한다. 그 다음 그것을 분석하고 스토리가 있는지 확인해야 한다. 갈등이 충분히 있는지도 분명히 해야 하고 마지막으로, 상황이 어떻게 진행될지에 대해 가설을 세워 보아야 한다.

많은 비디오 저널리스트들은 모든 요소들을 정리하기 위해 **스토리보드**를 사용한다(챕터 13 '편집' 참조). 메모지에 장면에 대해 기록하라. 메모카드 한 장이 장면 하나를 대변한다. 장면 요약이 정밀할 필요는 없다. 당신이 보는 용도로만 쓰는 것이므로 갈겨쓰거나 막대그림이라도 상관없다. 각 장면 요약을 최종 비디오에 예상되는 순서로 나열하라. 제작이 진행됨에 따라 더 나은 내러티브를 위해 그 카드를 재배열할 수 있다. 그 메모카드들은 당신이 스토리를 분명하게 하는 데 도움을 준다. 이 단순한 카드들은 부족한 것이 무엇인지 알게 해주는 데에도 도움을 준다. 어떤 장면이 추가로 필요하다면 새 카드를 만들어서 그 위치에 넣어라. 이런 스토리보드는 간단하지만 같은 것을 반복하거나 이야기가 중구난방되는 것을 방지해 준다.

손으로 메모카드에 쓰고 막대그림을 그리는 대신, 당신은 스토리보드 만드는 소프트웨어를 사용할 수도 있다. 몇몇 비디오 저널리스트들은 이런 전자 스토리보드가 더 쉽고 빠르다고 생각한다.

당신은 스토리보드를 원하는 만큼 자세하게 만들 수 있다. 스토리보드에는 도입부를 어떻게 할지, 마지막 끝맺는 숏이 무엇일지, 장면을 어떻게 부드럽게 연결할지 등에 대해서도 기록해야 한다. 말할 필요 없이, 촬영을 해나가는 도중에 당신은 처음의 스토리보드를 실제 촬영한 것에 맞게 계속 수정해나갈 것이다. 그것은 크로스워드 퍼즐과 비슷하다. 다만 당신이 그 단어들을 만든다는 게 다르다. 촬영할 때 인물들이 한 말이나 행동에 따라 당신은 그 조각들의 순서를 조정한다. 이런 스토리보드의 가치는 당신으로 하여금 '큰 그림'을 보게 하고 또 조정할 수 있게 한다는 것이다.

요약문

좋은 스토리가 되기 위해서는 당신은 무엇보다 그 스토리가 정말로 무엇에 대한 것인가에 대해 확실히 해야 한다. 관객은 한 번에 한 가지에만 집중할 수 있을 뿐이다. 메시지를 확실히 전달하기 위해서는 초점이 분명한 게 매우 중요하다. 경력이 많은 TV 사진 저널리스트이며 선생인 샤론 레비프리드는 **요약문**을 만드는 것을 권한다. 스토리를 주체(인물)와 동사와 목적어로 된 한 문장으로 요약해보라는 것이다.

예를 들자면 '메리 리빙스턴은 남편의 학대를 기도로 극복한다' 같은 것이다. 주체는 '메리 리빙스턴'이고 동사는 '극복한다'이며 목적어는 '남편의 학대'이다. 비디오 저널리스트는 메리가 남편의 학대에 대해 이야기하는 것을 기록하고, 다음에 그런 학대의 증거를 기록하고, 마지막으로 그녀가 자신의 시련을 기도로 극복하려는 모습을 보여줄 수 있을 것이다.

그래서 당신은 스토리를 구축하기 전에 그것의 초점에 대해 분명히 해야 한다. 스토리 전체를 주어와 동사와 목적어로 된 하나의 문장으로 요약해보는 것은 그 스토리의 구조를 찾는 데 도움이 될 것이다.

핵심을 찾아라

전국사진기자협회가 개최한 고급 스토리텔링 워크숍에서 학생들은 스토리를 찾고 그것에 대한 간단한 요약문을 쓰는 방법을 배웠다. 그 문장은 그 스토리의 핵심이자 혼이며, 현장에서나 편집할 때나 그들의 길잡이가 될 것이다.

이 책은 인터넷을 위한 단편 스토리를 만드는 것에 관한 것이지만, TV 비디오 저널리스트들도 (단순한 뉴스 외에) 스토리를 만든다. 미니애폴리스 KARE 채널 11의 보이드 허퍼트는 그런 단편 TV 스토리 제작자들 중 하나다.

워크숍 지도자의 한 명으로서 그는 자신이 만든 KARE TV의 스토리를 통해 참가자들에게 요약문 쓰는 것을 가르쳤다. 그 스토리는 어느 날, 봄 폭풍이 지나간 후, 자신이 평생 살아온 집이 곧 홍수에 떠내려갈 위험에 처한 클라라라는 여자에 대한 것이었다. 홍수가 다가오고 있는 그 마을로 향하면서 허퍼트의 요약문은 다섯 단계를 거쳤다. 그의 초점은 "홍수를 취재하기 위해 파견되었다"에서 "이 홍수가 사람들을 곤경에 빠뜨리고 있다"를 지나 "클라라가 짐을 싸고 있다"를 거쳐 "클라라가 자신의 과거를 지키기 위해 짐을 싼다"를 거쳐 마지막으로 "클라라는 자신의 과거를 지키기 위해 짐을 싸며 고투한다"가 되었다.

허퍼트는 이렇게 말한다. "스토리의 초점은 인물에 있을 수도 있고, 어떤 감정이나 개념에 있을 수도 있다. 그것은 산만할 수 있는 스토리의 여러 요소들을 연결하는 역할을 해야 한다. 강한 중심 캐릭터가 없는 스토리가 많이 있을 수 있다. 그럴 경우 당신은 전체를 엮는 하나의 개념을 찾아야 한다."

스토리 제작에서 초점의 중심적 역할을 이해하는 것은 매우 중요하다. 초점을 찾고 그것을 유지하는 것을 잘 모르면 좋은 작품이 나오기 힘들다.

전 세계를 여행한 경험이 있으며 전국사진기자협회 워크숍의 교수인 프리랜서 TV 저널리스트 스콧 렌스버거는 이렇게 말한다. "스토리가 무엇에 대한 것인지 한 줄로 요약할 수 있고, 모두가 그것에 호기심을 느낀다면 성공을 거의 눈앞에 둔 셈이다. 어떻게 잘못될 수 있겠는가? '세계 최대의 기관총 쏘기 대회,' '우편배달부인 줄 아는 강아지,' 혹은 '82년을 같이 살아온 행복한 부부' 등." 간단하고 힘 있는 문장은 제작 전 과정에 걸쳐 항상 당신을 안내하고 옆길로 새지 않게 할 것이다. 이는 후반 편집 과정에서 특히 유익할 수 있다.

당신의 주인공들

당신의 스토리를 한 문장으로 잘 요약했다면, 이제 누가 그 이야기를 할 것인지 정해야 한다. 누구를 주요 캐릭터로 할 것인가?

누가 스토리를 가장 잘 대변할 수 있는가?

자신의 '뿌리 뽑힌'을 만들기 수개월 전에, 산호세 머큐리뉴스의 멀티미디어 저널리스트 데이 슈가노는 신문에서 폐쇄를 앞둔 이동주택 캠프에 대한 기사를 읽었다. 캘리포니아 주 서니베일 시는 대규모 건설 사업을 위한 토지 수용 절차로 플릭스 이동주택 주차장을 폐쇄하려고 하고 있었다. 슈가노는 "그 기사를 읽었을 때 난 이것이 길게 전개될 일련의 사건의 시작이라는 걸 알았어요. 어느 하루 난 그 이동주택 캠프에 가서 스토리 제작에 협조해 줄 수 있는 거주자를 찾으며 몇몇 집의 문을 두드렸어요."라고 말한다.

문을 두드리는 것은 좋은 시작점이다. 그러나 거기서 멈출 수는 없다. 그 다음에는 주인공이 될 인물들을 선택해서 인터뷰를 해야 한다. 이 두 번째 단계는 내러티브 자체만큼이나 중요하다. 그 이동주택 캠프에는 거주자가 많았다. 미국 사람이 있었고 이민자들도 있었고 노인들도 있었다. 슈가노는 두 명의 캐릭터를 중심으로 스토리의 틀을 잡았다. 하나는 이민자이고 또 하나는 늙은 독신 여자였다.

슈가노는 이렇게 말한다. "멀티미디어 작업을 할 때, 단순히 촬영을 허락하는 사람을 찾는 것도 중요하지만 자신의 이야기를 잘 할 수 있는 사람을 찾는 것도 중요하다. 내러티브는 관객을 끌고 가는 핵심 요소입니다. 캐릭터들은 각 사건에 대한 감정을 자유스럽게 설명할 수 있어야 하며, 경험을 반추할 수 있어야 합니다.

자신의 이동주택에서 쫓겨나게 된 매릴린은 만난 첫날부터 거리낌 없이 자신의 상황을 이야기했어요. 난 그녀가 자신의 이야기를 들어줄 사람을 원한다는 걸 느낄 수 있었어요. 그녀는 개방적 성격이었고 실제로 흥미 있는 이야기 거리를 가지고 있었어요. 그녀는 또한 내가 그녀를 따라다니는 걸 허용할 마음을 비쳤어요. 하지만 지나치게 열심히 이야기한 것은 아니었어요."

슈가노는 이어서 이렇게 말한다. "난 그 이동주택 캠프의 다양한 구성원을 대표할 사람들을 원했어요. 매릴린은 수입이 고정되어 있고 다른 선택의 여지가 별로 없는 노인들을 대표했어요. 그들은 거기서 죽을 때까지 살길 원했어요. 한편, 루이와 그의 가족은 직업이 있으며 그 캠프를 더 나은 삶으로 가기

▲ **뿌리 뽑힌.** 소유주가 이 이동주택 캠프를 폐쇄하고 있었다. 사진사는 집집마다 다니며 협조자를 찾았다.(사진 촬영: 데이 슈가노)

▲ 루이스 트루제크와 그의 딸은 캘리포니아 주 서니베일에 있는 플릭스 이동주택 캠프에 살고 있다. 캠프가 폐쇄되면 그곳을 떠나야 한다.

▶ 26년 동안 이동주택 캠프에서 살아온 매릴린 베이커는 떠나야 한다.

▲ 매릴린 베이커가 떠나기 위해 짐을 싸면서 잠시 머뭇거린다.

▲ 매릴린 베이커가 서니베일 시의 지도자들에게 자신이 26년간 살아온 캠프의 폐쇄 계획을 이야기하고 있다. 슈가노는 등장인물한테서 두 가지 요소를 찾고 있었다. 개방적이며 절실한 이야기를 가지고 있어야 한다는 것과 캠프의 거주자들을 대변할 수 있어야 한다는 것이었다.(사진 촬영: 데이 슈가노, 산호세 머큐리뉴스)

위한 발판으로 삼는 사람들을 대표했어요. 그 둘을 비교하고 대비시킴으로써 스토리에 깊이를 줄 수 있었어요."

지나치게 열심인 사람을 조심하라

슈가노는 자신의 경험으로 봤을 때, 자신의 이야기를 지나치게 적극적으로 하려는 사람은 어떤 의도가 있을 수 있고 그래서 스토리의 진실을 가릴 수 있다고 말한다. 그래서 당신은 당신의 인물들이 프로젝트에 참여하는 동기를 알아야 한다.

슈가노는 이렇게 말한다. "어떤 사람을 처음 만났는데 그가 너무 협조적으로 나온다면, 당신은 그의 동기나 그의 기대치에 대해 생각해 보아야 한다. 가끔 사람들은 당신이 취재를 위해서가 아니라 그들을 위해서 거기에 있는 것으로 잘못 생각하고 매우 반기는 수가 있다. 그럴 경우 그 사람들은 그들이 보여주고 싶은 것을 촬영하게 열심히 도와줄 수 있다. 그러나 그들이 보여주고 싶어 하지 않은 것은 숨길 수 있다."

당국자를 주인공으로 하는 것은 피하라

가끔 어떤 당국자가 당신의 주인공이 되겠다고 나설 수 있다. 관련된 조직의 장이 그럴 수 있다. 아니면 그가 함께 일하는 특정 인물로 당신을 유도할 수 있다. 그런 사람을 당신의 등장인물로 바로 채택하지 마라. 먼저 주변을 관찰하라. 사람들을 관찰하고 동기를 분석하라. 당신은 어떤 사장이나 지부장을 며칠, 몇 주, 혹은 몇 달을 따라다니다가 결국 당신의 스토리에 도움이 안 된다는 사실을 깨닫게 되는 걸 원치 않을 것이다.

그리고 당신과 함께 끝까지 가줄 사람을 찾아야 한다는 것도 기억하라. 흔히 저널리스트들은 시간이나 정성 면에서 인물들에게 많은 요구를 한다. 저널리스트는 그가 선택한 사람들을 원할 때 언제든지 볼 수 있기를 바라고, 그들이 완전히 개방적이며 솔직하길 원한다. 그러나 그런 사람은 실제 많지 않다. 슈가노는 "결국 인물 선택은 믿음의 문제입니다. 당신이 선택한 사람이 중간에 당신에게 싫증을 내게 될지 결코 알 수 없습니다. 이동주택 캠프의 그 할머니 매릴린은 대개 솔직했지만 때로는 내가 집요해야 했어요."라고 말한다.

공정한 저널리즘

당신의 작품은 또한 저널리즘이라는 것도 명심하라. 그것은 한 가지 관점만 표현해서는 안 된다. 반대 입장의 인물이 누가 될지, 반대 의견은 어떤 것일지 등을 미리 생각하라. 당신은 당신이 취재하는 상황이나 사람들을 최대한 공정하게 대변하도록 노력해야 한다. 가끔 어떤 한 사람이 당신의 내러티브에 너무 잘 맞아 떨어져서 자연스럽게 그의 관점에만 치중하게 되는 수가 있다. 그러나 때로는 한 걸음 물러서서 저널리스트로서의 균형을 갖추도록 노력하라.

저널리스트 스토리는 한 이슈에 대해 다양한 측면을 보여주어야 한다. 그러지 못한다면 당신의 스토리는 저널리즘으로서의 의미를 상실한다. 당신에게는 자신의 스토리를 통해서 주장하고 싶은 어떤 것이 있을 수 있다. 그렇다 하더라도 당신은 반대 입장에 서 있는 사람들에게도 말할 기회를 주어야 한다. 공정하고 철저하게 함으로써 당신의 스토리는 정확하고 완전하게 될 것이다. 당신이 균형을 유지한다면 결국에는 당신의 스토리는 더욱 강력해질 것이다.

스토리가 공정하도록 해야 하는 것 외에, 당신은 인물들이 하는 말에 대해 사실 확인(fact check)을 해야 한다. 기자들의 오래된 속담처럼, "당신의 어머니가 사랑한다고 말하면, 사실 확인을 하라." 이 의무는 글 기사뿐 아니라 비디오에도 적용된다.

다양한 시각을 끌어냄으로써 종종 당신은 스토리에 강한 정서를 보탤 수 있다. 그 정서는 흔히 유머로 나타날 수 있다. 어떤 사람이 자신의 옷이 낡고 더럽다고 말했다고 하자. 당신이 카메라를 들고 그의 배우자나 친한 친구에게 그것이 사실이냐고 물으면, 이런 식의 재밌는 대답이 나올지 모른다. "쓰레기통에서 방금 나온 것 같아요." 이런 식의 대화는 당신의 스토리에 개성을 더할 수 있다.

정리하자면, 당신 스토리의 인물을 정하는 데 너무 서두르지 마라. 가능한 한 많은 후보자를 예비 인터뷰하고, 상황에 대한 사전 조사를 하는 데 시간과 정성을 들이면 나중에 생길 수 있는 많은 문제를 피할 수 있을 것이다. 스토리보드를 작성하면서 조각들과 내러티브가 완벽히 맞아떨어지는 것을 보면, 당신은 인물들을 매우 신중하게 선택한 걸 자축하게 될 것이다.

전문가와 상의하라

당신 스토리의 소재에 따라서, 당신은 전문가의 도움을 받을 필요가 있을 수 있다. 전문가는 어떤 자료를 확인하거나, 복잡한 현상을 설명하거나, 아니면 큰 그림을 이해하는 데 도움을 주는 코멘트를 할 수 있다. 기후변화 같은 어려운 이슈를 주제로 한 스토리를 만들어 온 봅 사챠는 토픽에 대한 설명을 듣기 위해 종종 과학자들을 찾는다.

사챠는 이렇게 말한다. "대개, 나는 관련된 과학을 조금 다른 방식으로 조리 있게 말해주는 과학자를 찾아요. 과학자들은 어려운 전문 용어를 많이 쓰는 경향이 있죠. 그래서 난 쉬운 영어로 말해주길 부탁합니다. 어려운 개념을 일반인이 이해할 수 있게 비유적으로 설명해주기를 바라죠."

아무리 뛰어난 전문가라도 언어가 너무 어려우면 소용이 없다고 사챠는 말한다. "어느 시점에서는 그 전문가가 일상의 언어로 요점을 설명해주어야 합니다." 예를 들어, 아시아소사이어티를 위해 만든 지구 기후 변화에 대한 스토리에서 사챠는 오하이오대학교의 고기후학 교수 로니 톰슨의 인터뷰를 사용했다. 거기서 그 교수는 빙하가 녹는 것을 은행 잔고가 줄어드는 것에 비유했다.

▲ **더 얇은 얼음 위에서.** 봅 사챠는 녹는 빙하와 지구 온난화에 대한 스토리를 위해 기후학자 로니 톰슨을 방문했다. 사챠는 대부분의 관객이 과학적 지식이 많지 않다는 것을 안다. 톰슨은 쉬운 영어로 일반인들이 이해할 수 있게 설명해야 한다.(봅 사챠, 미중 관계에 대한 아시아센터 & 미디어스톰)

톰슨은 그 스토리에서 "빙하를 수천 년 동안 쌓아온 은행 계좌—물 은행 계좌—로 생각할 수 있습니다. 21세기 초에 우리는 그 계좌에 넣는 것보다 빼내는 것이 더 많습니다. 물론 우리는 어떤 은행 계좌든 계속 그러면 곧 비게 된다는 것을 알고 있습니다."라고 말한다.

사챠는 "그 비유는 운이 좋았어요. 줄어드는 은행 잔고는 누구나 이해하는 것이니까요."라고 말한다.

지구 온난화는 일반인을 상대로 한 비디오 스토리에서 다루기에는 너무 복잡한 과학적 문제라고 생각할지 모른다. 그러나 당신의 전문가가 그 문제를 모두에게 어필하는 방식으로 설명할 수 있다면 당신은 성공한 것이다.

끝으로 전문가의 지식과 실제로 그 현상에 의해 영향받는 사람들의 경험 사이에 균형을 잘 맞춘다면 당신의 스토리는 관객이 머리로 이해하면서 동시에 감동을 받는 그런 것이 될 수 있다. 당신의 목표는 관객을 가르침과 동시에 그들의 정서를 건드리는 것이다.

이야기를 어떻게 시작할 것인가

당신이 이야기를 얼마나 잘 하는가에 따라 그 스토리의 극적 구성이 정해질 것이다. 그런 구성은 현장의 기록 작업이 끝나야 제대로 이루어질 수 있다고 생각할지 모른다—실제로도 그럴 수 있다. 그러나 당신은 착수하기 전에 내러티브 구조에 대해 생각하고, 제작 과정에서도 그것을 계속 염두에 두는 것이 좋다.

관객은 시계를 보고 있다

좋은 뉴스가 있다.

인터넷 비디오 시청자에 대한 한 조사에 따르면, 당신의 비

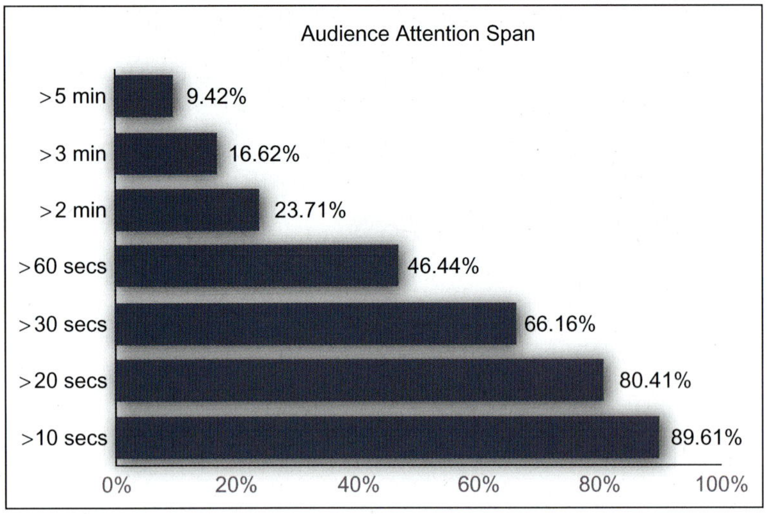

▲ **관객의 주의 지속 시간.** 일반 관객의 주의 지속 시간이 매우 짧다는 것은 비디오 저널리스트들이 항상 극복해야 하는 문제다.(출처: 튜브모굴)

디오 스토리 분량이 10초 이하면 관객의 89%는 끝까지 본다.

나쁜 뉴스는?

10초짜리 비디오는 별로 없다는 것이다. 대부분의 저널리스트 비디오는 훨씬 길다. 당신의 스토리가 30초라면, 그 조사는 2/3의 관객이 끝까지 시청한다는 것을 보여준다. 30초를 더하면 이제 끝까지 보는 사람은 절반이 안 된다. 대부분의 온라인 비디오 스토리는 1분 30초에서 3분 분량이므로 당신은 10~20%의 관객만이 당신의 작품을 온전히 볼 것으로 예상해야 한다. 비디오 저널리즘이라는 게임의 목표는 관객이 끝까지 몰입하는 스토리를 만드는 것이다.

우리는 비디오 및 멀티미디어 이야기꾼으로서 힘든 싸움을 하고 있다. 우리가 계속 거론하고 있는 그 일반적 관객은 아마 비디오가 로딩되고 재생되는 동안 이메일을 확인하거나 친구와 온라인 채팅하거나 다른 두세 개 웹사이트를 방문할지 모른다. 이렇게 의욕을 상실하게 만드는 사실을 깨닫고 나면 당신은 당신의 비디오 스토리가 얼마나 몰입 강도가 높아야 하는지 알 것이다.

처음 10~20초가 의심의 여지없이 가장 중요한 부분이다. 궁극적인 도전은 물론 끝까지 보게 만드는 것이다. 사전 조사와 계획 그리고 스토리에 대한 감각이 필요하다. 그러나 당신이 지금까지 잘 따라왔고, 여전히 멀티미디어 스토리를 만드는 데 흥미를 느낀다면 당신은 가능성이 있다.

강력한 인용문과 충격적인 액션을 결합하라

잘 만든 영화의 처음 10~20초를 연구하라. 마틴 벨의 1983년 다큐멘터리 영화 〈스트리트와이즈〉를 한 번 보라. 첫 몇 분 이내에 관객은 스토리와 캐릭터에 집중한다. 그 영화는 강력한 인용문과 함께 시작한다. 래트라는 이름의 부랑아 한 명이 다리 위에 서 있다. 그는 곧 뛰어내릴 듯하다. 래트는 "난 나는 것을 좋아해. 너밖에 없어. 평화롭고 조용해. 주위엔 투명한 푸른 하늘 외엔 아무것도 없어. 아무도 널 귀찮게 하지 않아. 여기 가라, 저걸 해라 말하는 사람이 없어."라고 말한다. 그러고는 이렇게 덧붙인다. "나는 것의 유일한 문제는 엿 같은 세상으로 다시 내려와야 한다는 거야."

래트가 다리 위에서 뛰어내리자마자 영화는 컷하여 1980년대 시애틀의 모습을 보여준다. 처음에는 항구의 배와 기차들의 원경, 다음에는 곧 좁아져서 길거리를 보여준다. 거리 공연과 대형 휴대용 라디오 소리가 들리고 우리는 주요 인물들을 만난다. 한 아이는 지나가는 사람에게 구걸한다. "사모님, 조금만 보태 주세요. 저랑 아빠가 먹을 게 없어요."

이 장편 다큐멘터리에서 2분이 채 안 되는 이 도입부는 영화 전체의 분위기를 설정하고, 강력한 인용문과 섬뜩한 뛰어내림과 시애틀의 파노라마로 관객을 사로잡는다.

대담하게 하라! 잘 생각해보라. 당신 스토리의 클라이맥스에 어떤 강력한 문구가 있지 않은가? 그것을 도입부에 쓰면 좋지 않겠는가? 때로는 스토리가 진행될 방향에 대한 힌트를 처음에 던져줄 수 있다. PBS의 〈프론트라인〉은 루게릭 병에 걸린 한 미국인의 조력 자살에 대한 이야기를 한다. 첫 장면에서 그는 스위스로 출발하는 비행기에—거기서 그의 고통이 결국 끝난다—탑승해 있다. 이 첫 장면이 극적인 이유는, 시작하자마자 그가 생을 마감하기 위해 여행한다고 단도직입적으로 말하기 때문이다. 관객은 당분간은 그 이유를 모른다. 그러나 그 첫마디는 명치를 정통으로 가격하는 것이다.

관객을 궁금하게 만드는 극적인 시작은 스토리를 시작하

▲ **스트리트와이즈.** 관객의 주의를 붙들기 위해 제작자는 한 10대 소년이 충격적인 대사와 함께 다리에서 뛰어내리는 장면으로 이 다큐멘터리를 시작한다.(제작: 마틴 벨. 안젤리카 필름의 허가)

▲ **자살 여행자.** 관객을 사로잡기 위해 제작자는 이 다큐멘터리를 크레이그 이워트가 자살하기 위해 여행을 한다고 말하는 것부터 시작한다.(제작: 존 자리츠키, 프론트라인)

는 아주 좋은 방법이다.

인용문이나 상징을 사용하는 걸 두려워하지 마라. 그러나 너무 머리를 쓴 상징적 이미지나 관객이 이해하기 어려운 인용문의 유혹은 피하라. 당신은 가능한 한 일찍 관객에게 스토리가 무엇에 대한 것인지를 알려줄 필요가 있다. 그러나 관객을 혼란하게 하거나, 거창한 멋 부림으로 거리감을 느끼게 하는 것은 피해야 한다.

유머로 사로잡아라

유머를 적극적으로 표현하라. 처음에 관객을 웃겨주면 그들은 앞으로도 재미있을 것으로 기대한다. 사진가 케이티 폴켄버그는 사랑과 일에 관한 짧은 스토리를 만들었다. 그녀는 관객을 끌어들이는 유머로 시작한다. 주인공은 리처드와 데비라는 중년의 커플이며 서로 도와 사업을 시작한다.

첫 장면에서는 그 둘이 어떻게 만났고 서로 무엇에 끌렸는지 묘사하는데, 그것은 리처드가 노래를 부르며 시작한다. "그녀는 내 여자 친구, 그녀는 내 여자 친구, 난 그녀를 끝까지 사랑해."

▲ **사랑의 수고.** 제작자는 한 커플이 어떻게 애완동물 미용 사업을 시작하게 되었는지에 대한 스토리를 웃기는 대사로 시작한다.(제작: 케이티 폴켄버그)

이어 데비의 목소리가 들어온다. "조지 클루니나 리처드를 가질 수 있다면, 난 리처드를 택할 거야. 정말 그럴 거야." 그러고는 데비는 웃음을 머금으며 이렇게 덧붙인다. "조지 클루니 사진을 가지고 있을지 모르지만 리처드도 분명 버리기 아까워."

이 같은 유머를 사용함으로써 스토리는 캐릭터들의 장난기를 부각하고, 명랑한 톤으로 관객을 끝까지 이끌 수 있다. 캐릭터들이 웃기다면 그것을 잘 활용하라. 그들의 유머는 스토리에 도움이 될 뿐이다.

관객을 스토리 안으로 던져 넣어라

관객을 액션 속으로 바로 툭 내려놓아라. 예를 들어, 관객이 자신이 직접 경험하는 듯한 절실함을 느낄 수 있는 주인공의 경험담을 제시하라. 롤리 뉴스앤옵저버에서 사진기자 숀 로코와 트래비스 롱은 누명을 쓰고 교도소에 갔다가 무죄가 밝혀져 풀려난 사람의 이야기를 전한다. 스토리는 주인공이 경험을 죽 이야기하는 형태로 진행된다. 이 비디오의 경우 그 인물은 사건을 다시 겪는 듯이 절절하게 이야기한다. 이것은 관객을 몰입시키는 매우 좋은 방법이다.

저게 뭐지?

관객이 "대체 그게 뭐였지?"라는 말을 하게 하는 그런 영상이나 오디오를 제시하라. 천천히 조금씩 궁금하게 만들면서 나아가라. 한 번에 조금씩만 알려주어라. 한꺼번에 다 털어놓으면 관객은 끝까지 볼 이유가 없다. 뭔가 특이한 것으로 관객을 낚아라. 하지만 스토리에서 벗어난 것이면 안 된다. 완벽한 스토리는 하루아침에 이루어지지 않는다. 많은 훈련이 필요하다. 여러 접근 방식을 시도해보면 결국 당신에 맞는 것을 찾게 될 것이다.

〈디스 아메리칸 라이프〉의 한 스토리는 북부 필라델피아

▲ **데일: 풀려난 삶.** 드웨인 데일은 강간 혐의로 인생의 절반을 교도소에서 보냈으나 피해자 잠옷에서 발견된 DNA로 무죄가 증명되었다. 이 비디오에서 데일은 직접 자신의 이야기를 한다.(비디오: 숀 로코, 트래비스 롱/ 인터뷰: 맨디 록/ 스틸 사진 촬영: 숀 로코/ 편집: 트래비스 롱, 숀 로코)

에서 말을 타는 일군의 젊은이들에 대한 것인데, 처음에 도심의 풍경을 보여주고 나서 말을 타고 화면을 가로질러 가는 사람들을 보여준다. 이 숏들에는 음악밖에 없고 아무 설명이 없다. 그래서 관객은 "저게 대체 뭐야" 하며 궁금해 한다. 이것은 관객의 호기심을 자극하는 아주 좋은 수법이다. 간단하게 말하자면, 관객에게 수수께끼를 던지고 계속 보게 만드는 것이다.

늦게 나타나는 주인공

봅 사챠는 미디어스톰 워크숍에서 로이터 소속의 사진기자 루시 니콜슨과 비주얼 프로젝트 편집자 자심 아마드와 함께 작업을 했다. 그 둘은 뉴욕의 타임스 스퀘어에 대한 스토리를 만들고자 했다. 다섯 개의 스토리 아이디어를 가지고 논의한 끝에 그 두 저널리스트는 타임스 스퀘어의 아이콘이라고 할 수 있는 '벌거벗은 카우보이'를 소재로 하기로 결정했다. 그러나 사챠는 염려되는 점이 있었다. 벌거벗은 카우보이에 대한 스토리가 이미 몇 개 만들어졌기 때문이다. 게다가 벌거벗은 카우보이는 유명인이고 유명인은 좀처럼 원하는 만큼 속을 털어놓지 않는다는 문제가 있었다. 사챠는 "시각적인 면에서는 식은 죽 먹기처럼 쉽겠지만, 스토리가 없었어요."라고 말한다.

그 세 명이 벌거벗은 카우보이의 집에서 그와의 첫 번째 인터뷰를 하고 나가려는데 그의 여자 친구가 왔다. 니콜슨이 "벌거벗은 카우보이의 여자 친구인 기분이 어때요?" 하고 물었다. 사챠는 이렇게 말한다. "그녀는 완전히 개방적이었어요. 그를 헬스클럽에서 어떻게 처음 만났는지 전부 이야기해주었어요. 전형적인 로맨스 이야기였죠. 그때 아이디어가 번쩍했어요."

그 둘의 관계가 물론 그 스토리를 보편적인 것이 되게 했다. 그러나 특별한 점은 보통 사람이 아닌, 잘 알려진 유명한 사람의 관계라는 것이었다. 벌거벗은 카우보이의 여자 친구가 어떤 사람일지 누구나 궁금해 할 것이다. 사챠는 "그런 환상적인 몸매와 거기에 걸맞는 강한 에고를 가진 남자와 사귀는 것을 상상해 보세요. 타임스 스퀘어에서 그를 두드러지게 하는 바로 그 요소들이 여자 친구에게는 문제인 것이죠."라고 말한

▲ **1인 밴드: 벌거벗은 카우보이.** 타임스 스퀘어에서 연주하는, 벌거벗은 카우보이는 유명인이었다. 그러나 그만으로는 스토리가 되지 않았다.

▲ 벌거벗은 카우보이에게 여자 친구가 있다는 것을 알게 되었을 때 제작진은 그 스토리를 두 시점에서 이야기하면 색다른 것이 될 수 있음을 깨달았다.(사진 촬영: 루시 니콜슨, 로이터)

다. 그래서 그 벌거벗은 카우보이 스토리는 유명인 자체에 대한 이야기만이 아니다. 그것은 특수한, 그것도 복잡한, 인간관계에 대한 것이다.

그들의 스토리 주제가 결정된 다음에는, 그 팀은 그 스토리의 도입부에 대한 계획을 금방 세웠다. "우리는 주인공이 유명한 타임스 스퀘어의 벌거벗은 카우보이라는 사실을 숨기고자 했어요. 그리고 그 커플이 헬스클럽에서 같이 운동하는 모습에서 시작하는 게 좋겠다고 생각했어요. 그래서 우리의 스토리는 헬스클럽에서 보통의 여자가 보통의 남자를 만나 이야기하는 소리가 들리는 것부터 시작합니다. 그들은 담소를 나눕니다. 여자가 남자에게 어디서 기타를 치느냐고 묻습니다. 남자는 주소를 말합니다. 남자는 모두가 자신을 안다는 사실도 이야기합니다. 스토리가 조금씩 진행되지만 여전히 그 남자가 실제로 누군지 깨닫지 못합니다. 그러다 탕! 갑자기 인형이 상자에서 튀어나오듯 주인공이 벌거벗은 카우보이라는 걸 알게 됩니다. 그때는 그 두 인물이 정말로 살아나는 순간이지요."

끝은 기억될 것이다

관객은 스토리의 시작과 끝을 기억하는 경향이 있다. 끝을 시작만큼 잘 만들어라. 관객을 어떻게 떠나보내고 싶은지를 생각해보라. 관객은 당신의 작품을 보기 위해 귀중한 몇 분을 투자했다는 것을 기억하라. 그들에게 어떤 만족할 만한 마무리를 제공하지 않고 스토리를 끝내지 마라.

당신 스토리의 결말이 약하면 아무도 그 스토리를 기억하지 않을 것이다. 축 늘어진 결말은 사람들로 하여금 다른 스토리를 보러 재방문을 하지 않게 만들 가능성도 있다.

세 가지 필수 요소

하버드대학교의 니먼 언론재단을 위해 쓴 글에서, 작가이며 전

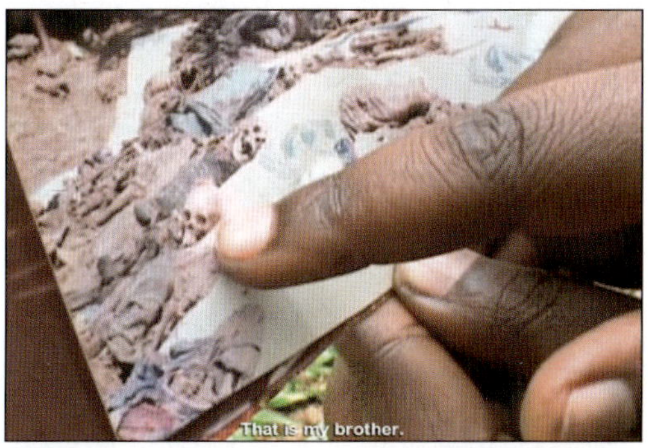

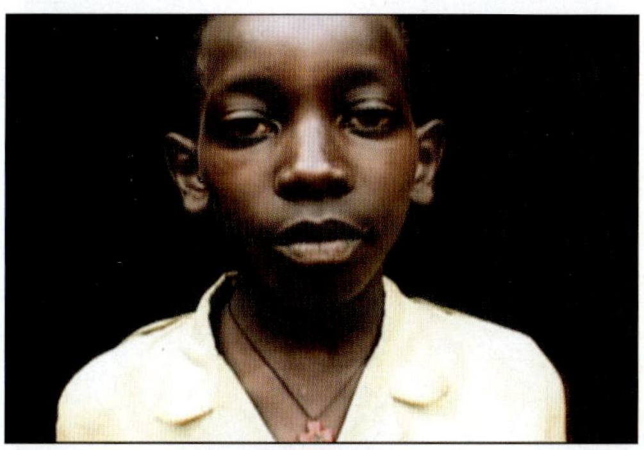

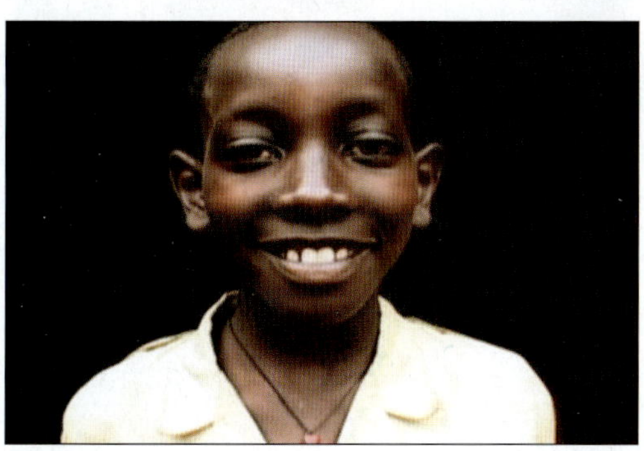

▲ **의도된 결과.** 다른 부족의 남자들에게 강간당한 르완다 여자들의 스토리는 그들과 그들의 아이들의 이미지 몽타주로 마무리한다. 마지막은 아이가 진지한 표정을 웃는 표정으로 바꾸며 희망을 암시한다.(스토리: 조나단 토르고브닉/ 제작: 채드 스티븐스, 미디어스톰)

에 AP 통신의 작문 코치이기도 했던 브루스 드실바는 이렇게 말한다. "좋은 마무리를 위해서는 최소한 세 가지는 반드시 해야 한다. 첫째, 독자에게 스토리가 끝났다는 것을 알게 해야 한다. 반드시 그렇게 해야 한다. 둘째, 그 스토리의 요점을 독자의 마음에 심어야 한다. 독자는 당신이 전하고자 했던 생각을 갖고 가야 한다. 셋째, 그 생각은 울림이 있어야 한다. 그래야만 한다. 독자가 신문을 내려놓거나 페이지를 넘길 때 그의 머릿속에 그 생각이 울리고 있어야 한다. 스토리는 그냥 끝나기만 해서도 안 되고, 요점이 있는 것만으로는 부족하다. 그것은 잠시 독자의 마음에 머물러야 하며 또한 생각하게끔 해야 한다."

드실바는 글로 된 스토리에 대해 말한 것이지만, 비디오 스토리에도 같은 말을 할 수 있다. 조나단 토르고브닉의 '의도된 결과'를 보면 도입부에 몇몇 아프리카 여인들의 몽타주가 있다. 그 스토리의 제작자인 채드 스티븐스에 따르면, 후투족 민병대 병사들에게 강간당한 후 아이를 낳은 르완다 여자들의 시련의 상처를 그 사진들에서 볼 수 있다. 그 스토리는 다음과 같은 질문을 던진다. 이 여인들과 이 아이들은 그 상처를 극복할 수 있을 것인가? 이 의문은 스토리의 끝에도 강조된다. 스티븐스는 이렇게 말한다. "아이들의 운명은 알 수 없습니다. 그들은 약간의 교육이라도 받을 수 있을까? 극단적인 종족 갈등을 극복할 수 있을까? 성인이 될 때까지 살아있을까? 의문은 해소되지 않은 채 남아 있습니다. 아니면, 미래를 알 수 없기 때문에 희망이 있는지도 모릅니다. 스토리는 도입부의 어머니들 몽타주에 대응하여, 아이들의 몽타주로 끝납니다. 아이들의 표정은 상당히 다릅니다. 상처는 그렇게 깊지 않습니다. 미소는 희망을 암시합니다." 스티븐스는 스토리에 희망의 느낌을 넣어야 했다고 말한다. 관객이 변화를 바라고 나아가서 행동까지 할 수도 있는 것이다. 이 스토리는 다른 모든 좋은 스토리와 마찬가지로 울림을 준다. 그것은 마지막 이미지가 사라진 후에도 관객에게 남아 있다.

급소를 찌르는 문구로 마무리하라

세인트루이스 포스트디스패치의 사진기자 로버트 코헨은 미주리 주 세인트루이스의 교외 호텔에서 생활하는, 집 없는 가족들에 대한 스토리를 촬영하고 제작했다. 그의 스토리는 모순적 상황에 놓인 가족들을 따라갔다. 많은 사람들은 집 없는 사람들이 거기 살고 있다는 것을 몰랐다. 코헨은 그들의 사적인 이야기를 함으로써 경제 위기에 얼굴을 부여했다. 그 스토리는 한 아버지가 지역의 맥도날드에서 일자리를 얻으며 마무리된다. 그 직장은 가족을 호텔에서의 일시적 삶에서 벗어나게 해주지는 못하지만, 최소한 희망의 느낌은 준다.

그의 부인이 마지막 코멘트를 한다. 그녀는 보통의 가족에게 호텔에 가는 것은 정말 휴가이지만, 자신은 그냥 '휴가'를 끝내고 집으로 가고 싶다고 말한다. 이 가슴 아픈 결말은 두 가지 목적을 달성한다. 첫째, 그것은 관객을 보편적이고 익숙한 경험—호텔에 머무르는 것—과 연결시켜준다. 그러면서 한편, 그 가족에게는 호텔의 의미가 완전히 뒤집어져 있다는 사실을 상기시킨다. 둘째, 그것은 관객에게 이 말을 한다. "스토리는 끝나지 않았다. 그것은 계속된다. 그리고 그것이 어떻게 끝날지 아무도 모른다. 약간의 희망은 있지만 확실한 것은 없다."

스토리의 결말은 매우 중요하다. 위의 스토리에서는 부인의 통절한 한 마디가 그 스토리의 감정과 경험과 교훈을 요약한다. 그것은 관객에게 마무리의 느낌을 제공하는 아주 좋은 방법이다. ■

▲ 집을 잃은 후 조와 체리 트랜샘은 두 아이와 함께 버짓인으로 이사했다. 조는 근처의 맥도널드에서 일한다. 그는 퇴근할 때 저녁거리를 사온다.

◀ 그 가족이 이 모텔에 체크인했을 때 집 주소를 기입할 수 없었다.

▼ **모텔 매너 교외의 무주택자.** 70번 주(州)간 고속도로와 40번 고속도로의 교차 지점은 '국가의 교차로'라고 불린다. 그곳은 또한 교외 거주자가 국가적 문제에 직면하는 지점이기도 하다. 이곳의 두 모텔은 세인트찰스 카운티에 사는 가난한 무주택자들의 거주지가 되었다.

두 살 난 드류 트랜샘이 버짓인 모텔 주차장의 물웅덩이에서 놀고 있다. 그의 부모(체리와 조 트랜샘)와 한 살 난 여동생 메리, 그리고 드류는 압류로 그들의 이동주택을 잃은 후 이곳으로 이사했다.(사진 촬영: 로버트 코헨, 세인트루이스 포스트디스패치)

◀ 버짓인과 이코노미인은 많은 사람들이 여행길에 이용하는, 하루 36달러의 저렴한 숙소이다. 그러나 갈 곳 없는 다른 사람들에게는 그곳이 마지막 기회이다.

▲ 맥도널드에서의 새 일자리에 대해 조 트랜샘은 "다시 가족을 위해 밥벌이를 할 수 있게 되어 기쁩니다."라고 말한다. 사진은 딸 메리 옆에서 출근 준비하는 그의 모습을 보여준다.

▲ 모텔에서 사는 아이들을 위해 스쿨버스가 버짓인에도 정류한다.

▲ 체리 트랜샘은 "휴가 가서 모텔에 머물 때는 당신은 아무런 근심 없이 가족과 시간을 보내죠. 그러나 모텔에서 살게 되면 당신은 이 휴가가 빨리 끝나서 집으로 갈 수 있기를 바라죠."

▲ **비디오 전문 카메라.** 잘 만들어진 비디오카메라는 대부분의 필요한 조작을 쉽게 할 수 있도록 디자인되어 있다.(사진 촬영: 켄 코브레)

5

카메라의 기초

당신이 스틸 사진 찍는 것에만 익숙하다면, 비디오로 넘어가는 것이 큰 일로 여겨질지 모른다. 그러나 겁먹을 필요 없다. 스틸을 찍으면서 당신이 획득한 기술들, 즉 초점, 렌즈 선택, 노출 조절 등은 비디오에도 그대로 적용된다. 그러나 비디오에만 해당되는 기술들도 있다. 이 시각 매체를 충분히 활용하기 위해서는 그런 것들을 배워야 한다.

카메라 선택하기

오늘날 카메라는 어디에나 있다. 당신의 고용주가 당신에게 카메라를 주면서 나가서 스토리를 찍어 오라고 할 수 있다. 혹은 당신의 학교에서 이런저런 메이커의 카메라를 빌릴 수 있다. 급한 상황이라면 당신의 휴대폰으로 촬영할 수도 있다. 하지만 조만간 당신은 아마 자신의 카메라를 사게 될 것이다.

이 아이콘은 〈비디오 저널리즘〉 웹사이트에 가면 더 자세한 정보를 얻을 수 있거나 언급된 비디오 작품을 볼 수 있음을 나타낸다. 작품의 제목 및 책에서 거론된 챕터와 페이지가 나와 있다. 책에 있는 것과 동일한 사진도 볼 수 있다.
http://www.kobreguide.com/content/videojournalism.

▲ **스마트폰.** 스마트폰의 비디오 기능이 더욱 좋아지고 있다. 대부분이 수백만 화소의 센서를 가지고 있고 어떤 것은 비디오 편집을 할 수 있는 소프트웨어도 내장하고 있다. 그리고 물론 촬영한 비디오를 세계 어디든 간단하게 보낼 수도 있다.(사진 촬영: 켄 코브레)

비디오카메라나 휴대폰의 크기, 가격, 기능 등이 워낙 다양해서 제품을 고르는 일은 벅찰 수 있다. 요즘의 카메라는 호주머니에 들어가는 20만 원 이하의 단순한 것에서부터 스마트폰이나 태블릿 컴퓨터, 그리고 더 나아가서 수백만 원에 달하는 전문가용까지 매우 다양하다.

비디오 기능을 완전히 갖춘 스마트폰이 인기를 끌고 있다. 이런 고기능 휴대폰은 고선명(HD) 비디오 촬영을 할 수 있으며 녹음도 가능하다. 일부 모델은 스크린을 터치함으로써 수동으로 특정 영역에 초점을 맞출 수도 있다. 그것들은 어두운 데서 촬영할 수 있게 대개 내장형 조명을 갖추고 있다. 촬영한 비디오를 휴대폰 자체에서 편집할 수 있고, 그것을 친구에게 전송하거나 페이스북 같은 데 올릴 수도 있다. 또는 인터넷 비디오 사이트인 유튜브나 비메오에 올릴 수도 있다.

휴대폰은 작기 때문에 말 그대로 거의 항상 휴대하는 물건이다. 그런 이유만으로, 많은 사용자들은 별도의 비디오카메라를 쓰는 것보다 휴대폰을 선호한다. 휴대성 외에도 촬영한 영상을 바로 전송할 수 있기 때문에 휴대폰을 선호하기도 한다.

이런 고가 휴대폰에 있는 자동 및 수동 조절 장치들은 계속 진보하고 있다. 곧 외부 마이크와 헤드폰을 쉽게 연결하여 녹음하면서 소리를 동시에 모니터링할 수 있게 될 것이다. 비디오 화질은 전문적인 카메라에 비해 다소 떨어지지만 그것도 빠르게 개선되고 있다. 한 가지는 분명하다. 스마트폰 사용은 더욱 확대될 것이다. 유튜브만 보더라도 스마트폰으로 촬영한 홈 무비가 엄청나게 많다.

비디오 기능을 갖춘 태블릿 컴퓨터가 스마트폰의 뒤를 따르고 있다. 많은 사용자들이 태블릿으로 촬영하여 상대적으로 큰 그 화면으로 바로 보여준다.

많은 카메라는 '캠코더'로 불리며 비디오 촬영 전용으로 만들어져 있다. 이런 카메라는 60년 동안의 비디오카메라 제작 기술이 축적된 것이다. 이런 카메라는 점점 소형화되었다. 제조사들은 여러 기능을 가진 여러 모델을 내놓고 있지만, 기본적인 기능은 비디오를 촬영하고 음향을 녹음하는 것으로서 동일하다. 단일 목적의(즉 스마트폰 같은 것이 아닌) 비디오카메라는 고화질 비디오를 촬영하는 데 적합하여 다큐멘터리 제작에 이상적이다.

몇몇 카메라는 원래는 스틸 사진용이었으나 지금은 비디오 촬영도 할 수 있게 나온다. 그것은 우리가 하이브리드라고 하는 것이다. 하이브리드에는 최소한 두 가지 형태가 있다. 하나는 렌즈 교환이 가능한 디지털 일안 리플렉스(DSLR) 카메라이고, 또 하나는 DSLR보다 작고 가볍지만 일안 리플렉스 방식이 아닌 카메라다. 이 두 번째 형태에서는 이미지를 광학적으로 볼 수가 없고 뷰파인더에서 단지 전자적으로만 볼 수 있다. 그러나 DSLR에 있는 거울을 제거함으로써 이런 카메라는 공간을 줄일 수 있고 그래서 렌즈를 센서에 가깝게 둘 수 있다. 둘 사이 거리가 가깝다는 것은 작고 가벼운 렌즈를 쓸 수 있다는 의미다.

피사체는 선명하지만 배경은 흐리게 하는 강력한 영화적 효과를 낼 수도 있다. 하이브리드 카메라는 센서가 상대적으로 크다. 그래서 촬영자는 주 피사체 앞뒤의 사물들을 얼마나 흐리게 할지 정할 수 있다. 센서 크기가 작은 소형 카메라에서는 그런 효과는 불가능하지는 않지만 쉽지 않다.

하이브리드 카메라에서 스틸 촬영과 비디오 촬영 사이를 전환하는 것은 쉽다. 문제는 일부 하이브리드 카메라가 전문적 비디오카메라의 기능이나 인체공학적 디자인을 가지고 있

▲ **스틸과 비디오 겸용 카메라.** 작고 가벼운 하이브리드 카메라는 스틸 사진과 비디오 둘 다 촬영할 수 있다. 이 사진가는 카메라에 뷰파인더 어댑터를 부착했다.(사진 촬영: 켄 코브레)

◀ **뷰파인더를 부착한 일안 리플렉스 카메라.** 이 DSLR(디지털 일안 리플렉스) 카메라는 광학 뷰파인더를 장착하여 밝은 야외에서 후면의 작은 LCD 스크린으로 초점을 맞추기 쉽도록 했다. 후면 스크린은 작을 뿐 아니라 DSLR 카메라는 대개 피사계 심도가 얕아서 그대로는 초점을 맞추기가 어렵다. 야외든 실내든 LCD 스크린에 빛이 반사되면 화면을 확인하기 더욱 어렵다. 또한 카메라를 앞에 들고 스크린을 보면서 초점을 맞추려고 하면 카메라가 안정적이지 않게 된다. 그래서 이런 카메라에서 사진과 같은 광학 뷰파인더는 필수품 중의 하나다.(사진 촬영: 켄 코브레)

▲ **일안 리플렉스 카메라 + 장치들.** DSLR(디지털 일안 리플렉스) 카메라가 완전한 비디오카메라로 기능을 하려면 여러 부가 장치가 필요하다. 이 사진에는 카메라에 외부 뷰파인더와 어깨에 거는 지지대와 휴대용 조명기를 장착했다.(사진 촬영: 멜리사 몰리)

지 못하다는 것이다. 하이브리드는 보통 오디오 기능이 제한적이다. 오디오 조절은 가끔 메뉴 깊숙이 들어있어 찾기가 힘들다. 대부분의 하이브리드는 전문가용 마이크를 바로 쓸 수가 없다. 또한 초점 맞추는 것이 불편한 경우도 있다. 사실, 비디오 저널리스트들은 종종 초점 맞추는 보조 장치를 추가로 장착한다. 밝은 햇빛 아래에서는 카메라 뒤에 있는 액정 화면으로 초점을 맞추는 게 거의 불가능하기 때문이다. 하이브리드는 전문적 비디오카메라에서 볼 수 있는 전동 줌 같은 기능도 없다. 하지만 기술이 발달함에 따라 하이브리드 카메라의 한계는 사라질 것이다.

리사 베르그룬트는 캘리포니아 주 샌디에이고 KNSD-TV의 촬영감독이었으며, 여성으로서는 최초로 전국사진기자협회의 '올해의 사진가' 상을 수상한 바 있다. 그녀는 현재 월드비전의 책임 프로듀서로 일하고 있다. 그녀는 이렇게 말한다. "카메라를 사기 전에 먼저 시험적으로 사용해보는 것이 좋아요. 아는 사람에게서 빌리든지, 장비 대여점에서 빌리든지, 학교에서 빌려 써보세요. 그렇게 함으로써 나중에 시간이나 돈을 허비하는 일을 줄일 수 있을 겁니다. 실제로 사용해보면 단점을 금방 알게 되고, 화질이 당신의 프로젝트에 충분한지를 판단할 수 있을 것입니다."

그 다양한 선택 사항들을 어떻게 이해할 것인가? 아래 섹션들에서는 당신이 카메라를 선택할 때 알아야 하는 중요한 요소들을 설명할 것이다.

화질

대부분의 비디오카메라는 햇볕이 쨍쨍한 데서나 깊숙한 그늘에서나 깨끗하고 선명한 이미지를 촬영할 수 있다. 정말 화질이 좋은 카메라는 조명이 거의 없는 실내처럼 매우 어두운 곳을 촬영할 때 표시가 난다. 어두운 곳에서의 화질에는 많은 변수가 있지만, 결정적인 변수는 이미지를 기록하는 센서의 수와 크기이다.

센서가 하나뿐인 카메라가 있고, 세 개가 있는 카메라가 있다. 세 개가 한 개보다 좋다. 센서가 세 개인 카메라는 색이 훨씬 깨끗하게 나온다. 어두운 실내나 밤에 실외에서 특히 그렇다. 센서가 클수록 빛을 많이 받아들인다. 빛을 많이 받아들이면 조명이 충분하지 않을 때도 선명한 화면과 깨끗한 색을 얻을 수 있다. 세 개의 큰 센서를 가진 카메라를 쓰면 세 개의 작은

▸ **비디오 촬영이 가능한 다양한 카메라들.** 세 개의 다른 카메라로 한 인물을 촬영하고 있다. 왼쪽부터 호주머니 카메라, DSLR 하이브리드, 비디오 전문 카메라.(사진 촬영: 켄 코브레)

센서를 가진 카메라를 쓰는 것보다 좋은 결과를 얻는다.

물론 센서 크기가 같다고 화질이 무조건 같지는 않다. 해상도가 높은 센서는 픽셀을 더 많이 가지고 있다. 이론적으로 픽셀이 많을수록 화면이 선명하다.

또한 매우 기초적인 비디오카메라는 노출을 자동으로 결정하는데, 이것은 항상 좋은 결과를 낳지는 않는다.

비디오카메라를 구입하기 전에 이 모든 요소들을 고려하라. 전문가의 조언을 구하라. 당신이 조사하고 사용해본 모델의 목록을 작성하라. 각각의 장점을 비교하라. 충분히 분석을 한 후에 당신의 개인적 혹은 직업적 목적에 맞는 카메라를 선택하라.

특징과 기능

일부 단순한 소형 카메라에는 사용자가 조절할 수 있는 것이 전원 버튼밖에 없는 경우가 있다. 거기서 단계를 올라가면, 카메라에 자동 기능도 있지만 밝기, 초점, 색 균형 등을 수동으로 조절할 수 있다.

들고 스위치를 누르기만 하면 되는 것을 원하든, 전문가로서 모든 것을 스스로 하는 걸 원하든, 카메라의 자동 설정은—메뉴에서 선택하는 형태이든 독자적인 버튼이 있든—도움이 될 수 있다. 그러나 수동으로 조절을 해야 하는 상황이 생길 것이다. 당신이 촬영 초보자이고 카메라의 모든 조절 기능을 쓰고 싶지 않다고 해도, 점점 장비에 익숙해지면 그런 기능들이 매우 유용함을 알게 될 것이다.

아래의 요소들은 모두 화질에 영향을 미치는 것이다. 당신의 카메라가 이런 것들을 수동으로 조절할 수 있는지 확인하라.

- **노출:** 조리개가 렌즈를 통해 들어오는 빛의 양을 조절한다. 스틸카메라에서는 이것을 애퍼쳐라고 한다.
- **초점:** 당신의 눈은 자연적으로 초점을 맞추지만, 카메라는 도움이 필요할 때가 있다.

▲ **센서가 세 개인 카메라**는 3원색(적, 녹, 청) 각각에 하나의 센서가 있다. 이런 카메라는 다양한 조명 조건에서 자연스럽고 생생한 컬러를 재현한다. 이런 카메라 모델들은 또 대개 높은 해상도를 제공한다.

▲ **작은 비디오카메라**는 대부분 한 개의 비디오 센서를 가지고 있다. 보통의 가정용 캠코더의 센서 크기는 1/6~1/3인치이다. 전문가용 비디오카메라의 센서는 2/3인치이거나 더 크다.

▲ **풀 프레임 SLR 하이브리드 카메라**에서는 센서 크기가 24mm x 36mm로서 1/4인치 비디오 센서보다 10배나 더 크다.

▲ **호주머니 비디오카메라**는 사용하기가 간편하지만 센서의 크기가 작고 각종 조절을 수동으로 할 수가 없다.

- **화이트 밸런스:** 하늘의 푸른색이라든지, 백열등의 노란색이라든지, 형광등의 녹색 같은 조명 톤의 변화에 카메라를 맞춰주어야 한다.
- **셔터 스피드:** 비디오카메라의 셔터 개방 시간을 조절하는 경우는 거의 없다. 이것은 비디오 저널리스트가 잘 쓰지 않는 수동 조절 기능의 하나다.
- **비디오 게인 조절:** 광량이 부족할 때 센서의 전자적 감도를 높여 주는 것이다.

저장매체와 재생

카메라의 저장매체는 테이프, 플래시 메모리카드, DVD, 내장 하드디스크 등이 있을 수 있다. 테이프는 오랫동안 비디오 저장매체로 사용되어 왔으나, 요즘의 디지털 카메라는 대부분 범용 플래시 메모리카드(예를 들어 CF 카드 혹은 SD 카드)나 아니면 특정 제조사만이 사용하는 형태의 고가의 메모리카드에 저장한다.

일반적으로 말해서, 다큐멘터리 촬영에 SD 카드를 사용하는 카메라가 좋다. SD 카드는 크기가 작고 저렴하며 많은 데이터를 저장할 수 있다. 작고 싸기 때문에 한 번에 많이 가지고 다닐 수 있다. 많은 카드를 가지고 있으면 현장에서 장시간 촬영할 수가 있다.

카메라의 메모리카드에 기록한 영상이 하나이든 수백 개든 그 카메라 자체에서 그것을 재생해서 볼 수 있다. 테이프에 기록했다면 카메라의 'rewind', 'forward' 등의 버튼은 VCR 플레이어에 있는 것과 같은 역할을 한다. 영상이 메모리카드나 하드디스크 같은 것에 저장되어있다면, 원하는 것을 바로 선택해서 즉시 재생해볼 수 있다. 방금 촬영한 영상을 현장에서 재생해볼 수 있는 것은 매우 중요하다. 문제가 있으면 현장에서 확인하고 바로 조처할 수 있기 때문이다.

팁 하드디스크를 매체로 사용하는 카메라는 피하는 게 좋다. 디스크가 다 차면 촬영을 멈추고 데이터를 다른 데로 옮겨야 하기 때문이다. DVD에 저장하는 것도 좋은 방식이 아니다. DVD에 기록된 영상을 편집하기 위해 불러오는 데 시간이 많이 걸리기 때문이다. 비디오 저널리스트는 바쁜 사람이다.

◀ **시큐어 디지털**(SD) 카드(왼쪽)와 **콤팩트 플래시**(CF) 카드가 저장 매체로 많이 사용된다.

▲ **디지털 줌.** 많은 스마트폰이나 호주머니 카메라에는 디지털 (광학식이 아닌) 줌 기능이 있다. 이것은 사용하지 않는 것이 좋다. 이것은 줌을 흉내 내는 것일 뿐으로서 화질을 많이 떨어트린다. 대상을 크게 잡고 싶으면 가까이 가서 촬영하라.

줌 기능

디지털 비디오카메라는 대개 두 가지 방식의 줌 기능을 제공한다. 광학 줌은 렌즈를 물리적으로 조정하여 광각에서 망원으로 전환한다. 화질의 변화는 거의 없다. 반면 디지털 줌은 이미지를 크로핑한 후 남은 부분을 확대하는 방식이기 때문에 화질이 흐려진다. 당신의 카메라가 광학 줌을 사용하는지 꼭 확인하라. 디지털 줌은 반드시 피해야 한다.

꼭 필요한 오디오 기능

소리를 녹음하지 않는 비디오카메라는 없다. 그러나 대부분의 카메라 내장 마이크는 주변 소음을 너무 많이 포착한다. 그래서 사람들의 대화를 깨끗하게 녹음하는 것이 매우 어렵다. 심지어는 카메라 자체에서 발생하는 소음도 녹음된다.

어떤 매체나 어떤 길이의 비디오 다큐멘터리를 만들든 오디오 입력 단자가 있는, 그래서 좋은 외부 마이크를 하나—둘이면 더 좋다—연결할 수 있는 카메라를 사용해야 한다. 많은 전문가들은 카메라 자체보다 거기에 좋은 마이크를 연결해 쓸 수 있는 것이 더 중요하다고 말한다.

녹음되고 있는 소리를 모니터링할 수 있게 헤드폰을 연결할 수 있는 오디오 출력 단자도 마찬가지로 중요하다.

카메라가 외부 마이크나 헤드폰을 받아들이지 못한다면 그 카메라는 수준 이하이다. 싼 가격에 현혹되지 마라. 싼 게 비지떡일 수 있다.

오디오와 관련하여 다음과 같은 것들을 확인해야 한다.

- 하나 또는 그 이상의 외부 마이크를 연결할 수 있는 오디오 입력 단자
- 소리를 모니터링하기 위한 헤드폰 연결 단자
- 녹음 레벨을 자동 및 수동으로 조절 가능

▲ **여행용 소형 카메라.** 온라인 비디오를 위한 카메라를 선택할 때 많을 것들을 고려하게 된다. 무게, 선명도, 사용 편의성, 그리고 물론 가격도 그 대상이다.(사진 촬영: 켄 코브레)

당신에게 맞는 카메라 찾기

어떤 카메라는 부드러운 가죽 장갑처럼 당신 손에 딱 맞는다. 다른 카메라는 투박하고 혼란스럽게 느껴진다. 카메라의 조절 버튼들이 어디에 위치하는가? 중요한 버튼과 스위치들은 카메라 몸체 어디에 있는가? 카메라의 LCD 화면에서 여러 번 클릭하고 스크롤해야만 그것들은 찾을 수 있는가? 각 컨트롤의 위치가 당신의 향후 카메라 사용에 어떤 영향을 미칠지 잘 생각해보라. 인터넷의 관련 커뮤니티에 가서 다른 사람들의 의견을 청취하라. 구입하기 전에 카메라의 사용 설명서를 다운받아서 잘 읽어보라. 심사숙고를 한 후에 최종 결정을 하도록 하라.

카메라 선택에 도움을 줄 수 있는 인터넷 사이트들이 있다. KobreGuide.com에 있는 링크들이 도움될 것이다.

물론 중요한 것은 스토리고 카메라는 부차적인 것이다. 뛰어난 작품들 중에 아이폰으로 촬영한 것들도 있다. 좋은 작품의 비결은 장비가 아니라 장비를 가지고 무엇을 하느냐에 달렸다.

▲ **크기 대 화질.** 작은 비디오카메라는 사용이 편리하지만 밝지 않은 데서는 좋은 화질을 내지 못한다. 큰 카메라는 어두운 데서도 화질이 좋고 다양한 기능을 가지고 있다.(사진 촬영: 켄 코브레)

기술적인 것들

프레임 속도

비디오 영상은 연속적으로 이어지는 것처럼 보이지만 그것은 사실은 개별 이미지들, 즉 '프레임'들로 이루어져 있다. 워낙 빠르게 이어지기 때문에 불연속적인 것이 느껴지지 않을 뿐이다. 실제로, 초당 15프레임 정도 이상이면 인간의 뇌는 개별 이미지를 구분하지 못한다. 대신 우리의 뇌는 그 빠르게 이어지는 개별 프레임들을 하나의 연속된 흐름으로 인지한다. 우리 눈에는 그것이 부드럽게 이어지는 움직임으로 보인다. 대부분의 비디오는 초당 15프레임의 두 배 속도이다. 초당 30개의 프레임이 우리 눈앞을 지나간다.

포맷

포맷, 즉 화면 종횡비는 비디오 프레임의 가로 세로 비율을 말한다. 카메라를 처음 사용할 때 이런 포맷을 선택하게 되어 있는 경우가 있다. 촬영에 들어가기 전에 포맷을 알아두어야 한다.

4:3 표준. TV 화면의 비율은 오랫동안 4:3이었다. 고선명 TV가 나오기 전의 표준해상도(SD) 비디오가 그 비율이었다. 비디오를 멈춰서 한 프레임에 있는 선을 세어 본다면, 그 이미지가 실제로 640개의 수직선과 480개의 수평선으로 되어 있는 것을 알 것이다. 당신의 TV가 아무리 커도 가로 640선, 세로 480선인 것은 같다. 이것이 표준해상도 포맷이다(일부 카메라에 'DV Normal'이라고 되어 있는 것이 이것이다.).

16:9 와이드스크린. TV가 와이드스크린용으로 제작된 할리우드 영화를 방영하기 시작하면서 TV도 와이드스크린이 되어야 할 필요가 생겼다. 그래서 16:9 비율의 포맷이 개발되었다. 화질은 실제로 크게 나아지지 않았다. 선의 개수가 조금밖에 증가하지 않았다. 그러나 화면이 옆으로 넓어졌고 그래서 영화 화면의 좌우를 자르거나 상하에 검은 줄('레터박스'라고 하는 것)을 넣지 않아도 되었다(일부 카메라에 'DV Wide'라고 표시된 것이 이것이다.).

▲ **화면 종횡비.** 화면 종횡비는 화면의 가로 세로 비율을 말한다. 미국의 NTSC 표준은 4:3 비율이며, HD TV는 16:9 비율이다.

고선명. 그러다 고선명(HD) TV가 등장했다. 요즘 새로 나오는 TV는 전부 HD이고, 시판되는 웬만한 카메라는 다 HD로 촬영한다. 화면 비율은 이전처럼 16:9이지만 해상도가 훨씬 높다. 1280×720 혹은 높으면 1920×1080이다. 그래서 화질이 훨씬 좋다.

순차 혹은 비월. 비디오는 촬영할 때나 모니터에 보여줄 때 '순차' 방식으로 할 수도 있고 '비월' 방식으로 할 수도 있다. 순차 비디오는 보통 초당 프레임 수 뒤에 'p'를 붙여서 표시하는데(30p), 한 번에 완전한 하나의 프레임을 촬영하거나 보여준다. 반면 비월 비디오는 프레임 수 뒤에 'i'를 붙여서 표시하며(60i), 한 번에 프레임의 반만 촬영하거나 보여주고 나머지 반은 1/60초 후에 촬영하거나 보여준다. 프레임 속도 때와 비슷하게, 그 두 반쪽 이미지는 워낙 빠르게 지나가기 때문에 우리의 뇌는 그것을 하나의 완전한 이미지로 인지한다. 고선명 비디오의 경우 흔히 두 가지 형태가 많이 사용된다. 즉 순차 방식의 720p(가로로 1280선, 세로로 720선)와 비월 방식의 1080i(가로로 1920선, 세로로 1080선)이다.

카메라의 설정

4:3, 16:9, HD, 비월, 순차 등 이 모든 기술적인 것들이 비디오 저널리스트에게는 어떤 의미가 있는가? 우선, 비디오카메라에 있는 메뉴들이 당신에게 어떤 포맷을 사용할 것인지 결정하라고 요구한다. 보통 다음과 같은 것들 중에서 선택하게 된다.

- 4:3, 표준해상도
- 16:9 와이드스크린, 표준해상도(SD)
- 고해상도(HD) 순차, 720p
- 고해상도(HD) 비월, 1080i

당신의 작품이 컴퓨터나 TV로 보일 예정이면 가능한 한 HD를 선택하라. HD 영상은 구형 TV에서도 문제가 없다. 반면 16:9 표준해상도 영상은 HD TV에서 흐리게 보일 것이다.

그러나 HD 포맷 중에 어느 것? 순차 혹은 비월? 전문가들의 의견은 나뉜다. 어떤 사람은 스포츠 촬영이나 스틸 사진 용도로는 720p가 좋다고 주장한다. 다른 사람들은 비월 방식이 필름 느낌을 조금 더 많이 준다고 말한다.

당신의 카메라가 여러 가지 포맷을 제공한다면 테스트를 해서 어느 것이 가장 자신의 목적에 맞는지 알아보라. 두 HD 포맷 모두 시험해보라. 그럼으로써 당신은 후회 없는 선택을 할 수 있을 것이다.

비디오카메라의 시작과 정지

스틸 사진 촬영에 익숙한 사람이 비디오 촬영을 할 때 저지르는 실수의 하나는 비디오카메라의 시작 버튼을 스틸카메라의 셔터 버튼처럼 사용하는 것이다. 시작 버튼을 누르면 카메라가 켜진다. 그러나 다시 한 번 누르면 카메라는 대기 상태가 된다. 그래서 카메라가 이미 작동하고 있다면 중요한 순간에 (스틸 찍을 때처럼) 버튼을 누르는 것은 녹화를 멈추는 행위이고 따라서 아무것도 얻지 못하게 된다. 중요한 상황이 펼쳐지는데 당신은 멍하니 있는 셈이다. 사진과의 차이에 익숙해진 다음에는 비디오의 작동이 비교적 단순하다는 것을 알게 될 것이다. 대부분의 비디오카메라는 뷰파인더나 LCD 화면에 녹화 중임을 나타내는 표시가 있다. 이 표시를 확인하는 버릇을 들여라. 그래서 주인공이 말을 시작하기 전에 혹은 강아지가 재주를 넘기 전에 혹은 아기가 마이클 잭슨 흉내를 내기 전에 카메라가 실제로 녹화를 하고 있는지 확인하라.

초점을 유지하기

요즘 카메라의 렌즈는 거의 모든 조건에서 매우 선명한 이미지를 얻을 수 있게 한다. 초점이 (초점 맞춘 거리가) 고정된 저가의 카메라조차 인물이 1m 정도 이상의 거리에 있는 한 선명한 화질을 준다. 고급 카메라는 자동이나 수동으로, 혹은 그 중간 방식으로, 초점을 맞출 수 있다.

> **여분의 배터리와 메모리카드를 휴대하라**
>
> **배터리와 메모리카드**
>
> 여분의 충전된 배터리나 메모리카드 없이 집을 나서지 마라. 사진 왼쪽은 SD 카드, 오른쪽은 180분 비디오 배터리다. 아무리 촬영을 짧게 할 예정이었다고 해도, 용량이 더 필요하게 될지 아무도 알 수 없다. 지나치게 많은 준비란 없다.
>
> 

자동 초점 사용하기

대부분의 상황에서는 카메라 초점을 자동에 두고 촬영을 한다. 그러나 당신은 뷰파인더나 LCD 화면을 보면서 당신이 원하는 부분에 초점이 맞는지 계속 확인해야 한다.

카메라는 보통 프레임의 중심에 있는 물체에 초점을 맞춘다. 한 피사체에서 다른 피사체로 프레임을 이동하면 렌즈는 초점을 재조절한다.

광량이 충분할 때는 카메라는 신속하게 초점을 맞춘다. 예를 들어 한 인물을 따라간다고 할 때, 그 인물이 카메라에서 멀어지거나 가까워질 수 있는데 그때도 렌즈는 초점을 잘 유지할 수 있다.

카메라 쪽으로 다가오는 인물에 수동으로 정확한 초점을 유지하는 것은 어렵다. 패션쇼나 스포츠 경기, 혹은 길거리 싸움 같이 빠른 움직임이 있는 상황에서는 자동 초점을 사용하는 것이 좋다. 자동 초점은 생각보다 뛰어나며, 손으로 맞추는 것보다 쉽고 종종 더 좋은 결과를 낳는다. 물론 모든 상황에 완벽하게 쓸 수 있는 것은 아니지만, 혼자서 노출, 음향 레벨, 구도 등을 맞추고 인터뷰도 해야 하는 상황이라면 자동 초점은 큰 도움이 될 수 있다.

얼굴 인식 기능

일부 자동 초점 카메라는 얼굴 인식 소프트웨어를 가지고 있어서, 문자 그대로 사람 얼굴을 알아보고 거기에 렌즈 초점을 맞춘다. 이 기능은 예를 들어 골동품 수집가가 골동품에 둘러싸여 있을 때 그 수집가에 초점을 맞추는 데 매우 도움이 될 수 있다. 비디오 촬영에서 얼굴 인식하는 것의 장점 중 하나는 카메라가 한 얼굴을 인식한 다음에는 그 인물의 움직임을 계속—화면 중심을 벗어나더라도—따라간다는 것이다. 물론 얼굴 인식 소프트웨어는 당신 스토리에서 중요한 인물(얼굴)과 중요하지 않은 인물을 구분하지는 못한다.

자동 초점이 실패할 때

자동 초점이 바보 같을 때가 있다. 일부 상황에서는 초점이 원하는 지점에 맞지 않는다. 그래서 자동 초점은 만병통치약이 아니다. 그런 상황에서 경험 있는 비디오 저널리스트는 자동 초점 기능과 수동 초점 기능을 혼합한다.

수동으로 초점 맞추기

존 고헌은 에미상을 12차례나 수상하였으며 30년의 경력을 가지고 있다. 그는 자동 초점을 사용한 적이 한 번도 없다. 그는 다른 많은 전문적 TV 카메라맨처럼 모든 숏의 초점을 손으로 맞

◂ **초점.** 많은 비디오카메라는 초점을 수동으로 맞출 수도 있고 자동으로 할 수도 있다. 전문가들은 수동으로 하는 것을 선호하지만, 자동 초점도 대개의 경우 잘 작동한다. (사진 촬영: 켄 코브레)

춘다.

고힌 같은 전문가는 인터뷰를 촬영하기 전에 정확한 초점을 위해 다음과 같은 절차를 따른다.

1. 카메라를 켠다.
2. 초점 제어 장치를 찾는다.
3. 초점을 수동(M)으로 설정한다.
4. 카메라의 뷰파인더나 LCD 화면을 본다. 전문가들은 더 선명하고 정확하다는 이유로 뷰파인더를 선호한다. 이것은 LCD 화면의 해상도가 개선되면 바뀔 수 있다.
5. 얼굴에 줌인한다.
6. 눈에 초점을 맞춘다. 속눈썹이 완벽히 선명할 때까지 조절한다.
7. 줌아웃하여 원하는 화면 구도로 맞춘다.
8. 촬영을 시작한다.

팁 일부 비디오카메라는 촬영자의 시력에 맞춰 아이피스를 조정할 수 있게 되어있다. 아이피스에서 조정하는 그 부분을 뷰파인더 디옵터라고 부른다. 당신 눈의 시력이 양쪽 모두 2.0이라고 하더라도 항상 그 뷰파인더 디옵터를 (카메라에 있다면) 자신에 맞게 맞추어라. 그 디옵터를 돌리는 것은 렌즈의 초점과는 무관하다. 단지 뷰파인더의 광학을 당신 눈에 맞추는 것이다. 당신이 평소에 안경을 쓴다면, 디옵터를 조절하여 안경 안 쓰고 촬영하는 것이 가능하다. 당신이 익숙하지 않은 카메라를 사용할 때는 무엇보다 먼저 그것의 디옵터를 맞추어라. 수동으로 초점을 맞출 때는 그것은 필수다.

고가의 초점 보조 장치

초점이 맞지 않는 화면만큼 당신의 비디오에 대한 관객의 흥미를 떨어뜨리는 것은 없으므로 카메라 제조사들은 어려운 상

◂ **자동 초점.** 여자가 카메라 쪽으로 걸어올 때 카메라는 자동으로 계속 얼굴에 초점을 맞춰준다. 인물이 멀어질 때도 물론 자동 초점은 잘 작동한다.(사진 촬영: 켄 코브레)

잘못된 자동 초점	수동 초점

물방울이 맺힌 유리창을 통해 촬영할 때 카메라는 그 물방울에 초점을 맞추고 그 건너편의 인물은 흐리게 된다.

감옥의 창살 같은 수직선들을 통해 촬영할 때 카메라는 그 건너의 피사체가 아니라 그 선에 초점을 맞춘다.

빛이 부족할 때는 자동 초점이 잘 작동하지 않을 수 있다. 얼굴 인식 기능도 떨어진다.

일부 자동 초점 카메라는 주 피사체가 화면 중심에서 벗어나 있다는 것을 모르고 무조건 화면 중심의 물체에 초점을 맞춘다.

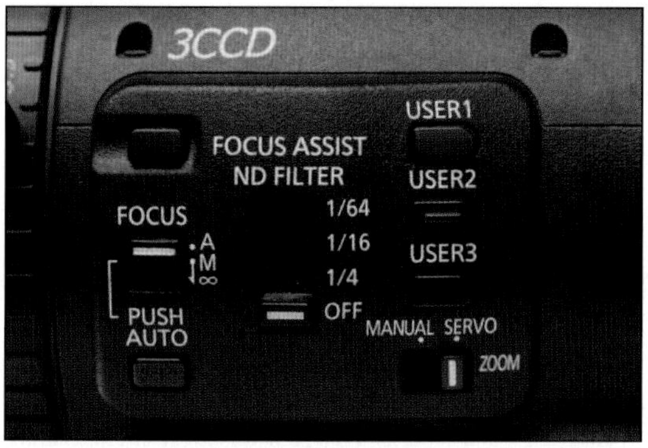

▲ **초점 맞추는 방식들.** 일부 비디오카메라는 초점 맞추는 방식을 다양하게 제공한다. **초점 어시스트**(이미지를 확대하여 초점 맞추기 쉽게 해줌), **초점 A**(자동 초점), **초점 M**(수동 초점), ∞(버튼을 누르는 순간 초점을 무한대에 맞춤), **푸시 자동**(렌즈의 초점이 수동으로 설정되어 있지만 이 버튼을 누르는 동안에만 자동이 됨).

황에서 초점 맞추는 것을 도와주는 장치들을 개발하였다.

가장자리 탐지. 일부 고급 카메라는 전자적으로 가장자리를 탐지하는 프로그램을 가지고 있다 (이것은 가끔 EDF DTL, 즉 **Edge Detection Focus Detail**이라 불린다.). 이 프로그램은 초점 맞추는 것을 돕기 위해 뷰파인더나 LCD 화면의 이미지에서 윤곽선들을 강조해준다.(실제 기록되는 이미지에 변화를 주는 것은 아니다)

초점 어시스트. 고급 카메라에는 초점 어시스트 스위치가 있는데, 이것은 실제 기록되는 영상에는 영향을 미치지 않으면서 뷰파인더나 LCD 화면의 이미지를 확대해준다. 그래서 촬영자로 하여금 초점을 쉽게 맞출 수 있도록 해준다.

일시적 자동 초점. 촬영 도중 갑자기 인물에게 초점이 안 맞는다는 것을 깨달으면 **일시적 자동 초점** 버튼을 눌러라. 그러면 인물은 즉시 초점이 맞을 것이다. 이 기능은 말 그대로 버튼을 누른 그 순간에만 일시적으로 초점을 자동으로 맞춰주는 것이다. 버튼에서 손을 떼면 수동초점으로 돌아간다. 이 기법은 피사체가 수동으로 초점을 맞출 시간이 없게 빨리 움직일 때 도움이 될 수 있다.

무한대 버튼. 일부 카메라에는 또 '구출' 버튼이 있다. 그것은 순간적으로 초점을 무한대에 맞춰준다. 즉 버튼을 한 번 누르는 것만으로 렌즈를 최대 거리에 맞춰주는 것이다. 예를 들어 공항에서 짐꾼을 촬영하고 있는데 배경에 갑자기 점보제트기가 이륙하는 걸 보았다고 하자. 그 비행기에 손으로 초점을 맞추려 하면 그 사이에 비행기는 사라져버릴 것이다. 이때 무한대 버튼을 누르면 (자동 초점은 짐꾼이 화면 가운데 있어서 소용없을 것이다) 즉시 멀리 있는 그 비행기에 초점을 맞출 수 있다.

인터뷰할 때 왜 수동 초점을 사용하는가?

거의 모든 전문가는 인터뷰할 때 초점을 수동으로 설정한다. 인터뷰 촬영은 정적이다. 카메라는 삼각대 위에 올려져 있고 인물은 고정된 거리에 가만히 앉아 있다. 그러나 이런 때도 자동 초점으로 설정되어 있으면 카메라는 수시로 초점을 찾아다닌다. 인물이 고개를 조금 움직이기만 해도 카메라는 즉시 초점을 다시 찾는다. 그래서 이미지가 선명했다 흐렸다 하는, 거슬리는 현상이 발생한다. 카메라 초점을 수동으로 설정하여 일정 거리에 맞춰놓으면 인물이 약간 움직이는 것 때문에 화면이 순간적으로 흐려지는 현상은 없을 것이다.

피사계 심도

스틸카메라의 경우, 렌즈가 빛을 받아들이는 조절 가능한 구멍, 즉 조리개를 **애퍼처**라고 한다. 비디오카메라의 경우에는 같은 구멍을 **아이리스**라고 한다. 이 용어들에 익숙하지 않다면 조금 혼란스러울 수 있다. 비디오카메라의 조리개(아이리스)를 조절하면 노출량이 변할 뿐 아니라, 이미지를 창의적으로 조절할 수 있다. 스틸카메라에서와 마찬가지로 조리개 크기는 F 스톱(F 숫자라 하기도 한다)으로 표시한다. F 스톱의 숫자가 클수록 (가령 f/16) 적은 빛을 통과시킨다. 예를 들어 f/2는 f/16보다 조리개 구멍이 더 크고 따라서 빛을 더 많이 통과시킨다.

거꾸로 된 것 같아 보이는 이유는 f/16이 실제로는 분수 1/16을 의미하기 때문이다. 마찬가지로 f/2는 1/2를 의미한다. 1/2은 당연히 1/16보다 크다. 그래서 f/2에서의 조리개는 f/16일 때보다 빛을 많이 받아들인다. 시간이 가면서 업계 종사자들이 그 분수에서 분자를 빼버리고 분모만 남겨서 f/2, f/16 등이 된 것이다.

피사계 심도의 개념

피사계 심도는 기술 용어로서, 이미지에서 '선명한 영역', 즉 당신이 초점을 맞춘 거리 앞뒤로 선명해 보이는 영역을 가리킨다. 다음의 예시 사진은 조리개를 조절함으로써 피사계 심도가 바뀌는 것을 보여준다. 렌즈는 한 지점(거리)에만—예를

▲ **프레임 1.** 이 이미지는 **피사계 심도가 깊다**. 초점을 맞춘 위치는 선글라스를 낀 얼굴이지만 앞쪽과 뒤쪽도 초점이 맞다. 이 사진은 조리개를 **작게(f/16)** 하여 촬영하였다.

▲ **프레임 2.** 이 이미지는 **피사계 심도가 얕다**. 초점을 맞춘 선글라스 낀 얼굴만 선명하고 전경과 배경은 흐리다. 이 사진은 조리개를 **크게(f/2)** 하여 촬영하였다.(사진 촬영: 켄 코브레)

들어 위 사진의 선글라스에—초점을 맞출 수 있다. 하지만 그 지점 앞뒤의 영역이 선명해 보일 수도 있고 아닐 수도 있다. 피사계 심도에 따라 달라진다.

조리개의 크기를 조절하면 그 '선명한 영역'을 변화시킬 수 있다. 조리개를 최대한 닫으면 (프레임 1, f/16) 심도가 가장 깊어진다. 선글라스 앞뒤의 조각상들이 선명해 보인다.

조리개를 최대한 열면 (프레임 2, f/2) 심도가 가장 얕아진다. 초점을 맞춘 선글라스만 선명하고 나머지 물체들은 흐리다.

다른 요소들도 피사계 심도에 영향을 미친다. 예를 들어 카메라를 피사체 가까이 가져가거나, 망원렌즈를 사용하면 심도가 얕아진다.

▲ **모두 선명하다.** 때로는 당신은 장면의 모든 것이 선명하기를 원한다. 이것은 **최대의 피사계 심도**를 필요로 한다. 이 사진의 깊은 피사계 심도를 위해서 촬영자는 제일 뒤에 있는 건초 더미에 (푸른 풀이 시작되기 직전) 초점을 맞추고 조리개를 최대한 닫았다(f/16). 이렇게 함으로써 맨 앞쪽의 건초 더미부터 멀리 있는 원추형 탑까지 선명하게 나왔다.(사진 촬영: 켄 코브레)

심도를 얕게 하는 게 좋은 경우가 많다. 복잡한 배경을 흐리게 함으로써 주 피사체를 분리시킬 수 있기 때문이다.

주 피사체는 선명하게 하면서 전경이나 배경을 흐리게 하는(즉 심도를 얕게 하는) 법은 다음과 같다.

- 초점거리가 가장 긴 렌즈를, 즉 망원렌즈를 사용하라.
- 피사체에 최대한 가까이 가라.
- 조리개를 최대한 크게(가령 f/2) 하라.

피사계 심도를 창조적으로 이용하기

사람 눈은 자연적으로 이미지의 선명한 부분에 끌리고 흐릿한 부분은 스쳐 지나간다. 그래서 당신은 선명한 지점을 조절, 변경함으로써 관객이 화면 프레임 안의 어디에 주목할지를 제어할 수 있다.

렌즈

적절한 렌즈 초점거리의 선택

보통 비디오카메라에는 줌렌즈가 있어서 사용자가 단순히 줌인이나 아웃을 하는 것만으로 광각와 망원 사이를 왔다 갔다 할 수 있다. 렌즈의 초점거리를 바꿈으로써 어떤 디테일에 집중하거나 넓은 시야를 제공하거나 할 수 있다.

대부분의 비디오카메라에는 줌렌즈에 로커 스위치나 줌링이 있어서 사용자가 광각과 망원 사이를 부드럽게 이동할 수 있게 한다. 모터를 이용하는 줌렌즈에는 사용자가 줌의 속도를 조절할 수 있는 경우도 있다.

◀ **피사계 심도로 관객의 주의를 조절.** 이 사진에서 초점은 메뚜기에 맞춰져 있다. 조리개는 최대 개방(f/2)이다. 촬영자는 곤충과 인물의 손만 강조하기 위해 **심도를 최소**한으로 하였다. 메뚜기를 쥐고 있는 사람의 얼굴은 완전히 흐려 관객의 주의는 메뚜기에 집중된다.(사진 촬영: 켄 코브레)

카메라 유형에 따른 피사계 심도

할리우드 영화의 화면이 비디오 다큐멘터리와 매우 달라 보이는 것에 대해 궁금해 한 적이 있는가? 사실 이유는 간단하다. 다른 요소가 같다면, 카메라 센서의 크기가 피사계 심도를 결정한다. 대부분의 소형 비디오카메라의 센서는 할리우드 영화카메라의 그것보다 훨씬 작다.

카메라 유형에 따라 피사계 심도가 어떻게 다른가

아래 그림에서 모든 카메라는 피사체에서 5피트 거리에 있고, 화면 구도도 모두 같다. 조리개도 다 같이 f/2.8이다. 각 카메라의 하얀색 숫자는 렌즈의 초점거리를 나타낸다(센서의 크기가 다르기 때문에 피사체를 같은 구도로 잡기 위해서는 렌즈 초점거리도 달라야 한다.). 그리고 녹색 막대가 선명해 보이는 영역, 즉 피사계 심도를 나타낸다.

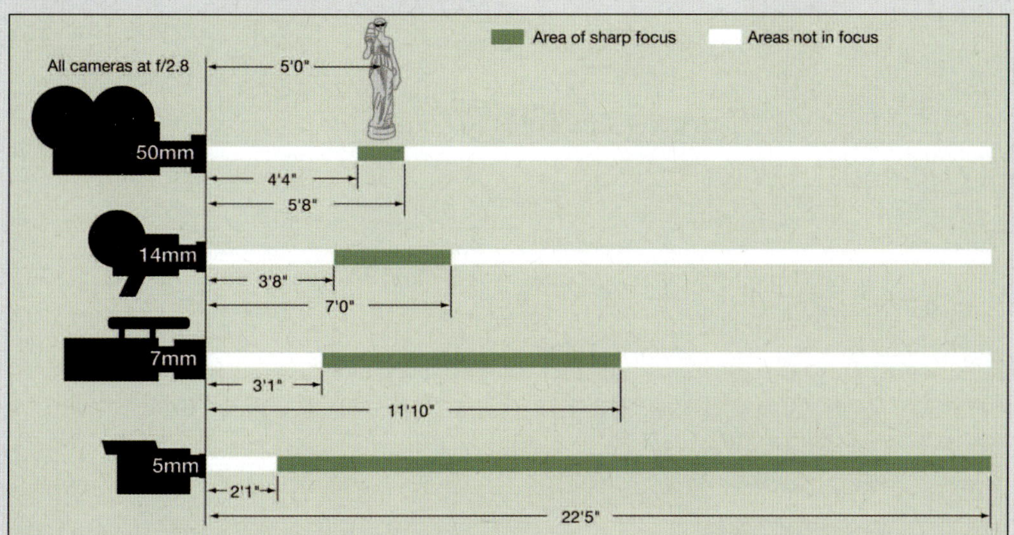

1. 할리우드에서 사용하는 35 mm 영화 카메라
2. 16 mm 영화 카메라(혹은 2/3인치 방송용 카메라)
3. 1/3인치 DV 혹은 미니 DV 카메라(캐논 XL1, 소니 VX2000)
4. 일반 소비자용 1/4인치 미니 DV 카메라(캐논 GL1, TRV900)

팁 대부분의 비디오카메라는 피사계 심도가 극도로 깊은데 이것은 문제를 야기할 수 있다. 렌즈 표면에 묻은 작은 먼지가 촬영된 모든 영상에 얼룩 같은 것으로 나타날 수 있다. 문제가 발생하기 전에 대비하라.

- 보호용 UV 필터를 렌즈 앞에 장착하라.
- 사용하지 않을 때는 렌즈 뚜껑으로 덮어 놓아라.
- 부드러운 천으로 렌즈와 필터를 청소하라.
- 렌즈 플레어(98쪽 참조)를 피하기 위해 렌즈 후드를 항상 사용하라.

비디오 촬영이 가능한 SLR 카메라나 여타의 하이브리드 카메라는 선택할 수 있는 렌즈가 매우 많다는 장점이 있다. 어안렌즈부터 600 mm 혹은 그 이상의 망원렌즈까지 다양하다. 그러나 그런 다양한 렌즈를 사용하려면 한 렌즈를 카메라에서 떼어내고 다른 렌즈를 장착해야 하는 번거로움이 있다. SLR 카메라에 쓰는 기존의 많은 줌렌즈도 초점거리를 바꾸려면 손으로 해야 한다.

광각으로 촬영하기. 광각렌즈를 사용하면 작은 서점처럼 비좁은 공간에서도 작업할 수 있다. 당신은 카메라 팬을 하지 않고서도 위태롭게 쌓인 책들이나 넘쳐나는 서가 등 모든 것을 보여줄 수 있다. 많은 전문가들은 사용하는 카메라 종류와 상관없이 대부분의 상황에서 광각렌즈를 사용한다. 광각렌즈를 사용함으로써 그들은 인물에 바짝 다가가 그 인물로 화면을 가득 채우거나, 약간 물러서서 장면 전체를 담는다.

야외에서도 넓은 풍경 효과를 얻기 위해 비디오 촬영자들은 실내에서 사용했던 것과 같은 광각렌즈를 사용한다. 프랑스의 그랜드캐니언이라고 불리는 베르동 협곡을 한눈에 담기 위해서는 광각렌즈가 필요했다. 강과 앞쪽에 있는 페달 보트들과 멀리 있는 산들까지 포함하는 광대한 풍경을 한 번에 담을 수 있었다.

제조사들은 카메라의 원래 렌즈에 부착할 수 있는 광각 어댑터를 팔기도 한다. 그것들은 별도의 독립적인 광각렌즈보다 저렴하다. 그런 어댑터는 대개 많은 종류의 카메라에 부착할 수 있도록 디자인되어 있다. 그러나 광각 어댑터를 구입할 때는 조심해야 한다. 어댑터가 작아서 원래 렌즈에 의해 생성된 이미지의 가장자리를 자르는 일이 없는지 확인해야 한다.

- 비디오 저널리스트들은 광각렌즈를 사용함으로써 인물에 바짝 다가갈 수 있고 그래서 영상이 친밀한 느낌을 준다고 말한다. 카메라가 인물들에게 매우 가까이 갈 수 있기 때문에 관객은 거의 그 대화의 참여자가 된다.
- 인물에 바짝 붙어서 촬영하면 스토리와 무관한 사람들이 화면에 들어와 시야를 막는 일이 없게 된다.
- 인물에 가까이 가는 것이 현장에서 깨끗한 말소리를 녹음하는 유일한 방법일 수 있다. 무선 마이크를 사용하는 것이 불가능한 상황이라면, 광각렌즈는 인물 가까이 가는 걸 가능하게 하고 그래서 당신은 그 인물의 말소리를 내장 마이크로 잘 녹음할 수 있다.

▼ **광각렌즈.** 광각렌즈로 촬영하면 팬을 하지 않고서도 방 전체를 보여줄 수 있다.(사진 촬영: 켄 코브레)

• 광각렌즈를 사용하면 들고 찍을 때 화면 흔들림이 적다.

렌즈가 하나뿐일 때

줌렌즈가 없어도 클로즈업과 롱숏 등 다양한 숏을 찍을 수 있다. 많은 소형 비디오카메라에는 줌렌즈가 없다. 초점거리가 고정되어 있는 렌즈, 즉 단렌즈가 장착되어 있다. 스마트폰의 경우에도 줌을 사용하지 않는 것이 좋다. 광학식이 아니라 디지털 방식을 사용하기 때문이다.

단렌즈 카메라로 클로즈업을 찍고 싶으면 그냥 피사체에 가까이 다가가면 된다. 넓은 숏이 필요하다면 최대한 뒤로 물

◀ **광각렌즈.** 프랑스 남부의 베르동 협곡을 촬영한 이 사진처럼 광대한 풍경을 담을 때 광각렌즈가 유용하다.(사진 촬영: 켄 코브레)

◀ **광각렌즈.** 광각렌즈는 인물 가까이서 촬영할 수 있게 한다.(사진 촬영: 켄 코브레)

너무 가까워 불편함

광각렌즈를 사용하면 인물 가까이에서 촬영할 수 있는 것은 사실이다. 그러나 사물이 렌즈에 가까울수록 크게 보인다. 인물 가까이 그리고 약간 높은 위치에서 그 인물의 몸 전체가 보이게 아래로 찍으면 그 사람의 머리는 농구공만큼 큰데 발은 아기 발처럼 작게 보일 것이다. 특별한 이유가 없는 한 이렇게 왜곡되어 보이게 촬영하는 것은 피해야 한다.

광각렌즈

미디엄 망원렌즈

광각렌즈로 인물 가까이 그리고 아래로 향해 촬영하면 몸이 왜곡되어 보인다.

(사진 촬영: 켄 코브레)

땅에 서서 건물 전체가 보이게 위로 찍으면 그 건물이 마치 내려앉는 것처럼 보인다. 이 현상은 어떤 렌즈에서나 나타나지만 광각에서 더 심하다. 건물에 더 가까이 가서 촬영하기 때문이다. 사진 1은 광각렌즈로 건물 1층 가까이에서 찍은 것이고, 사진 2는 멀리서 표준렌즈로 찍은 것이다.

(1) 광각렌즈

(2) 표준렌즈

망원렌즈는 액션을 끌어당길 수 있다

피사체가 멀리 있을 때 망원렌즈는 비디오 저널리스트에게 최고의 친구가 될 수 있다.

(1) 광각

(2) 망원

또한 비디오 저널리스트는 가까이 가는 게 금지되어 있을 때, 위 사진처럼 유대교 성인식 같은 행사를 할 때, 망원렌즈를 사용한다.(사진 촬영: 켄 코브레)

팁 어떤 렌즈를 사용하든 화면이 흔들릴 수 있지만 망원렌즈일 때 그 정도가 더 심하다. 누구나 들고 찍으면 손이 조금씩 흔들릴 수밖에 없는데, 그것이 망원렌즈에서는 증폭이 된다. 약간의 손 떨림이 화면이 크게 흔들리는 결과로 나타나는 것이다. 게다가 촬영하면서 걷기까지 한다면 결과는 거의 못쓸 지경이 된다.

일부 카메라에는 카메라 몸체나 렌즈에 손 떨림을 보정하는 장치가 있다. 그것은 전자적 혹은 광학적 방식으로 촬영자의 손 떨림을 상쇄하는 것이다. 소프트웨어를 사용하여 화면 흔들림을 줄일 수도 있다. 그러나 흔들림을 완전히 제거하는 것은 불가능하다.

광학적 손 떨림 보정 장치의 효과를 보여주는 데모 영상을 보라.

대부분의 카메라 제조사는 카메라가 삼각대 위에 있을 때는 손 떨림 보정 장치를 사용하지 말 것을 권한다는 사실도 기억하라.

◀ **망원렌즈.** 망원렌즈는 운동선수의 액션을 촬영하는 데 긴요하게 쓰인다.(스무엘 데일러, 산타크루즈 센티넬)

러나면 된다. 줌이 안 되는 저가 카메라라고 해도 할 수 없는 것은 별로 없다. 필자는 휴대폰 크기밖에 안 되는 작은 카메라로 300년 된 올리브유 공장에 대한 단편 비디오를 만들었다. 그 공장은 아직도 올리브 찧는 거대한 맷돌을 돌리기 위해 물레바퀴를 사용하고 있었다. 일꾼의 얼굴을 클로즈업으로 찍고 싶을 때는 1m 정도 거리로 다가갔다. 전체 숏이 필요할 때는 그 방에서 최대한 뒤로 물러나서 카메라를 최대한 높이 들었다. 줌렌즈가 있는 큰 카메라로 촬영했다면 분명 결과물은 다른 느낌을 주었을 것이다. 그러나 그 호주머니 카메라로 촬영한 것도 전혀 아마추어 같은 느낌을 주지 않았다. 아래 사진들은 단렌즈 카메라가 할 수 있는 것들을 보여준다. ■

◀ **하나의 렌즈.** 이 일련의 사진들은 단초점렌즈로 촬영하였다. 클로즈업을 찍을 때는 카메라를 대상 가까이 가져갔다.(사진 촬영: 켄 코브레)

▲ **빛을 측정하기.** 밀렵꾼을 쫓다가 사망한 수렵 감시관 어네스트 베리의 추도식 장면이다. 자동 노출로 촬영했다면 카메라의 노출계가 밝은 하늘 위주로 빛을 측정하여 앞의 인물들은 노출 부족이 될 것이다.(사진 촬영: 켄 코브레)

6

카메라 노출과 카메라 다루기

암실에 처음 들어가면 아무것도 보이지 않는다. 그러다 동공이 조금씩 열리고 눈이 어둠에 적응한다. 그러면서 처음에 보이지 않았던 방안의 사물들이 보이기 시작한다. 눈이 일시적으로 빛에 더 민감해진 것이다. 밝은 곳으로 다시 나가면 이번에는 순간적으로 눈이 부셔 사물을 제대로 볼 수가 없다. 크게 열린 동공으로 빛이 너무 많이 들어오기 때문이다. 그러나 곧 동공이 작아지며 과다한 빛을 차단한다. 그리고 눈이 빛에 덜 민감해지면서 밝은 빛에 적응하게 된다.

밝은 곳에서 어두운 곳으로 혹은 그 반대로 이동할 때 우리 눈의 동공은 매우 빨리 조절된다. 그것은 우리의 의지와 상관없이 자동적으로 열리고 닫힌다. 동공의 크기 외에도, 그만큼 빠르진 않지만 광량에 따라 눈에 화학적 변화도 생긴다.

이 아이콘은 〈비디오 저널리즘〉 웹사이트에 가면 더 자세한 정보를 얻을 수 있거나 언급된 비디오 작품을 볼 수 있음을 나타낸다. 작품의 제목 및 책에서 거론된 챕터와 페이지가 나와 있다. 책에 있는 것과 동일한 사진도 볼 수 있다.
http://www.kobreguide.com/content/videojournalism.

카메라의 자동 노출 기능은 사람 눈의 그것과 비슷하게 작동한다. 자동 노출로 설정된 카메라는 장면의 밝기에 따라 조리개를 물리적으로 열었다 닫았다 하며 노출을 조절한다. 일부 저가 카메라는 어떤 물리적 조절 없이 센서의 전자적 감도, 즉 게인을 조절하여 장면의 밝기 변화에 대응한다. 그것은 사람 눈이 어두운 곳에서는 빛에 민감해지고, 밝은 곳에서는 덜 민감해지는 것과 비슷하다.

고급 비디오카메라는 두 방법 모두 사용한다. 조리개 크기를 변화시키거나 전자적 게인을 변화시킬 수 있다.

자동 노출 기능은 대개 잘 작동한다

비디오카메라의 자동 노출 기능은 대개 놀라울 정도로 정확하다. 워싱턴포스트를 위해 많은 비디오 스토리를 촬영한 바 있으며 현재 프론트라인을 위해 프리랜서로 일하는 트래비스 폭스는 자신의 카메라를 자동 '조리개 우선'으로 설정한다. 그렇게 하여 카메라는 장면 밝기에 따라 자동으로 조리개를 조절한다. 그는 그런 방식으로 일하는 것을 선호한다. "역광이 너무 세면 노출을 조절하기보다 난 촬영 각도를 바꿉니다."라고 그는 말한다.

지나치게 밝은 곳에서는 카메라가 감당을 못할 수 있다. 카메라가 자동으로, 혹은 당신이 수동으로, 조리개를 최대한 닫아도 장면이 너무 밝을 수 있다. 이런 때를 대비하여 일부 카메라는 **중성농도(ND) 필터**를 내장하고 있다. ND 필터는 렌즈를 위한 회색 선글라스라고 생각할 수 있다. 그것은 렌즈로 들어오는 빛을 줄여주는 역할을 한다. 카메라가 ND 필터를 내장하고 있고 그걸 사용해야 할 만큼 밝은 상황이라면, 대개 뷰파인더나 LCD 화면에 초과 광량이 얼마이고 어느 필터를 써야 할지 표시가 된다.

물리적 필터이든 전자적 조절이든, 어두운 곳으로 이동할 때는 잊지 말고 ND 필터를 제거해야 한다.

◀ **전자적 중성농도(ND).** 필터가 이 카메라에 내장되어 있다. 사용자는 필요할 때마다 수동으로 변경해야 한다. 너무 밝아서 이 필터가 필요한 상황이라면 보통 뷰파인더나 LCD 화면에 경고 메시지가 나온다.

▲ **중성농도 필터.** 바닷가나 아니면 도시의 거리라도 매우 화창한 날에는 너무 밝아서 중성농도 필터를 써야 할 때가 있다.(사진 촬영: 켄 코브레)

수동 노출 조절

테라노바 픽쳐스의 베테랑 카메라맨 존 고힌은 "대부분의 전문가용 렌즈에 '자동 조리개'가 있는 것은 사실이지만, 전문가들은 99% 그것을 사용하지 않아요."라고 말한다.

자동 노출 기능이 대개 잘 작동하는 것은 사실이지만, 역광이 강한 장면 같은 데서는 한계를 보인다. 카메라는 당신의 마음을 읽을 수 없고 취향을 모르므로, 많은 카메라는 노출을 수동으로 조절하는 것을 허용한다.

이미지가 너무 밝거나 어둡게 느껴진다면 그것을 조정할 수 있다. 그렇게 하기 위해서는 카메라를 수동 노출 모드로 바꾸어주어야 한다.

경험을 쌓다 보면, 카메라가 알아서 하도록 놔둬도 될 때와 개입을 해야 될 때를 알게 될 것이다. 카메라의 자동 기능이 대개 만족스럽지만 당신의 창의적 욕구를 예상하지는 못한다. 당신이 조금 어두운 분위기를 원하는 것을 카메라는 모르고, 실루엣을 원하는지 그늘 부분이 잘 보이는 것을 원하는지 그것도 모른다. 그런 예술적 선택은 당신만이 할 수 있다. 그리고 그런 선택을 위해서는 수동 노출 기능이 필요하다. 당신이 아티스트이고 저널리스트이며 제작자이고 촬영가이다. 좋지 않은 영상을 카메라 탓으로 돌릴 수는 없다.

피사체 뒤쪽의 빛

주 피사체는 그늘에서 쉬고 있는 사람들이고 그들 뒤에 밝은 푸른 하늘이 있다면, 비디오카메라는 밝은 배경에 반응하고 앞쪽의 사람들은 노출 부족이 되어 실루엣으로 나올 가능성이 크다. 어쨌든 카메라는 당신이 푸른 하늘을 찍고 싶어 하는지 그늘의 사람들을 찍고 싶어 하는지 알지 못한다.

때로는 실루엣이 아주 좋을 수 있다. 그러나 때로는 조금 밝게 하여 사람들의 얼굴이나 탁자 위의 음식을 보여주는 게 좋을 수 있다. 이럴 때를 위해 카메라에는 흔히 '백라이트 버튼'이 있다. 이것을 누르면 빛이 더 들어와 (혹은 게인이 올라가서) 앞쪽 피사체의 노출이 나아진다. 단, 촬영 장소가 바뀌면 백라이트 보정 기능을 끄는 것을 잊지 마라.

지브라 패턴은 과다 노출을 보여준다

일부 고급 카메라에는 과다 노출을 경고하는 '지브라 패턴'이라는 것이 있다. 그것은 이미지에서 과다 노출로 하얗게 씻긴 부분을 표시해준다.

그 패턴을 이용하여 당신은 수동으로 적정 노출을 찾을 수 있다. 지브라 패턴을 켠 상태에서, 밝은 부분에서 그 패턴이 나타나면 조리개를 줄이다가 패턴이 없어지는 순간에 멈추면 된다. 눈 덮인 산을 촬영한다고 할 때 가장 흰 부분에 100% 지브라 패턴이 나타나면 그것이 없어질 때까지 노출을 줄여야 한다.

70% 지브라는 주로 인터뷰 때 피부 톤이 제대로 나오도록 하는 데 쓰인다. 백인 피부의 밝은 부분에 70% 지브라가 나타나도록 조리개를 조절한다. 일반적으로, 노출이 적절하게 되었을 때 이마와 코와 광대뼈 부분에 지브라 선이 나타난다. 조금만 익숙해지면 이 도구를 사용하여 쉽게 얼굴 노출을 맞출 수 있다. 어두운 톤의 피부일 때는 패턴이 작게 나타나거나 나타나지 않을 수 있다. 매우 밝은 피부일 때는 그 패턴이 더 넓은 영역에 나타날 것이다. 당신이 촬영하는 인물의 피부 톤을 고려하여야 한다. 장면 내에서 흰색 물체들, 가령 종이나 하얀 블라우스, 혹은 스테인리스의 반사 같은 부분에서도 70% 지브라가 나타날 수 있다.

◀ **과다 노출 경고.** 지브라 패턴을 켜 놓으면 화면에서 노출이 과한 부분에 일련의 빗금들이 나타난다. 이것은 단지 표시를 위한 것이며 최종 이미지의 일부는 아니다. 100% 지브라로 설정되어 있으면 이 빗금이 나타나는 부분은 최종 이미지에서 완전히 하얗게 나오게 된다.

팁 과다 노출을 걱정하는 것은 좋지만 지브라 선이 무조건 안 나타나게 하는 건 바람직하지 않다. 일반적으로 말해, 거울이나 은제품 표면의 빛 반사 같은 데서는 하이라이트가 있는 게 나쁘지 않다.

어두운 장소의 촬영

저가의 카메라는 노출과 관련하여 선택할 수 있는 것이 거의 없다. 화면에 보이는 대로 결과가 나온다. 카메라는 나름 최선을 다하지만, 빛이 부족할 때는 어두운 영역의 디테일이 살지 않는다. 디테일이 있어야 할 곳에 비디오 노이즈만 있을 뿐이다(아래 사진을 보라.).

고급 카메라들은 빛이 부족한 경우에 대한 대응책들을 가지고 있다. 보통은 렌즈의 조리개를 열어서 화면을 밝게 하지만 이미지 센서의 감도를 높일 수도 있다. 앞서도 말했듯이 이

▲ **부족한 광량.** 광량이 부족한 곳에서 촬영할 때는 자동 노출이 이미지의 밝기를 충분히 끌어올리지 못할 수 있다. 아래 확대 이미지에서 붉은 색과 자주색의 얼룩들을 보라. 이런 것은 노출이 부족할 때 나타나며 '노이즈'라고 부른다. 화질을 떨어트리는 요소의 하나다.(사진 촬영: 켄 코브레)

> **화면이 너무 어두울 때는 … 어떻게 해야 하나?**
>
> 1. 수동으로 조리개를 최대한 개방한다.
> 2. 줌렌즈를 최대 광각 위치에 놓는다.
> 3. ND 필터가 제거되어 있는지 확인한다.
> 4. 전자적 감도, 즉 게인을 최대한 올린다.
> 5. 마지막 수단: 셔터 스피드를 줄여라.

런 전자적 대응을 '게인을 올린다'라고 말한다. 고급 카메라는 그 게인을 수동으로 올릴 수 있게 되어 있다. 게인을 올리면 센서의 감도가 높아지기는 하지만 비디오 노이즈가 증가하는 문제가 있다. 빛이 부족할 때는 약간의 노이즈를 감수할 수 있다.

팁 게인을 변화시키는 것은 디지털 스틸카메라의 ISO를 바꾸는 것과 본질적으로 같다. 둘 다 카메라의 센서 감도를 변화시키는 것이다.

빛이 부족할 때 마지막 수단으로 일부 비디오카메라는 셔터 스피드를 느리게 할 수 있게 되어 있다. 비디오카메라의 셔터 스피드는 일반적으로 1/60초이다. 그것을 1/30초로 줄이는 것은 큰 문제가 없다. 그러나 1/15초 혹은 그보다 더 느리게 하면 흐릿한 이미지가 발생할 수 있다. 그것은 마치 유령처럼 피사체 뒤를 따른다. 이것은 특히 피사체가 움직일 때나 카메라 팬을 할 때 발생한다. 셔터 스피드를 줄이면 비디오 화면이 밝아지기는 하지만, 움직임이 있으면 툭툭 튀는 스트로보 효과 같은 것이 발생한다.

대부분의 전문가는 비디오카메라의 셔터 스피드 조절을 권하지 않는다. 그러나 셔터 스피드 조절이 초래하는 원치 않는 특수 효과에도 불구하고, 불완전한 비디오가 아무것도 없는 것보다는 나은 상황이—어두운 곳에서의 뉴스나 다큐멘터리 촬영처럼—있을 수 있다. 셔터 스피드와 스트로보 효과를 더 공부하도록 하라.

전자동으로 해도 좋은 때

자동으로 설정을 해놓고 촬영을 할 것인가, 아니면 전문가들처럼 항상 수동으로 조절할 것인가? 초소형 호주머니 카메라나 휴대폰 카메라 같은 경우에는 완전히 자동으로 해놓았기 때문에 당신이 할 것이 없다. 당신이 그런 카메라를 사용한다면 더 읽지 않아도 좋다.

대부분의 고급 카메라는 여러 가지를 수동으로 설정할 수 있게 되어 있다. 그렇다면 수동으로 설정하는 것이 좋은 것은 언제인가? 반대로, 편안하게 카메라에 모든 것을 맡겨도 좋은 때는 언제인가?

전문가들은 대개 비디오 스토리를 촬영할 때 가능한 한 수동 설정을 사용하기를 권한다. 물론 그런 전문가들이 옳다. 가능할 때마다 수동 설정 기능을 사용하는 연습을 하라. 그러나 조그만 비밀이 하나 있다. 최신 카메라의 정교한 자동 기능들은—음향 레벨, 밝기, 색 균형, 초점까지—놀랄 만하다. 이런 카메라의 자동 기능은 워낙 영리해서 당신이 직접 하는 것보다 더 나은 결과를 낳기도 한다. 당신에게 수동 조절할 시간이 충분히 있다고 가정해도 그렇다. 자동 설정을 사용하면 (최고는 아닐지라도) 큰 문제가—후반 작업에서 교정할 수 없는 밝기나 소리의 갑작스런 변화 같은 것이—없는 비디오를 얻을 수 있다.

혼자 작업하는 비디오 저널리스트가 정신 집중해야 하는 인터뷰를 진행하면서 동시에 초점, 노출, 음향 레벨 등에 신경쓰기는 어렵다. 현장에서 홀로 모든 걸 해나가야 할 때는 좋은 고급 카메라의 자동 버튼이 최고의 친구가 될 수 있다.

사람들이 당신이 만든 비디오 스토리를 볼 때 '저 숏은 자동으로 찍었고, 저 숏은 수동으로 찍었다'는 말은 하지 않는다. 당신의 작품에 흥미를 느끼든 지루해 하든, 그들은 내용이나 스토리의 좋고 나쁨에 대한 말을 할 것이다. 노출이 너무 맞지 않는 경우만 아니라면 사람들은 수동으로 찍었든 자동으로 찍었든 개의치 않는다. 자동 설정 기능을 사용함으로써 당신이 인물이 하는 말에 집중할 수 있고 그들의 행동을 잘 관찰하고 기록할 수 있게 된다면 당연히 자동을 선택해야 한다.

안정된 카메라

당신은 아마 삼각대 없이 자유롭게 들고 찍는 것을 좋아할 것이다. 그렇다고 외쳐도 좋다.

그러나 삼각대를 써야 하는 이유를 생각해 보자. 부정할 수 없는 사실은 사람 손은 삼각대처럼 안정적이지 않다는 것이다.

흔들리는 화면보다 아마추어 티가 더 많이 나는 것은 없다. 인물이 가만히 앉아 있는데도 이리저리 움직이는 것처럼 보인다면 그것은 확실히 촬영자가 들고 찍었다는 것을 의미한다. 그리고 그것은 관객으로 하여금 배를 타지도 않았는데 멀미나게 하는 확실한 길이다.

▲ **삼각대.** 카메라 흔들림이 없도록 가능한 한 삼각대를 사용하라.(사진 촬영: 켄 코브레)

아래의 것들을 촬영할 때 삼각대를 사용하라

- 선들이 뚜렷한 건물
- 앉거나 서서 하는 긴 인터뷰
- 팬이나 틸트
- 고정된 물체의 클로즈업
- 망원렌즈로 촬영하는 모든 것
- 가능한 한 무엇이든

'삼각대: 세 개의 다리가 두 개의 손보다 낫다'라는 제목의 짧은 온라인 비디오를 보도록 하라.

삼각대를 사용하면 유연성이 떨어지고 다양한 실험이 어려운 것은 사실이다. 그러나 삼각대 위에서 촬영한 영상은 단연코 전문가 같은 느낌을 준다.

특별한 렌즈를 사용하든, 카메라에서 어떤 전자적 방법을 동원하든, 아니면 편집 단계에서 뭘 하든, 흔들리는 화면 문제를 완전히 해결하는 길은 아직 없다.

월드비전의 책임프로듀서 리사 베르그룬트는 말한다. "난 항상 '들고 찍는 이유가 무엇인가?'라고 자문해요. 게을러서 그런가, 아니면 많은 일이 일어나고 있어서 삼각대를 쓰면 중요한 것을 놓칠 위험이 있기 때문인가?"

베르그룬트의 질문은 당신도 스스로에게 해야 하는 것이다. "왜 난 들고 찍고 있지?" 인터뷰 촬영은 삼각대를 사용해서 하는 것이 원칙이다. 그러나 가령 거리에서 걸음마 배우는 아기를 따라가는 어머니를 쫓아가며 촬영할 때나 시위나 폭동, 전쟁 같은 것을 촬영할 때는 들고 찍어도 관객은 별로 불편함을 느끼지 않을 것이다.

◀ **인터뷰를 위한 삼각대.** 인물의 얼굴이 흔들려 보이지 않도록 인터뷰할 때는 항상 삼각대를 사용하라.(사진 촬영: 베치 브릴)

◀ **소형 탁상용 삼각대.** 고릴라포드 같은 소형 삼각대는 작은 비디오카메라를 안정시키는 데 도움이 될 수 있다.(사진 촬영: 베치 브릴)

삼각대를 사용할 때 확인해야 할 것들

- 카메라 수평이 맞는지 확인하라.
- 촬영 중에는 카메라에서 손을 떼라. 버튼을 조작한다고 카메라를 만지면 삼각대를 쓰는 의미가 없어질 수 있다.
- 뷰파인더나 LCD 화면에서 눈을 떼지 마라.
- 이미지 안정 장치를 꺼라.

이미지 안정(IS: image stabilization) 장치나 떨림 보정(VR: vibration reduction) 렌즈는 카메라가 흔들릴 때 그것을 보정해주는 역할을 한다. 그러나 삼각대 위에 올려놓았을 때처럼 카메라 움직임이 없으면 오히려 이 기능들은 화면 흔들림을 초래할 수 있다. 그 이유로 카메라 제조사들은 (직관적으로 이해가 안 될지 모르지만) 삼각대를 쓸 때 그 기능을 끌 것을 권한다.

최고의 삼각대를 찾아서

삼각대는 무거울수록 안정적이다. 그러나 한편 무거울수록 가지고 다니기가 힘들다. 이는 딜레마이다.

튼튼한 삼각대는 바람에 넘어갈 가능성이 작다. 무겁기 때문에 팬이나 틸트, 혹은 줌을 할 때 카메라가 꿈틀거리는 일도 줄어든다. 그러나 삼각대가 무거우면 휴대가 불편하다. 한 가지 아이디어는 삼각대에 끈을 달아서 등에 메고 두 손을 자유롭게 쓸 수 있도록 하는 것이다.

명심할 것은 삼각대가 아무리 가벼워도 없는 것보다는 낫다는 것이다.

타협점은 당신의 카메라를 지지할 수 있을 만큼 튼튼하지만, 장시간 들고 다닐 수 있는 삼각대를 선택하는 것이다. 둘 사이의 완벽한 균형을 찾으면 당신은 삼각대 열반에 도달한 것이다.

◀ **삼각대들은 크기가 다양하다.** 당신의 카메라를 지탱할 수 있을 만큼 튼튼하면서도 오래 들고 다닐 수 있을 만큼 가벼운 것을 찾아야 한다.

삼각대가 갖추면 좋은 것들

너무 무겁지도 가볍지도 않아야 한다는 것 외에, 삼각대는 **유압 헤드**를 가지고 있는 것이 좋다. 유압 헤드이면 팬이나 틸트를 부드럽게 할 수 있다. 삼각대 손잡이를 밀 때 유압 헤드에는 약간의 저항이 있는데, 이것이 헤드를 부드럽게 돌릴 수 있게 한다. 이것은 연습이 조금 필요하지만 장기적으로 봤을 때 유압 헤드는 매우 가치 있는 것이다.

공기 방울 수평계도 카메라의 수평을 잡는 데 도움이 된다. 삼각대의 헤드를 움직여 수평계의 공기 방울이 가운데 오도록 하면 된다. 그러면 화면이 지평선과 나란하게 된다.

퀵 릴리즈 플레이트(quick-release plate)는 카메라를 삼각대에서 쉽게 금방 분리할 수 있게 해준다. 상황이 급하게 진행되고 삼각대에 설치되어 있는 카메라를 빨리 빼내 들고 찍어야 할 때 유용한 장치이다.

팁 삼각대를 쓸 때는 이미지 안정(IS)이나 떨림 보정(VR) 기능을 끄는 것을 잊지 마라. 그것이 켜져 있으면, 렌즈가 움직임을 예측했다가 실제로 움직임이 없을 때 비정상적인 작동을 한다.

모노포드

모노포드는 다리가 하나밖에 없는 삼각대라고 할 수 있다. 카메라는 보통의 삼각대와 마찬가지로 헤드에 장착된다. 그것은 또 일반 삼각대의 다리처럼 길이를 늘이고 줄일 수 있다. 그것은 삼각대보다 가볍고, 많은 카메라맨들이 급한 상황이나 비좁은 공간에서 그것을 사용하고 있다.

모노포드에 장착한 카메라는 몸으로 쉽게 지지할 수 있다. 모노포드를 가장 짧게 하여 그것을 당신의 배나 허리띠로 받쳐라. 당신의 몸과 팔과 모노포드가 완벽한 삼각형을 이룰 것이다. 삼각대를 사용할 수 없는 환경에서 이 방법은 매우 유용하다. 오랫동안 무거운 것을 메고 다녀야 하는 불편함도 줄어든다.

▲ **모노포드**는 삼각대만큼 안정적이지는 않지만 상하 움직임은 제거함으로써 카메라를 안정시키는 데 도움을 준다.(사진 촬영: 켄 코브레)

▲ 긴 인터뷰를 할 때 모노포드를 허리띠 같은 것으로 받치면 팔에 힘이 덜 들어가고 조금 더 안정적으로 촬영할 수 있다.(사진 촬영: 켄 코브레)

손으로 들고 찍을 때도 달려 있는 모노포드를 그대로 두는 것이 좋을 수 있다. 그것은 마치 스테디캠처럼 균형을 잡아주는 역할을 하기 때문이다. 스테디캠은 알다시피 들고 찍을 때 움직임을 부드럽게 하기 위해 할리우드 같은 데서 쓰는 장비이다.

간단한 '크레인 숏'

올라설 수 있는 장소가 없고 사다리나 크레인도 없을 때:

▲ **크레인 숏.** 할리우드 영화는 거의 대부분 카메라가 하늘 높이 올라가는 크레인 숏으로 끝난다. 카메라를 모노포드에 장착한 다음 모노포드를 최대 길이로 늘여 들어 올리면 당신도 같은 효과를 낼 수 있다. LCD 스크린으로 화면을 볼 수도 있다. 다만 시작/멈춤 버튼은 카메라를 내려서 눌러야 한다.

이런 식으로 들어 올린 카메라는 불안정하므로 많이 흔들릴 수 있다. 촬영을 많이 하여 비교적 덜 흔들리는 숏을 찾을 수 있도록 하라.(사진 촬영: 켄 코브레)

- 카메라를 모노포드에 장착한다.
- LCD 스크린을 돌려서 아래로 향하게 한다.
- 카메라 시작 버튼을 누른다.
- 카메라 + 모노포드를 최대한 위로 들어올린다. 허리띠를 하고 있다면 그것으로 받쳐라.
- 당신 머리 위에 있는 LCD 화면을 보면서 구도를 맞춰라.
- 끝나면 카메라를 내려서 스위치를 꺼라.

이렇게 함으로써 하이앵글 크레인 숏을 얻을 수 있고, 당신의 비디오는 할리우드 영화처럼 보일 것이다. 다리가 세 개인 삼각대나 진짜 크레인을 대체할 수 있는 것은 아니지만, 모노포드는 가격이 비교적 저렴하고 행동의 제약을 적게 초래하는 나름 좋은 카메라 안정 도구이다.

안정적인 들고 찍기

삼각대가 필요하지만 없을 때가 있다. 어떻게 해야 할까?

많은 비디오 저널리스트들은 임기응변의 기지를 발휘한다. 의자 등받이나, 땅이나, 빈 백(bean bag)이나, 탁자나 아니면 어떤 것이라도 안정적인 물체 위에 카메라를 올려놓아라. 그럼으로써 이미지가 흔들리는 것을 피하고, 전문가다운 결과를 얻게 될 것이다.

들고 찍는 법 (꼭 해야 한다면!)

탄탄한 표면을 찾아라.

흔들림을 최소화하기 위해 카메라를 땅이나 어떤 탄탄한 면에 올려놓아라.

- 줌을 최대한 광각으로 두어라.
- 카메라를 든 팔의 팔꿈치를 몸으로 받쳐라.
- 두 발을 편하게 벌리고 몸의 중심을 낮추어라.
- 가능하다면 몸을 벽이나 울타리, 기둥 같은 것에 기대라.
- 줌인이나 아웃을 하지 마라.

마지막 수단

편집 프로그램이 가지고 있는 이미지 안정화 기능도 아마추어 같은 이미지 흔들림을 어느 정도 보정해줄 수 있다. 예를 들어 달리는 자동차 창문을 통해 촬영한 영상 같은 것은 그런 안정화 소프트웨어의 덕을 조금 볼 수 있다. 그러나 전체를 그것에 의존할 생각은 하지 마라. ■

▲ **이른 아침의 빛.** 하루 중에 촬영할 시간대를 선택함으로써 당신은 빛의 질을 제어할 수 있다. 이 사진은 이탈리아 베니스에서 상점에 진열된 넥타이를 이른 아침에 촬영한 것이다.(사진 촬영: 켄 코브레)

7

빛과 색

흔히 다큐멘터리 촬영에서는 촬영 장소와 시간을 당신이 정하지 않는다. 레슬러가 주인공이라면 장소는 아마 체육관일 것이고 빛이 충분하지 않을지 모른다. 신참 해병이 주인공이라면 당신은 새벽 점호 시간에 가야 할 것이다. 그러나 때로는, 스토리의 종류에 따라 촬영 장소나 인터뷰 시간을 당신이 정할 수 있다. 그렇지 못하다면 적어도 조명기구를 가져가서 촬영 환경을 만들 수도 있다.

조명 조건은 스토리 전체의 분위기에 영향을 미칠 수 있다. 기본적으로 당신은 빛의 네 가지 요소를 제어할 수 있다. 세기(밝음 혹은 어두움), 대비(딱딱함 혹은 부드러움), 색(따뜻함 혹은 차가움), 그리고 방향(앞, 옆, 뒤, 위, 아래).

이 아이콘은 〈비디오 저널리즘〉 웹사이트에 가면 더 자세한 정보를 얻을 수 있거나 언급된 비디오 작품을 볼 수 있음을 나타낸다. 작품의 제목 및 책에서 거론된 챕터와 페이지가 나와 있다. 책에 있는 것과 동일한 사진도 볼 수 있다.
http://www.kobreguide.com/content/videojournalism.

하루 중의 시간대

야외에서 촬영할 때는 시간대가 매우 중요하다. 매일, 해가 떠서 질 때까지 밝기와 색과 분위기는 계속 변한다. 로제 와인에 대한 스토리를 만들고 있다면 당신은 이른 아침에 들에 나가 부드러운 새벽 빛 아래에서 촬영하는 게 좋을 것이다. 같은 들판을 낮에 찍으면 그냥 평범하게 보이고 신비로운 느낌은 별로 없을 것이다. 당신이 운 좋게 클린트 이스트우드를 인터뷰하게 되었고 그의 거친 얼굴을 강조하는 게 목적이 아니라면, 한낮의 햇볕 아래서 인터뷰하는 것은 피해야 한다. 강한 직사광선은 인물을 별로 아름답게 보이게 하지 않는다.

▲ 같은 건물이 시간대에 따라—늦은 오후, 해가 진 직후, 그리고 밤—얼마나 다르게 보이는지 보라. 촬영 시간에 따라 이미지의 정서는 완전히 달라질 수 있다.(사진 촬영: 아담 라우)

▲ **새벽.** 가능하다면 이른 아침에 촬영을 하라. 부드러운 그림자와 단색조의 이미지에는 새벽이 이상적이다.(사진 촬영: 켄 코브레)

▶ **한낮.** 프랑스에서 라벤더를 수확하는 농부들. 한낮의 태양은 강하고 깊은 그림자를 만들어 낸다.(사진 촬영: 켄 코브레)

▲ **일몰.** 해가 졌다고 카메라를 치우지 마라. 일몰 직후의 붉은 하늘과 산 미구엘 데 아엔데의 건물들의 불빛이 분위기를 자아낸다.(사진 촬영: 베치 브릴)

▲ **밤.** 밤에도 이 사진의 포도 수확 농부의 헤드램프처럼 현장에 있는 빛을 잘 활용하면 사진을 계속 찍을 수 있다.(사진 촬영: 켄 코브레)

▸ 색의 인식: 눈과 카메라. 사람 뇌의 작용으로 인해 우리는 이 사진의 흰 종이를 전시장 안에서든 밖에서든 똑같이 흰색으로 인식한다. 물론 카메라의 센서는 인간의 뇌와 같은 적응성을 가지고 있지 않다. 그러나 많은 카메라에는 '화이트 밸런스'라고 하는 색보정 기능이 있어서 흰색 물체가 흰색으로 나오게끔 할 수 있다.

전시장의 텅스텐 조명하에서 카메라가 일광에 설정되어 있으면 흰 종이가 노랗게 나온다(A). 그러나 텅스텐으로 설정하면 색이 보정되어 종이가 흰색으로 나오게 된다(B).

카메라의 화이트 밸런스가 텅스텐으로 설정된 상태에서 실외에서 촬영하면 종이는 푸르게 나온다(C). 그러나 일광으로 바꾸면 종이가 희게 나오게 된다.(사진 촬영: 켄 코브레)

화이트 밸런스는 색의 일관성을 유지하게 한다

다음과 같은 실험을 해보라. 흰 종이를 들고 백열등이 켜진 실내에서 밖의 햇빛 아래로 가져나가 보라. 실내든 실외든 그 종이는 여전히 희다, 그렇지 않은가?

이제 비디오카메라의 화이트 밸런스를 텅스텐(전구 표시)에 맞추고 밝은 햇빛 아래서 그 종이를 촬영하라. 그 다음 원래의 방으로 돌아와 카메라의 화이트 밸런스를 그대로 둔 채 다시 종이를 촬영하라. 흰색이 여전히 흰색인가?

광원은 각자의 색을 가지고 있다. 햇빛의 색은 텅스텐 전구가 내는 빛의 색과 다르다(햇빛이 더 푸르다.). 형광등 빛은 녹색 기운을 가지고 있다.

우리의 뇌는 마술처럼 작용한다. 우리는 종이가 희다는 것을 알고 있기 때문에 광원이 바뀌는 것에 따른 색 변화를 심리적으로 즉시 보정한다. 그래서 우리는 조명의 색과 관계없이 항상 흰 종이를 본다고 생각한다. 이 현상을 '색 항상성(color constancy)'이라고 한다.

흰 종이는 희다고 판단할 수 있는 능력이 없는 카메라는 조명의 변화에 따른 색 변화를 그대로 기록한다. 비디오카메라의 입장에서는 햇빛 아래의 흰 종이와 백열등 아래의 흰 종이는 상당히 다르게 보인다.

비디오카메라의 화이트 밸런스 기능은 사람 눈이 지각하는 대로 색을 재현하기 위한 것이다. 그 기능은 광원이 바뀌는 것에 따른—형광등 아래의 실험실이든, 텅스텐 등이 켜진 집 안이든, 한낮의 해변이든, 나무 아래 그늘이든—색 변화를 감지하여 그것을 전자적으로 보정하는 역할을 한다.

우리는 카메라에 무엇이 흰색인지 알려주어야 할 필요가 있다.

자동 화이트 밸런스는 대체로 믿을 만하다

대부분의 비디오카메라에는 장면의 조명 색을 자동으로 감지하여 화이트 밸런스를 맞추는 기능이 있다. 아래와 같은 상황들에서는 자동 화이트 밸런스가 잘 작동된다.

- 화창한 날 야외
- 백열등만 있는 실내
- 형광등 조명 아래의 실내
- 에너지 절약형 전등 아래의 실내

자동 화이트 밸런스는 또한 실내와 실외를 왔다 갔다 하는 상황이나, 그늘과 햇빛이 자주 교차되는 상황에서 도움이 된다. 조명 색 변화에 따라 화이트 밸런스를 항상 완벽하게 맞추었다고 하더라도 그 때문에 중요한 액션을 놓친다면 그 대가는 너무 크다.

자동에 맡길 수 없는 때

아래의 네 가지 상황에서는 자동 화이트 밸런스가 적절하지 않을 수 있다.

- 예를 들어 창에서 일광이 들어오고 실내에 백열등이 켜져 있는 경우처럼, 여러 색의 조명이 섞여 있는 실내
- 야구장이나 주차장처럼 나트륨등이 있는 곳
- 벽이 전체적으로 한 가지 색으로 된 실내
- 눈 덮인 들이나 스케이트장

프리셋 화이트 밸런스

한 장소에서 긴 시간 촬영할 예정이면 카메라의 프리셋 화이트 밸런스를 이용하는 것을 고려해보라. 대부분의 비디오카메라에는 아래와 같은 설정들이 있다.

- 태양광
- 흐림
- 그늘
- 형광등
- 백열등
- 형광등 H(일광과 비슷하게 색을 맞춘 신형 형광등)

주어진 한 가지 조명에 맞추어 (프리셋) 놓으면 색이 강한 환경, 가령 붉게 칠해진 방이라든지 병원의 녹색 복도 같은 데서 카메라가 속는 경우가 발생하지 않는다.

테라노바 픽쳐스의 존 고힌은 이렇게 말한다. "HD 카메라는 약간의 색온도 변화에도 민감한 것 같아요. 야외에서 촬영할 때 특히 그래요. 햇빛을 직접 받다가 그늘로 들어가면 (자동이 아닐 때) 색이 쉽게 변해요. 난 SD 카메라를 쓸 때보다 HD 카메라를 쓸 때 색 조절을 훨씬 더 많이 합니다. 편집 단계에서도 색 보정을 할 수 있어요. 그러나 다들 말하듯이 처음에 잘해야 합니다."

수동으로 화이트 밸런스 맞추기

보다 더 정확한 색을 위해서는 사용자 설정 화이트 밸런스를 사용할 수 있다.

아래의 비교 사진에서 전시장은 외부에서 빛이 들어오는 창이 없고 텅스텐 조명만 켜져 있다. 이런 상황에서 당신은 화이트 밸런스를 자동에 놓아 색을 카메라에 맡긴다면, 결과는 여전히 약간 노란색을 띨 수 있다. 대신 당신은 프리셋 중 하나, 즉 '백열등'을 선택할 수도 있겠지만, 수동으로 색을 정확하게 맞출 수도 있다.

한 가지 명심할 것은 자동이든 수동이든 화이트 밸런스를 맞추는 게 항상 좋은 것은 아닐 수 있다는 사실이다. 석양에 파도타기 하는 사람을 촬영한다면, 그의 붉게 물든 흰 셔츠가 하얗게 나오도록 화이트 밸런스를 맞추는 건 그 장면의 분위기

▲ **자동 화이트 밸런스**를 이 장소에서 사용했을 때 전체적으로 노란 색조를 띠었다.(사진 촬영: 켄 코브레)

▲ **수동으로 화이트 밸런스**를 맞춰 그 색조를 제거하였다.(사진 촬영: 켄 코브레)

를 완전히 없애 버리는 결과가 될 것이다. 이런 종류의 상황에서는 화이트 밸런스를 야외(태양광)에 맞추어, 석양의 따뜻한 느낌을 보존해야 한다.

수동으로 화이트 밸런스 설정하는 법. 전문적인 카메라맨은 흰색 카드를 사용하여 화이트 밸런스를 항상 수동으로 설정하려고 노력한다. 특히 인물이 움직이지 않는 인터뷰 상황에서는 거의 항상 색을 조절할 수 있는 충분한 시간이 있다. 당신은 인물이 몇 주 동안 집밖에 나가지도 않았는데 조명 때문에 마치 바닷가에라도 갔다 온 듯 불그스름한 걸 원치 않을 것이다. 시간이 들지만 수동으로 화이트 밸런스를 맞추면 피부 톤이 정확하고 사실적이 될 것이다.

- 피사체(인물)가 받는 것과 같은 조명 아래에 서라.
- 비디오카메라의 '사용자 설정 화이트 밸런스'를 선택하라.
- 흰색 카드(흰색 셔츠 같은 거라도 상관없다)를 카메라 앞에 대라. 단, 그림자가 그 위에 생기면 안 된다.
- 특히 여러 종류의 광원이 있는 상황이라면, 흰색 카드를 인물의 얼굴이 있을 위치에 대라.
- 줌인하여 그 흰색 카드(혹은 흰 물체)가 화면에 가득 차게 하라.

▲ **수동 화이트 밸런스.** 정확한 색 재현을 위해 피사체가 받는 것과 같은 조명 아래에 흰 종이를 대고 화이트 밸런스를 맞추어야 한다.(사진 촬영: 켄 코브레)

- 화이트 밸런스 버튼을 눌러라(구체적인 것은 카메라 사용자 설명서를 참조하라.).
- 카메라가 새로운 화이트 밸런스를 설정했음을 확인하라(관련 메시지가 뜰 것이다.).

▼ **딱딱한 빛.** 태양이나 스포트라이트에서 오는 빛은 뚜렷하고 진한 그림자를 만들어 낸다. 이른 아침이나 늦은 오후에 해가 지평선 가까이 있을 때는 그림자가 길게 생기는데, 측면에서 그 빛이 오면 피사체 표면의 질감이 잘 드러난다. 이런 딱딱한 조명은 물체를 촬영할 때는 좋을 수 있으나 인물을 촬영할 때는 대체로 효과적이지 않다.(사진 촬영: 켄 코브레)

- 같은 조명 조건이 지속되는 한 그 설정을 유지하라.
- 촬영 장소가 바뀌면 화이트 밸런스를 재설정해야 함을 잊지 마라. 태양 아래서 화이트를 맞추었다가 그늘에 들어가서 그냥 찍으면 푸르스름한 영상이 나올 것이다.

다른 것이 모두 실패했을 때

아무리 신경 써도 때로는 화이트 밸런스 맞추는 것을 잊을 수가 있다. 일부 편집 프로그램은 후반 작업에서 색을 보정할 수 있게 해준다. 이 보정 과정은 상당히 시간이 걸리지만 가끔은 거의 못 쓰는 영상을 살려주기도 한다(챕터 13 참조).

빛의 질

아마추어들은 흔히 "빛을 등지고 촬영하라"라는 별로 좋지 않은 조언을 듣는다. 그렇게 촬영하면 안전하다고 할 수는 있지만, 피사체가 정면으로 빛을 받아서 그림자가 거의 생기지 않는 평면적인, 별로 재미없는, 조명이 된다. 인물이 뒤나 옆에서 빛을 받으면 그림자가 강하게 생겨 드라마틱한 느낌이 난다.

빛은 각도에 따라 표면의 질감이나 부피감을 강조할 수도 있고 약화시킬 수도 있다. 어떤 빛을 선택할 것인지는 인물(피사체)의 특성이나 당신이 하고자 하는 이야기에 달렸다. 당신 스토리의 인물들이 지쳐 보이는 것을 원하는가, 아니면 그들의 여유로운 모습을 보여주고 싶은가? 당신의 주인공이 농부인가 사업가인가? 당신 스토리는 노인도 젊게 살 수 있음을 보여주고자 하는가? 아니면 젊은 사람이 병이나 마약으로 일찍 늙는 걸 보여주고 싶은가? 인물의 주름을 강조하고 싶다면 직사하는 햇빛 아래에서 촬영하라. 직사 태양광은 얼굴에 뚜렷한 그림자를 만든다. 인물의 외모를 부드럽게 하고 싶다면—그게 일반적이다—한낮의 햇빛을 피해 그늘 속으로 들어가라. 인물은 빛을 간접적으로 받을 것이며, 하이라이트와 그림자의 대비가 약해질 것이다.

빛의 질에 대해 생각한다면 다음과 같은 것들을 고려하라.

- 빛의 방향
- 빛에 의해 생긴 그림자
- 카메라의 위치

촬영을 시작하기 전에, 빛의 질을 향상시키기 위해 다음과 같은 것들을 시도해보라.

- 카메라의 위치를 옮겨 더 드라마틱한 빛을 포착할 수 있는지 본다.
- 인물의 위치를 바꾸어 직사광이 아닌 부드러운 빛을 받을 수 있는지 본다.
- 반사판을 이용해 인물의 얼굴에 빛을 더한다. 흰 종이 같은 것도 반사판 역할을 할 수 있다.
- 인위적인 조명을 추가한다(곧 논의할 것이다.).

백라이트 문제

태양 같이 밝은 광원이 카메라에 앞쪽에 있으면 문제가 생길 수 있다. 때로는 극적 효과를 위해 일부러 그런 빛을 이용할 수도 있지만 문제점들을 알고 있어야 한다.

▼ **부드러운 빛**은 장면 전체를 고르게 밝힌다. 이 사진의 마당에 들어오는 빛은 확산되어 있다. 회색 벽과 땅바닥에 반사되어 광선이 여러 방향으로 분산되었다. 그림자는 있다고 해도 뚜렷하지 않다. 이런 부드러운 빛은 인터뷰 촬영에 좋다.(사진 촬영: 켄 코브레)

▶ **휴대용 반사판.** 천이나 스티로폼으로 만든 반사판으로 빛을 반사시켜 인물 얼굴에 비추면 거친 그림자를 제거할 수 있다.

필 라이트

인물 뒤에 해가 있는 상태에서 인터뷰 촬영을 한다면 그 인물의 얼굴이 너무 어둡게 나올 가능성이 크다. 이런 경우 빛 반사용 흰색 카드가 도움이 될 수 있다. 인터뷰 촬영을 하러 간다면 만일을 위해 큰 흰색 카드나 스티로폼 또는 접는 반사판을 준비하라. 반사판은 해를 등지고 있는 인물 앞쪽에 댄다. 그래서 인물 뒤에서 오는 빛이 거기 반사되어 얼굴을 밝혀준다.

혼자서 전부 다 해야 하는 상황이라면 쉽지 않다. 반사판을 들고, 카메라를 조작하고, 동시에 인터뷰도 진행하는 것은 까다롭다. 가끔은 옆에 있는 사람에게 반사판을 좀 들어달라고 부탁할 수 있을 것이다. 아니면 조명 스탠드를 준비하여 거기에 반사판을 달 수도 있다.

'올해의 TV 사진 기사' 상을 수상한 적이 있는 볼티모어의 비디오 저널리스트 스탠 하이스트는 이렇게 말한다. "팀으로 작업할 때는 플렉스필 같은 반사판을 사용합니다. 그러나 혼자일 때는 그게 쉽지 않아요. 대신, 자연적인 반사판(흰 탑차라든지 자동차 앞유리 차양, 아니면 그냥 흰 종이)를 이용합니다. 원리는 같지만, 펄럭거리는 반사판보다 훨씬 다루기가 편하죠."

렌즈 플레어

렌즈 후드는 꼭 사용하는 것이 좋다. 할리우드 카메라는 커다란 박스 같은 후드를 사용한다. 당신의 카메라에 후드가 없다면 하나 사도록 하라. 카메라에 후드를 장착할 수 없다면, 직사 태양광이 렌즈에 닿지 않도록 손을 펴서 위쪽을 가리도록 하라(손이 화면에 나오지 않도록 조심하라!).

더러운 렌즈

배경에서 빛을 받는 인물을 촬영할 때는—당신과 당신의 카메라로 밝은 빛이 올 때는—더욱 조심해야 한다. 렌즈나 필터 위의 작은 먼지나 입자가 화면에 뿌연 반점으로 나타나기 때문이다. 렌즈와 필터를 아주 깨끗하게 닦아도, 정면에서 빛을 받으면 있는 줄도 몰랐던 아주 작은 먼지가 드러날 수 있다. 렌즈를 철저하게 청소를 했는데도 계속 반점이 나타나면 방법은 직사 햇빛을 피해 촬영 방향을 바꾸는 것밖에 없다.

실내의 자연광

가능한 한 실내의 자연광을 이용하여 비디오 촬영을 하라. 인공조명을 쓰는 것보다 자연광 아래에서 촬영하는 것이 훨씬 쉽고 종종 결과도 더 좋다. 자연광을 이용하면 램프를 가지고 다닐 필요도 없고, 스탠드를 세우거나 긴 전선을 바닥에 깔 필요도 없다.

▲ 항상 렌즈 후드나 손으로 빛이 렌즈에 직접 닿는 것을 막아야 한다.

▲ **렌즈 플레어.** 태양이나 전등이 있는 쪽으로 촬영을 하면 빛이 렌즈에 직접 닿을 수 있다. 그러면 화면에 밝은 원들이 생기거나 선명도가 떨어지고 색이 바랠 수 있다. 때로는 렌즈 플레어가 좋은 분위기를 낼 수도 있지만 일반적으로는 실수한 것처럼 보인다.

▲ **렌즈 플레어 피하기.** 플레어를 피하려면 렌즈 후드를 사용하거나 아니면 손이나 다른 물건이 차양 역할을 해주어야 한다.

자연광은 솔직하다. 그것은 인물이 일하거나 사는 환경을 보여준다. 창문에서 주광이 들어오는 곳인지, 형광등이 켜진 곳인지, 아니면 벽난로 빛이 강한 곳인지 보여준다. 각 광원은 각자의 분위기를 가지고 있다.

비디오 저널리스트로서 당신의 역할은 촬영할 장소의 빛을 잘 관찰하는 것이다. 천장의 창으로 북광이 들어오는가, 구석에 있는 갓 달린 25와트짜리 전등에서 빛이 오는가. 유능한 비디오 저널리스트는 카메라 위치나 각도를 바꿔봄으로써 대개 그 상황을 촬영하는 데 가장 좋은 방법을 찾아낸다.

요즘의 비디오카메라는 신문을 읽을 수 있는 정도의 밝기면 거의 어디서나 잘 촬영할 수 있다. 할리우드 영화에서는 복잡한 조명을 하는 것이 일반적이지만, 대부분의 다큐멘터리 촬영자들은 번거로운 걸 피하고 현장에 원래 있는 빛을 이용하는 것을 선호한다. 완벽하게 조명하는 것에 집중하면 그 사이에 중요한 순간을 놓칠 수 있다는 것을 기억하라.

인터뷰 촬영 때 자연광을 활용하라

좋은 조명의 비결은 자연광을 가장 잘 활용하는 방향으로 카메라나 인물을 배치하는 것이다. 일반적으로 측면 조명이 가장 드라마틱한 효과를 준다. 가능하다면 언제나, 인물 얼굴의 한쪽은 창에서 간접광을 받고 다른 쪽은 부분적인 어둠 속에 있게 하라.

인공조명

때로는 촬영 장소가 너무 어두워 깨끗한 화면을 얻기가 어려울 수도 있다. 스틸 사진을 찍는다면 카메라를 삼각대 위에 올려놓고 셔터 스피드를 느리게 할 수 있지만, 비디오카메라에서는 셔터 스피드를 느리게 하는 데 한계가 있다. 비디오에서는 셔터 스피드가 너무 느리면 움직임이 부드럽지 않게 나타난다.

밤에 실외나 당신의 손이 겨우 보이는 정도로 어두운 실내에서는 적절한 화질의 비디오를 얻으려면 추가적인 조명이 필요하다. 간단한 방법은 카메라 위에 조명기를 다는 것이다. 아니면 방에 하나 또는 그보다 많은 조명기를 설치할 수 있다. 때로는 하나의 조명을 밝은 톤의 천장에 반사시키는 것만으로도 적절한 결과를 얻을 수 있다. 인터뷰 대상이 어떤 사람인지

▼ **창으로 들어오는 빛을 활용하라.** 창이나 램프에 가까이 있으면 빛에 방향성이 뚜렷하고 밝은 부분과 어두운 부분이 크게 대비된다.(사진 촬영: 켄 코브레)

▲ **배터리로 작동하는 휴대용 조명기**를 카메라에 부착하여 어두운 박물관에서 관광객들을 촬영할 수 있었다.(사진 촬영: 켄 코브레)

에 따라, 시간이 충분히 있다면, 두세 개의 조명기를 설치하는 것도 해볼 만하다.

카메라에 장착된 단일 조명

카메라에 장착된 조명은 근접 피사체에 대부분의 빛이 가고 멀리 있는 피사체는 어둡게 된다. 또 카메라 장착 조명은 크기가 작기 때문에 거칠고 자연스럽지 못한 그림자를 만들어 낸다. 그리고 또 대개 조명 범위가 넓지 않기 때문에 광각렌즈로 촬영하는 데는 부적절하다. 이런 경우에는 가운데만 밝고 주변부는 어두운 이미지가 나오게 된다.

대체로 말해, 카메라에 장착하는 휴대용 조명은 장소의 자연적인 분위기를 제거해버려 '(경찰의) 용의자 사진' 같은 느낌을 낳는다. 그럼에도 불구하고, 장소가 매우 어둡고 달리 선택할 수 있는 게 없다면 카메라 조명이 구세주 역할을 할 수 있다.

자연스러운 느낌을 위한 반사광

빛이 거의 없는 동굴 같은 방에서 촬영할 때 가장 쉬운 방법은 조명을 천장에 반사시키는 것이다. 조명기를 조명 스탠드에 설치한 다음 거의 수직으로 위로 향하게 하라. 그리고 그것을 화면에 보이지 않는 위치에 두라. 그러면 당신은 적절한 밝기로 자연스러운 조명의 느낌을 내면서 자유스럽게 촬영할 수 있다.

반사광은 다음과 같은 원리로 작용하다. 빛이 플러드라이트에서 나올 때 그 폭(직경)은 2~3인치 정도다. 그것이 천장으로 향하면서 퍼진다. 천장에 닿을 때쯤에는 그 빛의 영역이 직경 10피트에 달한다. 천장 표면은 대개 질감이 있기 때문에(매끄럽지 않기 때문에) 빛이 난반사한다. 그래서 아래의 넓은 범위에 빛이 골고루 가게 되고 그래서 그림자가 없는 부드러운 빛을 얻는다.

반사광은 직사광에 비해 적어도 두 가지 장점이 있다. 반사광에서는 보기 싫은 거친 그림자가 생기지 않는다. 그리고 또 반사광은 빛을 균일하게 하여, 앞쪽 사람은 지나치게 밝고 뒤쪽 사람은 어둡게 되는 현상이 생기지 않는다.

천장이 아니라도 벽이나 칸막이, 혹은 어떤 거라도 넓고 흰 표면이 있으면 반사시킬 수 있다. 천장에 반사시킨 빛은 대부분의 현대식 건물에서 볼 수 있으며 그림자가 별로 안 생기

카메라에 장착된 직사광은 사진가 애니 레보비츠를 별로 아름답지 않게 보여준다. 조명이 안경에 강하게 반사되며 턱 아래 거친 그림자가 생겼다.

천장에 반사시킨 빛은 장면을 고루 밝게 한다. 레보비츠와 배경에 있는 그녀의 사진 작품의 밝기가 비슷하다.

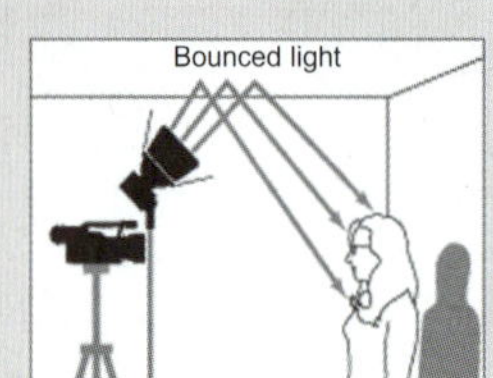

인물에 직접 조명을 하면 보통 뒤쪽 벽에 거친 그림자가 생긴다. 조명을 위로 향하게 하여 천장에 반사시키면 그런 강한 그림자는 없어진다. 이 반사 기법으로 부드럽고 자연스러운 빛을 얻을 수 있다.

는 형광등 조명과 비슷한 효과를 낳는다. 벽이나 칸막이에 반사시킨 빛은 창문에서 들어오는, 넓지만 방향성이 있는, 빛과 비슷하다.

단, 이런 반사 기법은 천장이 너무 높지 않을 때만 유효하다. 그런 기법은 교회나 체육관, 그리고 야외에서는 물론 효과가 없다. 빛을 반사시킬 때는 그 장소에 원래 있는 조명을 다 켜놓고 해도 상관없다. 원래의 빛에 반사 빛을 더함으로써 전체적인 분위기를 깨지 않으면서도 장면을 더 밝게 할 수 있다.

팁 멀티미디어 작품을 위한 스틸 사진 촬영을 할 때는, 플래시를 천장이나 벽으로 향하게 하여 마찬가지 효과를 얻을 수 있다. 코브레 교수의 라이트스쿠프(Lightscoop)가 도움이 될 것이다.

인물 촬영을 위한 소프트박스

가끔 비디오 촬영자들은 인터뷰를 위한 조명 키트를 가지고 간다. 이것은 보통 부드러운 박스로서 앞쪽 판이 반투명한 물질로 되어있다. 박스를 이루는 부드러운 나일론 천은 장력 막대로 지탱된다. 박스의 안쪽은 흰색이나 은색이고, 앞쪽 판은 여러 겹의 확산 물질로 되어 있다. 램프는 박스 중심에 있고, 전체를 튼튼한 스탠드 위에 설치한다.

빛은 앞쪽에 있는 여러 겹의 천을 통과한다. 그 천은 램프에서 오는 빛을 넓게—박스의 앞면 크기만큼—확산시키는 역할을 한다. 조립하여 스탠드 위에 설치한 소프트박스는 자연적이며 부드러운 빛을 주는 휴대용 창문이라고 할 만하다. 그 휴대용 창문은 원하는 대로 이동할 수 있다.

소프트박스에서 오는 확산된 빛은 스포트라이트에 의해 만들어지는 딱딱하고 강한 그림자 대신, 그림자와 하이라이트 사이에 부드러운 경계를 만들어낸다. 소프트박스를 사용하면 또한 배경에 생기는 그림자도 약화시킬 수 있다.

소프트박스와 유사한 효과를 주는 것으로 조명용 우산이 있다. 빛을 우산 안쪽의 흰 면에 쏘아 반사시키는 것인데, 더 부드러운 효과를 위해서는 우산 방향을 반대로 해서 빛이 우산의 천을 통과해서 가게 할 수도 있다.

소프트박스나 우산을 인물의 옆쪽에 두면 드라마틱한 조명 효과를 낼 수 있다. 반면, 인물의 정면에 두면 그림자가 줄어들어 얼굴의 주름살이 잘 안 보이게 된다.

옆쪽에 있든, 정면에 있든, 최대한 부드럽게 하려면 소프트박스나 우산이 인물에 최대한 가까이 놓여져야 한다. 광원이 인물에 가까울수록 얼굴의 그림자는 부드러워진다. 아주 가까이 가면 우산의 빛이 인물을 거의 감싸는 듯이 보이게 된다.

조명기가 화면에 나오지 않는지 뷰파인더나 LCD 스크린으로 확인하는 것을 잊지 마라.

조명기를 사용할 때 주의할 점

전기 문제

- 조명기는 전기를 많이 쓴다. 퓨즈가 터지는 걸 원치 않으면, 조명을 켜기 전에 토스터나 세탁기 같이 전기를 많이 쓰는 기기를 가능한 한 꺼라.

안전 문제

- **올바른 장비를 사용하라.** 소프트박스, 우산, 확산기 등을 사용할 때 램프에 의한 고온을 견딜 수 있게 만들어진 것을 써라.
- **굵은 전선을 사용하라.** 화재 위험을 줄이기 위해 굵은 연장 코드를 사용하라.
- **조명 스탠드를 안정되게 하라.** 스탠드를 잘못 건드려 넘어지면 큰 사고가 날 수 있다. 그런 일이 없도록 스탠드 바닥 부분에 모래주머니나 다른 무거운 것을 올려놓아라.
- **쿼츠 램프는 조심히 다루어야 한다.** 쿼츠 램프에 지문이 묻지 않도록 하라. 손가락의 기름기가 램프에 들러붙어, 램프가 켜졌을 때 그 부분이 열을 흡수하여 매우 뜨거워진다. 시간이 지나면 그 부분이 약해져 터질 가능성이 크다. 램프를 교체할 때는 식기를 기다린 다음, 새 램프를 맨 손으로 잡지 말고 종이나 천 같은 것을 이용해서 잡고 끼워 넣어라.
- **장갑을 껴라.** 조명기는 오래 켜놓기 때문에 뜨거워진다. 뜨거운 조명기를 다룰 때는 열을 견딜 수 있게 특수 제작된 장갑을 끼도록 하라.
- **뜨거운 조명기는 조심해서 이동시켜라.** 더 좋은 것은, 식은 다음에 이동하는 것이다.

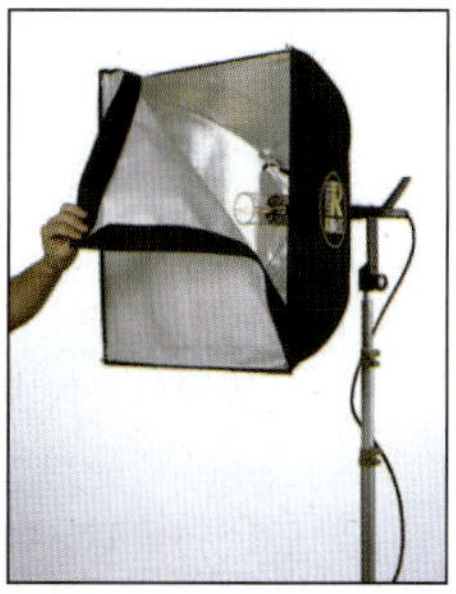

▲ **소프트박스**는 전구에서 나오는 빛을 확산시켜주는 역할을 한다. 이런 것을 사용하면 인물의 얼굴에 부드러운 조명을 할 수 있다.

주 조명의 방향

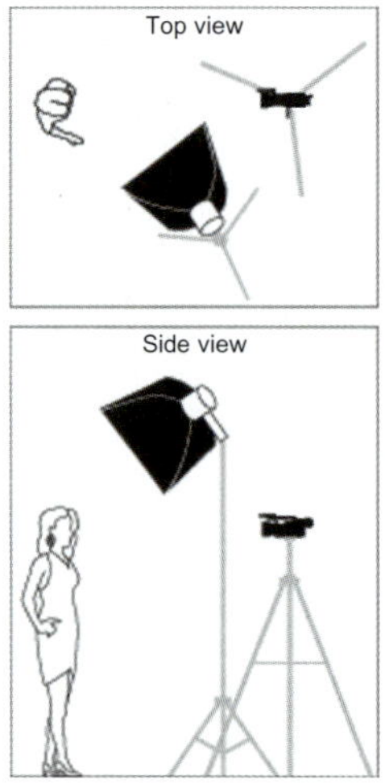

높은 45° 조명(렘브란트 조명). 인터뷰 촬영에 가장 적절한 주 조명의 방향이다.

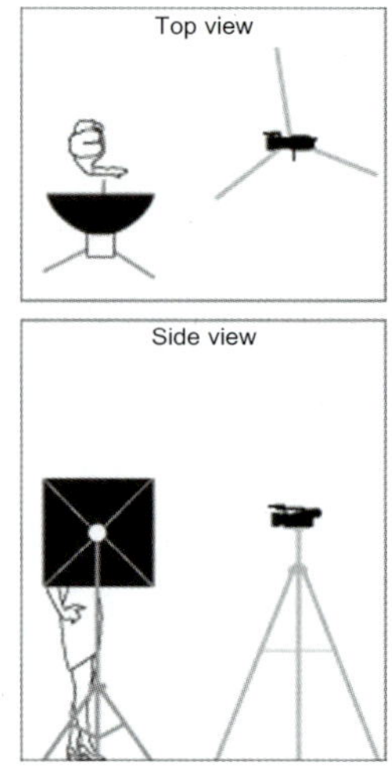

측면 조명. 주 조명이 카메라에서 90° 정도의 각도에 있으면 인물의 한쪽은 밝고 다른 쪽에는 긴 그림자가 생긴다.

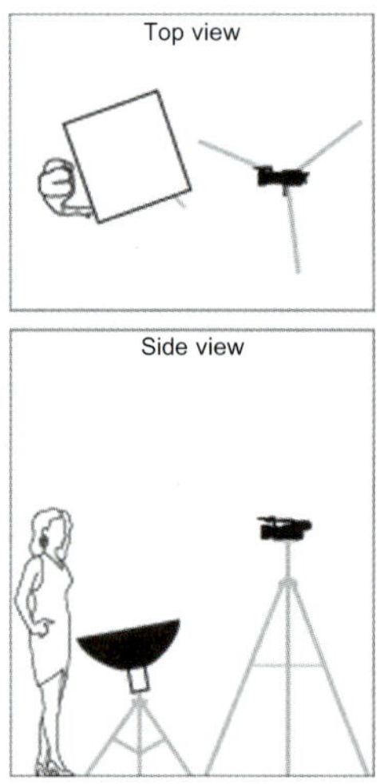

앙각 조명. 빛이 아래에서 오면 이상하게 보이기 때문에 인터뷰 촬영에 적절하지 않다. 일상적으로 실내든 실외든 빛이 이런 각도로 오는 경우는 거의 없다. 앙각 조명은 자연스럽지 않은 그림자를 만들어내며 인물이 위협적인 느낌을 준다. 그래서 '핼러윈 조명'이라고도 한다.

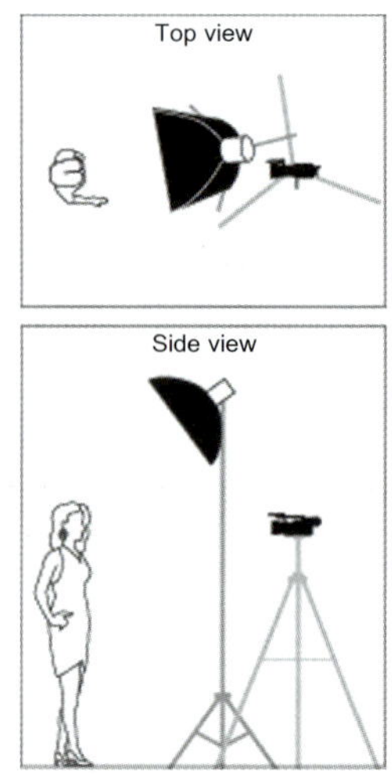

나비 조명. 빛이 인물 머리 위에서 아래로 비치면 코에 의한 그림자가 윗입술에 작은 나비 모양의 패턴을 만든다. 이런 조명은 흔히 '미인 사진'을 위해 사용된다.(사진 촬영: 데이브 홀, 시빌라 허비치)

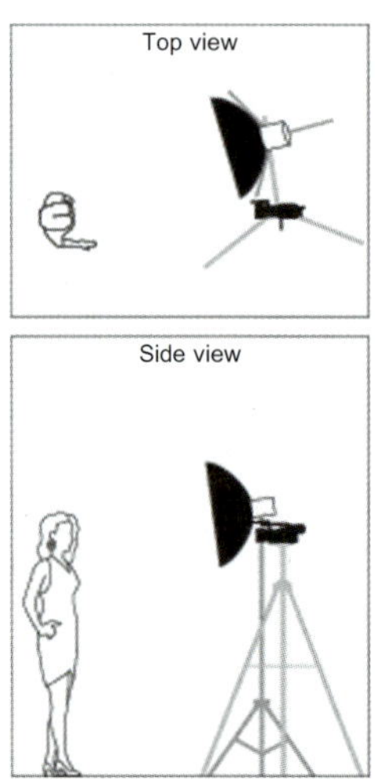

정면 조명. 주 조명이 카메라 가까이 있으면, 얼굴이 평면적으로 보이고 피부의 질감이 잘 안 드러난다.

인터뷰 촬영을 위한 4점 조명

〈60분〉 같은 전국 규모의 밤 뉴스 프로그램을 위한 고급스러운 인터뷰 촬영에서는 흔히 3개나 그 이상의 조명을 사용한다.

다음의 사진들은 주 조명, 보조 조명(필 라이트), 배경 조명, 그리고 헤어 조명을 설치하는 것을 보여준다. 각각의 조명이 주는 효과를 분리해서 보여주는 사진 4개와 조명 전부가 사용된 사진 1개다. ■

주 조명은 **키 라이트**라고도 하며, 카메라에서 45° 정도 옆에 그리고 위에 설치한다. 이렇게 하면 얼굴의 둥근 입체감이 산다. 그리고 인물의 두 눈이 빛을 받는다. 빛 반대편 쪽 눈 위에 삼각형 빛이 떨어진다. 주 조명을 이렇게 하는 것을 렘브란트 조명이라고 하는데, 17세기 네덜란드 화가 렘브란트가 모델을 이런 빛을 받게끔 앉혔기 때문이다.

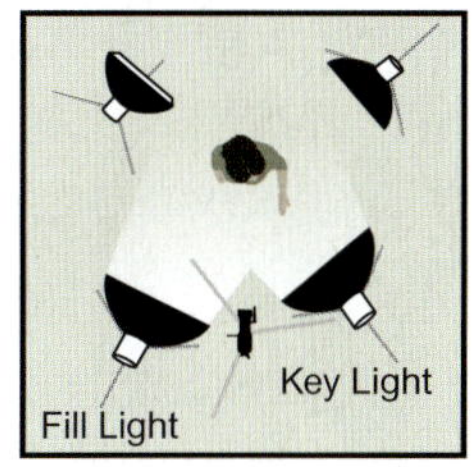

보조 조명은 주 조명의 반대 쪽에 설치하여 인물 얼굴의 그림자가 너무 진하지 않도록 해준다. 조명기 대신에 비슷한 위치에 반사판이나 큰 흰색 카드를 사용하여 같은 효과를 낼 수 있다.

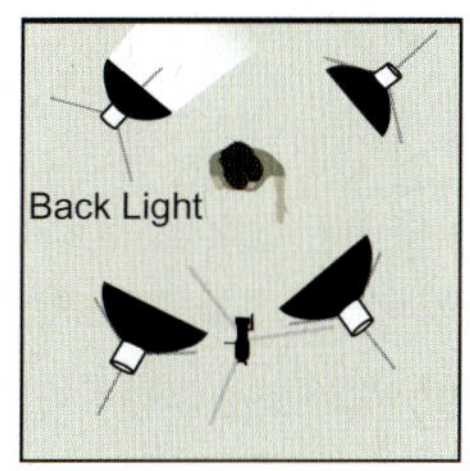

이 사진은 **배경 조명**만 켜진 것이다. 배경 조명은 인물을 배경과 분리되게 해준다.

이 사진에는 **헤어 조명**만 켜져 있다. 헤어 조명은 인물의 머리 상단에 하이라이트를 주는데, 머리카락이 검은 사람에게 특히 중요하다. 헤어 조명 용도로는 소프트박스나 스누트를 단 조명기를 쓸 수 있다. 스누트는 원뿔 모양의 장치로서 조명기 앞에 달아 빛이 넓게 퍼지지 않게 해주는 것이다.

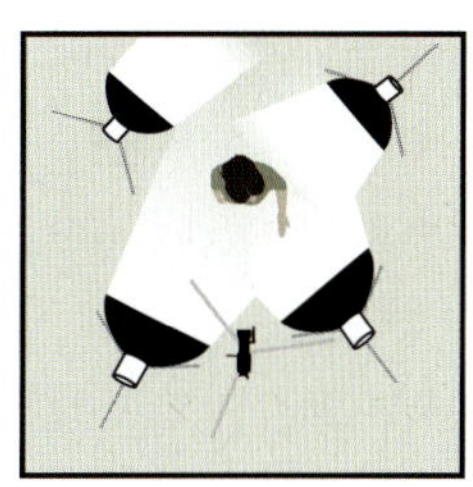

이 사진은 네 개의 소프트박스 조명기가 다 켜진 것이다. (사진 촬영: 데이브 홀, 시빌라 허비치)

▲ **발포 소리.** 당신은 아마 이 전통적인 와인 축제에서의 총 발포 소리를 상상할 수 있을지 모르지만 실제로 소리를 들으면 그 충격은 훨씬 클 것이다.

8

녹음

비디오나 멀티미디어 제작에서 음향은 왕이다. 이것은 전문적인 사진 저널리스트로 출발했고 사진 저널리즘에 대한 책도 쓴 적 있는 사람으로서 하는 말이다.

그런 나조차 멀티미디어와 비디오 저널리즘의 세계에서 그림이 아니라 음향이 가장 중요한 요소라는 것을 인정할 수밖에 없다.

다시 반복한다. 멀티미디어와 비디오 저널리즘에서 **음향은 가장 중요한 요소다**.

이 아이콘은 〈비디오 저널리즘〉 웹사이트에 가면 더 자세한 정보를 얻을 수 있거나 언급된 비디오 작품을 볼 수 있음을 나타낸다. 작품의 제목 및 책에서 거론된 챕터와 페이지가 나와 있다. 책에 있는 것과 동일한 사진도 볼 수 있다.

http://www.kobreguide.com/content/videojournalism.

음향은 스토리의 이해에 필수적이다

딕 홀스테드는 "눈을 감고 〈60분〉 같은 뉴스 프로그램을 들어도 스토리를 이해하는 데 별 문제가 없다. 이미지는 스토리를 향상시키겠지만, 이해에 핵심적인 역할을 하는 것은 음향이다."라고 말한다. 홀스테드는 디지털 비디오의 선구자로서, 워크숍을 통해 스틸 사진에서 비디오로 옮겨가려는 사진 저널리스트들을 지도하고 있다. 그는 DigitalJournalist.org라는 사이트도 운영하고 있다.

홀스테드의 말을 다르게 표현하면, 음향 없이 이미지만 관람하면 흥미를 곧 잃게 된다는 것이다. 이미지만으로 내용을 잘 전달하는 비디오 스토리는 거의 없다.

당신이 최근에 극장에서 본 영화를 떠올려보라. 친구에게 그 영화를 어떻게 묘사했는가? 45분쯤에 나오는 장면의 끝내주는 조명에 대해 흥분해서 이야기했는가?

그보다는 아마 당신은 영화의 줄거리를 요약해주었을 것이다. 영화의 스토리를 이야기를 해주었을 것이다. 내러티브를 제공하는 것은 음향이다.

음향은 당신의 주의를 붙들어 두고, 당신이 기억하게 될 정보를 제공한다. 그림은 스토리가 말하고자 하는 것을 꾸미고 강화할 뿐이다. 물론 이미지는 강한 감정을 표현할 수 있다. 그러나 이미지만으로 스토리를 만드는 것은 매우 어렵다.

월드비전의 프로듀서 리사 베르그룬트는 이렇게 말한다. "뛰어난 음향은 모든 것을 뭉치게 하는 접착제와 같습니다. 음향은 다큐멘터리든 슬라이드쇼든 아니면 그냥 짧은 동영상 클립이든 성공하는 데 필수적입니다. 비디오 촬영자들은 흔히 음향의 힘을 과소평가합니다. 음향은 좋은 스토리를 최고의 작품으로 만들어주는 힘도 있지만, 좋은 스토리를 망치는 힘도 있습니다."

캡션을 넘어서

오디오는 신문이나 잡지 같은 인쇄 매체에 그림을 실을 때는 할 수 없는 여러 가능성을 열어준다. 인쇄 매체에서는 그림에 대한 정보를 짤막한 캡션에 담을 수밖에 없다. 인물들이 스스로의 목소리로 말을 할 기회가 주어지면, 그들은 과거에 대해 이야기하고 미래에 대한 계획을 설명할 수 있다. 오디오 인터뷰는 이미지에 맥락을 부여하고 사건의 이유에 대한 설명을 제공한다. 현장의 자연음은 그곳의 질감과 현장감을 제공한다.

사진으로 퓰리처상을 수상한 적이 있으며 일찍부터 비디오 및 멀티미디어 작업을 해온 킴 코메니치는 인터뷰와 자연음을 통해 추상적인 개념도 표현할 수 있다고 말한다. "하나의 완벽한 단어에는 1,000장의 사진만큼의 가치가 있을 수 있어요"라고 그는 말한다.

자연음이 더 낫다

자연음은 앰비언트 사운드(ambient sound)라고도 하며, 정식 인터뷰 소리 외의 모든 것을 포함한다. 이것은 사람들의 대화 소리나 주변에서 나는 일상적 소리를 포함한다.

잠시 멈춰서 주변에서 나는 소리에 귀를 기울여보라. 컴퓨터에서 웅웅 소리가 나고, 어디선가 라디오나 TV 소리가 들리고, 다른 방에서 말소리가 들리고, 바람이 불고, 차가 지나가고, 아기가 울고, 그리고 당신의 손가락이 키보드를 두드리는 소리.

재현된 자연음은 관객으로 하여금 인물들이 들은 것과 같은 소리를 듣게 한다. 현장음은 그림 및 대화와 함께 스토리를 완전히 전달하는 데 기여한다. 소리는 사건을 실시간으로 관찰하는 느낌을 관객에게 준다. 자연음을 최대한 살리는 다큐멘터리는 관객으로 하여금 보이스오버 내레이션의 도움 없이도 스스로 결론을 내릴 수 있게 한다.

인물들이 카메라와 마이크를 의식하지 않게 될 때—그렇게 될 수 있고 또 실제로 그렇게 될 것이다—생겨나는 자연스러운 대화는 다큐멘터리에서 가장 풍부한 음향의 원천이다.

무선 마이크나 멀리서 소리를 잡을 수 있는 샷건(shotgun) 마이크를 사용하면 사람들을 방해하지 않고 그들의 말과 상호작용을 기록할 수 있다. 그럼으로써 딱딱한 공식적 인터뷰 대신에, 장소의 분위기와 인물들의 성격을 드러내고 인물들이 자발적으로 제공하는 정보를 포착하게 된다.

주변음

물레바퀴 소리, 흐르는 시냇물 소리, 기어가 돌아가는 소리 같은 배경음을 기록하도록 하라. 관객이 잠시나마 실제로 그 농장에, 그 도살장에, 그 거리에 있는 느낌을 받는다면 당신은 성공한 것이다.

과제를 하나 부여하겠다. AP 통신의 사진가 줄리 제이콥슨이 코니아일랜드의 롤러코스터에 대해 만든 스토리를 보라—소리를 끄고. 다음에 소리를 켜고 다시 보라. 어느 버전이 당신을 더 몰입하게 하는가?

◀ **코니아일랜드의 사이클론이 80세가 되었다.**(줄리 제이콥슨, AP 통신)

〈디스 아메리칸 라이프〉(PRI)나 〈모든 것을 고려할 때〉(NPR) 같은 라디오 프로그램은 자연음의 힘을 보여주는 좋은 예다. 이미지는 전혀 없이, 주인공의 말소리 뒤에 일상의 배경음이 종종 들린다. 때로는 그런 소리가 인터뷰 중에 말이 잠시 멈추는 시간을 채운다. 그 결과로 오디오만 있는 프로그램임에도 청취자에게 매우 시각적으로 여겨진다.

짧은 다큐멘터리 '새를 위한 것'에서 자연음이 어떻게 사용되었는지 들어보라. 이 스토리에서는 새소리를 녹음하는 사람이 소리를 '보는' 아티스트를 만난다. 이것은 순전히 자연음에 귀 기울이는 것에 대한 스토리다.

말소리. LA타임스의 멀티미디어 3부작 시리즈 '라이프라인'에서 사진가 릭 루미스와 데이비드 주키노 기자는 이라크에서 부상당한 병사들이 고향에 전화를 하는 목소리를 그대로 기록했다.

그 팀은 또 수술하는 의사들의 말소리도 기록했다. 의사와 위생병과 환자들의 말소리, 그리고 바쁜 수술실의 기계들이 부딪치는 소리 등은 딱딱한 보이스오버 인터뷰가 줄 수 없는 진실성을 부여한다.

LA타임스의 한 독자는 그 웹사이트에 "부상당한 병사가 종이에 갈겨쓰는 것을 보고 그리고 그 내용을 들었을 때 전 울었어요. 그 불쌍한 남자는 목구멍에 튜브를 삽입하여 말을 할 수 없었어요. 그의 메시지는 옆에서 간호사가 전화로 고향의 가족에게 전해주었어요."라고 썼다.

자연음에 단점도 있다. 정보가 너무 빨리, 무계획적으로, 그리고 너무 감정적으로 흘러나올 수 있다. 이런 일이 생길 때는 보이스오버 내레이션으로 보충 설명을 해주는 게 좋을 수 있다.

도입용 오디오

(인터뷰 없는) 자연음 장면은 '설정' 용도로 좋다. 많은 다큐멘터리는 관객을 어떤 상황의 한가운데로 던져 넣는 것으로 시작한다. 그렇게 그 장소를 '설정'한다. 관객은 그 장소를 실제로 경험하는 듯한 느낌을 받는다.

페루 남부의 화이트시티에 대한 광범위한 다큐멘터리에서 노스캐롤라이나대학교와 산타마리아 가톨릭대학교의 학생들은 기도하는 수녀들의 자연음 장면을 도입용으로 사용하였다. 그 멀티미디어 작품의 제목은 '그리스도를 위해 세속에서 벗어난'으로서 사회와 떨어져서 살고 있는 여자들을 다룬다.

▼ **라이프라인.** 간호사가 부상으로 말을 못하는 병사를 대신하여 통화를 한다.(사진 촬영: 릭 루미스, LA타임스)

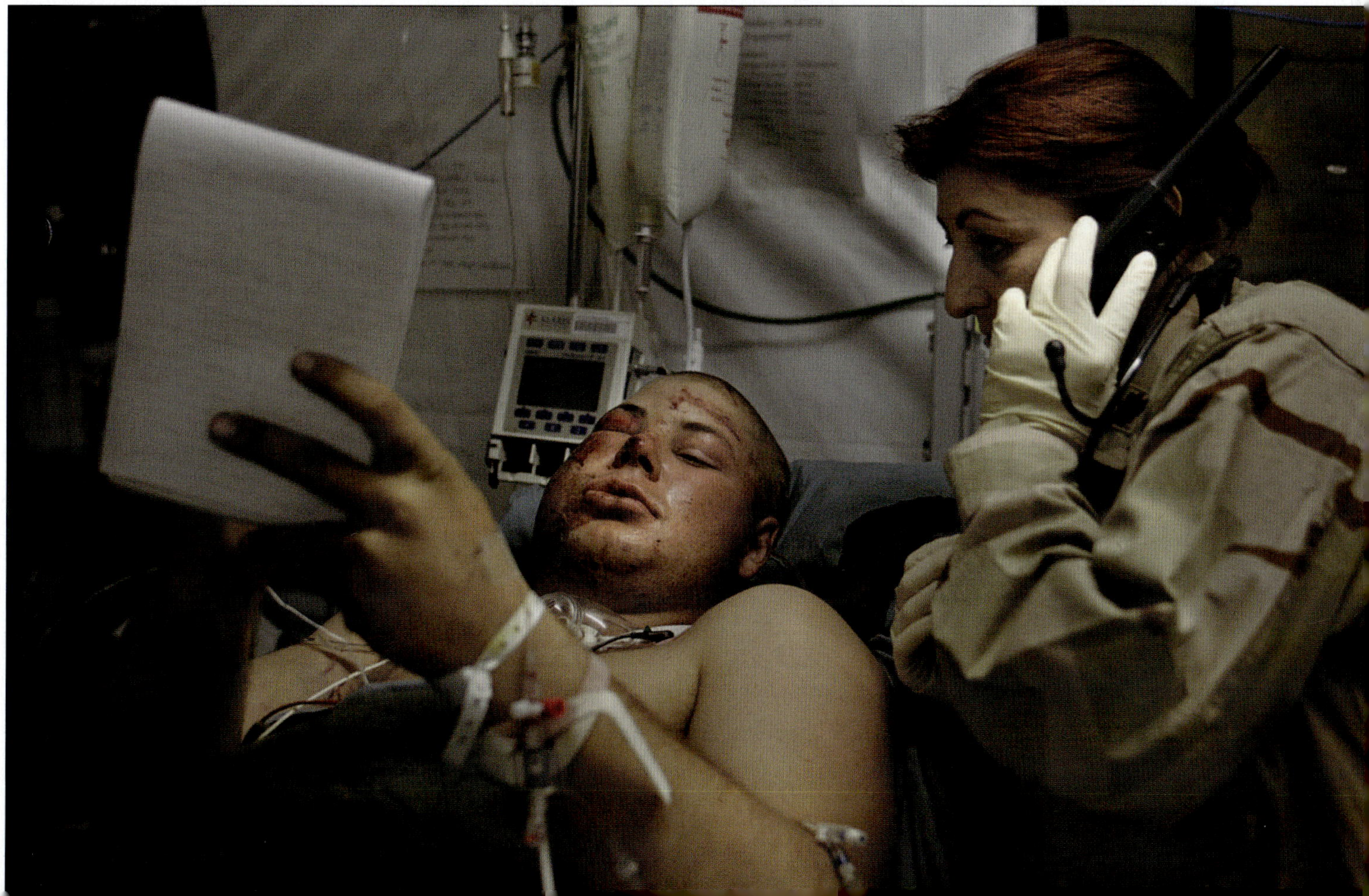

▲ **그리스도를 위해 세속에서 벗어난.** 23명의 수녀가 페루의 산타카탈리나 수녀원에서 속세에서 벗어난 삶을 살고 있다. 어떻게 자연음 장면이 도입부에 사용되었는지 보라.(케이트 로드, 안드리아 발로치, 그리고 닉 비딘스키, 노스캐롤라이나대학교)

▲ **죽은 고양이** 혹은 **윈드스크린**은 마이크를 덮어서 바람에 의한 잡음을 차단한다. 사진 속 기자의 이어폰에 주목하라. 그것은 녹음되는 소리를 확인하는 데 필수적이다.(사진 촬영: 켄 코브레)

자연음의 수집

인물의 활동을 계속—행동이 단조로워지는 것 같아 보이더라도—기록하라. 그의 삶의 일상적인, 그러나 의미심장한, 한 순간을 포착하게 될지 모른다. 그 인물의 일상적인 말 몇 마디가 관객에게 그의 삶을 꾸밈없이 보는 것 같은 느낌을 줄 수 있다. 관객은 스스로 보고 들으며 판단하는 것을 좋아한다. 상황을 설명하는 권위적인 보이스오버 내레이션 없이도 관객은 독자적으로 판단하고 결론을 내릴 수 있다.

팁 아무도 말하고 있지 않을 때 1분 정도 주변 소리를 녹음해 둘 필요가 있다. 이것은, 실내에서 녹음하든 실외에서 녹음하든, '룸 톤(room tone)'이라고 불리며 편집할 때 매우 유용할 수 있다. 산만하게 하는 소음을 지울 때 사용할 수도 있고, 스틸 사진을 삽입하여 사운드 트랙이 빌 때 이것으로 채워 넣을 수도 있다. 가벼운 주변 소음을 채워 넣지 않으면 완전히 무음이 되어 어색해진다.

▲ **그림과 소리를 동시에 포착하기.** 당시 시카고트리뷴의 사진사였던 피트 수자는 당시 상원의원이었던 버락 오바마의 아프리카 방문 때 따라갔으나 그에게 무선 마이크를 사용할 수 없었다. 수자가 사진 촬영에 집중하는 동안 동행한 트리뷴 기자가 녹음기를 사용하여 현장음(자연음)을 녹음하였다.(사진 촬영: 피트 수자, 시카고트리뷴)

음향 장비

비디오카메라나 하이브리드 카메라에 내장된 녹음 장치를 사용하는 대신 휴대용 녹음기를 별도로 사용할 수도 있다. 별도의 녹음기로 녹음할 경우에는 나중에 후반 작업할 때 그 소리를 편집해 넣게 된다.

휴대용 녹음기 사용하기

멀티미디어 작품을 위해 스틸 사진을 찍는 사람은 인터뷰나 자연음 녹음을 위해 휴대용 녹음기를 사용한다. 비디오 저널리스트도 카메라를 하나 더 쓰는 대신 이런 녹음기를 사용할 때가 있다. 카메라로 다른 데서 촬영하는 동안 녹음기는 한 곳에 두어 일관성 있는 녹음을 하게 한다. 예를 들어 밴드의 공연을 촬영한다면, 그런 방법으로 녹음기는 그 음악을 일관적으로 녹음하고 카메라는 자유스럽게 공연장 밖에 나가서 촬영할 수 있다. 녹음된 음악은 나중에 편집할 때 영상과 합칠 수 있다.

휴대용 녹음기는 소리를 자체의 메모리에 저장할 수도 있고, 디지털카메라에 흔히 쓰이는 플래시 메모리카드에 저장할 수도 있다.

디지털 오디오파일은 녹음기에서 컴퓨터로 바로 복사할 수도 있고, 플래시 메모리카드를 통해 옮길 수도 있다. 녹음기의 내장 드라이브나 메모리카드의 용량이 한 번에 기록할 수 있는 오디오의 양을 결정한다.

휴대용 녹음기에 있는 오디오 입력이나 출력 단자를 통해

휴대용 녹음기의 종류

◀ **디지털 오디오 테이프(DAT)** 녹음기는 비싸고 상대적으로 충격에 약하다. 높은 음질로 인해 방송국 같은 데서 많이 사용되었다. 컴퓨터로 데이터를 바로 복사할 수 있다.

◀ **반도체 녹음기**는 DAT 녹음기보다 저렴하며, 가격은 더 떨어지고 있다. 이 녹음기는 CF 카드나 SD 카드 같은 메모리카드에 소리를 기록한다. 사용자가 선택한 포맷으로 실시간으로 압축하면서 저장한다. 압축을 하므로 저장 공간을 절약할 수 있다. 녹음된 음향은 컴퓨터로 바로 복사할 수 있다.

◀ **하드디스크 녹음기**는 녹음기 안에 있는 대용량 디스크 드라이브에 압축 혹은 비압축 오디오를 저장한다. 이렇게 저장된 오디오는 컴퓨터 같은 데로 복사해 놓아야 한다. 그래야 녹음기를 계속 쓸 수 있다.

◀ **당신의 컴퓨터**가 녹음 스튜디오로 변신할 수 있다. 컴퓨터에 내장된 마이크를 사용하거나, 연결 가능하다면, 외부 마이크를 연결하여 당신의 목소리를 쉽게 녹음할 수 있다.

◀ 유사시에는 **스마트폰**에 녹음할 수도 있다. 일부 스마트폰은 외부 마이크도 연결할 수 있다.

◀ **호주머니 비디오카메라**는 녹음을 할 수 있고, 일부는 외부 마이크도 연결할 수 있다.

◀ **DSLR 카메라**는 오디오와 비디오를 기록할 수 있다. 대개 내장 마이크를 가지고 있지만 외부 마이크도 받아들인다.

◀ 일부 **소형 비디오카메라**는 외부 마이크를 받아들이지만 헤드폰을 연결할 수 있는 것은 많지 않다.

◀ **고급 비디오카메라**는 수동으로 음향 레벨을 조절할 수 있고, 마이크나 헤드폰을 연결할 오디오 입출력 단자가 있다.

외부 마이크를 연결할 수 있고, 녹음되는 소리를 확인하기 위해 헤드폰도 연결할 수 있다.

이런 녹음기에 음질을 정할 수 있는 기능이 있으면 아주 좋다. 가능하다면 샘플 크기로는 16비트, 샘플 속도로는 48KHz를 선택하라. 이것이 인터넷에서 스트리밍하는 오디오의 표준이다.

다른 녹음 방법

보이스오버 내레이션만 녹음할 거라면 노트북 컴퓨터 같은 것도 사용할 수 있다. 그러나 현장에서는 아마 당신은 비디오와 오디오를 같이 기록할 수 있는 장비를 원할 것이다. 그런 장비는 스마트폰부터 고급 비디오카메라까지 다양하다. 각각은 장단점이 있다. 스마트폰은 편리하지만 외부 마이크를 연결할 수 없다면 깨끗한 소리를 녹음할 수 없다. 모든 기능을 다 갖춘 비디오카메라는 최고의 음질을 제공하지만 휴대가 불편하다. 장비를 선택할 때는 여러 변수를 잘 고려하라.

앞서 말했듯이, 장비가 어떤 것이든 가능하다면 16비트 48KHz 오디오를 선택하라.

컴퓨터에는 대개 고성능 외부 마이크를 연결할 수 있는데, 유의할 것은 일부 노트북의 경우 녹음할 때 마이크 연결 단자가 잡음을 발생시킬 수 있고 전문가용 마이크를 쓰기에는 감도가 너무 낮을 수 있다는 것이다. 당신의 컴퓨터에 그런 문제가 있으면 오디오박스를 사용할 수 있다. 오디오박스는 마이크 프리앰프와 아날로그-디지털 변환기를 가지고 있다. 그 박스는 컴퓨터에 연결하고 마이크는 박스에 연결한다.

휴대용 녹음기나 카메라를 선택할 때 **XLR** 단자가 있는지 살펴보라. 이 단자는 튼튼하게 연결할 수 있도록 해주며, 전자파 방해를 줄일 수 있다. 녹음기나 카메라에 **XLR** 단자가 두 개 있으면 매우 유용하다. 예를 들어 두 인물에게 별도의 마이크를 사용하거나 샷건 마이크 하나와 무선 마이크 하나를 사용할 수 있다.

카메라 내장 마이크로 녹음하기

비디오카메라, 하이브리드 카메라, 스마트폰 등에 있는 내장 마이크는 스피커에서 나오는 음악이나 주변음 전체를 녹음하기에는 큰 무리가 없다. 그러나 인터뷰나 대화를 녹음하기에는 대개 부적절하다.

- **음질:** 내장 마이크는 낮은 음질로 악명 높다. 어차피 대부분의 전문가들은 외부 마이크를 연결해 쓴다는 것을 제조사들이 알기 때문에 내장 마이크에 투자를 하지 않는다.
- **특성:** 대부분의 내장 마이크는 모든 방향에서 오는 소리를 포착하도록 설계되어 있다. 카메라 앞에 있는 인물의 말을 녹음하려고 해도 사방의 소음이 방해가 된다.
- **다른 선택이 없을 때:** 인터뷰를 해야 하는데 카메라 내장 마이크밖에 없다면? 최선의 방법은 최대한 조용한 장소를 찾아서 카메라를 최대한 인물 가까이 가져가는 것이다. 그리고 인터뷰 도중에 카메라를 움직이지 마라.
- **가까이 가라:** 내장이든 외장이든, 모든 마이크는 음원에 가까이 갈수록 좋다. 인물의 미디엄숏이나 풀숏을 찍기 위해 뒤로 물러서면 마이크도 함께 멀어진다는 것을 기억하라. 멀어지면 소리가 약해진다. 그것은 기본적인 물리법칙이다.

하이브리드 카메라로 녹음하기

스틸 사진과 함께 동영상 촬영도 가능한 하이브리드 카메라는 대개 헤드폰 연결 단자가 없다. 헤드폰이 없으면 녹음이 제대로 되고 있는지, 잡음은 없는지, 확인을 할 수 없다.

또 하이브리드 카메라는 흔히 음향 레벨을 수동으로 조절할 수가 없다. 그런 카메라는 음향 조절을 자동 게인 컨트롤(AGC)에 맡긴다(AGC은 다시 논의할 것이다.).

마이크 입력 단자가 있는 SLR 카메라를 쓰게 된다면, XLR 커넥터를 가진 마이크를 선택하라. 앞서 말했듯이 잡음을 줄일 수 있다.

마이크 커넥터가 XLR이든 1/8인치이든, 프리앰프 박스를 사용하면 마이크를 통해 들어오는 소리의 질을 향상할 수 있다.

◀ 이 **프리앰프**는 XLR 단자를 가진 마이크에서 신호를 받아 카메라의 미니 잭(1/8인치 단자)에 입력할 수 있도록 해준다.

프리앰프 박스를 카메라 바닥(삼각대와 연결되는 부분)이나 카메라 위(흔히 플래시를 다는 부분)에 붙여라. 그리고 그 프리앰프를 카메라의 오디오 입력 단자에 연결하고, 마이크를 그 프리앰프에 연결하라. 이것은 부피가 커지고 비용이 드는 것이지만 하이브리드 카메라에 전문가적인 음질을 제공한다. 일부 프리앰프는 음향 레벨 조작이 가능하고, 헤드폰을 연결할 수도 있다.

하이브리드 카메라를 사용할 때 음향 해결책의 또 하나는 고성능 휴대용 녹음기를 매개로 사용하는 것이다. 외부 마이크는 녹음기에 연결하고 녹음기는 카메라에 연결함으로써 마이크가 포착하는 소리를 카메라에 넣을 수 있다. 녹음기는 하이브리드 카메라에 없는 볼륨 조절 기능을 제공한다. 또한 헤드폰도 연결하여 녹음되는 소리를 모니터링할 수 있다.

▲ **내장 마이크.** 아무리 비싼 카메라라도 내장 마이크가 깨끗한 소리를 녹음하는 것은 드물다.(사진 촬영: 켄 코브레)

음향과 비디오를 따로 기록해서 나중에 동기화하기. 일부 비디오 저널리스트는 카메라와 연결되어 있지 않은 휴대용 녹음기로 녹음하는 것을 선호한다. 음향은 나중에 비디오와 동기화할 수 있다. 녹음기를 분리해서 사용함으로써 카메라 위치와 상관없이 녹음기를 음원 가까이 가져갈 수 있다. 카메라의 비디오와 녹음기의 음향은 편집 과정에서 합칠 수 있다.

카메라와 녹음기를 동기화하려면 촬영할 때 어떤 기준이 되는 소리를 각각에 녹음할 필요가 있다. 완성된 작품에 사용되는 소리는 아니지만 이 소리는 따로 기록된 비디오와 음향을 동기화하는 데 이용된다. 편집할 때 PluralEyes 같은 파이널컷 프로의 플러그인을 사용하면 오디오를 비디오와 자동으로 동기화할 수 있다.

하이브리드 카메라가 진화함에 따라 그것은 점점 전통적인 비디오카메라를 닮아갈 것이다. 그래서 외부 마이크를 연결하고, 음향 레벨을 조절하며, 헤드폰을 연결할 수 있을 것이다.

다양한 마이크

이제 당신은 외부 마이크를 이용해 녹음하는 것이 가장 좋다

마이크 종류

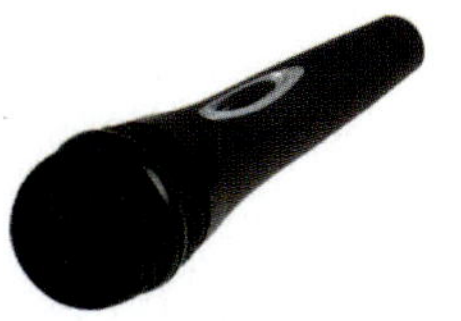

다이내믹 마이크

◀ 다이내믹 마이크는 손으로 잡고 쓰는 경우가 많으며, 뉴스 기자들이 1대 1 인터뷰할 때 많이 사용한다. 이 마이크는 소리를 전기신호로 변환하기는 하지만 증폭시키지는 않는다. '막대기'라고도 불리는 이 마이크는 보이스오버 녹음용으로 나쁘지 않다. 깨끗한 녹음을 위해서는 말하는 사람의 입에 가까이, 주먹 크기 정도의 거리에 대라.

콘덴서 마이크

◀ 이 사진의 '샷건' 마이크와 같은 **콘덴서 마이크**는 비디오 저널리스트들이 많이 사용한다. 이 마이크는 음향 레벨 증폭을 위해 배터리가 필요하며, 다이내믹 마이크에 비해 약한 소리를 잘 잡지만 반대로 주변 소음도 함께 잘 잡는다. 이 마이크는 카메라에 부착하여 전체적인 음향이나 사람들의 대화를 포착하는 데 쓸 수 있고, 아니면 손으로 잡고 인터뷰하는 용도로 쓸 수도 있다.

샷건 마이크 같은 지향성 콘덴서 마이크는 보이스오버 녹음용으로 좋다. 샷건 마이크는 수음패턴이 좁아서 주변의 소음을 잘 차단한다. 이 마이크는 말하는 사람의 입을 향하게 해야 하지만, 너무 가까이 대는 것은 소리의 왜곡을 초래할 수 있다. 4~6인치 거리가 적당하다.

라발리에 마이크

◀ **라발리에 마이크**(혹은 옷깃 마이크)는 비디오 촬영 때 쓰는 작은 마이크로서 인터뷰 녹음에 좋다. 인물의 목소리만 주로 포착하고 주변의 음은 약하게 들어가기 때문이다. 그러나 수음패턴이 무지향성이기 때문에 보이스오버 내레이션 용도로는 최선이 아니다. 조용한 장소에서는 보이스오버 녹음을 할 수 있을 것이다. 그러나 손으로 만지는 잡음이 심하기 때문에 살짝 잡거나, 셔츠에 다는 게 좋다. 그리고 마이크 정면에 대고 말하는 것은 좋지 않다. 약간 위쪽을 향해 말해야 한다.

는 것을 배웠다. 사용하는 마이크에 따라 당신의 다큐멘터리의 음질에 매우 큰 차이가 생길 수 있다. 사실, 비디오 촬영 전문가들도 카메라 자체의 질보다 마이크의 질이 더 중요하다고 말한다.

휴대용 녹음기에 사용하든 비디오카메라에 사용하든, 콘덴서 마이크와 다이내믹 마이크가 일반적으로 고음질 녹음을 위해 많이 쓰인다.

최고의 음질을 위해서는 많은 돈을 지불할 각오를 하라. 베이어, 젠하이저, 트램, 소니, 오디오테크니카, 렉트로소닉 등과 같은 이름 있는 제조사의 고가 제품이 저가의 일반 제품보다 훨씬 좋은 성능을 발휘한다.

그러나 가격이 모든 것은 아니다. 각각의 마이크는 저음과 고음에 대한 특성이 다르다. 동일한 녹음기나 카메라를 가지고 여러 마이크를 테스트해보라.

라발리에 마이크는 녹음기나 비디오카메라에 케이블로 연결할 수도 있고, 인물의 허리띠 같은 데 송신기를 달고 무선으로 연결할 수도 있다. 좋은, 그리고 비싼, 라발리에는 수음패턴이 카디오이드, 즉 하트 모양이다. 그래서 인터뷰 녹음에 좋다. 인물의 셔츠에 마이크를 달면 대사는 깨끗하게 녹음되는 반면 주변 소음은 잘 잡히지 않는다. 대부분의 라발리에는 콘덴서 마이크이며 배터리를 필요로 한다.

라발리에 마이크는 코드가 달려있는 게 있고 없는 게 있다. 어느 것이든, 작은 클립이 있어서 옷깃이나 넥타이 같은 데 달 수 있다.

라발리에 마이크를 코드로 카메라에 연결할 때는 그 코드를 인물의 옷 사이로 통과시켜 연결하라. 무선 마이크일 때도 호주머니나 허리에 찬 무선 송신기에 연결되는 코드를 옷 아래에 숨겨야 한다. 송신기는 카메라에 장착된 수신기에 사운드 신호를 전송한다.

라발리에 + 무선 송신기. 무선 녹음장치는 다음과 같이 구성된다. 라발리에 마이크와 그것과 선으로 연결되는 몸에 차는 송신기, 그리고 무선 신호를 받아서 카메라나 녹음기에 넣어주는 수신기. 오디오 신호는 마이크에서 출발하여 전선을 따라 송신기로 가고, 송신기는 미니 라디오 방송국처럼 작동하여 그 신호를 전파에 실어 보낸다. 그 신호를 받는 것이 수신기이고, 수신기 자체는 카메라나 녹음기에 끼워져 있다.

좋은 무선 시스템은 인물이 자유롭게 움직일 수 있게 하고, 사진기사나 비디오 저널리스트로 하여금 솔직한 상호 작용에 집중할 수 있게 한다.

무선 마이크의 송수신 거리가 얼마라고 말하는 것은 다소 임의적인 면이 있고 그래서 제조사들은 특정 거리를 말하기 꺼려하지만, 좋은 무선 마이크와 수신기는 20미터 정도 거리 내에서 잘 작동하는 것으로 보인다. 그러나 무선 신호는 TV 방송이나 휴대폰 신호 같은 것으로 방해받을 수 있다는 것을 알아야 한다.

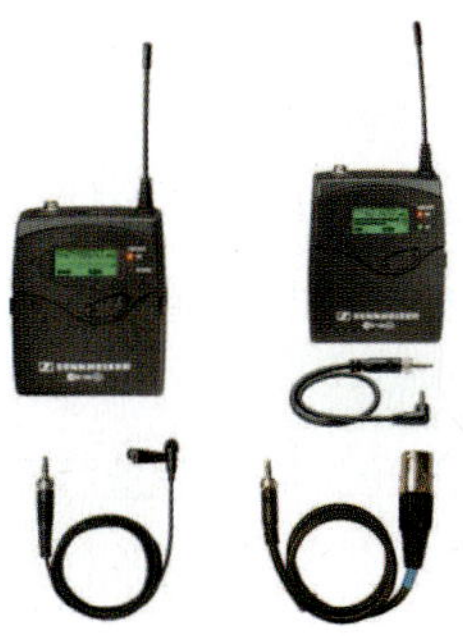

◀ 왼쪽의 **무선 라발리에 마이크**는 송신기에 연결된다. 송신된 신호는 오른쪽의 무선 수신기가 받은 후 케이블을 통해 비디오카메라(혹은 휴대용 녹음기)에 들어간다.

▲ **붐.** 음향 기사가 무지향성 마이크를 붐에 매달아 사람들 소리를 포착하고 있다. 혼자 작업하는 비디오 저널리스트는 급한 상황이라면 친구에게 마이크와 붐을 들어달라고 부탁할 수 있다.(사진 촬영: 켄 코브레)

그리고 마이크와 무선 시스템에 관해서는 싼 게 비지떡이라는 걸 알아야 한다. 월드비전의 리사 베르그룬트는 이렇게 말한다. "난 마이크에 돈을 아끼지 않아요. 특히 무선 마이크는 그래요. 돈을 절약하려고 저렴한 무선 시스템을 구입했다가 후회하는 사람을 많이 봤어요."

고려해야 할 것의 하나는 주파수다. 극초단파(UHF) 송신기는 초단파(VHF) 송신기보다 송신거리가 길다. UHF 송신기는 또한 전자파 방해를 덜 받는다.

싼 VHF 송신기를 조심하라. 음질이 좋지 않고, 주변의 다른 전자제품으로 인한 잡음이 발생할 수 있다. 차라리 무선 마이크를 쓰지 않는 게 더 낫다는 생각을 하게 될 것이다.

대부분의 송신기에는 채널이 여러 개 있어서 그중에 선택할 수 있게 되어 있다. 저가 모델은 4~16개의 채널을 가지고 있고, 고가의 모델은 100개 이상일 수 있다.

AP 통신에서 웹서비스 매니저로 일한 적 있는 제시 가니어는 이렇게 말한다. "무선 마이크는 환상적인 도구입니다. 그러나 그것들은 외부 신호, 특히 휴대폰 신호의 간섭에 매우 민감합니다. 당신의 모든 장비를 다양한 상황에서 스트레스 테스트를 해서 문제가 발생하는지 확인해봐야 합니다."

마이크의 수음패턴

무지향성. 무지향성 마이크는 카메라 뒤에서 비디오 저널리스트가 속삭이는 소리까지 포함해서 모든 소리를 포착한다. SLR 카메라나 일반 비디오카메라에 기본으로 달려있는 마이크는 대개 무지향성이고 따라서 모든 방향에서 오는 소리를 포착한다.

대부분의 라발리에 마이크도 무지향성이지만 인물의 입에 가까이 위치하므로 인터뷰 녹음에 유용하게 쓸 수 있다.

단일지향성. **단일지향성 마이크**는 마이크가 향하고 있는 쪽에서 오는 소리를 주로 잡는다. 단일지향성 마이크는 카디오이드와 하이퍼 카디오이드 두 종류가 있다. 카디오이드 마이크의 수음패턴은 하트 모양으로서, 마이크 앞쪽의 소리를 주로 잡지만 양옆의 소리에도 어느 정도 민감하다. '샷건'이라고도 불리는 하이퍼 카디오이드 마이크는 수음패턴이 훨씬 좁아서 양옆의 소리에는 둔감하고 앞쪽의 소리만 잡는다.

단일지향성 마이크는 손으로 잡거나, 카메라 위에 장착하거나, 붐이라고 불리는 긴 막대기에 매달아서 사용한다. 붐은 가볍고 길이를 조절할 수 있다. 하지만 그것을 들고 있을 사람이 별도로 있어야 한다. 단일지향성 마이크는—영화에서 그런 걸 봤는지 모르나—수백 미터 거리에 있는 사람의 대화를 포착하는 초능력을 가지고 있지는 않다.

마이크 사용법

샷건 마이크

단일지향성 마이크의 수음패턴은 마이크 끝에서 앞으로 넓어지는 원뿔 모양이다. 예를 들어 모여 있는 사람들을 촬영할 때, 마이크 정면에 있는 사람의 목소리를 녹음한다. 그러나 조금 알아듣기 힘들 수는 있지만, 같은 선상에 뒤에 있는 사람들의 말도 포착한다.

샷건 마이크가 말소리를 포착할 수 있는 거리는 배경음에 비해 그 말소리가 얼마만큼 크냐에 달렸다. 예를 들어 사람이 한 명밖에 없다면 그가 3~5미터 떨어져 있어도 말을 잘 녹음할 수 있다. 그러나 시끄러운 파티 속에 있다면 같은 거리라도 그의 말을 알아듣기 힘들 것이다.

또 기억할 것은 샷건 마이크가 카메라 위에 장착된 상태에서 어떤 사람이 말하는 것을 촬영하다가 도중에 다른 걸 찍기 위해 카메라를 돌리면 마이크도 같이 돌아가서 그 사람의 말소리가 약해진다는 사실이다.

마이크의 조준. 샷건 마이크의 방향이 잘못되면 인물의 목소리는 놓치고 배경음만 크게 잡힐 수 있다.

인터뷰할 때는 샷건 마이크를 카메라에서 떼 내어 손으로 들고 사용할 수 있다. 당신이 질문을 할 때는 마이크를 당신의 입을 향하게 하고, 인터뷰 대상이 말을 할 때는 그의 입을 향하게 해야 한다는 것을 잊지 마라.

▲ **수음 범위의 제한.** 사진의 카메라에 장착된 샷건 마이크는 수음패턴이 하이퍼 카디오이드이다. 그래서 카메라 바로 앞쪽에서 오는 소리만 주로 잡는다. 헤드폰을 사용함으로써 촬영자는 녹음되는 소리를 확인할 수 있다.(사진 촬영: 켄 코브레)

라발리에 마이크

라발리에의 위치. 라발리에 마이크는 칼라에서 단추 2개 정도 아래에 다는 것이 표준적이다. 라발리에를 달 때는 먼저 코드를 (화면에 보이지 않게) 인물의 셔츠 안으로 넣는다. 할리우드 영화에서는 마이크 자체도 안 보이게 하지만, 다큐멘터리에서는 보여도 별로 상관이 없다. 대부분의 관객은 인물의 옷깃이나 셔츠에 달려있는 조그만 검은 마이크에 익숙해져 있다. 그들은 다큐멘터리는 극영화와 다르다는 것을 안다(극영화에선 등장인물들이 카메라와 마이크가 없는 것처럼 행동한다.). 마이크를 달 때는 그것이 옷에 스치지 않도록 하라. 옷에 스치면 긁히는 소리가 난다.

라발리에 마이크를 셔츠에 달면 주변 잡음 별로 없이 그 인물의 말소리를 깨끗하게 녹음할 수 있다. 그 사람이 말하면서 고개를 돌려도 소리의 영향은 없다.

두 명을 인터뷰하는데 라발리에가 하나밖에 없다면 그것을 한 사람의 칼라에 달되, 다른 사람에 가까운 쪽 칼라에 달아라. 두 사람이 가까이 서거나 앉아 있다면 대개 두 목소리를 다 녹음할 수 있다.

송신기와 수신기의 채널이 일치하는지 확인해야 한다. 다른 마이크나 TV 방송의 방해를 받으면 채널을 (양쪽 모두) 바꾸어보라. 방해가 있는지 없는지는 헤드폰을 끼고 전기적 잡음이 있는지 들어보면 금방 알 수 있다.

라발리에를 휴대용 녹음기와 사용하기. 스틸 사진을 찍으면서 인물들의 말소리를 녹음하고자 하는 멀티미디어 제작자들도 라발리에 마이크와 휴대용 녹음기를 사용할 수 있다. 마이크를 녹음기와 연결하고 녹음기 자체를 인물의 호주머니에 넣어라. 마이크와 녹음기 모두 인물이 지니고 있으므로 당신은 자유스럽게 그리고 자연스럽게 움직일 수 있다. 이 방법의 단점은 녹음되는 소리를 (헤드폰으로) 확인을 할 수 없다는 것이다. 또한 그 녹음기가 말소리가 있을 때만 켜지는 것이 아니라면 불필요한 소리를 잔뜩 녹음하게 될 것이다.

라발리에 = 자유. 무선 마이크 시스템과 헤드폰이 다큐멘터리를 만드는 사람들에게 궁극적인 선택이다. 돈이 많이 드는 선택이지만, 인물과 촬영자 모두 자유스럽게 움직일 수 있게 해준다. 그리고 스틸을 촬영하는 멀티미디어 작가도 소리를 모니터할 수 있다.

테라노바 픽쳐스의 고힌은 이렇게 말한다. "전 무선 마이크에 아주 많이 의존합니다. 한 번에 적어도 4개, 많을 때는 5개를 사용합니다. … 전 믹서를 사용하지 않아요. … 이것이 물론 보통은 아닙니다. … 그러나 제가 얼마나 소리를 중요하

▲ **라발리에 마이크 달기.** 존 고힌이 한 소년에게 무선 라발리에 마이크를 달 준비를 하고 있다.

게 생각하는지 보여줍니다. 무선 마이크는 인터뷰뿐만 아니라 온갖 종류의 소리를 녹음하는 데 쓸 수 있습니다. 전 나무나 울타리 위에 설치하여 산뜻한 새소리를 녹음한 적 있습니다. 깃대 위에 설치하여 깃발이 펄럭이는 소리를 녹음한 적도 있습니다. 무엇이든 가능합니다. 전 음향이 필요하면 어디든 그것을 사용합니다."

자유롭게 움직일 수 있으면 사람들은 흔히 무선 마이크에 대해 잊는다. 녹음되고 있다는 것에 대한 자의식이 없어지고 따라서 말과 행동이 거리낌 없어지면서 자연스럽게 된다. 무선 시스템의 또 하나 장점은 당신이 헤드폰을 끼고 있기 때문에 인물이 하는 말을, 그가 가령 멀리 복도 끝에 있다고 해도, 듣고 녹음할 수 있다는 것이다.

녹음에 필수적인 부대용품

올바른 마이크를 선택하는 것 외에, 고음질의 녹음을 위해서는 몇 가지 다른 부품들도 필요하다.

윈드스크린

어떤 마이크를 쓰든 야외에서는 꼭 윈드스크린을 사용하도록 하라. 윈드스크린은 바람으로 인한 소음 발생을 막아준다. 라발리에 마이크조차도 보통 조그만 윈드스크린을 가지고 있다.

▲ **윈드스크린.** 마이크를 감싼 윈드스크린은 지나가는 바람으로 인한 잡음을 줄인다.

샷건 마이크용 윈드스크린은 '죽은 고양이'나 '솜털 양말'이라고도 불린다. 털이 아주 많은 이 윈드스크린은 바람을 차단하는 데 매우 효과적이다. 샌프란시스코주립대학교의 비디오 다큐멘터리 교수 존 휴잇은 이렇게 말한다. "윈드스크린을 장착한 샷건 마이크는 완충마운트를 이용해 카메라나 붐에 달아서 사용해야 하며 마이크를 손으로 만지면 그 마찰에 의한 소음이 발생합니다."

헤드폰

멀티미디어 전문가 브라이언 스톰은 이렇게 말한다. "헤드폰을 쓰지 않는 것은 뷰파인더를 보지 않고 촬영하는 것과 같아

◀ **헤드폰.** 이것 없이 집을 나서지 마라.

요. 가끔은 뷰파인더 볼 틈도 없이 급하게 촬영할 때가 있지요. 하지만 풍경 숏을 그렇게 찍는 사람은 없을 겁니다."

헤드폰은 마이크가 포착하는 소리를 제대로 모니터하는 유일한 방법이다. 헤드폰을 쓰지 않으면 음질이 어떤지, 장비가 제대로 작동하기나 하는지 알 수가 없다.

월드비전의 리사 베르그룬트는 "헤드폰이 없으면 당신의 스토리의 틀을 잡아주는 좋은 소리를 들을 수 없고, 당신의 스토리를 방해하는 나쁜 소리도 들을 수 없죠. 단순히 백색 소음(에어컨이나 냉장고 같은 것에서 나오는 소음)이나 각종 잡음이 있는지 확인하는 것만 아니라, 훌륭한 사운드를 포착하는 것도 마찬가지로 중요해요."라고 말한다.

이어폰이나 가벼운 헤드폰으로도 부실한 커넥터 연결로 인한 치직 소리 같은 것들을 들을 수 있다. 그러나 이런 작은 헤드폰은 주변의 음이 (녹음은 되고 있지 않지만) 들리는 걸 막지 못한다. 이것은 때에 따라 매우 신경 쓰일 수 있다.

큰 헤드폰은 대부분의 주변음을 차단하여 실제로 녹음되고 있는 소리에 집중할 수 있게 해준다. 이어폰보다 부피가 커서 불편할 수는 있지만 음질을 제대로 확인하기 위해서는 필요하다.

휴대용 녹음기나 비디오카메라에 있는 헤드폰 단자는 서브미니, 미니, 1/8인치 등 여러 크기가 있다. 당신 헤드폰의 커넥터 크기가 맞지 않으면 어댑터를 사용할 수 있다.

음량 조절

어떤 마이크를 사용하든 녹음되는 소리를 항상 모니터링해야 한다. 인터뷰 대상자와 간단한 대화를 나누거나 '가나다'를 발음해보라고 하라. 그래서 녹음된 소리가 문제가 없는지 확인하라. 그 때문에 조금 지체하게 되겠지만, 전혀 쓸 수 없는 인터뷰를 하게 되는 일은 없을 것이다.

발생할 수 있는 음향 문제

인터뷰를 녹음할 때 물론 인물이 하는 말에 귀 기울여야 하지만, 아래와 같은 기술적인 문제들에도 신경을 써야 한다.

- **긁히는 소리**는 라발리에 마이크가 인물의 옷에 닿아서 발생한다. 마이크를 조절하여 닿지 않도록 하라.
- **간섭음**은 근처의 라디오나 에어컨, 냉장고 등에서 발생할 수 있다. 심하면 냉장고나 에어컨을 꺼야 할 수도 있다.
- **불분명**한 말소리는 마이크가 인물에게서 너무 떨어져 있기 때문일 수 있다.
- **낮은 볼륨.** 소리가 너무 작지 않은지 확인하라.
- **부실한 연결로 인한 잡음.** 커넥터 연결이 불안정하거나 전선이 파손되어 있으면 잡음이 발생할 수 있다.

▲ **헤드폰**으로 말소리를 모니터링할 뿐 아니라, 바람직하지 않은 음향 간섭이 있는지 확인할 수 있다.(사진 촬영: 켄 코브레)

볼륨 조절

적절한 녹음 레벨을 설정하는 법을 알아야 한다. 비디오카메라의 다른 조절 장치들과 마찬가지로 음향 볼륨 조절도 자동과 수동이 있으며 각각 장단점이 있다.

수동 볼륨 조절. 일부 카메라는 LCD 화면이나 뷰파인더에

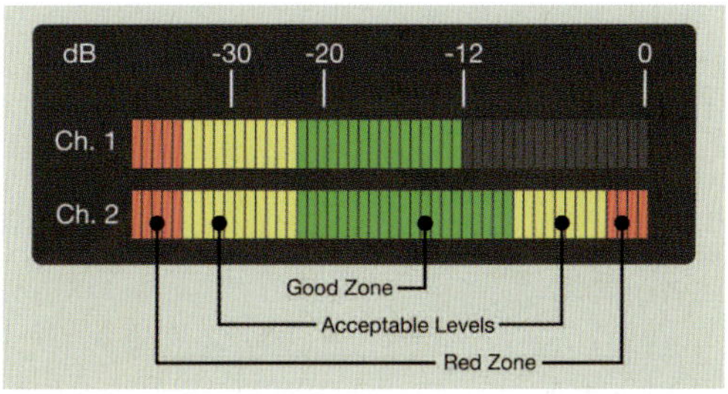

▲ **디지털 오디오 레벨.** 음향 레벨을 −25에서 −12 dB 사이로 유지하라. 붉은색 영역으로 들어가는 것을 피하라.

오디오 볼륨 미터기가 있다. 이것은 볼륨이 적절한 수준인지 아닌지 나타내준다. 촬영을 하면서 이 미터기를 계속 확인하는 것은 쉽지 않지만 꼭 수시로 체크해야 한다.

일부 저가의 카메라는 소리가 큰 부분과 약한 부분을 임의로 조절(평준화)하는 경우가 있으므로 유의해야 한다. 오디오 미터기가 아예 없는 카메라도 있다. 미터기가 있어도 다른 많은 조절 메뉴들과 같이 있어서 음향 레벨을 잘 알아보기 힘든 경우도 있다.

전문적인 비디오 저널리스트들은 볼륨 미터기를 보면서 보통 레벨을 수동으로 설정한다. 촬영 도중 수시로 미터기를 확인하고 필요에 따라 레벨을 조절한다. 사실, 장편 다큐멘터리를 제작할 때에는 촬영자 외에 오디오를 담당하는 사람이 별도로 있는 게 보통이다. 당신 혼자서 모든 걸 해야 하는 상황이라면 촬영과 오디오 모니터링 모두 당신 몫이다.

소리의 크기를 나타내는 단위는 데시벨(dB)이다. 볼륨 미터기는 보통 －30(매우 조용함)에서 +6(녹음 한계를 벗어나는 큰 소리)까지 측정한다. 일부 미터기는 dB 숫자를 표시하지만 어떤 것은 단순히 레벨이 적정한지 아닌지만 표시한다.

미터기에서 음향 레벨의 피크가 －12 dB에 오도록 설정하라. 이렇게 하면 소리가 너무 커서 녹음 한계를 벗어나 신호가 왜곡되는 현상이 거의 발생하지 않는다. 음향 레벨이 '위험지역'(보통 0dB 이상)에 들어가면 편집과정에서 어떻게 할 수 없는 사운드의 손상이 발생할 수 있다. 테라노바 픽쳐스의 고힌은 "항상 약간 낮게 녹음하는 게 좋아요. 소리가 약간 작은 것은 대개 편집할 때 크게 할 수 있습니다. 그러나 과변조가 일어나면, 즉 녹음 레벨이 너무 높으면, 그 음향 왜곡은 나중에 어떻게 할 수가 없습니다."라고 말한다. 물론 소리가 너무 작아도 안 된다. 거의 알아들을 수 없을 정도의 소리는 편집 단계에서 키워도 만족스러운 결과를 얻기 어렵다. 인터뷰를 녹음할 때는 인물로 하여금 평상시의 톤으로 말하게 하고 녹음 레벨은 높이되 0 dB를 넘지 않도록 해야 한다. 그러고는 내버려 두라고 고힌은 말한다. 그 사람이 뚜렷이 목소리를 낮춰서 말하거나 아니면 고함을 치거나 하지만 않으면 설정을 바꾸지 않아도 된다.

혼자서 작업하는 저널리스트가 현장에서 촬영하면서—구도를 잡고 줌을 조절하고 초점을 맞추고 노출을 맞추고—동시에 음향을 조절하는 것은 쉽지 않다. 상당한 훈련이 필요하다.

자동 볼륨 조절. 노련한 비디오 촬영자도 종종 음향 볼륨을 자동에 맡긴다. 카메라의 자동 볼륨 장치를 AGC 혹은 ALC라고 한다.

AGC는 모든 소리를 정해진 범위에 기록하려고 노력한다. 소리가 너무 크면 AGC는 녹음 레벨을 줄이고, 소리가 너무 작으면 레벨을 올린다. 소리의 크기 범위를 카메라가 감당할 수 있는 범위로 한정시키는 것이다.

그러나 AGC는 항상 중간을 향하므로 아무도 말하지 않을 때 주변음을 증폭시키며, 인물이 어떤 것을 강조하고 싶어 크게 말해도 그것을 상쇄시킬 수 있다. 조용한 부분과 소리 큰 부분이 있는 음악을 녹음할 때는 AGC는 소리 범위를 좁혀 작은 소리는 크게, 큰 소리는 작게—베토벤이 전혀 의도하지 않은 것을—한다.

그리고 카메라나 녹음기 모델에 따라, AGC가 이상한 행동을 할 수가 있다. 예를 들어, 인물이 말을 멈추었다가 다시 말을 시작하면 첫 몇 마디는 지나치게 크게 녹음될 수 있다. 소리가 없다가 갑자기 나타나는 것에 AGC가 빨리 반응하지 못하는 것이다.

그러나 대개의 카메라나 녹음기의 AGC는 상당히 일관성 있는 녹음을 한다. 당신이 혼자 작업하는 비디오 저널리스트

6개의 음향 법칙

1. 마이크는 녹음 대상에 가까이 갈수록 좋다.
2. 헤드폰 없이는 문제를 알 수 없다.
3. 볼륨 레벨을 확인하고, 한계를 넘지 않도록 하라.
4. 아래와 같은 소음에 유의하라.
   - 라디오나 TV 소리
   - 비행기나 자동차 소리
   - 각종 기계나 전기제품 소리
   - 경보나 사이렌 소리
   - 원하지 않는 말소리
5. 시작하기 전에 항상 1분 정도 '룸 톤'을 녹음하라.
6. 화질이 좋지 않더라도 중요한 말은 계속 녹음하라. 나중에 오디오만 분리해서 다른 영상과 같이 사용할 수 있다.

▲ 이 **3인 비디오 팀**에서 음향 담당이 카메라 옆에 서서 붐에 단 샷건 마이크를 리포터 쪽으로 조준하고 있다.(사진 촬영: 베치 브릴)

▲ 자동 볼륨 조절(AGC)은 총소리처럼 예외적인 큰 소리를 자동으로 눌러준다.(사진 촬영: 켄 코브레)

라면 오디오 레벨을 자동에 맡기는 것도 고려해볼 만하다. ■

▲ **마지막 코다크롬 필름.** 이 비디오에서 사진가 로버트 코헨은 냉장고 구석에서 사용 기한이 지난 코다크롬 200 필름 롤을 꺼내 미주리 주립 축제를 촬영한 다음, 수백 마일을 운전하여 캔자스에 도착한 후 마지막 남은 현상소가 문 닫기 전에 현상을 한 이야기를 전한다.(사진 촬영: 로버트 코헨, 세인트루이스 포스트디스패치)

9

오디오와 스틸을 결합하기

슬라이드쇼는 1800년대 후반에 시작되었다. 당시 남극이나 북극, 아프리카나 남미의 끝에서 돌아온 탐험가들은 자신들의 모험을 담은 사진들을 슬라이드쇼 형태로 보여주었다. 흑백 혹은 손으로 색칠한 유리판 사진들을 일종의 환등기인 '매직 랜턴'을 사용하여 보여주었다. 해설이 곁들여진 그 이미지들은 관객을 매료시켰다. 20세기가 시작할 무렵 사람들은 처음으로 이집트의 피라미드나 킬리만자로 산에 대해, 들을 뿐 아니라, 직접 볼 수가 있었다. 예를 들어 제이콥 리스의 슬라이드쇼를 통해 사람들은 뉴욕 슬럼가의 충격적인 실태를 마침내 볼 수 있었다.

이 아이콘은 〈비디오 저널리즘〉 웹사이트에 가면 더 자세한 정보를 얻을 수 있거나 언급된 비디오 작품을 볼 수 있음을 나타낸다. 작품의 제목 및 책에서 거론된 챕터와 페이지가 나와 있다. 책에 있는 것과 동일한 사진도 볼 수 있다.

http://www.kobreguide.com/content/videojournalism.

슬라이드쇼에서 멀티미디어로

기름 대신 전기를 사용하는 전구가 발명되면서 슬라이드쇼 기술은 한 단계 더 발달했다. 그리고 1930년대에 일반인들을 위한 또 한 번의 획기적인 발달이 있었다. 35 mm 코다크롬(Kodachrome) 컬러 슬라이드필름과 코다슬라이드(Kodaslide) 영사기가 등장하였다.

프레젠테이션 기술은 많이 세련되었지만 여전히 사진을 한 장씩 해설자가 설명하면서 (해설이 없는 경우도 물론 있었다) 영사하는 방식이었다. 1950년대와 1960년대에는 개별적인 슬라이드 대신에 '필름스트립'이 사용되었다. 필름스트립은 초등학교에서 지리, 역사, 과학 등의 교육에 많이 사용되었다.

몇십 년이 더 지나서는 컴퓨터로 영사기와 사운드를 제어하며 멀티스크린에 이미지를 투사하였다. 이것은 빛과 소리의 멀티미디어 쇼였다.

개인용 컴퓨터가 나오면서부터는 그 빛과 소리의 쇼는 집으로, 사무실로, 교실로 들어가게 되었다. 그리고 필연적으로 그것은 (극장에서와 같은) 흰 스크린에서 인터넷에 연결된 컴퓨터 모니터로 옮겨갔다. 사람이 직접 해설을 하는 대신 이런 쇼는 스틸 이미지를 사운드트랙과 결합하였다.

이렇게 스틸 이미지와 오디오, 때로는 비디오도 포함하는 이 하이브리드를 뭐라고 불러야 할까. 이 책에서 우리는 그런 것을 **멀티미디어**라고 한다.

▲ **환등기(랜턴 슬라이드 영사기).** 런던, 1880.
(사진 촬영: 홀거 엘리가드)

▶ **랜턴 슬라이드.** 유리판 사진을 스크린에 영사하였다.(사진 촬영: 안드레아스 프레프케)

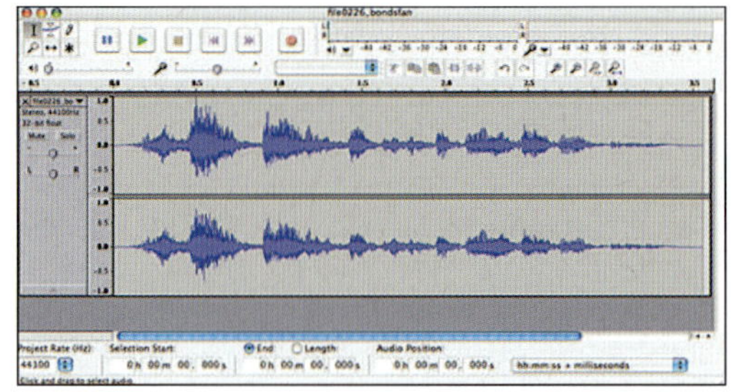

▲ **파형.** 소리가 클수록 이 오디오 편집프로그램에서 파형이 커진다.

이미지와 음향을 맞물리기

멀티미디어를 제작할 때 **오디오**를 가장 중요하게 생각해야 한다. 좋은 작품이 되려면 이미지와 말이 잘 어울려야 하지만 그래도 오디오가 먼저다.

사진을 찍고 소리를 녹음할 때 당신 자신을 카메라를 든 라디오 기자로 간주하라. 이런 생각을 하라. '사진이나 비디오가 없더라도 내 스토리를 전달하기 위해서는 어떤 인터뷰를 하고 어떤 자연음을 기록해야 할까?' 이미지와 상관없이 오디오에 대해 먼저 생각하라. 그런 다음에 자신에게 질문하라. '나의 오디오 스토리를 보강하기 위해서는 어떤 이미지가 필요할까?'

스틸 혹은 비디오?

비디오카메라는 저렴하고 쉽게 구할 수 있는데, 왜 멀티미디어 프로젝트를 위해 비디오 대신 사진을 찍는가? 이유는 불가피함일 수도 있고, 예술적 선택일 수도 있다.

사진의 옹호

스틸 사진가의 특별한 재능이 필요할 수 있다. 평생 사진을 찍어온 사진가는 비디오카메라보다 전통적인 스틸카메라에 훨씬 숙달되어 있을 것이다. 세바스티앙 살가도 같은 뛰어난 사진작가에게 비디오 작업을 맡기는 것은 어리석은 일일 것이다.

스틸 사진밖에 없다. 미디어스톰의 브라이언 스톰이 멸종위기 동물의 암거래를 주제로 한 스토리 제작에 착수했을 때, 사진가 패트릭 브라운이 책을 내기 위해 이미 사진을 많이 찍은 상태였다. 브라운은 위험한 상황에서 조심스럽게 촬영하는 데는 사진이 더 좋다고 생각했었다. 비디오카메라로 같은 이미지를 얻기 위해 다시 가는 것은 위험하고 큰 비용을 수반하는 것이었다. 결과물도 특별히 나을 것이 없었을 것이다.

◀ **큰 비디오카메라**는 인물들을 산만하게 할 수 있다.(사진 촬영: 켄 코브레)

◀ **렌즈 교환 카메라.** SLR 카메라를 사용하면 광각부터 망원까지 다양한 렌즈를 선택할 수 있다.(사진 촬영: 스무엘 데일러, 산타크루즈 센티넬)

비디오카메라는 너무 눈에 띌 수 있다. 뉴욕타임스의 '검소한 여행자' 블로그를 쓰고 사진도 찍는 맷 그로스는 거리에서 비디오카메라를—아주 작은 거라도—꺼내면 사람들이 피한다고 말한다.

스틸카메라는 몇 장의 사진을 찍은 후 팔에 쓱 끼우거나 윗옷 호주머니에 집어넣을 수 있다. 반면 비디오카메라는 나중에 편집에 쓰려면 적어도 10초 정도의 숏은 촬영해야 한다. 비디오로는 재빠른 몇 장의 사진을 위해 꺼냈다가 다시 집어넣고 태연히 걸어가 버리는 게 안 된다.

비디오 촬영은 금지되었을 수 있다. 일부 콘서트나 운동 경기장, 극장 같은 데서는 관객이 비디오 촬영하는 것을 금할 수 있다. 그 경기나 공연을 전부 촬영하여 불법으로 판매하는 것을 막기 위해서다. 그러나 그런 데서도 사진 촬영은 허용할 수도 있다.

다양한 렌즈 선택이 필요하다. SLR 스틸카메라는 어안렌즈부터 600 mm 망원렌즈까지 선택할 수 있는 렌즈가 많다. 이것은 다양한 시각적 표현을 가능하게 한다. 그러나 스틸과 비디오 둘 다 촬영할 수 있는 하이브리드 SLR 카메라가 많이 보급되면서 이 차이는 줄어들고 있다.

'결정적 순간'이 연속적인 액션보다 더 무게가 있을 수 있다. 스틸을 찍을 때 사진가는 빛과 구도와 움직임과 보디랭귀지가 완벽히 어울리는 한 순간을 찾는다. 같은 순간을 촬영한 1초짜

▼ **암시장.** 멀티미디어 스토리 '암시장'은 동물 부위의 불법 거래에 관한 것인데, 처음에는 사진집을 목적으로 촬영되었다. 런던 경찰국의 동물보호반에서 한 경관이 압수한 호랑이 머리를 보여주고 있다.(사진 촬영: 패트릭 브라운)

리 비디오 클립은 '결정적 순간'을 포착한 한 장의 사진이 갖는 힘을 가지지 못할 수 있다. 스틸 이미지는 관객이 그 의미와 예술적 기교를 음미할 시간을 준다.

비디오가 더 좋을 때

움직임을 포착. 비디오카메라는 지속되는 움직임, 액션의 흐름을 기록하는 데 이상적이다. 스틸카메라는 움직임의 정수를 포착하지만, 비디오카메라는 '결정적 순간'의 전과 후도 보여준다. 비디오는 그 모든 개별 순간들을 연결해준다.

동시 음향. 비디오는 동기화된 이미지와 음향을 기록한다. 말하는 사람의 입 움직임은 관객이 듣는 말소리와 정확히 일치한다. 관객은 권투 선수의 펀치가 닿는 것을 보는 것과 동시에 철썩 소리를 듣는다.

더 사실적. 비디오는 더 사실적이며 관객의 일상 현실의 경험과 유사하다. 스틸 사진은 하나의 아이콘이 될 수 있지만, 비디오는 관객을 새로운 세계로 끌어들인다.

어떤 스토리는 비디오로만 제대로 전달할 수 있다. 브라이언 카우프만은 볼링에서 여러 번 300점 만점을 기록하는 정신장애자에 대한 스토리를 만들었는데, 그런 스토리는 그가 볼링하는 액션을 보여주는 것이 좋을 것이다. 그럼으로써 관객은 그의 힘과 의지를 목격할 수 있을 것이다. 이런 액션 스토리는 스틸 사진으로는 효과적으로 전달되기 힘들 것이다.

▲ **잔해에서.** 디트로이트의 자동차 산업에 대한 이 멀티미디어 스토리에는 스틸 사진과 비디오 둘 다 사용되었다.(제작 책임: 케이시 킬리체프스키, 디트로이트 프리프레스)

▶ **진실한 순간.** 귀향 조각상 봉정식에서 미국 해군 전함 와스프 호에서 근무하는 짐 엔덜리가 부인 신디와 두 아들의 포옹을 받고 있다.(사진 촬영: 로저 리처즈, 워싱턴 타임스)

사진과 비디오를 결합하기

비디오와 사진을 모두 사용하는 프로젝트가 많다. 미국의 자동차 산업에 대한 디트로이트 프리프레스의 스토리 '잔해에서 일어서다'는 역사를 보여주는 데서는 스틸을 사용하고 현재의 인터뷰 목적으로는 비디오를 사용한다.

미디어스톰의 브라이언 스톰은 액션이 있을 때는 비디오가 최선이고 결정적 순간을 포착하고자 할 때는 사진이 최선이라고 말한다.

멀티미디어를 위한 사진 찍기

인쇄 매체를 위해 사진을 찍는 사진가들은 사냥감에 몰래 접근하는 매와 같다. 한 순간이 중요하다. 한 번의 셔터 누름으로 그들은 먹이를 낚아챈다. 그렇게 '올해의 사진' 수상작이 탄생한다.

멀티미디어를 위해 사진을 찍는 것도 매의 눈을 필요로 한다. 그러나 또한 완벽한 소리와 말을 들을 수 있는 사슴의 귀도 필요하다. 더구나 우리는 하나의 프로젝트를 완성하기 위해 비버와 같은 인내와 근면이 필요하다.

한 장의 사진으로 충분하지 않다

멀티미디어 제작자는 여러 장의 사진과 오디오로 핵심 사건뿐 아니라 전후 사정을 보여주어, 관객으로 하여금 스토리라인을 이해하고 이미지의 의미를 알 수 있도록 해야 한다.

스틸 사진을 인쇄물을 위해 찍는 것과 멀티미디어를 위해 찍는 것의 차이는 17개 음절로 된 하이쿠를 쓰는 것과 500쪽 소설을 쓰는 것의 차이와 비슷하다. 둘 다 언어를 사용하지만 멀티미디어와 소설이 훨씬 많이 사용한다. 하나의 결정적 순간을 촬영하기보다는 당신은 일련의 사진들을 찍어서 어떤 시퀀스를 형성해야 한다. 산호세주립대학교 교수인 킴 코메니치는 이런 접근 방식을 '결정적 시퀀스' 찾기라고 말한다.

〈에스콰이어〉나 〈롤링스톤〉 같은 잡지의 기사는 평균적으로 6장 정도의 사진을 사용한다. 멀티미디어 작품은 3분짜리라 해도 관객의 관심을 끌려면 40~60장의 사진이 필요하다. 이것은 적은 양이 아니다.

비슷한 사진을 계속 더하는 것은 사진가의 함정일 수 있다. 댈러스 모닝뉴스가 퓰리처상을 수상하는 데 기여한 바 있는 사진 저널리스트 데이비드 리슨은 이렇게 말한다. "일반적인 신문이나 잡지의 기사를 위해 10장이나 12장의 좋은 사진을 찍는 것만 해도 벅찬 일입니다. 대부분의 멀티미디어 스토리에 더 들어있는 28장이나 그 이상의 사진들은 대체로 약합니다. 그 사진들은 (인쇄 매체라면) 쓰레기통으로 들어갈 것들이죠."

산호세 머큐리뉴스의 게리 레이에스는 자신은 멀티미디어 작품을 만들 때는 촬영 스타일을 완전히 바꾼다고 말한다. 신문에는 한두 장의 사진만 필요할 수 있지만, 레이에스는 1분 30초짜리 멀티미디어 스토리를 위해 18장(장당 5초) 정도의 사진을 찍는다고 말한다. "시간을 채우기 위해 형편없는 사진들을 집어넣고 싶지는 않죠. 모든 사진이 중요합니다."

비디오 촬영가처럼 사진을 찍어라

스토리를 취재하기 위해 비디오를 촬영하는 사람은 와이드, 미디엄, 클로즈업, 반응 숏, 시점 숏 등 다양한 숏들을 찍는다. 그것들은 나중에 편집 단계에서 짜 맞춰져 부드러운 시퀀스를 형성한다(시퀀스를 만드는 것에 대해서는 챕터 10 참조).

멀티미디어를 위한 사진을 찍을 때는 다음과 같은 것들을 고려하라.

- **장면의 와이드 숏(WS).** 모든 장면에서, 광각렌즈를 사용하거나 뒤로 물러서서 설정 숏을 촬영하라. 높은 위치에서 찍을 수 있으면 좋다.
- **미디엄 숏(MS).** 대상에 가까이 가되 액션을 포착할 수 없을 정도로 가까이 가지는 않는다.
- **클로즈업(CU).** 손이나 얼굴 같은 개별적인 디테일을 촬영하라. 적절한 순간에 그런 클로즈업이 들어가면 매우 효과적이다.
- **관찰자의 반응 숏(RS).** 주위의 다른 사람이나 관중이 주인공의 행동이나 농담이나 노래나 강의에 어떻게 반응하는가?
- **시점 숏(POV).** 관객이 주인공의 눈을 통해 볼 수 있도록 하라. 인물이 보고 있는 것이 무엇인지 보여주어라. 가능하다면 그 인물의 눈높이에서 촬영하라.

스토리를 도와주는 사진

멀티미디어 작품에는 보통의 인쇄물에서는 볼 수 없는 특별한 종류의 사진들이 필요하다.

- **시퀀스를 시작하거나 마무리하는 사진.** 버스/자동차/지하철을 타고 도착하거나 떠나는 이미지 또는 사건이 전개될 건물의 외관 이미지 같은 것들이 장면 전환용으로 사용된다.
- **연속 촬영을 하라.** 카메라의 '연속' 설정을 이용하여 인물이 달리거나 점프하거나 걷거나 말하는 모습을 빨리 연속적으로 촬영하라. 플립 북 혹은 애니메이션 기법이라고도 불리는 이 방법으로 멀티미디어 작품에서 실제 움직임의 느낌을 만들어낼 수 있다. 각 사진 사이의 시간 간격이 짧으면 비디오 촬영을 한 것과 비슷한 자연적인 움직임이 나온다. 사진

▲ **라이프라인.** 심각한 부상을 당해 고향으로 돌아가는 병사를 따라간 이 작품은 그 병사가 다리는 잃었지만 새로운 인생을 사는 모습을 보여주는 것으로 마무리된다.(사진 촬영: 릭 루미스, LA타임스)

저널리스트 에드 카쉬는 '쿠르드 자치구'에서 이 기법을 사용하여 극적인 효과를 창출했다.

- **사건에 대비하라.** 행사가 시작하기 전에 도착하여 준비 과정을 기록하라.
- **마무리 상황을 포착하라.** 마지막 손님이 떠나는 모습이나 무도회장 바닥에 떨어진 바람 빠진 풍선처럼 행사의 끝을 보여주는 것들을 촬영하라. 작품을 마무리로 이끌 수 있는 상황을 찾아보라.
- **앨범 사진이나 냉장고나 벽에 붙어있는 사진을 활용하라.** 이런 스냅 사진들은 인물이 말하는 과거사를 시각적으로 드러내는 데 도움을 줄 수 있다.
- **등장하는 모든 주요 인물과 거론되는 모든 사람의 초상 사진을 찍어라.** 깨끗하고 단순한 배경을 사용하여, 말하고 있는 혹은 말하고 있지 않는 인물의 초상을 찍어라. 관객은 항상 말하는 사람 혹은 거론되는 사람을 보고 싶어 한다.
- **초점을 이동하라.** 초점을 바꿔라. 먼저 전경에 있는 피사체에 초점을 맞춰 촬영한다. 그리고 다음 프레임에는 배경에 초점을 맞춰 촬영한다. 이것은 관객의 주의를 한곳에서 다른 곳으로 이동시키는 데 효과적이다.

▲ **초상 사진은 필수다.** 당신의 멀티미디어 작품을 위해 인터뷰한 모든 사람의 초상 사진이 필요할 것이다.(사진 촬영: 켄 코브레)

- **프레임을 수평으로 하라.** 가능한 한 멀티미디어를 위한 사진은 수평으로 찍어야 한다. 웹사이트에서 멀티미디어를 재생할 때 화면은 가로가 긴 박스다. 수직으로 찍은 사진도 표시할 수는 있지만 크기가 상대적으로 작아지고 화면 좌우가 비게(검게) 된다. 이런 것은 일반적으로 멀티미디어 작품에 어울리지 않는다.
- **구도를 여유 있게 잡아라.** 주 피사체 주위의 공간을 조금 여유 있게 포함하여 화면 구도를 잡아라. 최종 프레젠테이션 때 화면 비율이 어떻게 될지 모른다면 이것은 더욱 중요하다. 4:3 비율(전통적인 TV의 화면 비율)이 될 수도 있고, HD의 16:9 비율이 될 수도 있다.

멀티미디어를 위한 오디오 녹음

서커스 곡예사의 과제

무거운 SLR 카메라를 들고 각종 버튼과 다이얼을 조작하면서 동시에 오디오 녹음기와 마이크를 다루는 것은 경험 많은 전문가라도 쉽지 않은 일이다. 처음에는 그것은 한 손으로 머리를 두드리며 동시에 다른 손으로 배를 문지르는 것과 같다. 요

▶ **초점 이동.** 초점 이동 기법을 사용하여 관객의 주의를 한곳에서 다른 곳으로 이동시킬 수 있다. 이 기법이 효과적이려면 조리개가 다 열려 있어야 한다.(사진 촬영: 켄 코브레)

▲ 인터뷰. 휴대용 녹음기와 별도의 마이크로 인터뷰할 때는 두 손을 다 써야 하는 경우가 많다. 이 사진의 저널리스트는 말소리가 제대로 녹음되는지 알고 있을까?(사진 촬영: 베치 브릴)

령을 터득하고 난 다음에는 당신은 아마 접시 10개를 한꺼번에 돌리는 서커스를 하는 기분일 것이다.

그러나 전문가들은 비록 사람들을 카메라에 담으면서 동시에 말소리를 녹음하는 것은 어렵고 위태로운 것이지만, 그것은 가능할 뿐 아니라 관객을 휘어잡는 것이 될 수 있다고 말한다.

녹음도 같이 하는 것의 한 문제는 카메라 셔터 소리가 들어간다는 것이다. 찰칵 소리를 피하려면 인물이 속마음을 쏟아놓을 때는 그냥 촬영을 멈추는 게 좋다. 말을 잠시 멈출 때 살짝 촬영을 할 수 있다.

일부 전문가들은 사진을 찍을 때는 사진에 집중하고, 녹음을 할 때는 녹음에 집중하는 것을 권한다. 한 장비를 내려놓고 다른 장비를 선택했다면 그 결정에 따라라. 그럼으로써 당신은 적절한 순간에 적절한 도구를 사용하게 될 것이다.

그림과 소리, 어느 것이 먼저인가?

"그림과 소리 중 어느 것을 먼저 해야 하나요?" 이 질문에 산호세 머큐리뉴스의 냇 마이어는 "그것은 경우에 따라 다릅니다. 몇 분 후에 사라질 음향이 있다면 난 아마 내 미니디스크를 바로 꺼내 녹음을 시작할 것입니다. 빛이 완벽하지만 사라져가고 있다면 난 아마 촬영을 먼저 할 것입니다."라고 답변한다.

마이어는 사진을 찍을 때는 좋은 음향을 놓치게 되고, 음향 녹음을 할 때는 좋은 그림을 놓치게 된다는 생각을 가진 사람들 중 한 명이다. 마이어는 이렇게 말한다. "인터뷰에 대해 말하자면, 당신이 촬영한 행사/사건 전에 질문을 할 수도 있고 후에 할 수도 있습니다. 난 둘 다 해봤어요. 대부분의 경우, 난 취재 장소에 가서 사진을 찍기 전에 사람들과 몇 분간 이야기를 나눕니다. 그 몇 분 동안 녹음을 하지 않을 이유가 없지요. 나중에 그 인물을 다시 인터뷰하는 것도 좋습니다. 촬영을 하고 난 다음이므로 당신의 슬라이드쇼가 대략 어떻게 될지 알 것입니다. 그래서 당신은 조금 더 구체적인 질문을 할 수 있을 것입니다."

미디어스톰의 브라이언 스톰도 같은 생각이다. 그는 "촬영과 녹음을 동시에 하는 걸 해봤습니다. 그러나 나로선 별로 만족스럽지 않았어요. 좋은 음향을 얻는 것은 좋은 그림을 얻는 것만큼 많은 노력과 기술과 집중이 필요한 것 같아요. 둘을 동시에 하는 것은 매우 어렵습니다."라고 말한다.

헤드폰은 필수다

어떤 장비로 녹음하든, 그리고 어떤 상황에서든, 헤드폰을 써라. 헤드폰을 쓰면 셔터의 찰칵 소리가 정말 거슬리는지 아니면 그냥 넘어갈 만한지 알 수 있을 것이다. 또한 헤드폰을 써야만 그 장소의 배경음이 어떤 수준인지 알 수 있다. 이것은 정적인 인터뷰뿐 아니라 움직임이 많은 상황에서도 극히 중요하다. 예를 들어, 레스토랑의 주방에서 그릇들이 부딪히는 소리는 장소에 대한 현실감을 줄 수 있다. 하지만 이 소음은 인터뷰 대상인 주방장의 말소리를 묻어버릴 수도 있다. 녹음되고 있는 소리를 듣지 못하면 이 모든 것들에 대해 판단할 수 없다.

인터뷰 녹음

먼저 카메라를 내려놓아라. 그리고

- 인터뷰를 진행할 조용한 장소를 찾아라.
- 녹음기를 인물의 입에서 3~4인치 정도 떨어진 곳에 놓아두라. 앉아서 인터뷰하는 상황이라면 인물 앞의 탁자 위에 올려놓는 것도 좋지만 인물의 입에 최대한 가까이 두라. 녹음기를 낮은 스탠드 위에 올려놓는 것도 도움이 될 수 있다.
- 마이크가 인물의 턱 바로 아래에 위치하도록 하라. 마이크를 입 바로 앞에 대면 숨 쉴 때 나오는 바람 때문에 퍽퍽 소리가 날 수 있다.
- 인터뷰할 때 휴대용 녹음기의 내장 마이크도 나쁘지 않으므로 무리하게 외장 마이크를 쓰려고 하지 않아도 된다.

▲ 마이크를 말하는 사람의 입 **3~4인치** 아래에 턱 바로 아래에, 대라. 그렇게 함으로써 말하는 사람의 입에서 나오는 바람에 의한 푹푹 소리를 피할 수 있다. 그리고 녹음 상태를 확인하기 위해 헤드폰을 써야 한다. 녹음기에 윈드스크린이 사용된 것에 주목하라.(사진 촬영: 켄 코브레)

- 헤드폰을 녹음기에 연결하여 녹음되는 소리를 확인하라.

촬영과 녹음을 동시에 하기

촬영과 녹음을 동시에 해야 할 때는 다른 사람의 도움이 절실하다. 당신 혼자서 만드는 스토리라면, 주변에 잠시 녹음기 다루는 법을 가르쳐서 도움을 받을 사람이 있는가? 가족이나 친구? 혹은 주변의 구경꾼 중의 한 명?

벨크로. 한 사진가는 벨크로를 이용하여 녹음기를 손목에 부착하는 법을 제시한다. 그렇게 녹음기를 손목에 달면 양손이 자유로워져 카메라를 제대로 다룰 수 있게 된다. 이 영리한 방법의 단점은 카메라와 녹음기가 너무 가깝다는 것이다. 셔터 소리가 크게 들어갈 가능성이 높다. 어떤 경우라도 헤드폰을 연결하여 소리를 확인하라.

말소리에 의해 작동하는 녹음기. 녹음기를 카메라에 보이지 않게 인물의 호주머니에 넣어라. 그리고 녹음기를 켜고 그대로 두어라. 마이크는 녹음기에 내장된 것이나 라발리에를 사용하라. 이 방법을 쓴 결과로 아무 소리도 없는 구간이 있게 되면 편집 때 제거할 수 있다. 이 방법의 단점은 녹음기가 인물의 몸에 있으므로 헤드폰을 거기 연결하여 쓸 수 없다는 것이다.

무선 라발리에. 가장 전문가적인 오디오를 얻으려면 무선 라발리에 마이크와 송신기를 인물의 몸에 설치하라. 당신은 무선 수신기와 녹음기와 헤드폰을 지닐 것이다. 이것은 인물과 당신 모두를 자유롭게 한다. 당신은 한 손에 카메라, 다른 한 손에 마이크를 들고 쫓아다닐 필요가 없다. 마이크가 인물한테 있으므로 당신의 카메라 셔터 소리가 들어갈 염려도 적다. 또한 무선 마이크를 사용하면 망원렌즈로 멀리 떨어져서 촬영할 수 있다. 그러면 셔터 소리가 마이크에 포착될 가능성이 낮아진다.

오디오로 이야기하기

대부분의 멀티미디어 보도물은 오디오에 따라 다음 세 가지 형태로 나눌 수 있다. 자연음만 있는 것, 통신원의 보이스오버가 들어간 것, 그리고 이미지를 촬영한 사람 본인의 내레이션이 들어간 것.

통신원의 보이스오버가 있는 스토리

보이스오버를 하는 통신원은 보통 사진가와 동행한 기자이다. 팜비치포스트의 뛰어난 멀티미디어 작품 '기차 뛰어 타기'에서 크리스틴 에반스 작가의 보이스오버는, 자연음을 배경으로 하여, 관련된 사실들과 개인들의 가슴 아픈 이야기를 전한다. 이 보이스오버는 사진가 게리 코로나도의 강력한 이미지들에 생명을 부여한다. 그 프로젝트는 중앙아메리카 이민자들이 '약속의 땅' 미국으로 향하는 위험하고 필사적인 여행을 기록하였다. 코로나도는 그것을 위해 수개월 동안 직접 그 기차를 탔다. 사진과 (보이스오버) 보도의 그 결합은 그 위험한 여행 자체뿐 아니라 도중에 부상당해서 불구가 된 절망적 이민자들을 돕는 사람들도 소개한다.

이미지를 만든 사람이 내레이션을 한 스토리

사진가가 직접 내레이션을 하는 예로서 가장 강력한 것은 아

자연음만 있는 스토리

▲ **이탈리아 최고의 바이올린을 연주하기.** 자연음만 있는 스토리는 드물지만 가능하다. 데이비드 요더는 뉴욕타임스를 위해 '이탈리아 최고의 바이올린을 연주하기'라는 스토리를 촬영했다. 이 작품은 역사적 악기들의 컨디션을 유지하기 위해 그것들을 주기적으로 연주하는 한 바이올린의 달인에 관한 것이다. 이 작품 전체에서 소리는 그 바이올리니스트가 연주하는 음악밖에 없다. 자막이 사용되기는 했다. 그리고 이안 피셔 기자가 쓴 기사가 함께 소개되었다. 제작자는 조슈아 브루스타인이다.(사진 촬영: 데이브 요더, 뉴욕타임스)

▲ **기차 뛰어 타기: 필사적 여행.** 이 작품은 기차에 몰래 타고 미국으로 가려는 중앙아메리카 이민자들에 대한 스토리인데, 작가가 직접 내레이션을 했다.(사진 촬영: 게리 코로나도)

마 '전쟁의 범위: 실종 병사에 대한 위험한 수색'일 것이다. 뉴욕타임스의 사진사 마이클 캠버가 이라크에서 한 소대의 순찰을 따라 종군했을 때 한 병사가 죽고 여러 명이 부상하는 사고가 있었다. 캠버의 사진들과 목격담은 관객들을 그 끔찍한 현장으로 끌어들인다. 캠버의 보이스오버는 사건을 설명할 뿐 아니라 긴장과 깊이가 있다. 캠버는 병사가 부상당했을 때 무슨 일이 일어났는지 뿐만 아니라, 다음과 같이 무슨 일이 일어나지 않았는지에 대해서도 말한다. "고함을 지르지도, 서두르지도 않았다." 그는 줄곧 침착하게 행동한 위생병에 대해 그렇게 말한 것이다. 스틸 사진이 표현할 수 없는 이런 개인적 관찰은 이런 극적인 스토리에서 매우 중요한 역할을 한다.

멀티미디어의 편집

앞서 말한 장면 전환용 이미지들 외에 시각적 다양성이 필요하다. 장면을 설정하는 와이드 숏과 인물을 소개하고 사건과 액션을 보여주는 미디엄 숏, 클로즈업 등이 있어야 한다.

이미지의 속도(시간 간격)

멀티미디어에서 적절한 속도를 찾는 것은 미묘한 문제다. TV 광고 등의 빠른 이미지 전환에 익숙한 관객이라면 멀티미디어에서도 비슷한 것을 기대한다. 물론 당신은 1초에 30장의 스틸 사진을 계속 퍼부을 수는 없다. 그러나 당신은 관객을 지루하게 하는 것도 원하지 않을 것이다. 이미지를 너무 길게 보여주는 것은 관객을 인터넷의 다른 볼거리로 떠나보내는 행위다. 반대로 이미지가 너무 빨리 지나가면 관객은 스토리를 흡수할 시간이 부족할 것이다. 이미지의 시간 길이는 그 이미지를 이해하는 데 걸리는 시간을 고려하여 결정하라. 장면의 한 디테일을 보여주는 단순한 이미지에 비해, 여러 층의 의미와 감정을 가진 복잡한 이미지는 스크린에 몇 초 더 머물러 있어야 할 것이다. 대체로 말해, 멀티미디어에서 사진 한 장의 시간은 5~8초가 적당하다. 한 이미지가 8초 이상 머무르면 관객들이 영원한 것처럼 여길 것이다.

게리 코로나도의 '기차 뛰어 타기'를 온라인으로 볼 때, 한 젊은이가 달리는 기차를 향해 뛰다가 결국 놓치는 장면에서 이미지의 속도가 얼마나 효과적인지 보라.

이미지와 사운드와 텍스트가 경쟁할 때

많은 멀티미디어 스토리들이 이미지와 음향과 텍스트를 포함하지만, 관객이 이미지와 소리를 보고 들으면서 동시에 자막을 읽을 거라고 가정하지 마라. 멀티태스킹에 대한 근래의 과장된 이야기에도 불구하고, 과학자들은 인간이 한 번에 한 가지 일만 할 수 있다는 것을 증명했다. 뇌는 여러 작업 사이를 재빨리 왔다 갔다 할 수 있지만, 그것은 선형적인 점프다. 우리는 인간의 정신이 '걸으면서 동시에 껌을 씹지는' 못한다고 말할 수 있겠다.

당신의 프레젠테이션을 잘 계획하여, 관객이 보고 듣는 것에 집중할 수 있게끔 하라. 당신이 신문이나 잡지를 볼 때, 거기 배열된 사진들을 어떤 식으로 훑어보는지 생각해보라.

▼ **전쟁의 범위: 실종 병사에 대한 위험한 수색.** 사진사는 촬영 외에도 내레이션 대본을 쓰고, 자신이 직접 내레이션을 했다.(사진 촬영 및 스토리: 마이클 캠버, 뉴욕타임스)

사진을 보면서 동시에 캡션을 읽는 것은 불가능하다. 사실, 당신은 아마 캡션을 읽기 전에 먼저 사진들을 전부 볼 것이다. 거기에 내레이션이나 대사가 추가된다고 상상해보라. 멀티미디어 작품에서 관객이 이미지를 살펴보고 음향에 귀 기울이고 동시에 자막을 읽을 것이라고 기대하지 마라.

전환

전환용 사진은 개념이나 생각을 연결해주는 역할을 한다.

각 사진은 제 역할을 해야 하며, 음향을 뒷받침해야 한다. 너무 직설적이지 않도록, 강아지를 말하면 강아지를 보여주는 식이 되지 않도록 유의하라. 그러나 그림과 음향은 서로 잘 어울려야 한다는 것을 명심하라. LA타임스의 스토리 '죽음을 기다리는'에서 에드윈 슈나이드먼은 자신의 늙어가는 몸을 자신의 마당에 있는 부식되어가는 조각상에 비유한다. 이러한 은유를 염두에 두고 사진가는 슈나이드먼의 사진들뿐 아니라, 두 개의 빈 의자 사진처럼 그의 정신적 상태를 은유적으로 표현하는 것들을 사용하였다. 당시 90세의 슈나이드먼은 91세까지 살지 못할 거라고 생각한다. 탁자 위에 여러 종류의 시계가 놓여있는 사진은 이미지로 표현하기 힘든 시간의 흐름을 상징한다. 이렇게 슈나이드먼의 정신 상태를 적절히 표현하는 전환용 사진이 없었다면, 그 멀티미디어 작품은 그냥 죽음을 기다리는 한 노인의 이미지들에 불과했을 것이다. 그 전환 사진들은 그냥 시간 때우는 용도가 아니었다. 그것들은 스토리의 핵심적 순간들을 연결해주는 가교 역할을 한다.

주변음도 장면 전환의 목적으로 사용될 수 있다. 가끔 어떤 장소의 소리가 이미지가 나오기 몇 초 전에 미리 시작되게 할 수 있다. 사운드를 선행시키는 이런 기법은 스토리의 한 섹션에서 다른 섹션으로의 이동을 부드럽게 한다. 대개 관객은 사운드가 선행했다는 것을 깨닫지 못한다.

멀티미디어는 시간이 걸린다

멀티미디어를 제작하는 데는 시간이 많이 걸린다. 여기서 '제작'은 현장에서 촬영하고 녹음하는 것을 말하는 게 아니라, 컴퓨터 앞에서 작업하거나 다른 관계자들과 의논하는 과정을 말한다. 많은 제작자들은 최종 오디오 1분에 대해 1시간의 작업 시간, 비디오 1분에 대해서는 3시간의 작업 시간을 예상해야 한다고 말한다.

뉴욕타임스의 멀티미디어 제작자인 낸시 도날드슨은 자신이 작업한 작품의 제작 시간은 다 달랐다고 말한다. 그리고 작품의 제작 시간은, 특히 초보자라면, 거의 항상 생각보다 더 많이 소요된다는 것을 강조한다. 아프가니스탄에서 매복 공격을 당한 군인들을 다룬 멀티미디어 뉴스 스토리는 종군 사진사가 촬영과 녹음을 하는 데 이틀이 걸렸다.

도날드슨은 그 자료를 가지고 하루 10시간씩 이틀을 꼬박 작업하여 마감일에 맞추었다. 그 스토리는 현장에서 사진가에 의해 최소 15시간이 소요되었고 컴퓨터 앞에서 다시 20시간이 소요되었지만 완성된 작품 분량은 3분이 채 안 되었다. 이것은 이런 종류의 스토리에서는 보통이다. 당신이 초보자라면 낸시 도날드슨 같은 경험자보다 두 배는 더 많은 시간을 쓰게 될 것을 예상하라.

사운드슬라이드(Soundslides): 쉬운 편집 소프트웨어

음향 편집이 끝나면 그것을 사진과 결합하여 멀티미디어를 만드는 작업을 하게 될 것이다.

▲ **죽음을 기다리는.** 이 엘레지 같은 스토리는 주인공의 사진뿐 아니라 그의 삶을 표현하는 상징적 이미지들도 사용하였다.

▲ 두 의자를 보여주는 이 전환 사진은 두 사람이 거기 앉아서 이야기를 나누곤 했다는 것을 암시한다.(사진 촬영: 리즈 베일렌, LA타임스)

▲ **매복 피습과 죽은 동료.** 미군 병사들이 아프간 군인들과 함께 야간 투시경을 끼고 죽은 동료 병사에 대한 정보를 찾기 위해 움직이고 있다.(사진 촬영: 타일러 힉스, 제작: 낸시 도날드슨, 뉴욕타임스)

사운드슬라이드는 간단하고 인기 있는 애플리케이션으로서, 사진 저널리스트들이 음향과 이미지를 결합하여 인터넷을 위한 멀티미디어 작품을 만드는 데 사용한다. 2005년 이후로 조 바이스의 혁신적인 사운드슬라이드 덕분에 수많은 신문사들이 멀티미디어 작품을 만들어 그들의 웹사이트에 올렸다. 처음으로 사진 스토리에 쉽게 내레이션을—기자의 것이든 사진가의 것이든 취재 대상 인물의 것이든—넣을 수 있었고, 자연음도 추가할 수 있었다. 사용하기 간단하고 저렴해서 사운드슬라이드는 그 장르에서 가장 인기 있는 프로그램이다. 사운드슬라이드의 제작사 웹사이트는 "어처구니없이 간단한 스토리텔링"이라고 홍보하는데, 그것이 딱 맞는 말이다.

사운드슬라이드 프로그램은 간단히 말해 사운드 파일과 JPEG 사진들을 받아들여 인터넷에 올릴 수 있는 플래시 애니메이션으로 만들어주는 것이다.

먼저 당신은 가라지밴드(GarageBand), 오대시티(Audacity), 사운드포지(Sound Forge), 사운드 스튜디오(Sound Studio) 등과 같은 별도의 프로그램을 이용하여 오디오 트랙을 편집한다. 그 다음에는 그 오디오 파일을 MP3 형태로 사운드슬라이드에 불러들인다. 그리고 당신이 선택한 사진들을 원하는 순서로 불러들인다. 프로그램 내에서 사진의 순서는 나중에 바꿀 수 있다. 오디오 트랙의 길이가 최종 스토리의 길이를 결정한다. 각 사진에는 전체 시간을 사진 수로 나눈 시간이 일률적으로 할당된다. 예를 들어, 오디오 파일의 길이가 60초이고 사진이 10장이라면 각 사진의 길이는 6초가 된다. 개별 사진의 길이는 조절할 수 있지만 전체 시간은 오디오 파일에 의해 60초로 정해져 있다. 사운드슬라이드는 또한 각 사진 안에서 팬이나 줌을 하는 기능도 있다.

◀ **사운드슬라이드**는 스틸 이미지 및 오디오 결합에 사용하는 소프트웨어다.

사운드슬라이드의 단점은 오디오를 조금이라도 바꾸려면 오디오 소프트웨어로 돌아가야 한다는 것이다. 거기서 변경을 한 다음 다시 사운드슬라이드로 불러들여야 한다. 그리고 사진들도 다시 불러들여야 하고, 속도(사진들의 시간 길이)도 다시 조절해야 한다. 예를 들어 인터뷰를 편집하고 거기에 사진을 몇 장 결합했는데, 음악도 넣어야겠다는 생각을 했다고 하자. 그러면 처음부터 다시 해야 한다. 인터뷰만 있던 오디오 파일에 음악을 더하고, 그것을 다시 사운드슬라이드로 불러들이고, 사진들도 다시 불러들이고, 그리고 그 사진들의 순서를 조정하고 속도를 조절해야 한다(음악을 더하면 십중팔구 오디오 트랙의 길이에 변화가 있을 것이고 그러면 각 사진들의 길이도 변하게 된다.).

사운드슬라이드 대신에 쓸 수 있는 프로그램으로는 애플의 파이널컷프로나 어도비의 프리미어 같은 것이 있다. 사운드슬라이드는 배우기 쉽고 사용이 간편한 반면, 파이널컷프로나 프리미어는 오디오와 그림을 같이 다룰 수 있다는 장점이 있다. 이런 고가의 프로그램들은 그 외에도 다양한 기능을 가지고 있다.

윈도우즈 컴퓨터를 사용하는 사람이면 마이크로소프트의 무료 소프트웨어인 포토스토리 3도 대안이 될 수 있다. 이 프로그램은 이미지와 사운드를 유연하게 결합할 수 있다.

워드프레스(WordPress)의 슬라이드쇼 플러그인도 고려해볼 만하다. 다양한 플러그인이 있으며, 특히 당신의 웹사이트가 워드프레스를 사용하고 있다면 편리하게 사용할 수 있다.

▸ **가까이 가라.** 이것은 전설적인 전쟁 사진가 로버트 카파가 한 말이다. "당신의 사진이 좋지 않다면 당신은 가까이 가지 않은 것이다." 종종 사진의 활력은 불필요한 배경을 제거하고 디테일을 포착하는 것에서 발생한다.(사진 촬영: 피트 에릭슨)

▸ **구도를 정확하게 잡아라.** '가까이 가라'는 말은 '구도를 정확하게 잡아라'는 말과 거의 같다. 가까이서 신중하게 구도를 잡아, 산만한 배경을 제거하되 장소의 느낌을 전달할 만큼은 남겨두어라.(사진 촬영: 후안 고메즈)

▸ **인내심을 가져라.** 촬영을 시작하기 전에 사람들이 당신에게 익숙해지도록 하라. 그들이 긴장을 풀면 카메라의 존재를 잊고 당신이 나타나기 전에 하던 일을 계속 할 것이다. 그럼으로써 당신은 자연스러운 숏을 얻을 수 있다.(사진 촬영: 켄 코브레)

◀ 조리개를 열어서(이 사진의 경우 f/2.2) 배경을 흐리게 하라. 그러면 배경이 산만하지 않게 된다.(**'21세기 공산주의'** 프로젝트에서)(사진 촬영: 토마스 반 휴트리브)

◀ **자연광을 이용하라.** 가능하다면 플래시를 직접적으로 사용하는 것은 피하라. 인위적으로 보이고, 색과 얼굴 생김새가 살지 않는다. 대신, 카메라의 ISO를 800, 1600 혹은 그 이상으로 올려라. 그러면 실내에서도 플래시 없이 선명한 사진을 얻을 수 있을 것이다.(사진 촬영: 켄 코브레)

▶ **사람들에게 어떤 행동이나 자세를 요구하지 마라.** 대신, 그들의 자연스러운 활동을 포착하라. 그렇게 함으로써 그들의 상황이나 관심사나 개성이 드러날 것이다.(사진 촬영: 야나 아센브레네로바)

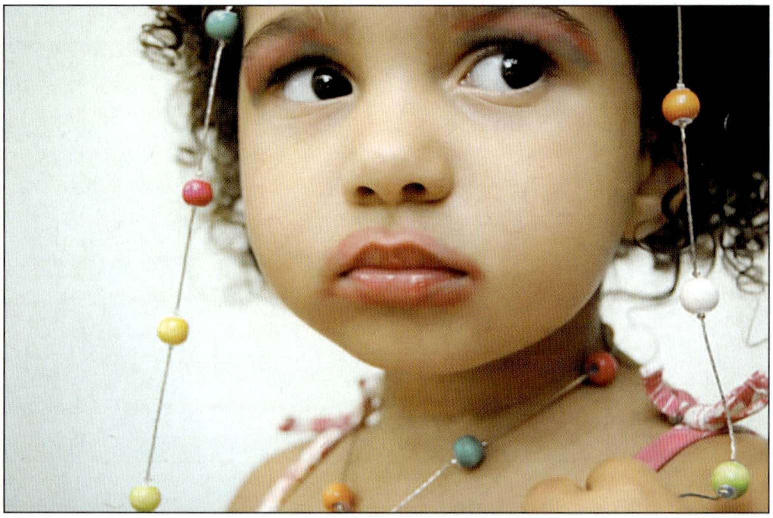

▶ **플래시를 사용해야 한다면 반사를 시켜라.** 외부 플래시를 천장이나 벽에 반사시켜서 부드럽게 만들 수 있다. 카메라 내장 플래시를 사용해야 한다면 라이트 스쿠프를 장착하는 것을 고려해보라. 이것은 거울을 이용하여 플래시 빛을 천장에 반사시켜주는 것이다.(사진 촬영: 셰리 리앤)

▶ **황혼이나 밤에 촬영하라.** 이 시간대에는 흥미로운 빛과 그림자를 발견할 수 있다. 가로등이나 크리스마스 트리등—빛이 너무 약하지 않다면—같은 것들이 색다른 분위기를 줄 수 있다. 어두울 때는 카메라를 삼각대 위에 설치하여 노출 시간을 길게 할 수 있도록 하라.(사진 촬영: 피트 에릭슨)

◀ **포즈를 취해 달라고 하지 마라.** 사람들에게 똑바로 서거나 앉아 달라고 요구하는 것은 어색하고 불편한 자세를 초래한다. 인물 사진을 찍을 때는 약간 기대거나 구부정하게 있는 것이 좋다.(사진 촬영: 야나 아센브레네로바)

◀ **관점을 바꿔보라.** 예를 들어 어린 아이들을 촬영한다면 그들의 눈높이로 내려가는 것을 고려해보라. 그들의 관점에서 보면 세상이 조금 달라보일 수 있다. 어린 아이에게는 어른이 아무리 체구가 작아도, 거인으로 보인다는 것을 기억하라.(사진 촬영: 스무엘 데일러, 산타크루즈 센티넬)

잊지 말아야 할 것들

- **당신 카메라의 사용자 설명서를 잘 읽어라.** 당신의 카메라에 어떤 기능들이 있고 각종 버튼과 다이얼과 메뉴가 어디에 있는지 배워라. 현장에서 당황하는 일이 없을 것이다.
- **평소에 찍던 것의 두 배를 찍어라.** 아끼지 마라. 아마추어와 프로의 차이점의 하나는 프로는 다양한 각도, 거리, 높이에서 엄청난 양의 사진을 찍는다는 것이다. 그들은 그중에서 약한 것들은 버리고 최고의 것만 남긴다.
- **실력을 향상시켜라.** 사진에 관한 좋은 입문서를 찾는다면 바바라 런던/짐 스톤/존 업튼의 〈사진〉(Prentice Hall)을 보라. 기본을 배웠다면 다음 단계로 케네스 코브레의 〈사진 저널리즘: 전문가들의 접근법〉(Focal Press/Elsevier)을 권한다. ■

▲ **파우더퍼프 치어스.** 사진의 장면처럼 재미있는 순간을 놓치지 않기 위해 중단 없이 계속 촬영을 하라.(사진 촬영: 조쉬 멜처, 로아노크타임스)

10

시퀀스 촬영하기

비디오나 멀티미디어 프로젝트는 개별 숏들을 조합해서 만들어진다. 그 숏들은 모여 장면과 시퀀스를 형성한다. 그리고 그 장면과 시퀀스들은 모여 하나의 작품을 이룬다. 에세이 쓰는 것을 생각해보라. 당신은 단어들을 조합하여 문장을 만들고, 문장들을 엮어 문단을 만들고, 문단들이 모여 섹션이 된다. 그리고 그 섹션들을 일관성 있게 나열하면 당신의 에세이가 완성된다. 비디오나 멀티미디어를 만드는 과정도 이것과 비슷하다.

이 아이콘은 〈비디오 저널리즘〉 웹사이트에 가면 더 자세한 정보를 얻을 수 있거나 언급된 비디오 작품을 볼 수 있음을 나타낸다. 작품의 제목 및 책에서 거론된 챕터와 페이지가 나와 있다. 책에 있는 것과 동일한 사진도 볼 수 있다.
http://www.kobreguide.com/content/videojournalism.

다섯 숏 공식

남아프리카 출신 베테랑 비디오 촬영가 롤프 베렌스는 "숏 한 개로는 아무것도 할 수 없다."라고 말한다. 한 상황에 한 개의 숏만 있으면 시퀀스를 제대로 만들기 힘들다. 각 장면/상황에 여러 개의 숏이 있어야 한다. "하나로는 결코 충분하지 않다"는 말을 주문처럼 외우고 다녀라.

다큐멘터리나 극영화를 보면 일련의 개별 숏들이 엮여서 스토리가 만들어지는 것을 알 수 있을 것이다. 대부분의 다큐멘터리는—극영화도 마찬가지—다음과 같은 다섯 가지 기본적인 숏 유형으로 이루어져 있다.

- 와이드 숏(WS)
- 미디엄 숏(MS)
- 클로즈업 숏(CU)
- 시점 숏(POV)
- 반응 숏(RS)

이 다섯 가지 숏이 취재의 기본이다.

상황마다 이 다섯 개의 숏을 찍는 것은 지루해 보일지 모른다. 완성된 다큐멘터리에 그 전부가 쓰이지 않을 것도 거의 확실하다. 그러나 요리 재료들이 적절히 선택해 혼합하기 전까지는 요리가 되지 않듯이, 그 모든 숏도 편집하기 전까지는 서로 무관해 보일 수 있다. 요리사가 하나의 요리를 만들면서 부엌에 있는 모든 재료를 다 쓰지 않듯이, 당신도 좋은 이야기를 만들기 위해 촬영한 숏을 다 쓸 필요는 없을 수 있다. 그러나 요리사는 후추가 없을 때 바로 달려 나가서 사올 수 있지만, 당신이 놓친 숏은 되돌아가서 찍을 수 없다. 모든 상황에 그 다섯 숏을 찍는 것은 과잉으로 보일 수 있지만, 그것을 다 갖추고 있으면 편집 때 당신은 완벽한 스토리를 요리해낼 수 있을 것이다.

숏들을 조합하여 시퀀스 만들기

특정 지역의 등산 클럽 회원들과 그들의 활동에 대한 스토리를 만든다고 생각해보자. 그들이 등산을 준비하고, 실제로 산에 오르고, 그리고 내려오는 영상이 물론 필요할 것이다. 또한 그들이 지역사회에 기여하는 모습도 포함하면 좋을 것이다. 지역의 아이들을 위해 마을의 5층 시계탑에서 현수 하강하는 시범을 하는 것은 그 자체로도 신나는 행사지만, 회원들이 지역사회에 헌신하는 모습을 보여주는 기회도 된다. 원하는 아이는 지붕까지 걸어 올라가서 자일을 몸에 감은 후 탑에서 땅까지 내려온다.

당신은 이 이벤트 전체를, 한 아이가 내려오는 과정을 처음부터 끝까지, 멀찌감치 서서 촬영할 수 있을 것이다. 대부분의 아마추어는 아이가 탑 봉우리에 나타나면 시작 버튼을 누르고 아이가 보도에 내려서면 멈춤을 누른다.

하강 과정은 5분쯤 걸릴지 모른다. 당신이 그 아이와 가까운 사이가 아니라면 그 5분을 전부 보겠는가?

전문가는 하강의 각 단계에서 최소한 10초씩, 여러 종류의 숏을 촬영한다. 편집을 하고 나면 이것은 하나의 시퀀스를 형성할 것이다. 편집된 시퀀스는 5분보다 훨씬 짧을 것이다.

시퀀스를 만드는 데 사용될 숏은 앞서 말한 다섯 종류의 숏 외에 **로우앵글** 숏과 **하이앵글** 숏도 포함될 것이다. 다양한 숏들을 편집하여 시퀀스를 만들면 한 위치에서 5분 동안 쭉 찍은 것보다 훨씬 흥미 있는 것이 될 것이다.

편집을 잘 하면 그 5분간의 사건을 20초 내로 스릴 넘치게 보여줄 수 있다. 관객은 시간이 축약된 것에 대해 전혀 이상하게 생각하지 않는다. 한 숏에서 다른 숏으로 넘어갈 때 관객은 시간에 대해 생각하는 게 아니라, 감정에 의해 이끌린다.

이 하강 시퀀스는 등산 클럽과 그 회원에 관한 전체 스토리의 일부라는 것을 잊지 마라. 아이의 몸에서 자일을 푸는 것은 이 시퀀스의 끝이지 스토리의 끝은 아니다.

시퀀스에 숏이 많을수록 시각적으로 더 흥미를 끈다. 가장 빠져들게 만드는, 그리고 초당 제작비가 엄청난, TV 광고는 때로는 30초에 100개 이상의 숏이 있다.

팁 나중에 편집이 용이하려면 모든 숏의 길이가 최소한 10초는 되어야 한다. 물론 더 길 수는 있다. 그러나 10초보다도 짧으면 편집할 때 너무 여유가 없어진다.

5가지 기본 숏을 확보하기 위한 전략

좋은 비디오나 멀티미디어 작품을 만드는 데 필요한 모든 숏을 촬영하기 위해서는 다음과 같은 것들을 알아야 한다.

와이드 숏은 장소를 보여준다

와이드 숏은 '롱 숏'이나 '설정 숏'이라고도 한다. 정확한 명칭에 대해서는 신경 쓸 필요 없다. 다만 그것을 촬영하는 이유를 알아야 하고, 그것 없이는 집에 돌아오지 마라.

인디애나폴리스의 WISH TV에서 일한 적 있으며 인디애나대학교의 겸임교수이기도 한 스티브 스와이처는 "좋은 와이드 숏에서는 다 보여주기 위해 카메라를 움직일 (팬이나 틸트) 필요가 없어야 해요."라고 말한다.

어떤 행사의 현장에서 그것을 관찰하는 사람은 전체를 보

1 땅에서 탑 봉우리를 보여주는 **로우앵글 와이드 숏**을 찍어라. 이것은 하나의 '설정 숏'으로서 탑의 높이를 짐작할 수 있게 해준다. 조금 더 멀리서 건물 전체를 보여주는 숏도 찍으면 좋을 것이다.

2 이제 계단을 올라가서 아이의 몸에 자일을 거는 **미디엄 숏**을 찍어라.

3 아래쪽 창문에서 올려다보며 아이의 (내려다보는) 얼굴 **클로즈업**을 찍어라.

4 이제 카메라를 아래로 하여 그 아이가 보는 것, 즉 **시점 숏**을 찍어라.

5 밖으로 나가서 **로우앵글**로 아이와 코치가 천천히 내려오는 모습을 찍어라.

6 밑에서 안전 로프를 잡고 있는 사람의 미디엄 숏도 도움이 될 수 있다.

7 땅바닥에 놓여 있는 로프와 같은 **클로즈업** 디테일을 찾아보라. 이것은 종종 '**컷 어웨이**'라고 불리며 관객을 주 액션으로부터 잠시 떼어 놓는 역할을 한다.

8 아이와 스승이 내려오는 모습을 **로우앵글**로 다시 잡아라.

9 이 **하이앵글 미디엄 숏**은 당신이 시계탑에 있을 때 촬영한 것이지만, 편집할 때 이 위치에 넣어서 걱정스럽게 쳐다보는 부모의 모습을 전달한다.

10 몇 미터 물러서서 아이가 마지막 구간을 혼자서 내려오는 장면을 **와이드 숏**으로 찍어라.

11 미래의 산악인이 누나와 로프 담당자의 도움을 받아 땅에 내려서는 모습을 **미디엄 숏**으로 잡아라.

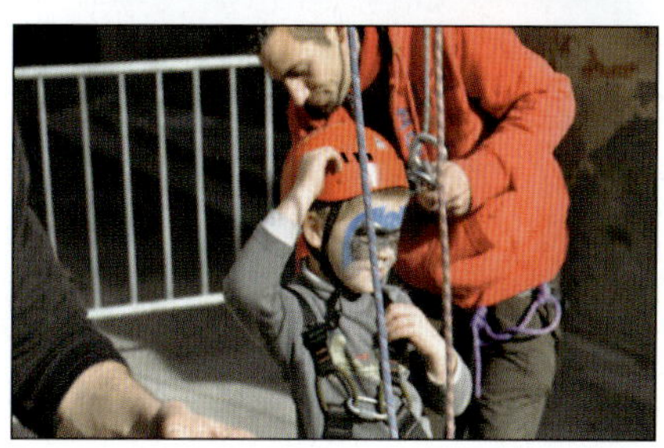

12 소년의 몸에서 자일을 푸는 **미디엄 숏**으로 이 시퀀스를 마무리하라.

기 위해 좌우로 눈을 돌린다. 와이드 숏은 그런 것과 같은 역할을 한다. 즉 관객이 그 장소를 파악할 수 있게 한다. 와이드 숏이 없으면 관객의 뇌는 다른 숏들을 쉽게 이해하지 못한다. 그들이 어디에 있고 무엇을 보고 있는지 파악하지 못한다.

와이드 숏은 시퀀스 혹은 전체 스토리의 배경이 되는 장소를 보여준다. 실내인지 실외인지, 시골인지 도시인지, 땅인지 바다인지, 밤인지 낮인지 등등. 그리고 인물들의 상대적 위치도 보여준다. 예를 들어 대치 상황이라면, 위에서 내려다보며 넓게 촬영한 숏은 시위 군중과 경찰이 한 블록 떨어져있는지 아니면 바로 길 건너에 있는 보여준다. 관객은 또한 군중이나 사건의 규모도 알 수 있다.

모든 시퀀스에서 와이드 숏은 사건이 벌어지는 장소를 보여준다. 일부 스토리에서는 그 와이드 숏이 방 하나를 보여줄 수도 있지만, 다른 스토리에서는 와이드 숏이 도시의 한 블록이나 동네 전체를 보여줄 수도 있다. 와이드 숏의 범위는 장면의 내용에 따라 달라진다.

한 방의 전체를 찍을 때는 사다리나 의자, 그런 게 없다면 책상 같은 데라도 올라가서 촬영하는 것이 좋다. 어쨌든, 작은 사다리를 준비해 가는 것이 좋다. 어디에 올라서는 게 허락될지 미리 알 수 없기 때문이다.

사다리는 야외에서도 유용하다. 올라갈 수 있는 전봇대나 (잎이 가리지 않는) 나무 같은 게 없다면 말이다. 완전 평지라면 당신 차의 지붕 위에 올라가는 것도 한 방법이다.

각도가 큰 광각렌즈를 쓸수록 멀리 물러나지 않아도 된다. 가장 간단한 방법은 줌렌즈를 최대한 광각으로 하고 카메라를 머리 위로 치켜들어서 (LCD 화면은 아래로 하고) 촬영하는 것일 것이다. 그러나 홍수나 허리케인, 대화재 같은 경우에는 헬리콥터나 소형 비행기 같은 것을 이용해야 할 것이다.

미디엄 숏은 액션을 보여준다

미디엄 숏은 스토리의 대부분을 차지한다. 인물의 행동을 볼 수 있을 만큼 가까이 가되, 다른 사람이나 주변 사물들과의 관계를 알 수 있을 만큼의 거리는 유지하라. 미디엄 숏은 스토리 전달에 필요한 요소를 다 포함한다. 신문 기사의 도입부처럼

▼ 모터 요트 스티브어윈이 남극 대륙 근처를 지날 때 거대한 빙하 때문에 왜소해 보인다.(사진 촬영: 아담 라우)

◀ **사다리**는 높은 위치에서 찍고 싶을 때 유용하게 쓰인다.(사진 촬영: 켄 코브레)

미디엄 숏은 전체 스토리를 재빨리 전달해야 한다.

미디엄 숏을 통해 관객은 인물들의 행동과 보디랭귀지를 관찰할 수 있지만, 또한 그들의 표정도 볼 수 있다. 당신은 미디엄 숏을 많이 찍어야 할 것이다. 대부분의 비디오에는 미디엄 숏이 제일 많다.

액션은 대개 빨리 진행되고 촬영자가 준비할 시간이 별로 없다. 액션을 촬영하는 것은 스포츠를 촬영하는 것과 같다. 당신은 언제 어디서 액션이 벌어질지 예상을 해야 한다. 한 남자가 경찰관과 심하게 말다툼을 하고 있다면, 그것이 체포로 이어질 가능성이 있다. 말다툼이 시작될 때 카메라를 들이댄 후 상황이 끝날 때까지—평화롭게 끝나든 아니든—끊지 마라.

가능한 한 액션이 시작되기 전에 촬영을 시작하고, 계속 찍어라. 중간에 끊지 마라. 지루한 부분은 나중에 얼마든지 덜어낼 수 있다. 촬영을 주저하거나 좋은 순간을 기다리면 다시 찍으려고 장비를 만질 때 이미 싸움은 끝나버릴 수 있다. 액션이 시작되기 전에 촬영을 시작하는 것 외에, 상황이 어떻게 진행될지 예측을 하고 미리 자리를 잡는 것도 중요하다.

샌프란시스코주립대학교의 존 휴잇 교수는 "그냥 카메라가 액션을 구경하게 놔둬라."라고 말한다. 카메라 자리를 잡은 다음에는 액션을 기다려라. 그는 또 이렇게 말한다. "카메라를 움직이지 말고 인물들의 액션이 프레임 내에서 벌어지게 하라." 때로는 액션이 몇 초 내에 끝날 수 있고, 때로는 몇 분을 그냥 계속 찍고 있어야 할 수 있다.

구도나 렌즈 초점거리를 계속 바꿔 관객을 산만하게 하지 마라. 느긋이 액션이 벌어지게 놔둬라. 액션이 장소를 이동하면 따라 가라. 인내심을 가져라. 무슨 일인가 생길 것이다. 멈

▼ 예루살렘에서 식품을 무료로 나눠주는 것을 촬영한 이 미디엄 숏은 행동을 보여준다. 이 숏은 주변 상황을 볼 수 있을 만큼 넓지만, 표정을 볼 수 있을 만큼 가깝다.

춤 버튼을 누르기 전에 하나의 작은 스토리를 기록해야 한다는 것을 기억하라.

물론 그 액션이 반복적이면 카메라 위치를 바꿔 다양한 앵글에서 촬영할 수 있고, 그렇게 해야 한다. 반복적 액션을 여러 앵글에서 찍은 숏들은 편집을 거쳐 드라마틱한 장면이 될 수 있다.

인물 가까이 가면 광각렌즈로도 미디엄 숏을 찍을 수 있다. 거의 항상 광각렌즈로 촬영하는 비디오 촬영가들이 많다. 그들은 인물에 가까이 가기도 하고 멀어지기도 하지만, 줌렌즈는 항상 최대 광각 위치에 둔다. 광각렌즈로 근접해서 촬영하면 친밀한 느낌을 줄 수 있고 관객이 참여자가 된 기분이 된다. 같은 상황을 망원렌즈로 촬영하면—구도가 거의 같다고 해도—멀리 떨어져야 하고 그래서 관객은 참여자이기보다는 훔쳐보는 방관자 같은 입장이 된다.

물론 위험한 상황을 취재하거나 움직임이 제한된 곳이라면 망원렌즈도 좋은 미디엄 숏을 제공할 수 있다. 친밀한 느낌은 적더라도 말이다.

클로즈업은 극적 효과를 준다

극적 효과를 위해서는 클로즈업만한 것이 없다. 클로즈업은 관객에게 인물의 내면을 보는 것 같은 느낌을 준다. 이렇게 밀접한 거리에서는 인물의 얼굴이, 고통으로 일그러져 있든 희색이 만면하든, 관객의 반응을 끌어낸다.

클로즈업은 친밀한 초상화와 같다. 비디오카메라가 관객을 인물 얼굴 몇 인치 앞으로 내던진다. 이런 종류의 숏은 일상의 현실에서 우리가 서로 간에 유지하는 거리를 없앤다. 마이클 홀의 '영화의 언어'에 따르면 이것은 팬들이 유명한 스타들을 실제로 '안다'고 느끼는(물론 상대는 그렇게 느끼지 않지만!) 이유 중의 하나다.

클로즈업을 찍을 때는 광각렌즈를 사용하지 마라. 광각렌즈로 가까이서 촬영하면 화면 중심에 있는 물체가 과장되어 보인다. 사람의 코가 크게 튀어나와 보인다(챕터 5 참조). 이것은 별로 보기가 좋지 않다. 얼굴 클로즈업에는 표준이나 망원렌즈가 좋다.

"대부분의 스토리에서 와이드 숏은 많지 않지만 클로즈업은 많이 있어야 합니다. 대부분이 클로즈업으로 이루어진 좋은 스토리를 많이 보았어요." 비디오 촬영 및 편집에서 30년의 경력을 가진 스티브 스와이처는 말한다.

"컷 어웨이"라고 불리는, 어떤 디테일을 보여주는 클로즈업은 편집 때 관객의 주의를 주 액션에서 잠시 다른 데로 돌리기 위해 사용한다. 좋은 컷 어웨이는 어떤 논리, 즉 주 액션과의 연관성을 가져야 한다.

디테일 클로즈업 숏은 스크린이 작은 아이팟, 스마트폰, 태블릿 등에서도 큰 역할을 한다. 그런 기기에서는 와이드 숏은 잘 알아보기 힘들지만 디테일 숏은 살아난다.

트럼펫 부는 사람의 입이라든지 카드를 나눠주는 딜러의 손처럼, 효과적인 클로즈업이 될 수 있는 것을 찾아보라. '신의 저항군이 수단에서 아이들을 사냥한다'라는 제목의 타임지의 비디오 스토리에서 에드 로빈스는 탈출한 아이가 총검으로 찔린 상처를 보여줄 때 클로즈업을 잡았다. 그 끔찍한 상처의 클로즈업은 반군의 잔혹함을 여실히 보여주었다.

컷 어웨이는 편집에서 매우 중요하다. 그것은 숏들의 가교 역할을 한다. 컷 어웨이는 관객의 주의를 잠시 돌려놓음으로써 예를 들어 한 숏에서의 액션이 다음 액션과 방향이 일치하는 않는 문제를 가려준다(뒤에 나오는 '180도 법칙' 참조).

팁 디테일의 클로즈업은 그 자체로는 소용이 없다. 맥락이 있어야 한다. 그것이 어디에 있고, 누구와 관계가 있는가? 어떤 사람의 손에 든 물체의 클로즈업을 찍었다면 당신은

▲ 부활절에 콩고의 한 교회에서 노래하는 성가대원의 클로즈업은 관객을 끌어들인다.(사진 촬영: 켄 코브레)

▲ **디테일 클로즈업.** 이른 아침의 포도.(사진 촬영: 켄 코브레)

▲ 이 시점 숏은 이 배를 저어가는 사람이 바라보는 대상을 보여준다. 이 카누는 콩고 강을 따라 내려가고 있다.(사진 촬영: 켄 코브레)

그 사람을 보여주는 숏도 찍어야 한다. 클로즈업은 어떤 상황에서든 촬영해야 하는 다섯 가지 숏 중의 하나일 뿐이다.

시점 숏

시점 숏은 인물과 거의 같은 위치에서 그 인물이 바라보는 대상을 촬영한 것이다. 예를 들어 첫 번째 숏이 화가가 화폭에 그림을 그리는 옆모습이라면, 다음 숏은 그 화가의 눈에 비친 화폭을 보여줄 수 있을 것이다. 그것이 시점 숏이다.

반응 숏

어떤 사람이 특이하거나, 충격적이거나, 웃기는 말 또는 행동을 하면 관객은 다른 사람들이 어떻게 반응하는지 보고 싶어 한다. 그렇게 반응하는 모습을 보여주는 (대개의 경우) 클로즈업이 반응 숏이다. 이 숏은 직전에 있었던 숏의 의미를 확실하게 한다. 아래의 두 사진에서, 남자가 오토바이를 타고 가는 시늉을 한다. **반응 숏**은 부인이 웃는 모습을 보여준다. 파안대소하는 여자의 모습에 관객은 따라 웃는다.

테라노바 픽쳐스의 존 고힌은 이렇게 말한다. "난 종종 이

액션/리액션(반응)

▲ **액션.** 남자가 오토바이를 운전하는 시늉을 한다.(사진 촬영: 켄 코브레)

▲ **반응.** 다음 숏은 그의 가상의 승객이 웃는 모습을 보여준다.(사진 촬영: 켄 코브레)

▲ **구도.** 촬영자들은 종종 이 사진의 재봉틀처럼 전경에 있는 물체를 활용한다. 이렇게 하면 2차원 이미지에 깊이감을 부여할 수 있다.(사진 촬영: 켄 코브레)

숏들을 '액션과 리-액션(역주: 再액션이라는 뜻)'이라고 부릅니다. 모든 액션에는 리-액션이 있어요. 액션 부분은 대개 찾기 쉽습니다. 반면 리-액션을 찾는 것은 특히 초보자의 경우에는 노력이 필요합니다."

일반적 극영화에서는 두 사람이 대화를 할 때 액션과 반응을 번갈아 보여준다. 가령 남자와 여자가 다툰다면, 여자가 손을 내젓는다든지 야단치며 손가락을 남자 가슴에 찌른다. 그 다음에는 컷하여 남자가 그것에 대해 움츠린다든지 혀를 내민다든지 하는 반응을 보여준다.

구경꾼이 있는 상황이라면 꼭 여러 개의 반응 숏을 찍어라. 순전히 시각적인 방법으로 그 반응 숏은 그들이 구경하는 것의 영향, 충격을 보여준다. 그들이 어떤 공연을 보고 있다면 반응 숏은 그 군중이 놀라워하고 있는지, 공감으로 눈물을 글썽이는지, 아니면 그냥 지루해 하고 있는지 보여준다.

구도. 사람을 촬영할 때는 항상 '루킹 룸', 즉 그 사람의 시선 앞쪽에 공간적 여유를 주어라. 인물이 왼쪽을 쳐다보고 있다면 그는 화면의 오른쪽에 위치해야 한다. 사람이나 동물이 화면을 거슬러 움직일 때 역시 앞쪽에 공간을 더 주어야 한다. 이렇게 하는 것을 "액션을 리드한다."라고 표현한다. 어떤 것이 화면 오른쪽에서 왼쪽으로 움직이고 있다면 그것을 화면의 오른쪽에 위치하게 하여 왼쪽에 공간이 더 많게 해야 한다. 그것이 움직일 여유 공간을 주는 것이다. 개가 오른쪽에서 왼쪽으로 가고 있다면 그것을 따라 카메라 팬을 하되, 항상 개의 앞쪽, 즉 화면 왼쪽에 여유가 있게 하라.

▲ **시선 방향.** 일반적으로 인물이 프레임 바깥쪽을 보는 것보다 안쪽을 보도록 구도를 잡는 것이 좋다.(사진 촬영: 켄 코브레)

카메라는 가만히 있고 개가 오른쪽에서 화면에 들어왔다가 왼쪽으로 나가게 할 수도 있다. 인물이 화면에 들어오거나 (프레임인) 화면에서 나가는 (프레임아웃) 숏은 편집할 때 큰 도움이 될 수 있다.

A, B, C 롤

A롤과 B롤의 기원

A롤과 B롤이라는 용어는 TV 뉴스를 비디오가 아니라 필름으로 촬영하던 시절에 생긴 것이다. 1970년대까지만 해도 뉴스 카메라맨은 영상은 필름에 기록하고 오디오는 별도의 녹음기에 기록했다.

당시 필름으로 촬영하는 뉴스 카메라맨은 영상만 기록하고 녹음은 하지 않는 경우가 많았다. 나중에 편집실에서 아나운서의 목소리나 음악을, 그리고 가끔 음향효과도 넣었다. 별도의 필름 롤을 사용하기 때문에 숏 사이에 디졸브를 할 수 있었다.

A롤은 인터뷰라든지, 리포터가 화면에 나와서 말하는 장면처럼 동시녹음이 된 영상을 말한다. B롤은 음향 없이 영상만 촬영한 것으로서, 보통 A롤의 말 내용을 예시하는 역할을 한다. 두 롤은 영사 단계에서 합쳐지는데, 이것을 A/B롤 편집이라고 하였다.

B롤은 동시녹음 음향이 필요 없는 영상을 말하는 것으로, 화질과는 아무런 상관이 없다.

A롤

A롤은 보통 인터뷰나 리포터의 보도를 포함한다. 이런 상황에서는 관객은 말소리를 들으면서 그 말을 하는 사람도 동시에 본다. 리포터의 입이 움직이면 관객은 거기에 따라 말소리도 들릴 것을 예상한다.

다섯 숏 공식				
	숏 유형	렌즈 설정	장점	기법
	와이드(WS)	광각	액션이 벌어지는 장소를 보여준다	의자, 사다리, 건물, 모노포드
	미디엄(MS)	표준	스토리를 앞으로 나아가게 한다	
	클로즈업(CU)	망원	의미 있는 디테일	가까이 감
			얼굴	망원 설정
		매크로 혹은 클로즈업 설정	물체	
	시점(PoV)	제한 없음	인물이 바라보는 것	인물 뒤에서 촬영
	반응(RS)	제한 없음	말이나 액션의 효과를 보여준다	청중의 반응을 포착

B롤

B롤은 두 가지 유형이 있다. 바로 구체적인 것과 포괄적인 것이다.

고래 사냥을 저지하려는 단체에 대한 스토리를 만든다고 하자. 당신의 보이스오버 내레이션이 남극해에서 일본 포경선이 조업하는 것을 몇 명의 시위자들이 막으려고 했던 한 특정 사건을 설명하고 있다면 B롤은 그 구체적 사건의 영상을 보여줄 것이다.

별도의 A롤 인터뷰에서는 그 단체 회원들이 포경을 반대하는 이유를 설명할 수 있을 것이다. 그러면 편집할 때, 일본 포경선이 시위자들이 탄 고무보트로 돌진하는 모습(B롤)을 시위의 명분에 대해 말하는 인터뷰 음향과 결합할 수 있다. B롤이 그 사건을 영상으로 보여주는 동안 시위자들의 목소리가 무슨 일이 있었고 왜 일어났는지 설명한다. B롤이 A롤의 말 내용을 증명하는 셈이다.

한편 포괄적인 B롤은 '**월페이퍼**(역주: 벽지라는 뜻)'라고도 불리며, 스토리를 진전시키지 않는다. 월페이퍼는 단지 사운드 트랙의 말이 이어지는 동안 화면을 채우는 역할을 한다. 예를 들어, 포경 반대에 대한 스토리라면 제작자는 일반적인 (어디에서 촬영한 것이든) 고래의 영상을 사용할 수 있다. 그 영상은 그 단체의 행동과 구체적 관계가 없다. 단지 비슷한 영상으로 시간을 채우는 역할만 한다.

샌프란시스코주립대학교의 방송과 교수 존 휴잇은 "'월페이퍼'는 타임라인을 채우기 위해 무관한 비디오를 집어넣는 것을 경멸적으로 표현한 것이죠. 월페이퍼 숏은 시퀀스를 구성하지 못하며, 종종 혼란을 불러일으킵니다."라고 말한다.

저녁 TV 뉴스를 보면 경제에 대한 보도 같은 것을 할 때 B롤 '월페이퍼'를 자주 사용하는 것을 알 수 있을 것이다. 예를 들어 기자가 고용지수에 대해 말할 때 영상은 공사장에서 일하는 목수를 보여준다. 건설노동자가 못질을 하고 있는 모습은 너무나 포괄적이어서 경제 상황이 좋아지고 있든 나빠지고 있든 사용될 수 있다. 이런 월페이퍼 영상은 진정한 저널리즘이라고 할 수 없다. 그런 것은 가능한 한 피하라. 대신 당신의 주제와 직접 관련된 영상을 최대한 많이 촬영하라.

C롤

이제는 새로운 카테고리가 있어야 한다. 그것을 C롤이라고 할 수 있을 것이다. 여기서 C는 솔직함(candid)을 의미한다.

요즘의 비디오카메라는 영상과 소리를 한꺼번에 기록한다. 이런 것을 'SOT(Sound on Tape)'라고 부르기도 했는데, 사운드가 비디오 테이프에 (영상과 함께) 녹음된다는 의미다. 지금은 비디오 기록 매체로 테이프를 거의 사용하지 않기 때문에 정확히 맞는 말은 아니지만, 그 기본 개념은 지금도 현장의 솔직한, 자연스러운 기록에 대해 적용할 수 있다.

SOT는 당신이 기록하는 영상 중에서 가장 강력한—관객을 사로잡을 수 있는—것이다. 진실한 SOT 영상은 종종 형식적인 인터뷰보다 주인공이나 상황을 훨씬 더 잘 드러낼 수 있다. 자연스럽게 진행되는 대화를 그대로 기록하여 보여주거나 들려줌으로써 관객은 그것을 직접 목격하는 듯한 느낌을 받는다.

순간을 포착하기

디트로이트 프리프레스의 비디오 저널리스트 브라이언 카우프만은 이렇게 말한다. "순간이 정말 중요합니다. 대부분의 비디오는 인터뷰와 약간의 자연음 숏들로 구성되어 있지요. 하지만 최고의 스토리는 사람들 사이에 자연적으로 발생하는 순간들을 포착합니다."

그런 '순간'들은 인터뷰 내용이나 내러티브를 강화시킨다. 디트로이트의 웨스트사이드에 있는 고아원에 관한 '크라이스

▼ B롤의 액션. 일본 포경선이 포경 반대 시위자들이 탄 고무보트로 돌진하고 있다. 보이스오버 내레이션이나 시위자의 한 명이 나중에 이 상황을 설명하는 인터뷰가 나올 때 이 영상이 B롤로 사용될 수 있다.(사진 촬영: 아담 라우)

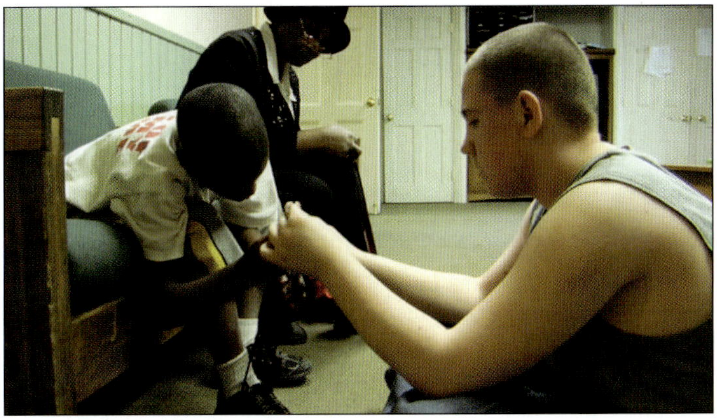

▲ **크라이스트차일드의 아이들.** 고아원이라는 상황이 이 스토리를 만든 비디오 저널리스트들에게 진실한 순간을 포착할 기회를 많이 주었다.(사진 촬영: 캐슬린 갤리건/비디오 촬영 및 제작: 브라이언 카우프만, 디트로이트 프리프레스)

트차일드의 아이들'에서 카우프만은 스토리의 주안점을 전달하기 위해 '순간'들을 사용한다. 인터뷰에서 카운슬러의 한 명인 데이브 선생은 아이들을—그들 상당수는 정서적 상처나 발달 장애를 가지고 있다—가르치는 것에 대해, 실수를 통해 배우며 포기하지 않는 것을 가르치는 것에 대해 이야기한다. 그 메시지를 강화하기 위해 카우프만은 케빈이란 소년이 자기보다 더 어린 제일린에게 신발 끈 묶는 법을 가르쳐주는 장면을 활용한다. 케빈은 "뭔가를 못하겠다는 말은 하지 마. 넌 할 수 있어. 다만 하고 싶지 않을 뿐이야. 하려고 마음먹고 진심으로 노력하면 무엇이든 할 수 있어. 자 이제 끈을 묶어 봐."라고 말한다. 화면은 컷이 되어 제일린이 신발 끈을 묶으려고 노력하는 미디엄 숏을 보여준다. 화면은 다시 컷되어 케빈이 직접 도와주는 와이드 숏으로 돌아온다. 그러고는 컷이 되어 데이브 선생을 보여주는데 그는 "그들은 꽤 준비가 된 것 같아요. 지금은 아니라 해도 곧 그렇게 될 겁니다."라고 말한다. 화면은 다시 제일린과 케빈의 와이드 숏으로 돌아오는데 제일린이 고개를 들며 케빈에게 말한다. "제대로 했어?" 두 소년의 이 상호 작용은 데이브 선생이 카운슬러로서 하고자 한 일의 핵심을 보여준다.

좋은 순간을 포착하는 것은 중요하지만 그것이 항상 쉽지는 않다. 인내심이 있어야 하고 많은 분량을 촬영해야 한다. 짜인 극본에 따른 것이 아닌 실제의 순간들을 포착하는 것은 비디오 저널리즘의 정점이다. 그런 순간은 리포터의 말에 의존하지 않고 관객 스스로 실제 상황을 보고 들을 수 있게 한다. 몇 시간 혹은 며칠, 때로는 몇 주일을 인물들과 함께 있어야 그런 진실한 순간들을 포착할 수 있다.

당신이 그런 자연스럽고 진실한 순간들을 기록하려고 한다면, 어떤 극적인 일이 일어날 것 같을 때 그것을 느끼는 감각이 있으면 도움이 된다. 그런 감각은 경험을 통해서 나오겠지만 어쨌든 그것은 궁극적으로 촬영 시간을 효율적으로 쓸 수 있게 한다. 무선 마이크와 작은 카메라를 사용하고, 그리고 접근이 자유롭다면 비디오 저널리스트는 스토리에 혼을 불어넣는 솔직하고 통절한 순간들을 기록할 수 있다.

이런 스타일의 촬영을 '관찰적' 혹은 '시네마 베리테'라고 한다. 프레더릭 와이즈먼의 다큐멘터리들이 이런 접근 방식으로 잘 알려져 있다. 와이즈먼은 연출되지 않은, 조작되지 않은 상황의 이미지와 음향을 기록한다. 그는 렌즈 앞에 벌어지는 삶의 흐름을 구경하듯 촬영한다. 〈하이스쿨〉, 〈병원〉, 〈사회복지〉 같은 그의 영화들은 관객들로 하여금 고등학교 교사들, 간호사들, 의사들, 그리고 복지 수혜자들의 실제 삶을 관찰할 수 있게 한다.

진실한 영상을 포착하는 것은 시간이 많이 걸린다. A롤 인터뷰를 하고 적당한 B롤을 찾아 넣는 것보다 훨씬 많은 시간이 걸린다. 솔직한 영상을 잡고 싶으면 주인공들과 오랜 시간을 같이 보내며 끈기 있게 기다려야 한다. 저녁 6시 뉴스 시간에 맞춰야 하는 TV 카메라맨은 그럴 시간이 거의 없다. 그러나 웹에 올릴 스토리를 만드는 비디오 저널리스트는 그런 가치 있는 노력을 할 수 있다.

시각적으로 스토리를 구축하기

좋은 스토리는 일반적으로 시작과 중간과 끝이 있다. 스토리는 시작해서 점점 갈등이 고조되고 절정에 이르고 그것이 해소되고 그리고 적절한 결론에 이르는 내러티브 구조를 가지고 있다(챕터 1 참조).

다큐멘터리에서는 흔히 등장인물들이—사건의 당사자이든, 목격자이든, 전문가이든—직접 이야기를 한다. 그들은 누가 관련되었고, 무엇이 문제이고, '언제 어디서 왜 어떻게'에 대해 이야기한다.

시각적으로는, 다큐멘터리의 각 부분들—도입부, 갈등, 해소, 결말—은 일련의 숏들로 구축된다. 그것은 글이 문장과 문단들로 이루어지는 것과 비슷하다. 모든 개별 숏은 촬영자가 카메라 시작 버튼을 누르면서 시작되고 멈춤 버튼을 누르면서 끝난다. 그 숏은 짧게는 (최소한) 10초일 수 있고 길게는 몇 분 혹은 그 이상일 수 있다. 긴 숏은 편집 때 줄일 수 있다.

숏을 문장으로 생각하라. **숏**(문장)이 모여 **시퀀스**(문단)가 되고 시퀀스가 모여 **장면**(챕터)이 된다. 작가들이 문단을 연결할 때 전환어를 사용하듯이, **전환 숏**은 장면과 장면을 연결하는 다리 역할을 한다. 그렇게 연결된 장면들은 전체 스토리를 구성한다.

숏의 흐름이 진행되는 동안 인물들은 자신의 이야기를 하며 시퀀스와 장면 단위로 스토리를 형성하는 '언제 무엇을 어떻게 왜'에 대해 말한다.

촬영하는 순서는 중요하지 않다

일반적으로, 다섯 가지 기본 숏은 순서와 상관없이 촬영할 수 있다. 편집할 때 숏의 순서를 정하기 때문에 처음에 촬영한 숏이 스토리의 마지막 숏이 될 수도 있다. 앞서 설명한, 시계탑에서 줄 타고 내려오는 아이의 시퀀스에서 부모들의 하이앵글 미디엄 숏은 촬영자가 건물을 내려오는 도중에 촬영한 것이지만 편집 때는 그 시퀀스의 나중에 사용되었다.

인물들의 행동과 말이 당신의 촬영을 결정할 수도 있다. 항상 액션이 벌어질 때 즉시 기록하라. 그 사람이 같은 말이나 행동을 다시 할 것이라고 생각하지 마라. 진실한 순간은 다시 오지 않을 수 있다.

그리고 물론, 인물들에게 한 말이나 행동을 다시 해달라고 부탁하지 마라. 그것은 저널리즘 측면에서 비윤리적이라는 사실을 떠나서도, 사람이 진지하게 열정적으로 했던 말을 다시 할 때는 결코 그 느낌이 같지 않다.

재촬영에 의존할 생각은 하지 마라

다른 날 다시 와서 처음에 촬영하지 못한 것을 촬영할 생각하지 마라. 인물은 거의 틀림없이 다른 옷을 입고 있을 것이며, 날씨도 처음엔 맑았는데 다시 왔을 때는 흐릴지도 모른다. 다른 시간, 다른 조명 아래에서 촬영한 숏들을 같이 편집하는 것은 불가능하지는 않더라도 부드럽게 연결하는 것은 쉽지 않다. 중요한 숏들은—앞서 말한 다섯 가지 기본 숏들은—모두 첫날에 필히 촬영하도록 하라.

전환용 숏을 찾아라

작가가 글의 주제가 바뀔 때 전환용 문구를 사용하듯이, 비디오에서는 시각적 전환을 도모할 필요가 있다. 과학자가 실험실로 들어선다든지, 주인공이 바쁘게 다른 장소로 이동한다든지 하는 것처럼 관객을 다른 장소로 안내하는 인물의 행동이 예가 될 수 있다.

클로즈업도 종종 좋은 전환용 숏이 된다. 또한 자동차가 화면을 가로질러 가는 경우처럼 어떤 '자연적 와이프(wipe)'를 활용하는 것도 고려할 수 있다.

팁 가끔, 공식 인터뷰 촬영이 끝났는데 인물이 갑자기 중요한 말을 하는 경우가 있다. 그런 때는 짐을 챙기고 떠나려는 참이었다고 하더라도 다시 촬영하는 것을 주저하지 마라.

점프 컷이 되지 않도록 촬영하라

점프 컷은 흔히 카메라가 인물에 고정되어 있을 때 발생한다. 사람은 가만히 앉아 있다고 해도 조금씩 몸을 움직이게 마련이다. 인터뷰 숏 중의 일부를 덜어내고 앞뒤의 것을 이어붙이면 그 연결 지점에서 인물의 머리가 갑자기 툭 움직인 것처럼 보인다. 오디오는 아무 문제없이 부드럽게 넘어갈 수 있지만 이미지는 점프하게 된다.

그런 때는 컷 어웨이 숏이 도움이 된다. 메모를 하거나 귀를 기울이는 기자의 모습이라든지 인물의 손 클로즈업 같은 것이 예다. 그런 컷 어웨이 숏을 두 인터뷰 조각 사이에 넣으면 관객은 인물의 몸이 약간 움직인 것을 깨닫지 못한다.

180도 법칙

한 장면에서의 두 인물은 항상 화면상의 좌우 관계를 유지해야 한다. 촬영하다가 카메라를 반대편으로 가져가면 나중에 편집했을 때 인물이 서로 위치를 바꾼 것 같은 착각이 발생할 수 있다.

화면상의 방향을 유지하는 것을 **180도 법칙**이라고 한다(아래 그림 참조). 두 인물의 코를 연결한 가상의 선을 생각해보라. 이 선을 '**행동의 축**(axis of action)' 혹은 '**행동선**(line of

클립 1

클립 2

▲ **혼란스러운 컷이 되지 않게 미리 생각하라.** 클립 1에 이어서 바로 클립 2가 나오면 관객은 화면이 갑자기 뒤집어진 것 같은 느낌을 받을 것이다. 이런 점프 컷을 피하려면 촬영할 때 미리 인물의 손이나 다른 클로즈업을 찍어 두어서 편집 때 두 클립 사이에 컷 어웨이로 사용하는 것이 한 방법이다.(사진 촬영: 켄 코브레)

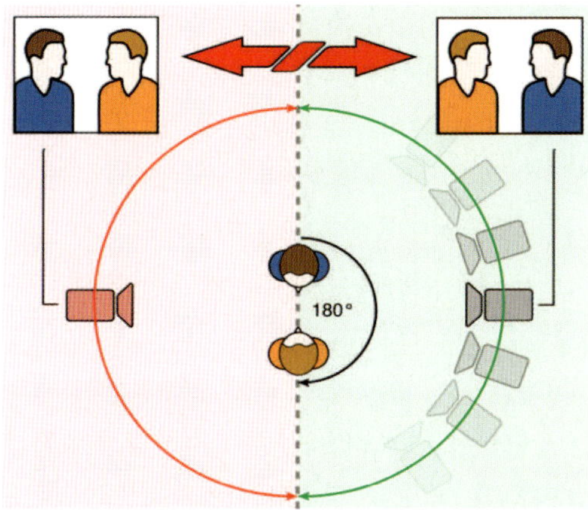

◀ **180도 법칙을 지켜라.** 두 사람의 대화를 촬영할 때 둘을 이은 가상의 선을 기준으로 한쪽 180도 범위에서만 촬영을 하라. 그렇게 하면 두 사람이 갑자기 위치를 바꾼 것 같은 현상이 편집 때 발생하지 않는다.

action)'이라고 한다. 그 선의 한쪽 180도 범위에서 촬영해야 한다는 것이 180도 법칙이다. 그 선을 넘어 촬영하면 인물들의 위치가 바뀐 것으로 보인다. 편집 때 문제를 겪지 않으려면 그 가상의 선을 넘지 않도록 하라.

충돌하는 영상

▲ 남쪽에서 찍은 것과 북쪽에서 찍은 것을 바로 연결하면 마차가 방향을 바꾼 것처럼 보인다.

▲ 말의 머리를 정면으로 보여주는 **컷 어웨이**는 두 마차 숏 사이에 시각적 완충 역할을 한다. 말의 머리 숏은 정면이기 때문에 방향의 충돌을 중화시킨다.(180도 법칙에 대해 더 자세한 내용은 **KobreGuide.com** 참조)

두 명이 대화하는 장면에서의 방향 문제가 너무 어렵게 느껴진다면, 퍼레이드를 촬영하는 경우를 생각해보자. 당신은 카메라를 길의 남쪽 편에 설치하고 마차 행렬이 왼쪽에서 오는 것을 촬영한다. 그런데 당신이 길을 건너가서 그 퍼레이드를 계속 촬영한다면 어떻게 될까?

그렇다. 말이 방향을 바꾼 것이 아님에도 불구하고 길 양쪽에서 촬영한 것을 이어붙이면 말이 반대편에서 오는 것처럼 보인다. 한 숏에서는 말이 화면 왼쪽에서 오른쪽으로 이동하고 다른 숏에서는 말이 오른쪽에서 왼쪽으로 이동한다. 이런 갑작스런 방향 전환은 관객에게 혼란을 줄 수 있다.

이런 혼란을 피하려면 촬영할 때 화면상의 방향을 유지하는 것이 중요하다. 구체적으로는 다음과 같은 것들을 고려하라.

편을 정하라

한 가지 명백한 해결책은 길을 건너지 않고 한 쪽에서만 촬영하는 것이다. 그러면 말들의 방향이 바뀌는 일은 없을 것이다. 길 가운데에 선을 그었다고 생각해보자. 그 선을 기준으로 한쪽에서만 촬영하면 숏이 아무리 많아도 편집할 때 방향 문제가 생기지 않는다.

시각적 완충재를 찾아라

때로는 길을 건널 수밖에 없는 상황이 생길 수도 있다. 그럴 때는 다음 두 가지 방식이 일반적으로 사용된다.

중립적인 위치에서 촬영하라

왼쪽도 오른쪽도 아닌 방향으로 촬영하라. 예를 들어 퍼레이드가 지나가는 길 위의 육교에서 내려다보며 행렬이 오는 것을 찍으면 화면상에서 행렬은 위에서 아래로 움직일 것이다. 이 숏은 편집 때 행렬이 왼쪽에서 오는 숏이든 오른쪽에서 오는 숏이든 연결할 수 있다.

다른 해결책은 길 한 가운데에서 행렬이 당신 쪽으로 오는, 혹은 당신 주위로 지나가는, 것을 촬영하는 것이다. 이때는 말들이 정면으로 오므로 방향이 중립적이 된다. 이 숏 역시 길 어느 쪽에서 촬영한 숏이든 연결할 수 있다.

컷 어웨이를 촬영하라

방향성과 관계없는 어떤 디테일을 촬영하는 것도 한 방법이다. 구경하는 사람들의 모습이 그 좋은 예다. 그런 숏은 시각적 완충 작용을 하여 길 양쪽에서 촬영한 숏들의 충돌을 막아준다. ■

시각적 다양성을 부여하라

대부분의 아마추어 비디오를 보면 전부 눈높이에서 촬영이 되었다. 어른의 평균 키가 167 cm 정도라고 본다면 우리는 이 버릇을 '167 cm 증후군'이라고 생각할 수 있을 것이다. 이 증후군은 어떤 일이 있어도 피하라. 안 그러면 당신의 모든 숏은 천편일률적인 느낌을 줄 것이다.

30층 빌딩에서 아래로 내려다보며, 혹은 맨홀 아래서 위로 올려다보며 촬영하라. 어느 쪽이든, 관객은 피사체가 같아도 신선한 느낌으로 다시 볼 수 있다. 보통 크기의 방에서 회의를 촬영하는 경우라고 해도 의자 위에 올라가거나 바닥에 앉아서 촬영하면 색다른 느낌을 줄 수 있다.

법을 어기지 않는 한 높이 올라가라

촬영을 시작하기 전에 미리 높은 위치를 찾아보라. 발코니 같은 것처럼 장면을 내려다볼 수 있는 곳을 찾아라. 하이앵글 숏은 흔히 장소를 설정하거나 군중의 규모를 보여주기 위해 촬영된다.

디지털 비디오카메라는 머리 위로 들고 찍는 것을 가능하게 한다. LCD 스크린을 열어서 아래로 향하게 하고 렌즈는 광각으로 한 다음 최대한 높이 치켜들고 원하는 대상을 촬영하라.

앞서도 말했듯이 현장에서 높은 위치를 확보하기 위해 접이식 사다리를 가지고 다니는 사진가들도 있다.

삼각대나 모노포드를 이용하여 카메라의 높이를 올리는 방법도 있다. 카메라를 먼저 작동시킨 후 전체(삼각대/모노포드와 카메라)를 최대한 들어 올려라. 그리고 그것을 허리띠로 받치든지 최대한 끌어안아라. 화면은 앞서와 마찬가지로 펼친 LCD 스크린으로 확인할 수 있다. 사진가들은 이것을 '아베 마리아' 숏이라고 한다.

당신의 카메라에 펼쳐지는 LCD 스크린이 없어도 이 기법을 사용할 수 있다. 카메라를 대략적으로 대상을 향하게 하여 촬영하라. 그리고 당신이 가톨릭 신자가 아니라도 속으로 '아베 마리아'를 되뇌어보라. 구도와 초점이 잘 맞게 나올지도 모른다.

카메라를 그런 식으로 들고 있으면 당연히 많이 흔들릴

▼ **발코니에서 찍어라.** 국회의사당 원형 홀에서 치러진 제럴드 포드 전 미국 대통령의 장례식.(사진 촬영: 스무엘 데일러, 산타크루즈 센티넬)

▲ **팔을 뻗어 하이앵글 촬영.** 마담 투소에 전달되는 오바마 대통령 밀랍인형의 시점 숏을 찍기 위해 촬영자는 카메라를 최대한 높이 들었다.(사진 촬영: 제프 치우)

것이다. 촬영을 많이 하여 그중에 몇 초라도 안정적인 부분을 쓸 수 있도록 하라.

이렇게 머리 위로 들고 찍는 방법은 **전체적인 설정 숏** 촬영을 위해 종종 사용된다. 이 방법은 사람이 많거나 다른 사진가들과 경쟁하며 우승 선수를 (예를 들어) 촬영해야 할 때 특히 유용하다.

아베 마리아 숏은 무도회장이나 거리 축제처럼 주인공을 산만한 주변과 분리하기 힘들 때도 효과적이다. 인물에 가까이 가서 카메라를 높이 들고 아래를 향해 촬영하면 땅바닥이 배경이 되어 시각적으로 산만하지 않게 된다.

얼마나 낮아질 수 있나

오렌지카운티 레지스터 소속의 뛰어난 사진가 브루스 챔버스는 "높이를 낮춰라. 흙을 피하지 마라. 액션 가운데로 카메라를 가져가라."라고 말한다.

비디오카메라와 그것의 펼쳐지는 LCD 스크린 덕분에 문자 그대로 땅바닥에서 촬영하는 것이 가능하다. 렌즈를 광각으로 하고 카메라를 최대한 낮춰서—발등에 올려놓을 수도 있다—촬영해보라. 펼쳐지는 LCD 스크린이 없어도, 찍은 걸 바로 확인할 수 있으므로 구도가 맞지 않으면 겨냥을 다시 해서 찍으면 된다.

테라노바 픽쳐스의 사진사이며 프로듀서인 존 고힌은 "우리는 관객을 그들이 가본 적이 없는 곳으로 데려갈 수 있습니다. 땅바닥에 붙어서 자갈의 질감을 관찰하거나, 시냇물에 마실 수 있을 정도로 가까이 가본 사람은 별로 없지요."라고 말한다. 카메라는 그런 것을 대신해줄 수 있다.

카메라를 언제 움직일 것인가

앞서 말한 다섯 가지 기본 숏은, 하이앵글이든 로우앵글이든, 대개 카메라는 가만히 있고 촬영 대상이 움직인다. 그러나 시각적 변화를 주기 위해 촬영 도중에 카메라 자체를 움직이거나 줌을 할 수 있다. 당신이 스틸카메라만 사용해보았다고 해도 팬, 틸트, 줌 같은 것이 익숙할 수 있다. 그러나 속지 마라!

스틸카메라와 비디오카메라 둘 다 팬, 틸트, 줌을 할 수 있지만 시각적 결과는 완전히 다르다. 스틸카메라로 셔터 스피드를 느리게 해서 팬이나 줌을 하며 촬영을 하면 부분적으로 흐려진 사진이 얻어진다. 그러나 같은 팬이나 줌은 비디오에

◀ **로우앵글.** 정말로 낮은 앵글을 원한다면 카메라를 땅바닥에 내려놓아라.(사진 촬영: 카이아 민스)

▲ **그라운드 앵글.** LCD 스크린을 펼쳐 열면 극적 앵글을 위해 카메라를 매우 낮게 할 수 있다.(사진 촬영: 베치 브릴)

서는 선명한 동영상을 낳는다.

비디오카메라는 또한 인물과 함께—나란히 혹은 가까워지거나 멀어지며—움직일 수도 있다. 이런 모든 기법은 당신의 숏을 향상시킬 수도 있고 손상시킬 수도 있다.

줌은 피하라

비디오카메라에서 가장 많이 남용되는 버튼이 줌 버튼이다. 그러나 줌 숏은 대개의 경우 별로 도움이 되지 않는다. 퓰리처상 수상 사진 저널리스트인 킴 코메니치는 이렇게 말한다. "사람 눈은 줌을 할 수 없지요. 그래서 줌을 하면 관객은 즉시 비현실적인 경험을 하게 됩니다."

데이비드 포그는 자신의 책 〈아이무비: 당신이 찾던 매뉴얼〉(O'Reilly)에서 말한다. "비디오카메라를 조작하는 사람에게는 줌 버튼은 통제 (마음대로 당기고 밀 수 있는) 능력과 시각적 즐거움을 제공한다. 반면 관객에게는 줌은 메스꺼움을 유발할 수 있다. 줌과 빠른 팬을 지나치게 많이 사용하는 것은 아마추어임을 바로 드러내는 것이다."

팁 비인디애나폴리스 WISH TV의 스티브 스와이처는 이렇게 말한다. "줌을 하지 말아야 할 또 하나 이유는 줌인을 한 후 카메라를 흔들리지 않게 들고 있기가 힘들다는 것이죠. 그걸 증명하기 위해, 카메라를 손으로 들고 방 건너편에 있는 어떤 물체로 줌인을 한 다음 흔들리지 않게 들고 있으려고 해보세요. 그런 다음, 렌즈를 광각으로 하고 그 물체로 걸어가서 똑같이 해보세요. 차이를 금방 알 겁니다."

알았어. 알았어. 하지만 MTV는?

당신은 아마 너무 빨라 타임머신이라도 탄 듯한 줌, 원심분리기에서 촬영하기라도 한 것 같은 팬, 핀볼 기계를 흔들 만한 강력한 틸트 등을 본 적이 있을 것이다. 게다가 술을 입에

▲ 줌을 해야만 한다면, 들어가든 나오든 한쪽 방향으로만 하라. 그리고 줌 시작 전과 후에 최소한 10초를 찍어라.(사진 촬영: 켄 코브레)

대지 않는 사람도 고주망태가 된 느낌이 들 삐딱한 앵글도 있다. 이런 것은 어떻게 이해할 것인가?

MTV 스타일의 촬영은 음악에 맞춘 현란한 눈요기를 제공한다. 음악의 강한 박자가 주축이 되고 가끔 혼란스러운 그 이미지는 시각적 양념이 된다. MTV로서는 그 빠른 컷에 줌인 아웃을 반복하는 스타일은 많은 관객을 확보하고 있고 하나의 독특한 장르로 자리 잡았다. 그러나 대부분의 다큐멘터리는 대중음악의 박자에 맞추거나 카메라맨의 재주를 뽐내는 것보다 스토리의 내용을 강조하기를 원한다.

일반적으로 말해서, 우리는 카메라가 우리를 실제로 현장으로 데려다주는 것 같은 느낌을 원한다. 우리는 어떤 것을 자세히 보고 싶으면 그것에 다가간다. 그래서 그것과 같은 효과를 내려면 카메라를 실제로 앞으로 움직여야 한다. 그것을 '달리 인(dolly in)'이라고 한다. 우리는 어떤 물체나 사람에게로 다가가지, 눈으로 줌인을 하지 않는다. 줌인 숏은 실제로 렌즈의 초점거리를 바꾸는 것이라는 것을 잊지 마라.

지나친 줌의 사용에 대해 경고했지만, 줌을 할 필요가 있을 때도 있을 것이다.

줌을 꼭 해야만 한다면 시작하기 전에 10초 동안 숏을 유지하고 있어라. 그러고는 천천히 시작하라. 줌을 끝내면 그 위치에서 다시 10초 동안 가만히 있어라. 줌 앞뒤의 이러한 휴지는 관객에게 움직임을 소화할 여유를 준다. 줌을 할 때 적절한 구도를 유지하려면 카메라를 조금씩 틸트업 하거나 다운 할 필요가 있는 경우가 많다.

전문가들은 줌인했다가 다시 줌아웃하는 것을 특히 보기 싫어한다. 그리고 편집 때 두 개의 줌 숏을 바로 연결하지 않도록 하라. 관객은 마치 끔찍한 롤러코스터를 타는 기분일 것이다.

줌 법칙의 예외: 얼굴의 감정. 가끔, 비디오 저널리스트가 마음 아픈 인터뷰 중에 조심스럽게 줌인 하여 특별히 감정적인 순간을 클로즈업하는 때가 있다.

인물이 눈물을 흘리는 것과 같은 민감한 상황에서는 언제 줌인 하고 언제 멈출지를 잘 알아야 한다. 그리고 줌의 속도도 매우 중요하다. 이상적으로 말하자면, 너무나 천천히 줌인을 해서 관객이 깨닫지 못할 정도인 것이 좋다. 빠른 줌은 너무 노골적이며, 그 상황의 감정보다 그 기법에 더 신경 쓰게 만든다.

인물이 무언가 감정적인 혹은 극적인 것을 말할 듯한 예감이 든다면, 본격적인 인터뷰를 하기 전에 구도를 미리 맞춰 놓는 것이 좋다. 실제로 찍지는 않는 상태에서 줌인을 하여 클로즈업 구도를 맞춘다. 그리고 나서 줌아웃을 하여 조금 느슨한 구도로 인터뷰를 시작한다. 그러면 실제로 극적인 순간이 왔을 때 부드럽게 미리 준비한 구도로 줌인을 할 수 있을 것이다.

눈물 흘리는 얼굴로 극단적으로 줌인하는 것은 진부한 것일 수 있지만, 절제하여 잘 사용하면 매우 효과적인 도구가 될 수 있다.

카메라의 '디지털 줌'을 절대 사용하면 안 된다는 것을 기억하라. 그것은 렌즈를 움직이지 않고 소프트웨어로 조작하는 것이다. 디지털 줌은 화질 열화를 초래한다(챕터 5 참조).

일부 카메라는 렌즈를 손으로 돌려서 줌을 하고, 어떤 것은 스위치를 누르면 기계적으로 일정한 속도로 줌을 한다. 줌의 속도를 선택할 수 있는 카메라도 있다. 또 어떤 것은 스위치를 누르는 압력에 따라 줌 속도가 변한다.

팁 줌 사용 방법을 더 배우고 싶으면 다음의 것들을 보라.
(1) '줌이 있는 시퀀스와 없는 시퀀스: 프렌치 카페'
(2) '줌이 있는 시퀀스와 없는 시퀀스: 직물 상인'

조심스럽게 팬을 하라

팬 숏은 카메라의 위치는 바꾸지 않고 수평으로 방향만 돌리는 것이다. 가령 뚜르 드 프랑스(Tour de France)를 취재한다고 생각해보자. 싸이클 주자들이 지나갈 때 당신은 아마 카메라로 따라가며 선두 주자를 프레임에 유지할 것이다. 그 선두 주자가 프레임 내에서 대략적으로 같은 위치를 계속 유지하면 그것은 부드러운 팬이다.

팬은 사람이 고개를 돌리는 것을 모방하는 것이라고 말할 수도 있다. 우리는 장소를 쭉 훑어볼 때 반원 모양으로 고개를 돌린다. 예를 들어 산봉우리에 올라간 사람은 아래의 넓은 풍경을 보기 위해 고개를 죽 돌릴 것이다.

팬 숏은 촬영자가 원하는 만큼 넓은 영역을 포괄할 수 있으며, 종종 장소를 설정하는 용도로 사용된다.

팬을 부드럽게 하는 것은 쉽지 않다. 튼튼한 삼각대와 유압 헤드 그리고 안정된 손이 필수적이다. 그리고 몸의 자세를 팬이 끝나는 위치에 맞춰라. 즉 팬이 끝났을 때 자세가 편하게 되도록 하라. 그러면 팬이 시작할 때는 몸이 조금 틀어져 있겠지만 팬을 하면서 자세가 점점 편하게 된다. 천천히 팬을 시작하고 속도를 조금 올렸다가 팬이 끝나기 직전에 다시 속도를 늦춰라.

비디오 전문가 스티브 스와이처는 이렇게 말한다. "팬은 자동차나 걸어가는 사람처럼 움직이는 물체를 따라갈 때 가장 자연스럽습니다. 그리고 왼쪽에서 오른쪽으로 팬 하는 것이 더 잘 될 가능성이 큽니다. 책을 읽을 때 왼쪽에서 오른쪽으로 읽으므로 우리 눈은 그 방향의 움직임에 익숙하기 때문이죠." 테라노바 픽쳐스의 존 고힌은 "팬을 할 거면 액션을 따라가는 목적으로 하세요. 난 카메라는 액션을 포착하기 위해 만들어진 것이지 없는 액션을 만들어내기 위한 게 아니라고 생각합니다."라고 말한다.

틸트업이나 다운은 자주하지 마라

좌우로 팬 하는 것 외에, 카메라를 천천히 위나 아래로 틸트하는 것도 건물 같은 것을 촬영할 때 도움이 된다. 카메라 틸트는 사람의 키나 구조물 혹은 산의 높이를 보여주기 위해 사용될 수 있고, 높은 물체와 낮은 물체의 관계를 보여주기 위해 사용될 수도 있다. 가능하다면 항상 틸트의 끝에 관객이 무언가를 발견할 수 있도록 하라. 예를 들어, 한 남자의 운동화에서 틸트업을 시작했는데 올라감에 따라 그 남자가 양복을 입고 있는 것이 드러나는 것이다. 틸트를 하는 가장 좋은 이유는 높이를 보여주는 것이고, 끝에 뭔가를 발견하게 하는 것이다.

움직임에 동기가 있어야 한다

줌이나 팬이나 틸트를 할 거면 논리적 출발점과 시각적 목적지, 즉 '보상'(관객이 끝에 발견하는 것)이 있어야 한다는 것을 기억하라. 가령 꽃 노점상을 촬영하다면, 당신은 노점 전체를 잡기 위해 카메라를 길 건너에 세울 것이다. 줌은 와이드 숏에서 시작할 터인데, 시작하기 전에 10초를 촬영하라. 그리고 줌을 천천히 시작해서 상인과 손님을 잡는데, 거기서도 최소한 10초를 유지하라. 꽃가게 주인의 클로즈업이 이 줌의 '보상'이다.

꽃가게 주인 숏처럼 끝에 '보상'이 있는 카메라 움직임을 '동기가 있는' 팬, 줌, 혹은 틸트라고 한다. 움직이는 동기는 어떤 특정 사람이나 장소나 물체를 찾는 것이다. 동기 외에 움직임의 속도도 중요하다. 관객이 멀미를 느끼지 않도록 천천히 하라.

팁 팬이나 줌이나 틸트 숏은 나중에 편집하기가 쉽지 않다는 것을 염두에 두라. 팬이나 줌 도중에 컷을 해서 다른 것과 부드럽게 연결하기는 거의 불가능하다. 팬이나 줌 숏은 시작점과 끝점을 포함해야 하므로 편집자들은 대개 전체를 다 쓴다. 팬이나 줌은 20초 정도까지 갈 수 있기 때문에 다큐멘터리의 속도감을 떨어뜨릴 염려가 있다.

달리 숏

달리 숏은 렌즈의 초점거리는 그대로 둔 채 카메라를 앞이나 뒤로 움직이는 것을 말한다. 이 이름은 할리우드에서 카메라(+삼각대)를 올려놓고 미는 데 사용하는 바퀴 달린 카트, 즉 달리에서 유래한다. 달리는 그냥 평평한 바닥에 사용할 수도 있고 트랙을 깔아 그 위에서 굴릴 수도 있다. 카메라 자체는 움직이지 않고 카트가 부드러운 움직임을 제공한다.

달리 숏은 사물들을 지나치며 나아갈 때 더욱 효과적이다. 공장에서 일하는 한 사람에게 다가간다면, 가는 중에 다른 사람들이나 기계들을 지나갈 것이고 그것이 실제로 앞으로 나아가는—줌과는 완전히 다른—느낌을 확실히 준다. 이것이 영화 촬영자들이 줌보다 달리를 좋아하는 이유다. 달리가 훨씬 자연적이다. 실제 세계에서 우리는 어떤 것을 보고 싶으면 그것에 다가가지, 눈으로 줌인 하지 않는다.

트래킹 숏

트래킹 숏은 움직이는 피사체와 함께, 흔히 평행하게, 카메라를 움직이는 것을 말한다. 여기서도 달리 혹은 '트럭'이 사용될 수 있는데, 이런 트래킹 숏은 영상에 에너지와 다양성을 부여한다. 다음 사진들은 달리를 사용한 것은 아니지만 트래킹 숏의 예다. 이 사진들은 자전거 탄 사람들과 같은 속도로 움직이는 운하용 보트에서 촬영한 것이다. 두 남녀의 화면 구도는 일정하다. 카메라의 속도와 인물과의 거리도 일정하다. 카메라와 인물 사이에 있는 나무들은 가끔 인물들을 가린다.

다큐멘터리를 만드는 사람들은 달리를 이용하는 사치를 누리기 힘들다. 촬영자들은 흔히 카메라를 들고 인물과 같이 걷거나 달리면서 트래킹 혹은 달리 숏의 흉내를 낸다. 아주 가끔은 그렇게 들고 찍는 것으로 인한 흔들림이 효과적일 수 있다. 그러나 보통은 관객에게 멀미를 일으키게 한다.

달리나 트래킹 숏의 성공 여부는 얼마나 안정되게 움직이

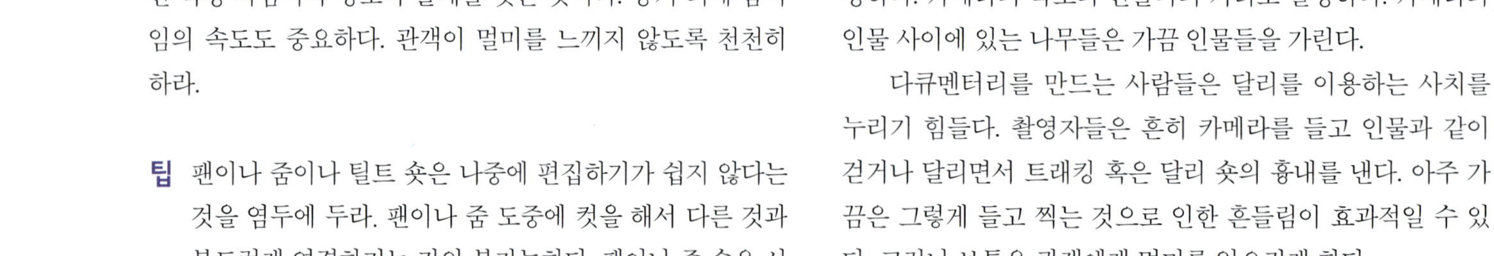

▲ 끝에 '보상'이 있는, 즉 동기가 있는 줌의 예.(사진 촬영: 켄 코브레)

▲ **트래킹 숏.** 자전거 탄 사람들과 같은 속도로 움직이는 배 위에 카메라가 있었다.(사진 촬영: 켄 코브레)

▲ 임기응변적 달리로 바퀴 달린 의자를 사용해보라.(사진 촬영: 켄 코브레)

는가에 달렸다. 바퀴를 생각하라. 쇼핑 카트나 바퀴 달린 사무용 의자, 아니면 자전거나 스케이트보드 같은 것도 가능하다. 뭐든 비교적 부드럽게 굴러갈 수 있는 것을 찾아서 활용하라.

안정적으로 들고 찍기 위한 장비들

바퀴 달린 것에 올라타고 촬영하는 것의 불편함을 피하고자 하는 할리우드의 촬영자들은 스테디캠(Steadicam) 같은 장비를 사용하여, 들고 찍지만 매우 안정적인 움직임을 만들어낸다. 그 장비는 카메라맨이 몸에 장착하는 것으로서, 순간적인 움직임을 흡수한다. 카메라를 이 장치에 달면, 카메라맨이 걷거나 계단을 오르거나 좌우로 몸을 돌려도 카메라는 수평을 유지한다.

일부 비디오 저널리스트들은 같은 목적으로 경량의 카메라 안정장치를 사용한다. 인터넷을 검색하면 이런 장비들이나 아니면 그런 것을 간단하게 자작하는 법에 대해 찾을 수 있다.

좋은 뉴스가 하나 있다. 촬영할 때 달리나 카메라 안정장치를 사용하지 않았다 해도 나중에 소프트웨어로 흔들림을 상당히—전부는 아니다—제거할 수 있다.

촬영을 멈추고 구도를 다시 잡아야 할 때

당신이 촬영하는 것이 무엇이든, 계속 촬영할 것인지 아니면 멈추고 앵글을 바꿔 다른 숏을 촬영할 것인지 항상 결정해야 한다. 일반적으로 말하면, 카메라 앵글이나 렌즈 초점거리를 바꾸기 전에 액션이 끝나기를 기다리는 것이 좋다.

필자는 시위 현장에서 한 여자가 경찰에 의해 수갑 채워지는 장면을 촬영한 적 있다. 그때 액션을 포괄하는 미디엄 숏을 계속 찍을지 아니면 다가가서 시위자의 얼굴 클로즈업을 찍을지 결정을 해야 했었다. 다큐멘터리 촬영에서는 이렇게 한 숏을 계속 가는 것과 위치나 렌즈를 바꾸는 것 사이에서 쉴 새 없이 균형을 맞추어야 한다.

팁 때로는 당신은 중요한 액션을 놓치지 않도록 계속 찍어야 한다. 또 때로는 중요한 말을 놓치는 일이 없도록 계속 카메라를 돌려야 한다. 어느 경우이든, 당신은 나중에 편집할 때 오디오와 비디오를 분리하여 필요하다면 한쪽만 사용할 수 있다.

개개의 숏이 하나의 이야기를 할 수 있다

하나의 숏으로 하나의 이야기를 한다는 생각으로 촬영을 하라.

▲ 작은 카메라를 위한 가벼운 안정장치는 종류가 다양하다.

◀ 액션이 마무리될 때까지 계속 찍어라. 이 일련의 이미지들은 여자가 모자를 써보는 것을 촬영한 하나의 미디엄 숏에서 추출한 것이다. 이 숏은 여자가 모자를 하나 집어 드는 것에서 시작하여, 머리에 쓰는 것을 거쳐, 다시 테이블에 내려놓는 것에서 끝난다.(사진 촬영: 켄 코브레)

카메라 시작 버튼을 누른 후 액션이 완료될 때까지 계속 찍어라. 비디오 저널리스트는 아주 짧은 하나의 이야기가 펼쳐지는 동안 계속 찍어야 한다.

카메라 없이 연습하기

다큐멘터리나 뉴스 프로그램이나 영화를 볼 때 잠시 플롯이나 주제는 잊고 촬영 기법에 집중해보라. 카메라 움직임을 관찰하고 분석하라.

예를 들어, 어떤 장면이 와이드 숏에서 시작해서 클로즈업으로 컷 했다가 다시 와이드 숏으로 돌아온다면, 그 목적이 무엇일까? 어떤 효과가 발생했나? 당신이 다음 숏을 맞출 수 있는지 보라.

극영화든 다큐멘터리이든, 일반 관객 입장에서가 아니라 분석적 관찰자 입장에서 보는 것은 유체 이탈 경험을 하는 것과 비슷하다. 당신은 기법 관찰자와 몰입된 관람자 사이를 왔다 갔다 한다.

숏 단위로 분석을 하는 다른 방법은 소리를 끄고 영화를 보는 것이다. 눈을 바짝 뜨고 숏과 편집을 분석하라. 보면서 배워라. 운동선수가 경기를 촬영한 동영상을 재생해보면서 배우듯이, 당신은 다른 사람들의 작품을 보면서 배울 수 있다.

끝으로, 당신의 지각을 확장시켜줄 숙제를 하나 내겠다. 한 TV 광고에 숏이—클로즈업, 와이드, 줌, 팬, 틸트 등등이—몇 개가 있는지 세어보라. 30초 광고 안에 얼마나 많은 숏이 들어있는지 보라.

이 챕터 처음에 논의한, 비디오 촬영의 기본 법칙으로 돌아가자면: 찍고 움직여라(위치를 바꿔라). 찍고 움직여라. **숏 하나로는 결코 충분하지 않다.** ■

SENIORS
Powderpuff

▲ **인터뷰.** 리포터가 한 초정통파 유대교인을 인터뷰하고 있다.(사진 촬영: 베치 브릴)

11

인터뷰하기

제리 라자

KobreGuide.com 편집 이사

비디오 저널리스트는 영상과 사운드의 기술을 배움과 동시에 인터뷰 기법을 완벽하게 익혀야 한다. 좋은 인터뷰란 단지 누군가의 얼굴에 마이크를 내미는 것이 아니다. 좋은 인터뷰란 어떤 질문을 해야 하는지를 아는 것이다.

이 아이콘은 〈비디오 저널리즘〉 웹사이트에 가면 더 자세한 정보를 얻을 수 있거나 언급된 비디오 작품을 볼 수 있음을 나타낸다. 작품의 제목 및 책에서 거론된 챕터와 페이지가 나와 있다. 책에 있는 것과 동일한 사진도 볼 수 있다.
http://www.kobreguide.com/content/videojournalism.

다양한 시각에서 이야기를 만들어가기

좋은 이야기는 주인공, 말하자면 영웅이 있는 것이다. 누가 이 이야기의 본질을 구현하고 있는지 자신에게 물어보라.

이에 대한 대답은 뻔할 수도 있고 아닐 수도 있다. 간혹, 덜 뻔한 인물을 선택하면 당신의 스토리가 다른 사람들의 스토리보다 더 돋보일 수 있다.

예를 들어서, 저널리스트들이 전문가나 여론 주도자들에게 공식적인 얘기를 하게끔 하는 것 대신에 대중에게 잘 알려지지 않은 인터뷰 대상자를 선택할 수 있다. 이 사람들은 앞서 언급된 사람들보다는 카메라 앞에 서는 것이 불편하고 능숙하지 않을 수 있다. 그러나 오히려 약간 매끄럽지 않은 모습이 자산이 되는 경우가 종종 있다.

자밀라 그로스맨의 헤로인 중독에 관한 스토리에서 그는 유죄 선고를 받고 최고 징역형을 선고해 줄 것을 요청했었던 어느 한 중독자를 찾아냈다. 당연히 그 비디오 저널리스트는 단순히 마약 전문가들이나 재활 전문가, 사회복지사 또는 경찰관을 인터뷰할 수 있었다. 대신 그는 정상으로 복귀하고자 노력하는 한 마약 중독자를 인터뷰하기로 결정하였다.

아래는 중심적인 캐릭터를 정할 때 중요한 체크리스트이다.

- 사건/상황을 잘 아는가? 관련되어 있는가?
- 사건/상황에 영향을 받는 사람인가?
- 영향력이 있는 인물인가?
- 주제에 대한 강한 감정과 의견이 있는가?
- 의사 전달이 또렷하고 카메라 앞에서 솔직하게 얘기할 수 있는가?
- 평판이 좋은가? 신뢰하고 믿을 수 있는가?
- 협조적인가?
- 큰 그룹이나 추세 혹은 관점을 대변하는가?

그러나 한 사람이 스토리를 만들 수는 없다. 책이나 영화에 단지 한 명의 캐릭터만이 나온다면 얼마나 지루할 것인지 생각해보라. 비디오 저널리즘과 멀티미디어 스토리텔링 역시 같다. 많은 스토리들이 성공을 하지 못하는 이유는 한 명의 캐릭터만이 존재하기 때문이다.

본인 스스로에게 이렇게 물어보라. "어떤 다른 관점이 있을까? 누가 그것을 잘 표현하고 대변할 수 있을까?"

당신의 스토리를 위하여 조사하고 정보를 수집할 때 신문이나 잡지, 책, 그리고 인터넷의 관련 글에 나온 이름들을 검색하라. 그리고 그들에게 전화나 이메일을 통해 연락을 하면서 항상 물어보라. "다른 누구랑 얘기해보면 좋을까요?" 아마 당신의 스토리를 위한 최적의 '영웅'을 찾을 수도 있을 것이다.

대비되는 다양한 관점

어떤 쟁점에 대비되는 두 면을 보여준다면, 즉 두 개의 상반되는 관점이나 두 명의 캐릭터를 보여준다면 좋은 스토리가 나올 가능성이 있다.

LA 타임스의 멜 멜콘은 마릴린 먼로를 흉내 내는 사람과 마담 투소 밀랍인형 박물관의 마릴린 먼로 밀랍 인형을 대비시켜 기발한 이야기를 만들어냈다. 마릴린 먼로 닮은 사람의 인터뷰와 마릴린 먼로 밀랍인형을 대변하는 박물관의 홍보팀장의 인터뷰는 상반된 관점을 제시한다.

픽션이든 현실이든 가장 좋은 스토리는 두 명 이상의 사람이 대립하는 데서 발생하는 드라마를 내재하고 있는 스토리다. 그렇기 때문에 개개인의 동기를 항상 탐색해야 하고 경쟁상대의 역할을 하거나 대립되는 관점을 보여줄 수 있는 사람을 찾아야 한다.

3년 전에, 모니카 롱은 초기 유방암인 도관암이 유방조영상을 통해 드러났다는 소식을 들었다. 결국 그녀는 유방 전체의 4분의 1을 절제하게 되었다. 나중에 롱은 다른 기관에서 정기 검사를 받으며 진료 기록이 재검토되었을 때 암이 전혀 존재하지 않았다는 얘기를 듣는다. 전문가들은 이러한 사례가 그리 드문 경우는 아니라고 한다. 뉴욕타임스에서 비디오 작가로 일하고 있는 스테파니 사울과 셰일라 해리스는 실수를 밝혀낸 의사를 인터뷰하였고 처음에 진단을 내린 의사에게도

▲ **마약 중독자가 희망을 찾는다.** 이 스토리의 프로듀서는 정상으로 돌아가는 데에 따른 고충을 좀 더 진실하게 담기 위하여 마약 중독자를 주인공으로 하였다.(비디오 촬영: 자일라 그로스맨, 스탠다드이그재미너)

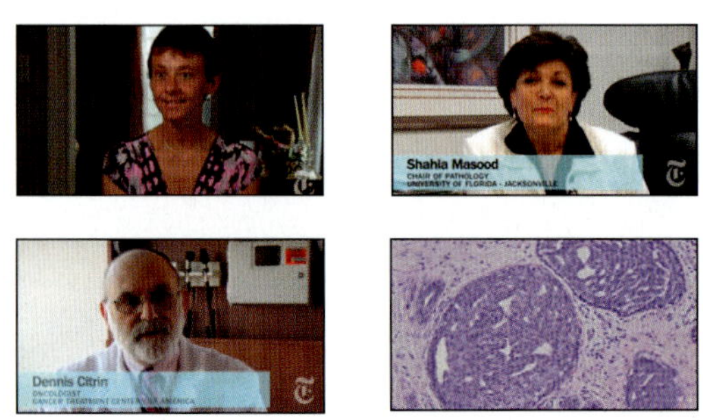

▲ **오류의 병리학.** 제작자들은 사건의 중심인물을 인터뷰하는 것 외에도 그 환자가 암 치료를 받았어야 했는지에 대해 상반된 의견을 가진 의사들을 인터뷰하였다.(제작: 스테파니 사울과 셰일라 해리스, 뉴욕타임스)

▲ **블론드의 대결.** 이 멀티미디어 작품은 할리우드 대로에서 시간을 보내는 두 마릴린 먼로—한 명은 연기자, 다른 하나는 밀랍 인형—의 시합을 보여준다. 멜리사 바이스는 지난 9년 동안 할리우드 대로에서 마릴린 먼로 흉내를 내어왔다. 바이스의 인터뷰와 마담 투소 박물관 홍보 대변인의 인터뷰가 대비를 이룬다.(연출: 멜 멜콘, LA타임스)

말할 기회를 주었다.

다양한 시각이 필요한 다른 사례로서, 식당 주인이 모든 종업원들에게 건강 보험을 제공해야 한다고 시의회가 제안한 시책에 대한 논쟁을 보자. 이 법안을 지지한 정치인들만을 출연시키는 것 대신에 당신의 스토리는 지역 식당의 한 인기있는 종업원에 초점을 맞출 수 있다. 그러나 당신은 단지 그만을 쫓아다니면서 그가 의료보험의 필요성을 주장하도록 할 것인가? 그것도 스토리의 한 부분이 될 수는 있으나 그 법안에 찬성하거나 반대하는 의원들의 얘기도 듣는 것이 좋다. 또한 그 시책에 찬성하는 식당 주인들과 반대하는 식당 주인들이 있을 것이다. 그들은 그 시책이 그들의 식당 사업에 어떤 영향을 끼칠 것이라고 생각하는가? 다른 종업원들과 주방장들의 얘기 역시 들어보자. 시책에 반대하는 사람은 없는가? 깊숙이 파고드는 동안에도, 직접적이든 간접적이든 그 문제에 영향을 받는 사람이 예기치 않은 곳에 있을 수 있음을 염두에 두고 항상 귀를 기울여라. 예를 들어서 이 문제에 영향을 받는 손님이 있을 수 있다.

인터뷰가 가능한 대상자를 좁혀갈 때, 아래와 같은 질문들을 스스로 해보라.

- 왜 그리고 어떻게 이 사람이 주제에 대하여 잘 알고 있는가?
- 이 사람의 정보가 다른 출처를 통해 사실인지 확인할 수 있는가?
- 이 사람은 누구를 대변하는가?

• 이 사람에 대한 평판은 어떠한가?
• 왜 이 사람은 이야기를 하려고 하는가? 그의 참여 열의가 자신의 신뢰도를 떨어뜨리는가?

인터뷰가 당신의 스토리에 어떻게 사용될 수 있을까?

인터뷰를 계획하고 준비하면서 인터뷰가 당신의 스토리에 어떻게 사용될지 생각해보라. 예를 들어서 전형적인 TV 뉴스에서는 인터뷰 대상자와 인터뷰 진행자 모두 프레임 안에 함께 보이며 인터뷰가 진행되는 동안 우리는 두 명을 바라보며 무슨 말을 하는지 듣게 된다. 이렇게 두 사람을 모두 보여주거나 혹은 둘의 모습을 한 명씩 번갈아 보여줄 수도 있다.

그러나 짧은 다큐멘터리에서는 아래의 방식이 더 낫다.

• 인터뷰 대상자가 카메라 앞에 있고 질문에 답하는 것을 보고 듣는다. 그러나 질문은 편집에서 삭제된다.
• 인터뷰 대상자가 카메라 앞에 있지만 시청자는 프레임 밖에서 들리는 인터뷰 진행자의 질문 내용을 듣는다.
• 인터뷰 대상자의 대답을 들으면서 대답에 적합한 B롤 영상 이미지를 보여준다.

각 인터뷰 대상자는 한 번 혹은 두 번 정도 보이거나 처음부터 끝까지 꾸준히 나올 수도 있다. 여러 가지 방식을 섞어서 사용할 수도 있다. 간혹 주요 캐릭터의 내레이션을 전체적으로 사용하는 경우도 있다.

사전 조사

인터뷰를 준비할 때 가장 중요한 부분은 토픽과 인물에 대한 사전 조사이다. 사전 조사는 좋은 질문을 준비하는데 중요할 뿐 아니라, 인터뷰를 진행할 때 안정감과 권위를 준다.

당신이 갑작스럽게 전문가가 되기를 기대하지는 않지만 인터뷰 대상자는 당신이 사전 조사를 하였고 그들이 추구하는 바를 존중한다고 생각했을 때 전반적으로 인터뷰에 더 협조적일 것이다. 어떤 토크쇼 진행자들은 게스트에 대해 사전에 가능한 한 적게 알려고 한다고, 그래서 실제 토크쇼 때 '보통 사람'의 질문을 하는 것을 좋아한다고 주장한다. 그러나 그것은 대체로 솔직하지 않은 말이다. 프로듀서들이 충분한 사전 조사를 바탕으로 한 질문들을 메모지에 적어서 그들에게 주기 때문이다. 정말로 예비지식이 없는 토크쇼 진행자는 무지를 드러내는 질문을 하여 바보같이 보일 수 있다. '보통 사람의 질문'을 하는 것은 시간 낭비이고 초청 게스트에 대한 모욕이다.

인터뷰를 가장 잘하는 인터뷰 진행자들—예를 들어 NBC의 밥 코스타스나 NPR의 테리 그로스는 딱 보면 알 수 있듯이 완벽한 준비가 되어 있다. 그들은 심층적인 논의를 예측하기 어려운 방향으로 몰고 간다.

모든 사전 조사는 좋은 질문들을 할 수 있도록 하는 데 목적이 있다. 그래서 인터뷰를 통하여 어떤 정보를 얻기를 원하는지 마음속에서 구체적으로 그려 보는 것으로 시작하여야 한다. 어떠한 논쟁거리나 사건을 분명하고 매력적인 방법으로 설명할 수 있는 사람을 찾아야 한다. 또한 인터뷰 대상자가 어떠한 의견과 사고방식을 갖고 있는지 알아내고자 할 때 신중해야 할 필요가 있을 것이다. 인터뷰 대상자의 답변이 애매하거나 부족한 부분이 있지 않도록 사전에 준비를 해야 할 것이다. 그리고 매우 조심스럽게 인터뷰 대상자가 자신과 다른 관점(완전히 반대되는 관점일 수도 있다)에 대해 어떻게 생각하는지도 알아내어야 할 것이다.

더 많이 알면 알수록 더 좋은 질문을 할 수 있다. 질문이 좋으면 더 좋은 답변을 기대할 수 있다. 답변이 좋으면 더 좋은

▲ **할인권을 극단적으로 모으는 사람들은 식료품을 거의 공짜로 얻는다.** 이 스토리는 슈퍼마켓 할인 쿠폰을 모으는 사람에 대한 이야기이다. 트레저 필립스가 자신의 스토리를 들려준다. 그러나 시청자들은 그녀의 말을 끌어낸 질문들은 듣지 못한다.(비디오 저널리스트: 제이콥 템플린/관리 프로듀서: 크레이그 더프, Time.com)

▲ **테리 그로스**는 피버디상을 받은 〈맑은 공기〉라는 쇼를 통해 현대 예술과 관련된 주제를 매주 라디오에서 진행한다. 〈맑은 공기〉는 매주 5백만 명이 청취할 만큼 매우 인기 있는 공공 라디오 프로그램 중 하나다.(사진 촬영: 윌 라이언)

스토리가 될 것이다. 간략하게 말하자면 훌륭한 스토리를 만들고 싶다면 훌륭한 정보들을 사전에 얻어야 된다.

사실 찾기

조사할 때 인터넷 검색 엔진을 사용하는 것은 최고의 선택이다. 오늘날, 인터뷰를 할 사람에 대하여, 그리고 논의할 토픽에 대하여, 완벽하게 조사를 하지 못한다는 것은 핑계에 불과하다. 일반적인 토픽을 검색하고 무엇이 나오는지 보라. 아마도 너무 많은 정보가 검색되어 좁혀 나가야 할 것이다. 신뢰할 만한 곳에서—예를 들어, 학술지, 정부기관 사이트, 뉴욕타임스나 월스트리트저널 혹은 다른 권위 있는 신문에 실린 기사 같은 것에서 정보를 얻도록 하라.

온라인 조사에 머무르지 마라. 도서관은 여전히 좋은 참고 자료들을 보유하고 있고, 도서관 직원은 조사 범위를 좁혀 나가는 데 큰 도움을 줄 수 있다. 그리고 책과 비디오도 잊지 마라.

또한 스토리에 중요한 사실과 숫자를 체크하기 위해서 관련자들에게 전화를 해야 한다. 이들은 당신이 인터뷰 촬영을 해야 할 만큼 중요한 사람은 아닐 수 있지만, 다른 적합한 사람을 찾게 되는 계기가 될 수 있다. 신중하게 접근을 하되 정보를 최대한 끌어내는 노력을 아끼지 마라.

만약 당신이 비닐레코드 앨범의 부활에 대한 스토리를 준비한다면 음반 산업 조합의 대변인이 귀한 통계 자료를 제공할 수 있을 것이다. 통계 수치 때문에 카메라 인터뷰를 할 필요는 없겠지만 그런 데이터는 보이스오버 내레이션이나 자막, 혹은 그래픽으로 사용할 수 있다. 그리고 그 처음에 접한 사람에게 음반회사의 간부를 소개해달라고 부탁할 수도 있다.

그렇다면 비닐레코드 스토리에 대한 인터뷰 질문을 생각하기 전에 먼저 무엇을 알아둬야 할 것인가?

- **역사.** 비닐 레코드의 사연은 무엇인가? 언제 발명되었는가? 얼마나 오랫동안 사용되어 왔는가? 사용은 언제 끝났는가? 사람들이 다시 사는 이유는 무엇인가?
- **논쟁거리.** 그 매체의 내구성을 알아보라. 어떤 기기로 그 레코드를 재생했는가? 음향의 질은 어떠했는가?
- **돈.** 비닐레코드는 만드는 데 CD보다 돈이 더 많이 드는가, 적게 드는가?
- **반대 의견.** 비닐레코드가 구식이며 이미 끝났다고 보는 사람이 있는가?
- **누가 잘 아는가?** 학계에 있는 사람들은 많은 경이로운 것들에 대하여 연구한다. 물어볼 만한 역사학 혹은 대중문화학 교수가 있는가? 뮤지션들에게 직접 물어보는 것은 어떠한가? 새로운 음반 제작 혹은 저장 기술을 개발하는 사람이 있는가?

고기에 대한 느슨한 규제로 인해 지난 몇 년 사이에 식중독이 급증하였다. 그래서 뉴욕타임스의 게이브 존슨과 마이클 모스 기자가 광범위한 조사를 시작하였다. 가정에서 요리할 수 있게 만들어진 햄버거를 구입한 젊은 댄서 스테파니 스미스는 햄버거에 있던 치명적인 대장균 때문에 목숨을 잃을 뻔

인터뷰 사전 체크리스트

존 놀튼, 저널리즘학 교수, 그린리버커뮤니티대학

- 인터뷰의 목적을 당신 본인과 인터뷰 대상자가 확실하게 알고 있는가? 인터뷰를 통해 얻고자 하는 것이 무엇이며 그 정보를 얻는 것이 얼마나 간절한가? 목적이 구체적이고 본인의 열정이 분명할수록 협조를 얻는 것이 수월해진다.
- 왜 이 특정한 인물로부터 정보를 원하는지 본인 자신과 인터뷰 대상자가 확실하게 인지하고 있는가?(그는 자신이 선택된 것에 기분이 좋을 수 있다.) 당신의 선입견과 감정적인 장벽은 제거하였는가?
- 논의할 토픽과 인터뷰할 인물에 대한 사전 조사를 하였는가? 새로운 부분에 대한 질문을 할 수 있게끔 예비 인터뷰를 하였는가?
- 인터뷰 대상자를 편안하게 해 줄 수 있는 일상적인 질문을 준비하였는가?(예를 들어 변호사를 인터뷰하기 전에 화제 거리로서 최근의 대법원 판결에 대해 알아보라.)
- 인터뷰를 요청하기 전에 도발적이면서 동시에 자존심을 세워 주는 몇 가지의 샘플 질문을 준비하였는가?
- '듣지 않는 시간'을 효과적으로 이용할 준비가 되어 있는가?(생각하는 것은 말하는 것 보다 3~4배 더 빠르다. 그래서 대화 상황에서 귀를 기울여 듣기도 하지만 아닐 때도 있다. 그런 '듣지 않는 시간'을 효과적으로 활용하여 인터뷰 대상자가 얘기한 내용을 평가하고 다른 정보와 비교하기도 하고 메모도 하며 새로운 질문을 생각해 내어라.
- 인터뷰 당일 컨디션은 괜찮고 허기진 상태가 아니며 정신적으로 깨어 있는 상태이기 때문에 인터뷰 대상자가 완벽하게 표현하지 않은 부분이나 언급하지 않은 부분에 대한 뉘앙스를 파악할 수 있는가? 숨겨진 의미를 찾을 수 있는 준비가 되어 있는가?

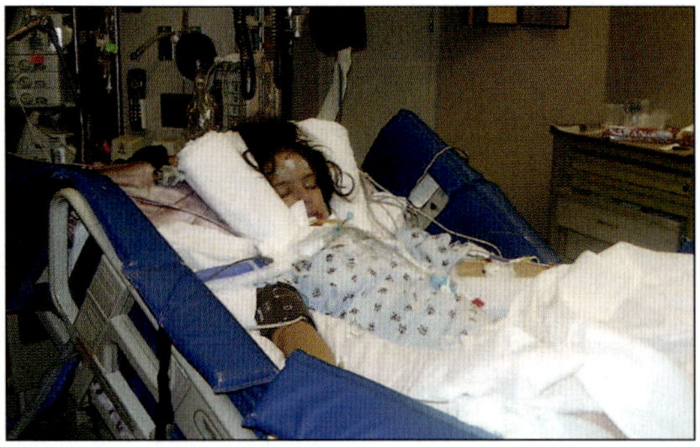

▲ **오염된 고기.** 뉴욕타임스 기자들은 느슨한 식품 규제 시스템에 대한 스토리를 위하여 고기를 먹고 뇌가 손상된 스테파니 스미스의 사건을 활용하였다.(제작: 게이브 존슨과 마이클 모스, 뉴욕타임스)

했다. 그녀의 뇌는 손상되었다.

이 탐사 비디오 작품에는 햄버거 고기가 가축 수용소부터 저녁 식탁에 올라올 때까지의 과정이 담겨 있고 식품 규제 시스템이 어떻게 잘못 되었는가가 명료하게 설명된다. 이 스토리의 시작과 끝에 대장균이 우글거리는 햄버거를 먹고 심각한 상태에 빠진 여성 이야기를 함으로써 이 과학 스토리를 개인의—매우 끔찍한—스토리로 변화시켰다.

인터뷰 준비

준비를 잘 해야 좋은 인터뷰를 할 수 있다. 준비를 한다는 것은 인터뷰 대상자와 접촉을 하고 당신의 스토리를 설명하고 왜 그들의 말이 필요한지를 얘기해 주는 것이다. 그리고 당신의 스토리가 누구를 위한 것이며 어디서 어떻게 방영될 것인지를 구체적으로 설명해줘야 한다. 또한 좋은 준비라는 것은 언제 어디서 인터뷰를 하는 것이 가장 적합할지를 상의하는 것이며, 가장 유용한 정보와 매력 있는 답변을 끌어내기 위한 질문들을 준비하는 것이다. 배려 깊고 협조적인 사람이 기다리고 있을 것을 기대하며 누군가의 집에 예고 없이 방문하는 것은 삼가라.

맨 처음 연락을 취했을 때 설명을 하나하나 꼼꼼하게 할 필요는 없다. 인터뷰 대상자가 인터뷰를 준비를 할 수 있을 만큼의 정보만을 주고 답변에 대한 리허설 기회를 주지 마라. 당신이 다룰 일반적인 포인트만 설명하면 되며, 구체적인 질문이 담긴 리스트는 주지 마라. 자연스러움을 최대한 살리기 위함이다.

주위가 산만하지 않고 조용한 장소와 시간을 택하라. 그들이 자연스럽게 보일 수 있는 그들의 집이나 회사 혹은 스토리와 관련된 장소에서 촬영하는 것이 이상적이다. 인터뷰 시간을 넉넉하게 잡고, 카메라와 마이크를 준비하는 데 걸리는 시간도 생각하라.

서두르지 마라. 당신 스토리의 특성상 인터뷰를 여러 번 해야 할 수도 있다. 일정 기간에 어떤 과정을 따라간다면 특히 그렇다. 혹은 새로운 정보가 밝혀지면서 상황이 더욱 복잡해질 수 있다. 이럴 경우 반박을 하는 다른 인물을 인터뷰해야 할 수도 있다. 인터뷰 대상자가 이런 사실을 알 수 있도록 얘기해줘라.

인터뷰 촬영을 위해 어느 정도의 시간을 요구해야 하는가? 그것은 변수가 너무 많아 일반적으로 말하기 힘들다. 텔레비전 뉴스 기자는 간단하게 인터뷰를 진행하는 경우가 많다. 그들은 종종 빡빡한 마감 시간을 지켜야 하고 1분짜리 스토리를 위해서는 짧은 인용문만을 추출해내면 되기 때문이다.

그들은 편집자가 좋은 한 마디를 찾아내기 위해 30분짜리 대화를 헤쳐 나가며 고생할 필요가 없다는 사실을 잘 알고 있다. (그들 자신이 편집자인 경우 역시 많다.) 그들은 3개의 간단한 질문만을 던지고는 끝낸다.

◀ **특별객차 짐꾼과 가족의 장.** LA타임스의 멜 멜콘은 유니언 퍼시픽 철도에서 38년간 근무하였으며 2010년 7월에 100세가 된 리 웨슬리 깁슨을 인터뷰하였다. 멜콘은 100세가 넘은 이 인물을 조용한 곳에서 인터뷰하였지만 그의 사진은 오래된 유니언퍼시픽 열차라든지 그의 집, 장례식장 등 여러 장소에서 촬영하였다.(제작: 멜 멜콘, LA타임스)

비디오 저널리스트들에게는 제약이 많지 않다. 하지만 성급한 관객들은 간략한 것을 바란다. 포괄적으로 스토리를 다룰 수도 있지만, 장황한 독백을 인내할 수 있는 사람은 별로 없다. 온라인에 볼거리들이 많은 상황에서는 특히 그렇다.

만약 누군가가 당신과 이야기를 하고 싶어 하지 않는다면?

만약 누군가가 당신과 인터뷰를 하고 싶어 하지 않는다면 그것은 물론 그들의 권리다. 많은 사람들이 낯선 사람을 경계하며 기자에 대해서는 특히 그렇다. 공무원들도 인터뷰 요청을 거절할 권리가 있다. 그러나 어떠한 인물이 스토리에 매우 중요하다면 그들이 협조하도록 유도할 수 있는 방법이 있다.

- 부담을 느낄 수도 있기 때문에 '인터뷰'라는 단어를 사용하지 마라. 단지 얘기하고 싶다고 하는 것이 덜 부담스럽다.(그러나 대화는 카메라 앞에서 이루어질 것이라는 말은 하여라.)
- 좋은 세일즈맨처럼, 그들이 거부하는 이유가 무엇인지 느끼도록 노력하고, 그들을 염려하는 바를 수용하도록 노력하라.
- 만약 인터뷰 대상자가 시간이 촉박한 것이 문제가 되는 것이라면 더욱 편리한 시간과 장소를 제안하여라. 인터뷰 대상자의 자동차 안에서나 회사에 출근하는 동안에 인터뷰를 하는 것도 괜찮을 수 있다.
- 만약 인터뷰 대상자가 자신이 안 좋게 보이는 것을 혹은 바보처럼 보이는 것을 두려워한다면, 그들의 의견이 왜 중요하고 스토리에 왜 필요한지를 설명하라.
- 만약 인터뷰 대상자가 할 말이 없다고 한다면 당신이 얻고자 하는 정보가 무엇인지 다시 이야기해주어라. 그래도 불편해 한다면 적어도 인터뷰를 할 수 있는 다른 사람이 있는지 물어보라.
- 만약 인터뷰하고 싶은 인물에게 연락이 닿지 않는 경우, 특히 부하 직원들에 의해 보호를 받고 있는 인물일 경우, 집요해져라. 전화를 하거나 이메일을 쓰거나 혹은 직접 찾아가 보라. 중계자 역할을 할 수 있는 사람을 찾는 것도 방법이다.
- 인터뷰 대상자가 협조하든 안 하든 당신이 하려는 스토리가 만들어질 것이라는 것을, 그래서 그가 자신의 입장을 말할 기회를 갖는 게 좋을 수도 있다는 것을 알게 하라.
- 인터뷰 대상자의 자만심에 호소하라. 누구든 스토리에 중요한 기여를 할 수 있다. 그들이 특별하다고 느끼게끔 해줘라.

만약 인터뷰 대상자가 옷을 어떻게 입어야 할지 묻는다면?

간혹 인터뷰 대상자가 인터뷰 촬영 때 옷을 어떻게 입어야 하는지 물어볼 때가 있다. 만약 스토리가 은퇴한 군인에 대한 것이라면 군복 착용을 제안할 수 있다. 연기자는 공연 전이나 후에 인터뷰를 한다면 무대 의상이 가장 적합할 것이다.

일반적으로 말하자면 파란색이 무난하고 파스텔 톤은 다소 산만한 느낌이 든다. 더욱 중요한 것은 인터뷰 촬영 때 입지 말아야 하는 것들이다.

- 밝은 하얀색은 많은 빛을 반사하기 때문에 과다 노출이 될 수 있다.
- 검정색은 너무 거칠고, 빛을 모두 흡수해 노출 부족이 될 수 있다.
- 밝은 빨강색은 번져 보일 수가 있고 시청자들의 주의를 뺏을 수 있다.
- 줄무늬, 복잡한 무늬, 체크무늬 등은 스크린에서 흔들려 보일 수 있다. 모자나 선글라스, 색안경 등은 얼굴을 가릴 수 있고 조명하기 힘든 경우도 많다. 크고 대롱대롱한 귀걸이 역시 주의를 끄는 요소가 되고 소음을 만들며 머리를 움직이다가 마이크를 칠 수도 있다. 옷에 새겨진 로고는 인터뷰를 광고처럼 보이게 할 수도 있다. 그리고 일부 넥타이처럼 반짝이는 물건은 플라스틱이나 거울처럼 보일 수 있다.

질문 개발하기

인터뷰 촬영에 가져가야 할 (장비를 제외하고) 가장 중요한 두 가지는 질문을 적은 리스트와 호기심이다. 많은 인터뷰 진행자들은 이런 것들을 가져가지 않은 채 본인들의 뛰어난 재치와 개성만 있으면 된다고 생각한다. 그들은 인터뷰가 다른 사람에 대한 것이라는 것을 잊는다.

당신은 아마 호기심이 크기 때문에 애초에 스토리텔링에 관심을 가졌을 것이다. 좋은 인터뷰 진행자들은 세상에 대한 호기심이 많고 다른 사람들에 대해서 진심어린 관심을 가지고 있다.

어떤 질문을 할지 생각할 때 당신의 친구들과 동료들에게 도움을 청하라. 요즘은 페이스북이나 트위터 같은 소셜 미디어 덕분에 저널리스트들이 예정되어 있는 인터뷰에서 할 질문에 대한 조언을 구하기가 용이하다. 당신은 전혀 모르는 사람일지라도 당신이 선택한 토픽이나 인터뷰 대상자에 관심을 (전문 지식을 가지고 있을 수도 있다) 가진 사람이 있다면 조언을 구할 수 있다.

인물에 대해 사전 조사를 충분히 하였고, 어떤 새로운 정보나 생각들을 추출해내고 싶은지도 결정했다면 이제 구체적으로 인터뷰를 어떻게 이끌어가야 할지를 정해야 한다. 어떤 인터뷰 진행자는 자신의 도발적이고 도전적인 질문에 대하여

자부심을 느낄 수도 있지만 실제로 질문은 원하는 답변을 얻어낼 수 있을 때 가치가 있는 것이다. 이러한 사실은 편집할 때 질문을 포함하지 않는 경우가 많은 비디오 저널리즘에서 더욱 중요하다.

당신은 토크쇼 진행자가 아닌 저널리스트라는 것을 기억하라.

중요한 질문들

이력과 관련된 기본적인 질문 외에 거의 모든 질문은 밑에 나와 있는 내용에 주안점을 둘 것이다.

- 인터뷰 대상자가 해온 일과 지금 하고 있는 일, 그리고 앞으로 할 일들
- 인터뷰 대상자가 _______에 대해서 어떻게 생각하는지
- 인터뷰 대상자가 _______에 대해 어떻게 느끼는지
- 인터뷰 대상자가 _______에 대해 무엇을 알고 있는지
- 인터뷰 대상자가 _______와 관련해 어떠한 경험을 했는지

사람들이 스토리에서 가장 잘 기억하는 것은 어떤 특정 사실이 아니다. 관객들은 스토리가 불러일으킨 감정과 감각을 기억한다. 그래서 인터뷰 대상자에게 어떻게 느끼느냐고 물어보는 것은 매우 유용하고 타당한 기법이다.

융통성을 가져라. 그래야 대화가 자연스러워지고, 예상하지 않았지만 더 좋은 결과를 가져올 수 있다.

당신의 스토리는 사건들이 생기고 갈등을 겪고 해결이 되는 기승전결을 갖출 것이라는 점을 염두에 두고, 그런 구조를 갖추는 데 도움이 될 질문들을 해야 한다.

- 어떻게 시작되었습니까?

▲ **태미 투쉬의 인형.** 그들의 어머니가 아마도 했던 것처럼 여자들은 친구나 이웃들에게 물건을 팔기 위해서 그들의 집에서 파티를 연다. 요즘은 플라스틱 그릇이나 양초만이 팔리는 물건이 아니다. 태미 투쉬는 '순수한 로맨스'라는 이름의 파티를 연다. 그녀는 여성들의 섹스 경험을 더욱 활기차게 만들어 주는 로션과 사랑의 묘약, 그리고 장남감과 같은 물건들을 판다. 이 스토리는 독자가 궁금해 하는 누가, 무엇을, 어디서, 언제, 왜와 같은 질문에 대한 답변을 해준다.(제작: 멜로디 길버트, 키어스튼 체이스, 애드리안 단슈, 에밀리 럼지)

- 당신의 목표는 무엇입니까?
- 동기부여가 무엇입니까? 왜 이 일에 열정을 갖고 계십니까?
- 목표를 달성하는 데 있어서 장애물은 무엇입니까?
- 어떤 방식으로 극복하셨습니까? 어떤 방식으로 극복하려고 하십니까?
- 앞으로 어떻게 될 것 같습니까?

팁 다음 질문을 준비하기보다 인터뷰 대상자의 답변을 잘 듣는 것이 중요하다는 것을 명심하라. 토픽을 바꾸거나 인터뷰를 새로운 방향으로 끌고 가기 전에 인터뷰 대상자가 방금 한 답변에 대해 추가 질문을 할 수도 있다.

질문의 유형

인터뷰 질문에는 크게 폐쇄형 질문과 개방형 질문 두 유형이 있다. 어떤 차이가 있는가? 폐쇄형 질문은 답변으로 '네' 혹은 '아니요'와 같이 한 단어로 이루어진 형태의 답변이 나올 것이다. 반면 개방형 질문은 그렇지 않다. 가장 좋은 질문의 유형은 개방형 질문이다. 그 이유는 개방형 질문이 폭넓은 답변을 끌어내기 때문이다. 차이를 살펴보자.

폐쇄형 질문: 당신의 10대 자녀들이 당신을 존경합니까?
개방형 질문: 당신과 10대 자녀들 간에 사이가 어떤지 말씀해 주시겠습니까?
폐쇄형 질문: 투표하실 때 이 법안에 찬성하실 겁니까?
개방형 질문: 새로 제안된 이 법안을 어떻게 생각하십니까?
폐쇄형 질문: 당신이 가장 좋아하는 취미는 무엇입니까?
개방형 질문: 주말에 주로 뭐하십니까?

마지막 질문들

아래는 효과가 증명된 마지막 질문의 예들이다. 당신의 목적에 맞게 조정할 수 있을 것이다.

- 오늘 저에게 말씀해주신 것의 중요성이 무엇이라고 생각하십니까?
- 이 경험을 통해서 무엇을 배우셨습니까?
- 관객들이 이 문제에 대해서 어떻게 했으면 좋겠습니까?
- 이러한 사실을 예전에 알았더라면 어떻게 하셨을 것 같은가요?
- 미래 계획이 어떻게 됩니까?
- 어떠한 장애물과 도전이 기다리고 있나요?

향후에 필요한 정보가 있을 경우 연락을 취해도 되는지

인터뷰 대상자에게 묻는 것은 좋은 방법이다.

마지막으로, 항상 인터뷰 대상자에게 이렇게 물어보라. "더 하고 싶은 얘기는 없으신지요?"

주제별로 질문들을 구조화하여라.

질문이 사방에 흐트러지지 않도록 주제별로 모아라. (편집도 더 손쉬워질 것이다) 어디서부터 시작하고 어디서 끝맺을 것인지 미리 생각하라.

처음부터 공격적인 질문은 피하라. 인터뷰 대상자가 편안하게 말할 수 있도록 해줘라. 어려운 질문은 나중으로 남겨둬라. 상대를 자극할 수 있는 내용이면 특히 그렇다. 마지막에는 개방형 질문으로 된 요약으로서 "우리가 ________에 대해서 잊지 말아야 할 가장 중요한 것은 무엇입니까?"라고 물어볼 수도 있다.

질문들을 중요 항목과 중요 단어별로 정리하라.

구체적인 질문을 적는 대신에 중요 항목과 키워드를 나열하는 것을 고려하라. 그러면 질문을 책 읽듯이 글자 그대로 읽지 않게 된다. 대상자가 경찰로부터 심문을 받는 것처럼 느낀다면 좋을 리 없다. 중요 항목을 바탕으로 인터뷰를 진행한다면 인터뷰를 일상적인 대화처럼 진행할 수 있을 것이고 상대도 자신의 이야기를 더 잘 할 수 있을 것이다. 일상적인 대화 형태의 인터뷰가 질의응답 형태의 인터뷰보다 더 낫다. 물론 중요한 내용을 빠뜨리지 않도록 가끔 당신이 적어온 목록을 확인해야 한다.

인터뷰 실행

바쁜 스케줄을 갖고 있는 인터뷰 대상자를 존중하여, 잘 준비된 상태로 시간에 맞춰 도착하라. 복장은 정중한 느낌이 들어야 하며 적어도 인터뷰 분위기에 맞게 입어라. 당신의 겉모습은 사람들이 당신을 어떻게 대하는가에 있어서 중요하다. 상대의 신뢰를 얻기 위해서 할 수 있는 모든 것을 해야 한다.

시작하기 전

나중에 필요할 가능성이 조금이라도 있다면 인터뷰 대상자가 양도서(release)에 서명부터 하도록 하라.

만약 당신이 그들의 집이나 사무실에 가게 되었다면 주위를 둘러보고 그들이 어떤 성향을 가진 사람인지에 대해 파악하라. 책상이나 벽에 사진이 있다면 정식 인터뷰 시작하기 전에 인터뷰 대상자와 그 사진에 대하여 얘기하며 어색함을 누그러뜨릴 수 있다. 그들의 성격을 짐작할 수 있는 것들을 찾아보고, 인터뷰 주제와 관련 있는 물건이 있는지도 살펴보고 시각적인 소품으로 활용할 수 있는지도 파악하라.

촬영 상황을 주도하라:

- 주변 소음이 없고, 형광등 조명이 아니며 밝기가 균일한 장소를 찾아라.
- 인터뷰 대상자와 비교적 가까운 곳에 자리잡고 마주볼 수 있도록 의자 위치를 조정하라.
- 주위에 있는 사람들에게 핸드폰을 무음으로 설정하도록 부탁한다. 또한 인터뷰 대상자 외에는 아무도 말을 하지 않도록 한다.
- 소음이 나는 전자 기기의 플러그를 뽑아라.
- 인터뷰 대상자에게 마이크를 달아줘라. 만약 질문 역시 녹음해야 한다면 자신에게도 달아야 할 것이다.
- 녹음을 시도해보고 음질을 체크하라(인터뷰 녹음의 기술적인 부분은 챕터 8 참조).

인터뷰 대상자 준비시키기

어색함을 누그러뜨릴 수 있는 얘기를 해가면서 인터뷰 대상자를 편안하게 해줘라. 교통, 날씨, 스포츠에 관련된 얘기를 할 수 있겠다. 시간을 내줘서 고맙다는 말을 인터뷰 시작 전에 꼭 하라.

인터뷰 대상자에게 카메라를 보고 성과 이름을 차근차근 말하도록 한다. 예를 들면 다음과 같다. "제 이름은 ______이며 저는 [직업이 무엇]이며 [어떤 회사]에 다니고 있습니다."

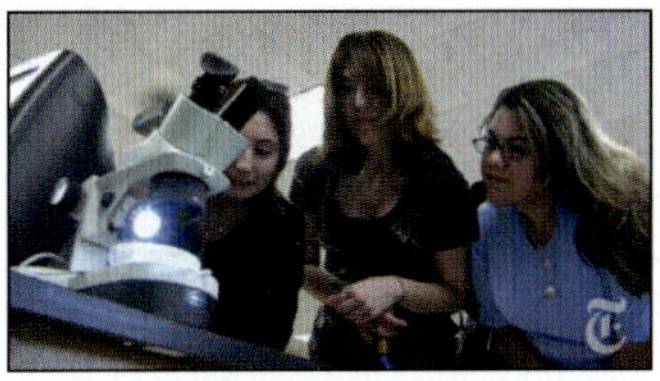

▲ **인기 있는 과학 수업.** 데이비드 프랭크와 나탈리 앤지어는 부패하는 시체와 구더기의 관계에 대한 (그리고 이 새 과학 수업의 인기에 대한) 스토리의 인터뷰 촬영이 진행되는 동안 법의학 선생님과 학생들을 편안하게 해주었다.(제작: 데이비드 프랭크와 나탈리 앤지어, 뉴욕타임스)

인터뷰를 편집하기 쉽게 만들기 위해서 인터뷰 대상자가 답변할 때 질문의 내용을 포함시키도록 하라. 예를 들어줘라. "만약에 제가 어디서 자라셨나요?"라고 물으면 "제가 어디서 자랐냐고요? 필라델피아에서 자랐어요."라고 질문을 답변에 포함시켜 달라고 하라. 그럼으로써 '필라델피아'라는 한 단어 답변을 피할 수 있다. 인터뷰 대상자가 가장 좋아하는 아이스크림이 무엇인지를 물어보며 연습하라. 만약 '초콜릿'이라고 한 단어로 답하면 완성된 문장으로 질문을 답변에 포함시키도록 한다. "제가 어떤 종류의 아이스크림을 좋아하냐고요? 저는 초콜릿을 좋아해요."

또 다른 예로는 "강풍과 폭우를 동반한 카트리나가 당신의 동네로 몰아칠 때 어떤 생각이 드셨나요?"라고 물으면 답은 이런 식으로 할 수 있다. "카트리나가 강타했을 때 어떤 생각이 들었냐고요? 강풍이 저를 순식간에 잡아먹을 줄 알았어요!" 이런 식의 답변은 완성된 문장이기 때문에 편집할 때 유용하게 사용될 수 있다.

인터뷰하는 동안

많은 사람들에게 인터뷰는 일상에 있는 자연스러운 것이 아니다. 그렇기에 그들을 편안하게 해주는 것은 당신의 몫이다. 당신의 몸짓은 많은 것을 말해준다. 편안하게 시선을 마주쳐라 그리고 몸을 약간 앞으로 기울여 부담주지 않을 정도의 관심을 표현하라.

어떤 비디오 저널리스트는 인터뷰를 하면서 메모를 한다. 메모를 한다는 것은 질문에 대한 답변을 눈으로 볼 수 있다는 것이고 인터뷰 대상자가 얘기한 것에 대한 질문을 할 수 있게끔 준비시켜준다. 메모는 편집할 때에도 도움이 된다. 하지만 다른 비디오 저널리스트들은 인터뷰를 진행하고, 카메라 초점과 구도를 확인하고, 녹음 상태가 좋은지 체크하는 것 등만으로도 일이 많기 때문에 메모를 하지 않는다. 인터뷰를 몇 번 하다 보면 당신만의 방법이 생길 것이다.

인터뷰할 때 하지 말아야 할 것들과 해야 할 것들

하지 말아야 할 것들:

- **인터뷰 대상자가 비밀을 토로하게끔 유도할 생각으로 당신의 개인적 비밀을 이야기하지 마라.** 잘못된 생각이다. 그들은 단지 당신이 그들의 시간을 낭비한다고 생각할 것이다. 그들은 당신에 대해 관심 없다. 오프라 윈프리나 바바라 월터스처럼 유명한 인터뷰 진행자들도 자신의 이야기를 하지 않고 아무런 문제없이 사적인 이야기들을 파헤친다.
- **혼자만 말하지 마라.** 당신을 위한 인터뷰가 아니다. 당신은 누군가에게 감명을 주기 위해 거기 있는 것이 아니다. 그리고 목청을 가다듬지 마라. 할 질문만 하라.
- **질문은 최대한 짧게 하라.** 질문을 이런 식으로 시작하지 마라. "제가 궁금한 것은…", "제가 묻고 싶은 것은…", "질문이 뭐냐 하면요…." 또한 당신의 의견을 서두에 얘기하지 마라. 요점을 얘기하라. 트위터처럼 140자 제한이 있다고 생각하라.
- **말을 가로막지 마라.** 당신의 목소리가 오디오 트랙을 망칠 것이다.

해야 할 것들:

- **조용히 기다려라.** 만약 인터뷰 대상자가 너무 간단하게 답변을 한다든지 혹은 답변이 불완전하거나 만족스럽지 못하다면 다음 질문으로 넘어가지 말고 조용히 앉아서 바라보라. 아무 소리 내지 않고 있는 것이 불편할 수도 있지만, 머지않아 인터뷰 대상자가 답변을 보충할 가능성이 있다. 당신이 기다려야 그들 역시 생각을 더욱 깊게 하고 노력해야 한다는 것을 느낄 것이다. 심리 치료사 역시 가만히 기다려주는 기술을 사용한다. 당신도 할 수 있다.
- **신중하게 들어라!** 듣고 있다는 것을 보여줘라(너무 성급하게 다음 질문을 하지 마라). 귀 기울여 잘 듣지 않으면 다음 질문에 물어볼 수 있는 중요한 정보를 빼먹을 수도 있다.
- **몸짓을 사용하여** 인터뷰를 원하는 방향으로 끌고 가라. 불필요한 내용의 매우 긴 답변이 이어진다면 몸짓을 사용하여(예를 들어, 둘째 손가락을 치켜세워라) 조심스럽게 멈추게 하고 나서 말하라. "무슨 말인지 알겠습니다. 근데…." 그러고 나서 다음 질문을 하라.
- **대상자가 말하는 중간에 '음'이나 '네' 같은 반응을 하지 마라.** 이 모든 것들은 불필요한 녹음이 된다. 무슨 말인지 알겠다는 시늉으로서 고개를 끄덕거려라, 혹은 표정으로 보여줘라(미소를 짓는다든지, 눈썹을 움직이는 방법이 있다).
- **인터뷰를 물 흐르듯이 진행하라.** 준비된 토픽과 질문들을 사용하되, 가능성을 열어두어라. 귀 기울여 잘 들으면 생각하지 못했던 좋은 방향으로 인터뷰를 끌고 갈 수 있다.
- **질문을 다시 하라.** 만약 만족스러운 답변을 얻지 못했다면, 질문을 다른 방식으로 고쳐서 하는 것을 두려워하지 마라.

좋은 답변을 얻기 위한 질문의 방법

답변에 대하여 되물어볼 때 가장 중요한 질문은 '**왜요?**'이다.

심리 치료의 기술을 시도해보라. 인터뷰 상대로부터 더욱 구체적 답변을 끌어내고 말을 제대로 이해했는지 확인도 할 겸, 상대의 말의 끝부분을 반복하며 질문을 할 수 있다.

인터뷰 대상자: 제 생각에 지구 온난화는 가짜이고 기후학자들이 수십 년 동안 우리를 속여 왔습니다.
당신: 기후학자들이 우리를 속여 왔다고요?
인터뷰 대상자: 네. 그렇습니다. 기후학자들은 지원금을 잃는 것이 두려워 데이터를 조작했습니다.

질문은 하나씩 하라. 다양한 것들을 포함하는 복잡한 질문은 인터뷰 대상자를 혼란스럽게 할 것이고 일관성 있는 대답을 얻기가 힘들어질 것이다.

질문은 짧게 하라. 답변이 중요한 것이다.

만약 통계 수치를 나열한다거나 추상적인 개념을 늘어놓을 때는 **구체적이며 현실적인 사례**를 요청하라.

누구나 가지고 있는 이야기꾼의 본능을 자극하라: **"그 다음에는 어떻게 되었죠?"**

항상 **공손**하라.

흔한 문제점들과 딜레마

철저한 사전 조사와 준비가 돼 있어도 훌륭한 인터뷰 진행자들조차 인터뷰 진행 도중에 문제점들과 딜레마에 직면한다.

만약 인터뷰 대상자가 단답형으로 답변을 한다면 어떻게 해야 하는가? 숙련된 인터뷰 진행자들은 종종 밑에 제시된 내용으로 되묻는다.

질문: 왜요?
질문: 좀 더 구체적으로 얘기해주실래요?
질문: 만약 ______에게 설명을 해야 한다면 어떻게 이야기하시겠어요?
질문: 더 얘기해주세요.

스토리에 필요한 질문을 하라.

질문: 환경 운동을 하게 된 계기가 무엇이죠?
답변: 저희 엄마요.
질문: 어떻게 그런 거죠?
답변: 저희 엄마가 저를 어렸을 때 어느 한 집회에 데리고 가셨어요.
질문: 아, 그래요? 그 집회에 있다고 생각하시고 어땠는지 얘기해주세요. 무슨 생각을 갖고 계셨고 기분은 어떠셨어요?

만약 인터뷰 대상자가 길고 장황한 대답을 한다면 어떻게 해야 하는가? 다음 질문을 아래와 같이 시작해보라.

질문: (카메라의) 배터리가 나가기 전에 간단한 질문을 몇 개 더 할게요.

혹은 흥미를 잃은 척 행동하거나, 질문이 적힌 노트나 메모장을 내려 놓아라.

만약 인터뷰 대상자가 질문을 교묘하게 피해가면서 대답을 하거나 애매하게 대답하거나 아예 거짓말을 한다면 어떻게 해야 할까?

거짓말하는 것을 알고 있다고 절대 얘기하지 마라. 그냥 다시 물어라.

질문: 근데 ______ 는 다른 생각을 갖고 있더라고요.
질문: 반대로 얘기하는 사람들에게 어떤 말을 하고 싶으신지요?

거짓말하는 것을 카메라에 담아라. 나중에 진실이 무엇인지를 파악해보라.

대립성 인터뷰

상대를 인터뷰를 더 이상 하고 싶지 않게 만들지 않으면서 동시에 대립성 인터뷰를 하는 가장 좋은 방법은 무엇인가?

DVD로도 나온 역사적으로 유명한 데이비드 프로스트의 리처드 닉슨과의 인터뷰가 가장 좋은 사례이다(극영화로 만들어진 〈프로스트/닉슨〉을 봐도 될 것이다.).

CNN의 마크 펠드스타인은 〈아메리칸 저널리즘 리뷰〉에 쓴 글에서 〈프로스트/닉슨〉을 예로 들며 대립성 인터뷰를 어떤 방식으로 진행하여야 하는지 제안한다.

- **주도권을 쥐어라.** 자기변명 성격의 장광설을 즉시 차단하라. 예의상의 표현을 생략하고 급소를 찔러라.
- **타이트한 숏을 사용하라.** 논쟁이 열기를 더해간다면 인터뷰 대상자의 얼굴을 천천히 클로즈업으로 잡아라. 이는 편집적인 측면에서 사냥감에 집중하는 영화적 효과를 준다.
- **소품을 사용하라.** 법정 변호사들이 잘 알고 있듯이, 비디오나 사진 혹은 기록물 등을 증거로 사용하면 반대심문에 도움이 될 뿐 아니라 극적 효과도 줄 수 있다.
- **거짓말을 하게끔 유도하라.** 거짓말을 강요할 수는 없지만, 거짓말하는 것을 카메라에 담을 기회를 만들어라. 실제로 거짓말을 하면 그때 당신은 확실한 반증을 내어놓는다. 카메라에 담긴 하나의 거짓말은 뒤이어 인터뷰 대상자가 하

▲ **진실을 파헤치기 위한 싸움.** 데이비드 프로스트의 리처드 닉슨 전 대통령과의 인터뷰에 대한 영화 포스터

는 모든 얘기의 신뢰성을 떨어트린다.

- **운 좋게 보조 카메라가 있다면 무조건 계속 켜놓아라.** 만약 인터뷰 대상자가 마이크를 떼어낸다든지 인터뷰 장소에서 성질 부리며 뛰쳐나간다면 보조 카메라가 이를 녹화할 것이다. 대화가 잠시 중단되었을 때 그가 녹화가 멈췄다고 생각하고 거친 표현을 토해낸다면 보조 카메라는 그것을 기록할 것이다.

이 전술들은 공정치 못한가? 전혀 그렇지 않다. 펠드스타인은 이렇게 말한다. "평생 의도적으로 말을 회피하고 가식적이며 거들먹거리며 거짓말하는 데 통달한 사람보다 나쁠 건 없다."

인터뷰 후

당신은 인터뷰가 끝난 후에는 안도의 숨을 쉬고 장비를 챙기며 고맙다고 얘기한 후 자리를 떠나기를 원할 것이다. 그러나 아직 일이 끝난 것이 아니다.

- 당신의 비디오와 오디오가 잘 작동되었는지를 체크하라.
- 연락처를 주고받아라. 인터뷰 내용과 관련하여 더 말하고 싶은 게 있으면 언제든 연락해도 된다고 얘기하라.
- 필요하다면 다음 인터뷰의 약속을 잡아라.
- 집으로 돌아온 후 적은 메모들을 가급적 빨리 정리하라. 기억이 생생할 때 해야 한다.
- 다른 인터뷰 대상자한테 물어볼 질문과 인터뷰하면서 느낀 점들을 적으며 인터뷰 대상자가 한 말을 뒷받침하거나 혹은 반증할 수 있는 영상을 생각해보라.
- 사실, 날짜, 통계, 인용문 등을 확인하라.

영상 인터뷰가 신문 인터뷰와 다른 점

당신이 일정 기간에 혹은 여러 장소에 걸쳐 인터뷰 대상자를 쫓아다니는 것이 아니라면, 인터뷰 촬영을 할 기회는 아마 한 번뿐일 것이다. 만약 잊어버리고 하지 않은 질문이 있거나 물어봤음 하는 질문이 나중에 생각났다고 해도 답변 하나를 얻기 위해서 공식적인 인터뷰 촬영을 하는 것은 현실적이지 않을 수 있다. 게다가 인터뷰 대상자는 첫 인터뷰 때와는 다른 옷을 입고 나올 확률이 크고 주변 조명 상태도 다를 수 있다.

그러나 신문 인터뷰였을 경우, 전화를 해서 묻고 싶은 질문을 하고 이에 대한 답변을 스토리에 맞춰 사용하면 된다. 비디오는 그것이 쉽지 않다. 비디오라면 빠진 정보를 당신의 보이스오버 내레이션이나 자막으로 추가해야 할 것이다.

온 더 레코드

비디오 인터뷰는 당연히 '온 더 레코드'이다. 하지만 신문을 위한 인터뷰에서는 인터뷰 대상자가 말 내용이 어떻게 사용될지 협상할 수 있다(예를 들어 비공개로 할 것인지, 익명으로 할 것인지, 혹은 비밀로 할 것인지).

신문 인터뷰에서 인터뷰 대상자가 어느 단어를 잘못 발음했거나 문법상의 오류를 범했거나 억양이 세거나 언어 장애가 있어도 신문에는 그런 것이 드러나지 않게 쓸 수 있다. 그러나 영상 인터뷰에서는 모든 것이 드러난다. 물론 어느 부분은 편집으로 잘라낼 수는 있지만 이미 촬영된 것은 어떻게 할 수가 없다.

팁 훌륭한 인터뷰 진행자들이 어떤 방식으로 인터뷰를 진행하는지 배워라. 당신이 좋아하는 언론인을 찾은 후 그들의 기술을 연구하라.

훨더 나은 방법으로는, 텔레비전이나 인터넷에 나오는 인터뷰를 보면서 당신이 인터뷰를 진행하고 있다고 상상하라. 귀 기울여 듣고 다음 질문을 어떻게 할 것인지 생각해보라.

질문은 편집으로 잘라져 나갔고 인터뷰 대상자의 말만 있다면 그 대답을 얻기 위해서 어떤 질문이 주어졌을지 생각해보라.

혹시 인터뷰에서 다루지 않은 내용 중 알았으면 하는 것이 있는가? 다른 어떤 질문을 해보고 싶은가?

오디오

인터뷰를 준비하고 실행하는 것에 대해 배웠으므로 이제 실제로 영상과 오디오를 기록하는 데 고려해야 할 것들을 살펴보겠다.

앉아서 하는 인터뷰라면 우선 가장 조용한 장소를 찾아야 한다. 인터뷰 대상자의 집이나 사무실에서 각 방에 들어가 보고 얼마나 조용한지 귀 기울여보라.

주변 소음을 확인하라

어떤 소리가 들리는가? 냉장고 작동하는 소리가 나는가? 고속도로에서 달리는 차들의 소리나 벽에 있는 시계가 똑딱거리는 소리가 나는가? 반복적인 망치 소리나 선풍기 소리는 특히 더 거슬릴 수 있다. 좋은 편집 소프트웨어도 이런 거슬리는 소리를 없앨 수 없다.

MSNBC의 멀티미디어 프로듀서인 짐 세이다는 이렇게 말한다. "현실에서 우리는 라디오 소리, 볼펜이 책상을 치는 소리, 에어컨 소리 같은 주변 소음에 대해 신경을 꺼버리면 안 들릴 수 있지만, 녹화된 것을 들을 때는 그 소리가 훨씬 크게 들린다."

촬영 현장에서 생각해낼 수 있는 아이디어

인터뷰 촬영 장소를 물색할 때 소리를 흡수하는 두꺼운 커튼과 푹신한 소파가 있는 방을 찾아라.

미디어스톰의 브라이언 스톰은 이렇게 충고한다. "부엌 의자 대신 소파에 앉아라." 또한 그는 "테이블은 담요로 덮고 커튼은 닫고 컴퓨터는 끄고 냉장고의 플러그를 뽑아두라. 단, 떠나기 전에 다시 연결해놓고 가는 것을 잊지 마라. 어디서 인터뷰를 하든, 녹음실을 만든다고 생각하라. 이 과정은 매우 중요하다."라고 말한다.

스톰은 어쩔 수 없는 상황에서는 자동차 안에서 창문을 모두 닫은 채 인터뷰하는 것을 추천한다. 실내 체육관이나 복도와 같이 울림이 심한 장소는 가급적이면 피하도록 한다. 타일 벽의 작은 욕실은 최악의 장소다.

스톰은 이렇게 말한다. "만약 방음이 잘 안 되는 곳에서 인터뷰를 해야 하는 상황이라면 최소한 인터뷰 대상자의 입에 마이크를 가까이 위치시키고 인터뷰를 진행해야 한다. 그렇게 하면 인터뷰 대상자의 목소리 크기가 증대되고 주변 소음은 낮출 수 있다."

인터뷰할 때 마이크 위치

이라 그라스는 〈디스 아메리칸 라이프〉라는 시카고 공영 라디오 프로그램의 프로듀서이자 진행자이다. 인터뷰를 통해 심오한 스토리를 거의 시각적으로 들려주기로 유명하다. 영상은 없고 사운드만 존재한다. 그는 좋은 질의 사운드를 녹음할 때 마이크의 위치가 가장 중요하다고 말한다.

근접성이 가장 중요한 요소이다. 그라스는 마이크를 인터뷰 대상자의 입으로부터 4인치(10센티미터)가량 떨어진 곳에 위치시킨다. 마이크가 이렇게 가까이 있으면 인터뷰 대상자 목소리의 저음을 살리고 현장감을 줄 수 있다. 목소리가 더욱 풍부하게 들리고 대부분의 방에 존재하는 웅웅거리는 소리가 적게 들린다.

그러나 마이크가 그만큼 가까이 있으면 인터뷰 대상자의 숨소리 때문에 인터뷰를 망칠 수도 있다. 숨소리를 피하기 위해서 마이크를 얼굴 바로 앞에 갖다 대지 말고 인터뷰 대상자 입 밑에 위치시켜라.

좋은 인터뷰를 녹음하기 위한 테크닉

- 카메라 위쪽에 빨간 녹화불이 들어오지 않게 하여라. 녹화되고 있다는 것을 알려주는 것이지만 인터뷰 대상자에게는 신경 쓰일 수 있다.
- 유선 혹은 무선 라발리에 마이크나 핸드 마이크를 사용하라.

▲ **유선 마이크.** 이 촬영자는 카메라에 선으로 연결된 마이크를 사용하고 있고 헤드폰을 착용하고 있다. 카메라는 인터뷰 대상자 눈높이 위치에 있다. (사진 촬영: 켄 코브레)

- 확실히 하기 위해 샷건 마이크와 무선 라발리에 마이크 둘 다 사용하라.
- 카메라는 인터뷰 대상자로부터 2.5미터에서 3미터 정도 떨어진 곳에 위치시켜라. 이것은 카메라를 조작하는 사람과 인터뷰를 진행하는 사람이 다르다면 가능하다. 그러나 혼자 모든 것을 다 해야 한다면 훨씬 힘들다.
- 실외에서 촬영하고 바람이 불거나 불 것 같을 경우 마이크에 윈드스크린을 부착하라.
- 마이크가 내장된 녹음기를 인터뷰 대상자 앞 탁자 위에 올려놓는 것을 피하라. 꼭 탁자 위에 올려놓아야 한다면 수건이나 스웨터처럼 부드러운 것을 깔고 올려놓아라. 그래야 딱딱한 탁자에 반사된 음파가 마이크로 전해지는 것을 피할 수 있다.

입을 다물어라

만약 인터뷰 장소에 다른 사람들이 있다면 다들 조용히 하라고 정중하게 얘기하는 것을 부끄럽게 생각하지 마라. 주변의 말소리는 인터뷰를 망칠 수 있다. 휴대폰을 끄도록 하고 일반 전화의 코드를 뽑아줄 것을 요구하라. 긴밀한 분위기 속에 인터뷰 대상자가 어떤 특별한 사적인 얘기를 해주려고 하는 찰나에 들리는 전화벨 소리만큼 거슬리는 것은 없다.

침묵의 사운드

인터뷰를 진행할 준비가 되었다면 1분 동안 정적을 녹음하라. 물론 완전한 정적이란 없다. 그 방에 기본적으로 존재하는 소음이 녹음될 것이다. 이후에 편집할 때 이 60초의 소리는 효율적으로 사용될 수 있다. 이 오디오는 문 닫는 소리나 기침하는 소리 같은 것을 지울 때 혹은 인터뷰 대상자의 말과 말 사이에 잠시 휴지 부분을 넣고 싶을 때 사용될 수 있다.(인터뷰 녹음은 챕터 8 참조)

현장 인터뷰

물론 모든 인터뷰를 조용한 곳에서 할 수는 없다.

▲ **매순간 데드라인.** 무선 라발리에 마이크를 인터뷰 대상자에 장착함으로써 이 촬영자는 취재 중의 사진사를 인터뷰할 수 있었다.(사진 촬영: 켄 코브레)

인터뷰 대상자가 자신의 업무를 수행하는 동안 인터뷰하는 것은 시간이 절약되기도 하고 관객에게 인터뷰 대상자의 삶을 느끼게 해준다.

예를 들어, AP 통신 사진사들의 일을 주제로 한 다큐멘터리에서 연출자는 산불 사고를 취재하고 있는 사진 저널리스트를 인터뷰하였다. 이는 관객으로 하여금 산불 취재 현장에 있는 것처럼 느끼게 할 수 있다.

탁탁 소리를 내며 타는 소리에도 불구하고 라발리에 마이크가 입 근처에 위치하고 있었기 때문에 인터뷰 대상자의 목소리는 깨끗하게 들렸다. 주변 소음은 약하게 들리지만 인터뷰 대상자가 하는 말의 내용에 실감을 더해준다.

비디오

배경은 단순하게

인터뷰를 위하여 조용한 곳을 찾는 것 외에, 인터뷰 대상자가 있는 배경이 어땠으면 하는지 생각해보라. 사람들을 그들의 자연스러운 환경에서 인터뷰하도록 노력하라. 그들이 거주하는 곳이나 일하는 곳은 관객이 그들에 대해서 더 많은 것을 알 수 있도록 해준다. 가능하다면 스토리의 중요한 부분과 관련된 장소에서 인터뷰하라. 일어난 일에 대한 기억과 감정을 일깨울 수 있을 것이다.

실외이든 실내이든 배경을 주의 깊게 살펴보라. 인터뷰 대상자 머리 뒤로 화분에 심은 식물이 자라는 모습이 보이면 안 된다. 피해야 할 다른 배경은 복잡한 무늬의 벽지나 글자가 크게 쓰여 있는 간판이다. 시청자들은 이런 것들에 주의를 빼앗겨 인터뷰 대상자가 무슨 말을 했는지 잘 모르게 되는 경우가 생긴다.

햇빛이 들어오는 창가 앞에서 인터뷰를 하는 것은 두 가

▲ **레지네트의 스토리.** 보스턴글로브의 빌 그린은 로우앵글로 촬영하였고 뒤의 배경이 흐리게 나오게끔 조리개를 개방하였다. 아이티 지진으로 인해 한쪽 다리를 잃은 열세 살짜리 소녀에 대한 이야기이다.(사진 촬영: 빌 그린, 보스턴글로브)

지 문제점을 가져온다. 첫째, 창문은 보통 사람보다 밝은데, 밝은 것은 관객의 주의를 뺏을 수 있다. 또한 그 창문 밖으로 누군가가 지나간다면 그것도 관객의 주의를 뺏을 것이다.

방해가 되지 않는 배경을 선택하는 가장 쉬운 방법은 시각적으로 단순한 장소를 선택하는 것이다. 소파나 탁자 혹은 탁자 위에 놓여 있는 볼펜이나 종이를 치우는 것을 부끄러워하지 마라. 더욱 좋은 숏 구도를 위해 인터뷰 대상자에게 앉은 위치를 바꾸어 줄 것을 요구해야 할 때도 있다.

만약 어쩔 수 없이 방해되는 배경이 있는 곳이라면 최대한 조명이 비춰지지 않도록 하라. 창문 커튼을 쳐야 할 수도 있고 방의 조명을 줄여야 할 수도 있다. 어려운 점은 인터뷰 대상자를 충분하게 조명해야 한다는 것이다.

팁 향후에 생길 수 있는 문제를 피하기 위해 이런 테스트를 해보라. 누군가의 집에서 인터뷰를 한다면 카메라와 인터뷰 대상자를 위치시키고 말하지 않는 상태에서 몇 초간 녹화하라. 그러고 나서 녹화한 것을 보면서 인터뷰를 망칠 수 있는 냉장고와 에어컨과 같은 주변 소음이나 시각적으로 방해되는 요소들이 있는지 확인하라.

인터뷰 대상자를 촬영할 때의 카메라 구도

영상 언어로 '버스트 숏'이라고 흔히 불리는 가장 기본적인 인터뷰 숏은 인터뷰 대상자의 머리와 어깨 정도를 포함하는 숏이다. 인터뷰 대상자의 머리 바로 위가 보이고 턱 밑으로 몇 인치 정도가 보이는 구도로 타이트하게 잡는다. 인물의 머리 위에 너무 많은 공간이 있지 않도록 한다. 얼굴은 약간 왼쪽이나 오른쪽 한 쪽으로 향하게 하라.

약간의 공간을 두어 얼굴이 잘리지 않게끔 한다. 얼굴 밑에 공간을 남겨두어 편집할 때 인물의 이름을 적어 넣을 수 있도록 한다.

심리적으로 중립적인 숏을 위하여 카메라는 인터뷰 대상자의 눈높이에 위치시킨다. 인터뷰 대상자가 하찮고 중요하지 않은 인물로 보이는 것을 피하기 위해 카메라가 위에서 아래로 찍는 구도는 피한다. 아래에서 위로 찍는 구도는 인물의 키를 엄청 커보이게 하기 때문에 그 인물이 매우 중요하고 우월하게 보일 수 있다.

인터뷰 대상자가 개인적이거나 감정적인 얘기를 할 때에는 얼굴을 극 클로즈업으로 잡을 준비를 하라. 렌즈를 조정하거나 카메라를 가까이 가져가 프레임 안에 얼굴이 가득 차게끔 한다. 이런 극 클로즈업 숏은 시청자들을 인물과 같은 감정을 느낄 수 있는 공간으로 끌어들여 유대감을 형성한다. 오랜 동안 가장 인기 있는 시사 고발 프로그램인 〈60분〉은 극 클로즈업 숏을 인터뷰의 감정 효과를 강화시키기 위하여 자주 사용한다. 또한 이 숏은 어떤 상실을 고백한다거나 자신의 범죄를 시인할 때 효과적으로 사용될 수 있다.

인터뷰 대상자의 시선을 일관되게 하라

인터뷰가 진행되는 동안, 인터뷰 대상자는 카메라가 아닌 당

인터뷰 촬영 구도

◂ 너무 멀다. 인물 주위에 공간이 너무 많다.

◂ 프레임 속에 인물이 너무 작게 보인다.

◂ 인물의 머리 윗부분이 잘려나갔다.

◂ 인물이 너무 왼쪽으로 치우쳐 있어 화면 밖을 보고 있는 것 같다.

◂ 보기 편안한 구도이다.

◂ 인터뷰 대상자가 손을 많이 움직인다면 좋은 구도이다.(사진 촬영: 켄 코브레)

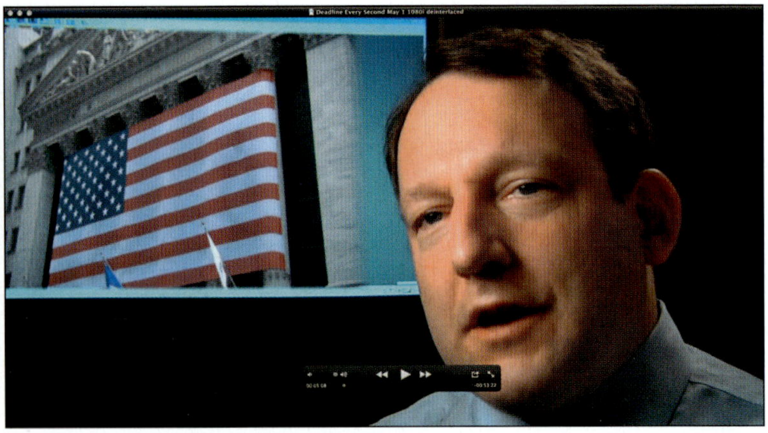

▲ **시선 방향에 유의하라.** 이 인터뷰를 위해서 촬영자는 인터뷰 대상자의 시선을 렌즈와 같은 선상에서 유지하기 위하여 자신을 카메라 바로 왼편에 위치시켰다.(사진 촬영: 켄 코브레)

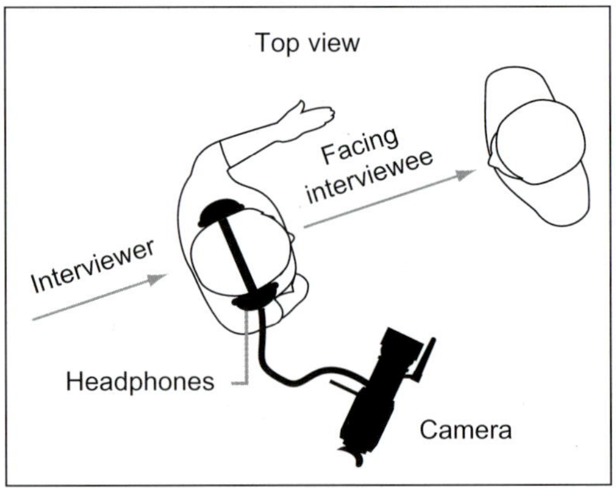

▲ 카메라가 인물의 눈과 같은 높이에 자리하도록 하라. 그 다음 카메라 왼편에 자신을 같은 높이에 위치시키고 렌즈와 최대한 가까이 있어라.

신을 바라봐야 한다. 인터뷰 대상자의 시선을 통제하라. 시청자들이 그들이 볼 수 없는 곳에서 무슨 일이 벌어지고 있는지 궁금해 하지 않도록 인터뷰 대상자가 화면 밖의 무언가를 바라보는 듯한 모습을 보이지 말아야 한다. 카메라의 왼쪽 또는 오른쪽에 당신의 얼굴을 위치시키면 인터뷰 대상자의 시선을 통제할 수 있다. 그렇게 인터뷰 대상자의 시선이 고정된다면, 시청자들은 인물이 카메라 바로 옆의 누군가와 자연스러운 대화를 하고 있다고 느낄 것이다. 당신은 인터뷰 내내 조금은 불편할 수도 있는 이 자세를 유지해야 할 것이다. 그러나 그 숏은 나중에 매우 훌륭해 보일 것이다.

인디애나의 WISH TV에서 뉴스 운영부장으로 있었던 스티브 스와이처 역시 인터뷰 촬영할 때 카메라를 대상자 눈높이에 맞추라고 말한다. "카메라뿐 아니라 인터뷰 진행자도 대상자와 같은 눈높이여야 합니다. 그래서 만약 아이들과 얘기한다면 무릎을 꿇어야 합니다."

인터뷰가 먼저인가, 촬영이 먼저인가

사진가들은 종종 촬영을 하고 난 후에 질문을 한다. 어느 한 학생이 상어 복장으로 대학 캠퍼스를 걸어가고 있다면 먼저 그 모습을 촬영하라. 상황이 벌어질 당시의 자연스러운 모습을 포착하라. 다른 학생들이 이 낯선 장면에 어떻게 반응하는지도 지켜보라. 그러고 난 후에야 그 '상어 학생'을 인터뷰하고, 가능하다면 다른 학생들도 인터뷰해야 한다.

간혹 질문을 먼저 하고 촬영을 해야 하는 경우도 있다. 현장 학습을 이끄는 지질학과 교수가 인근에 있는 산으로 간다고 했을 때, 인터뷰를 먼저 해야 학습 내용을 알고 그것에 맞는 암반층을 관찰하고 촬영할 수 있을 것이다. 산에 올라가기 전에 인터뷰를 하지 않았다면 산에 갔을 때 무엇을 촬영해야 하는지 잘 몰랐을 것이다.

"인터뷰와 촬영, 어느 것이 먼저인가?"라는 질문은 사실, 인터뷰나 촬영이 한 번으로는 부족하다는 판단에서 나온 것이다.

인터뷰를 먼저 하고 촬영을 한다면 인터뷰 대상자가 말한 내용에 맞는 영상을 찾아볼 수 있다. 그렇게 촬영한 후 뛰어난 저널리스트라면 두 번째 인터뷰를 할 것이다. 이 두 번째 인터뷰는 당신이 관찰하고 촬영한 것을 기반으로 추가적인 정보를 얻어내는 기회가 될 것이다.

인터뷰 대상자가 얼마나 관심 있어 하느냐에 따라 촬영된 영상을 보여줄 수도 있고 카메라 앞에서 촬영된 장면에 대하여 얘기를 할 수도 있다.

▲ 다큐멘터리 **'매순간 데드라인'**에서 AP의 사진 기자 오데트 발릴티가 퓰리처상을 수상한 사진을 찍게 된 그날에 있었던 일에 대하여 말하고 있다.(제작: 켄 코브레와 존 휴윗)

실제로, 당신이 촬영한 영상이나 사진 혹은 역사적 자료를 보여주면서 인터뷰 대상자의 경험을 바탕으로 한 이야기를 카메라에 담는다면 편집할 때 말과 영상을 결합할 수 있는 좋은 재료가 될 것이다.

특히, 인터뷰 대상자가 자신이 촬영된 영상을 보면서 이야기하는 것을 카메라에 담으면 영상과 오디오의 확실한 연결 고리가 만들어진다. 이것은 멀티미디어나 비디오 저널리즘 작품에서 매우 좋은 재료이다. ■

체크리스트

- 집이나 사무실을 떠나기 전에 모든 장비들이 잘 작동되는지 체크하라.
- 촬영 장소에 일찍 도착하고 모든 장비를 다시 체크하라.
- 장비들을 설치하고 다시 한 번 체크하라.
- 녹화해보고 이미지와 음향을 체크하라.
- 촬영을 시작할 준비가 된 다음에 인터뷰 대상자를 촬영 위치에 서거나 앉게 하라.
- 카메라 뷰파인더를 통해 인터뷰 대상자의 시선 처리가 괜찮은지 체크한다. 아무래도 당신을 쳐다보려고 할 것이다. 렌즈 옆에 서 있어라.
- 배경에 방해되는 것이 있는지 체크하라. 막대기나 나무, 액자나 창턱이 인물 머리에서 나오는 것처럼 보이지 않게 하라!
- 인물을 타이트하게 잡아라. 특히 온라인 시청자들에게는 얼굴이 크게 나오면 좋다.
- 조명에 신경 써라! 강한 햇살이 있다면 인터뷰 대상자가 눈을 찡그리지 않도록 가려줘라. 햇빛이 인물 바로 뒤에 있게끔 하지도 마라. 집에서 촬영한다면, 램프를 치우고 커튼을 쳐야 할 수도 있다.
- 한곳에 가만히 있으면서 인터뷰 대상자와 눈을 마주쳐라. 당신이 여기저기 움직이면 인물의 눈이 당신을 따라다닐 것이고 그건 매우 이상하게 보일 것이다.
- 헤드폰을 껴라! 온갖 종류의 잡음이 인터뷰의 오디오를 망칠 수 있다. 대부분의 경우, 음향 모니터링을 하지 않으면 문제를 알아채지 못한다.

▲ **내레이션 녹음.** 내레이션 해설을 직접 본인의 목소리로 녹음해야 할 때도 있다.(사진 촬영: 스탠리 하이스트)

12

대본 쓰기

스탠리 하이스트

메릴랜드대학교 언론대학 강사

당신이 세계적인 교향악단이 연주할 음악의 작곡을 맡았다고 해보자. 당신의 지시에 따라 목관악기, 현악기, 타악기 연주자들이 아름다운 음악을 만들기 위해 노력할 것이다. 당신의 목표는 이 모든 구성 요소들을 잘 조화시켜 청중이 즐길 수 있게 하는 것이다. 오선지에 펜을 댈 때 당신이 어떤 결정을 하는가에 따라 악기들이 조화를 이룰 수도 있고 그렇지 못할 수도 있다.

이 아이콘은 〈비디오 저널리즘〉 웹사이트에 가면 더 자세한 정보를 얻을 수 있거나 언급된 비디오 작품을 볼 수 있음을 나타낸다. 작품의 제목 및 책에서 거론된 챕터와 페이지가 나와 있다. 책에 있는 것과 동일한 사진도 볼 수 있다.

http://www.kobreguide.com/content/videojournalism.

여러 면에서 비디오 저널리즘 스토리도 비슷하다고 볼 수 있다. 다만 비디오 저널리스트는 악기 대신 **영상**과 **자연 음향**, **인터뷰**, 그리고 종종 **보이스오버 내레이션**을 사용하여 관객에게 정보를 전달한다. 이 요소들을 효율적으로 사용한다면 기억에 남고 이해하기 쉬운 멋진 스토리를 만들 수 있을 것이다. 반면 이 요소들을 무턱대고 사용한다면 불협화음이 생길 것이다.

순서대로 본다면, 대본 쓰는 것은 내레이션을 녹음하기 바로 전에 진행되어야 할 것 같다. 그러나 우리가 영상 스토리를 만드는 방식은 단순하지 않다. 사실을 말하자면, 대본 쓰기는 처음 스토리에 대한 아이디어가 생겼을 때에 시작해서 완성될 때까지 계속된다. 대본 작가이며 샌프란시스코 시립대학교에서 대본 쓰기를 가르치는 데니스 보스트롬은 이렇게 말한다. "제안서를 쓰기 위해, 그리고 돈을 절약하고 촬영 계획을 세우기 위해 촬영 들어가기 전에 대본을 많이 썼어요."

전 과정에 걸쳐 결정 하나하나가 관객들이 스토리를 어떻게 받아들일지에 영향을 미친다. 그 과정은 유기적이며 많은 요소에 영향을 받는다. 인터뷰한 사람, 인터뷰 내용, 자연음 장면, 시각 자료, 대본과 편집 과정 등. 그래서 스토리에 대해 처음 생각할 때부터 최종 완성품을 염두에 두어야 한다.

내레이션의 세 가지 방법

비디오나 멀티미디어 작품에 내레이션을 넣은 것에는 세 가지 방법이 있다. 화면에 리포터가 나와 말하거나, 보이스오버 내레이션을 넣거나, 인물들의 대화나 인터뷰를 사용할 수도 있다.

영상 리포터

리포터가 시청자들에게 정면으로 얘기하는 것은 6시 텔레비전 뉴스와 다큐멘터리에서 흔히 볼 수 있다. 이 방법으로 스토리가 전개되는 동안 리포터가 해설을 해나간다.

잘 되었을 때는 리포터의 대본은 이해하기 쉽고 작품의 비디오 및 오디오에 좋은 동반자가 된다. 잘못되었을 때는 리포터의 말은 산만하게 만들고 부자연스러우며 시청자들이 스토리에 몰입되는 것을 방해한다.

일반적으로 리포터는 서서 카메라를 정면으로 보고 시청자들에게 몇 마디를 한다. TV 방송에서 이런 리포터를 활용하는 이유는 다음과 같다.

- 시청자들에게 리포터를 소개한다.
- 현장성을 살려 시청자들에게 신뢰감을 준다.
- 어느 특정한 채널을 꾸준히 보는 시청자들에게 '익숙한 얼굴'을 보여준다.
- 리포터가 시청자들에게 시범을 보여줄 수 있다. 예를 들어, 수도꼭지 고치는 방법을 보여줄 수 있다.
- 스토리와 관련된 사실들을 재빠르게 얘기해준다.

리포터가 카메라 앞에서 스토리의 내용을 설명하는 것의 단점은 초점을 스토리와 그 등장인물들에서 리포터로 옮겨놓는다는 것이다. 그것은 또한 극적 효과를 감퇴시킨다. 사건 자체를 보여주는 게 아니라 말로 설명하기 때문이다. 결국 시청자들은 스토리보다는 카메라 앞에 있는 리포터에게 눈길이 더 많이 가게 된다.

이러한 이유 때문에 이 책에서는 보이스오버 내레이션을 사용하거나 인터뷰 그 자체 혹은 그들이 생활하면서 녹음된 목소리를 사용하는 것을 강조한다.

보이스오버 내레이션

보이스오버 내레이션은 촬영을 마친 후에 녹음된다. 비디오 저널리스트들은 촬영한 모든 것을 검토한 후에 내레이션에서 어떤 말을 할지 결정한다. 보이스오버 해설은 카메라 앞에 서 있는 리포터의 매력을 보여주는 것이 아니라, 스토리의 중요한 내용을 강조하는 데 쓰인다. 좋은 내레이션은 우리가 보지 못하는 정보를 전달하며 스토리의 깊이를 더해준다.

내레이션 해설은 다음과 같은 것들을 다룰 때 특히 효율적으로 사용될 수 있다.

- **경제나 과학, 혹은 산업과 관련된 어려운 개념.** 이 분야의 전문가들은 아주 많은 지식을 갖고 있지만 시청자들을 위해 정보를 간략하게 전달하는 것은 쉽지 않을 수 있다. 기상학자는 미국 중서부에 다가오고 있는 슈퍼셀 뇌우에 대해 동료 과학자들이 이해할 수 있도록 설명할 수는 있지만 일반인이 이해하기 쉽게 말하기는 어렵다.
- **주요한 인터뷰 대상자가 없는 역사 스토리.** 미국의 남북전쟁에 대한 스토리는 그 시대의 생존자가 없기 때문에 내레이션의 도움을 받아야 할 것이다. 이런 경우에도 방법이 없는 것은 아니다. 이 주제에 대하여 잘 알고 있는 (인터뷰할 만한) 전문가들이 많기 때문이다. 그러나 내레이션을 사용하면 당신이 원하는 정확한 정보를 전달할 수 있다.
- **중요한 인물들을 촬영할 수 없는 경우.** 이것이 스토리를 하지 못하게 되는 이유가 되어서는 안 된다. 거리가 멀기 때문이든 자신을 드러내고 싶지 않기 때문이든 아니면 다른 이유이든, 촬영을 할 수가 없다면 내레이션을 통해 완성된 스

토리를 만들 수 있다.

- **인터뷰 대상자가 전해주는 내용 외에 다른 정보가 필요할 경우.** 스토리에는 적어도 두 개의 측면이 있기 마련이다. 예를 들어 인터뷰 대상자가 어떤 특정한 법이 폐기되어야 하는 이유를 설명한다면, 그 사람은 아마 동시에 그 법의 장점을 설명하지는 않을 것이다. 이런 경우 내레이션이 반대 측면을 설명해주며 중립적인 위치를 지킬 수 있다. 또한 내레이션은 다큐멘터리에서 특정한 부분들의 내용을 명료하게 해주거나 뒷얘기를 추가하여 스토리의 깊이를 더해줄 수 있다.
- **인터뷰 대상자가 영어를 잘 못하거나 아예 못할 경우.** 간혹 인터뷰 대상자가 매우 흥미로운 스토리를 갖고 있지만 영어권의 관객들과 소통하는 데 어려운 경우가 있다. 이럴 경우 내레이션이 효과적일 수 있다.

예를 들어, 필자는 여름 캠프로 미국 볼티모어를 방문한, 중국에서 온 유소년 아이스하키 팀에 대한 스토리를 만들었다. 한 명만이 영어를 할 줄 알았기 때문에 인터뷰는 큰 도움이 되지 못했다. 내레이션을 아이들의 자연스런 영상 및 오디오와 함께 사용하여 기억에 남을 만한 스토리를 만들어냈다.

수단 남부에서 반군에게 유괴된 아이들에 관한 〈타임〉 매거진의 에드 롤린스의 스토리에서 아이들이 영어를 못하기 때문에 내레이션이 스토리를 하나로 엮어준다.

그러나 간혹 내레이션은 신의 목소리처럼 들릴 수 있다. 내레이터는 권위자의 위치에서 가르치듯이 관객에게 말을 한다. 이 목소리는 뜬금없이 나타난 느낌을 주면서 주제에 어울리지 못할 때 특히 문제가 된다. 작가이자 선생인 데니스 보스트롬은 "이러한 방식의 보이스오버는 제2차 세계대전 후 1950년대 초에 가장 두드러지게 사용되었죠. 반면 요즘에 만들어지는 다큐멘터리에서는 보이지 않는 내레이터의 내레이션(예를 들어 피터 코요테의 내레이션)이 자연스럽게 느껴집니다."라고 말한다.

사람들이 일상적으로 서로 얘기할 때 아나운서의 목소리로 하는 것이 아니기 때문에 예전의 다큐멘터리들을 지금 보면 우스꽝스러울 수 있다. 소위 '신의 목소리'는 자연스럽지도 않고 일상적인 대화 같지도 않다. 1997년 〈필름 히스토리〉에 실린 한 논문, '신의 목소리를 역사화하기: 클래식 다큐멘터리에서의 내레이션'에서 찰스 울프는 이런 형태의 내레이션을 공격적이고 절대적이며 "사람일 수 없는 목소리"라고 설명한다. 관객에게는 이 목소리가 거만하고 잘난 체 하는 것으로 들리며 거리감이 느껴진다.

▲ **신의 저항군이 수단에서 아이들을 사냥한다.** 열다섯 살의 모시스와 두 아이는 어느 날 밤에 마을에서 유괴당했다. 그들은 남부 수단에서 아이들을 노예로 만드는 반군들에게 잔혹한 행위를 당했다.(제작 에드 로빈스, 타임)

보이스오버 내레이션은 권위적이거나 모든 것을 다 아는 것 같은 느낌을 주지 않아야 한다. 대신에 구체적인 내용을 정리하고 비디오 저널리스트 자신이 아는 바에 한해서 사실을 말해야 한다. 내레이션은 영상과 사운드가 스스로 (자체만으로) 말할 기회를 줘야 한다. 그래서 우리는 객관적으로 내레이션을 쓰고(중립적인 위치에서 아는 데까지 사실을 얘기한다) 인터뷰나 자연음을 주관적으로 사용한다(등장인물들이 그들의 감정과 의견과 경험을 얘기한다.).

자연음

스토리텔링에 있어서 셋째 방법은 관찰적으로 기록한 사운드만을 사용하는 것이다. 이 기법은 **시네마 베리테**라고도 한다. 이 경우, 카메라 앞에 서는 리포터도 없고 보이스오버 내레이션도 없다.

알란 로젠탈의 책, 〈다큐멘터리 각본을 쓰고 연출하기〉에 따르면 이 스타일은 1960년대에 촬영 장비가 가벼워지고 기동성이 좋아지면서 생겨났다. 시네마 베리테에서는 인터뷰를 포함한 등장인물들의 말, 그리고 이미지를 통하여 스토리가 만들어진다. 많은 다큐멘터리 제작자는 시네마 베리테 방식을 사용한다.

- 등장인물(인터뷰 대상자)이 자신의 이야기를 한다.
- 제3자(리포터나 내레이터)가 스토리텔링에 간여하지 않는다.
- 관객의 입장에서는 관객 자신과 등장인물 사이에 아무것도 끼어들지 않기 때문에 친밀함이 형성된다.
- 관객들은 내용을 자신이 직접 해석하고 스스로 결론을 내린다.
- 리포터나 보이스오버 내레이터가 없기 때문에 관객은 그

들의 판단이 정확한지를 생각할 필요가 없다.

- 프로듀서는 보이스오버를 따로 녹음할 필요가 없다.

모든 스토리텔링에서의 결정이 그렇듯 리포터, 보이스오버, 혹은 순전히 등장인물들의 대화 등의 사용은 관객을 위해 최선의 것이 무엇인가에 대한 판단에 따라 결정되어야 한다.

초보 비디오 저널리스트는 그들 본인의 목소리를 좋아하지 않아 내레이션 사용을 포기하는 경우가 있다. 그러나 목소리가 좋지 않다는 이유로 내레이션 사용을 포기한다는 것은 나쁜 핑계에 불과하다. 나중에 다시 논의하겠지만 효과적인 내레이터가 되기 위해서 좋은 목소리는 꼭 필요하지 않다.

자연음(등장인물 간의 대화) 혹은 내레이션?

보이스오버 내레이션 없이 자연음만을 사용한 스토리를 만들어내는 것은 쉬운 일이 아니다. 스토리를 완전하게 전달하기 위한 요소들을 다 갖추었다고 확신할 수 있어야만 한다. 만약 아래의 질문 모두에 '예'라고 대답할 수 있다면 당신의 스토리는 자연 음향만을 사용하여 만들어질 수 있는 가능성이 크다. 그렇지 않다면 내레이션을 사용하는 것이 아마 더 나을 것이다.

- 스토리의 각 요점들을 설명해주는 등장인물의 말이 있는가?
- 등장인물의 말은 하나의 완전한 생각으로 전달되나? 최소한의 편집만을 거치면 되는가?
- '누가, 무엇을, 언제, 어디서, 왜, 그리고 어떻게'를 설명할 수 있는 영상과 음향이 있는가?
- (필요하다면) 스토리의 균형을 맞추기 위한 반대 관점이 있는가?
- 스토리의 문맥을 전달할 만한 영상이 충분히 있는가?
- 스토리를 시작할 때 사용할 만한 등장인물의 간결한 말이 있는가?
- 그 말에 어울리는 영상이 있는가?
- 스토리를 끝맺을 때 사용할 만한 좋은 등장인물의 간결한 말이 있는가?
- 그 말에 어울리는 영상이 있는가?
- 말소리는 깨끗하게 잘 들리고 일반 사람들이 이해하기 쉬운가?

대본 없는 스토리의 어려운 점

내레이션이 없는 스토리를 만든다면 촬영을 시작하기 전에 결정해야 한다. 자연음에 의존한 스토리의 성공은 당신이 좋은 영상과 오디오를 얼마나 많이 기록하는가에 달렸기 때문이다. 이런 '자연스러운' 방식을 택한다면 등장인물들의 말이나 영상이 그것만으로 스토리를 충분히 전달할 수 있어야 한다. 예를 들어 캐릭터 소개라든지 스토리의 요점 전달이 잘 되어야 한다. 일반적으로, 등장인물들의 말만 사용한다면 대본을 바탕으로 스토리를 구성하는 것보다 훨씬 더 많은 촬영 자료가 필요하다. 그러나 모든 구성 요소를 카메라에 담는 것은 쉽지 않은 일이다.

대본이 없는 스토리를 완성하려면, 인터뷰 대상자들의 답변이 리포터나 내레이션의 도움 없이 그 자체로 완결된 생각을 표현해야 한다. 경우에 따라서는, 사전 인터뷰를 하여 그 내용을 바탕으로 촬영 계획을 꼼꼼하게 세워야 할 수도 있다. 등장인물들의 말만으로 스토리를 전달해야 하기 때문이다.

상황이 바뀔 수도 있다는 것을 고려하라. 내레이션 없이 등장인물들만으로 스토리를 구성할 계획이었다고 하더라도 필요한 요소들이 부족하다면 내레이션을 사용하는 것이 더 좋은 방법일 수 있다. 그럴 가능성은 낮은 편이지만 내레이션을 사용한 스토리를 만들려다가 촬영 자료를 검토한 후에 내레이션 없이 등장인물들의 말만 사용하기로 결정하는 경우도 있다. 내레이션 해설이 굳이 필요 없다면 그것은 운이 좋은 것이다. 결국 어떤 방법을 택하든지 전체 과정에서 유연한 자세를 갖고 있어야 한다.

촬영 후

하루 동안의 촬영을 마친 후에는 촬영된 영상들을 외장 하드드라이브로 옮겨라. 그 다음에 각각의 촬영 클립에 이름을 달아줘라. 만약 쓸 만한 등장인물의 말이 있다면 글로 옮겨 적어라.

클립에 이름을 붙이고 말을 받아 적고 하는 일들은 아예 하지 않거나 대충하기가 십상이다. 당신이 직접 촬영했기 때문에 내용을 다 알고 있다고 생각할지 모른다. 하지만 불행하게도 기억과 현실은 종종 매우 다르다. 그러므로 이 단계를 생

▲ **영상 확인.** WBFF-TV의 캐슬린 케언스 기자가 촬영이 끝난 후 영상을 검토하고 있다.(사진 촬영: 스탠리 하이스트)

시작과 끝맺음

▲ **시작.** 모르몬 교회의 청소년들이 유타-와이오밍 경계에서 손수레 행사에 참여하고 있다. 스토리의 내용을 드러낼 수 있는 오프닝 숏을 찾아보라.(사진 촬영: 제프리 올레드, 데저트 뉴스)

▲ **끝맺음.** 이 사진과 같은 마무리 숏을 찾도록 노력하라. 세 살인 미아 피터슨과 그녀의 어머니 레베카가 아버지/남편이 12개월 동안의 파병 복무를 위해 떠나는데 울음을 터트리고 있다.(사진 촬영: 제프리 올레드, 데저트 뉴스)

◀ **쥬스를 찾아라.** 최초의 메모: "00:04:18 WS 〉 깃발을 든 아이"(**의미:** 4초 18프레임, 와이드 숏, 프레임 우측으로 움직인다. 깃발을 든 아이)

략하지 마라. 연출, 촬영, 편집 등 모든 것을 한 사람이 다 한다고 해도 글로 옮겨 적음으로써 파일을 검토하고 정리를 할 수 있으며 이를 바탕으로 내레이션을 쓸 수 있다.

모든 숏을 기록할 필요는 없다. 대본을 쓰는 데 도움이 될 것으로 생각되는 것들만 기록하면 된다. 촬영된 자료를 보고 좋은 순간과 사건이 포착되었으면 기록하라. 눈을 뗄 수 없는 위의 숏은 중국에서 온 청소년 아이스하키 팀 '베이징 컵스'가 국기 뒤에서 스케이트를 타며 등장하는 장면이다. 타임코드와 구도(와이드, 미디엄, 혹은 클로즈업), 프레임 내에서의 움직임 등 숏을 설명하는 정보를 기록하라.

어떠한 영상을 써야 하는지 잘 인지하고 있다면 더욱 정확하고 효율적인 편집과 대본 쓰기를 할 수 있다. 종종, 촬영한 당신조차 놀랄 만한 것들이 영상에 담겨 있을 수 있다. 누군가의 즉흥적인 발언이나 등장인물의 웃긴 표정, 혹은 마이크가 포착한 어떤 자연음 같은 것들. 반대로, 어떤 것들은 다시 보면 당신의 기억 속에 있는 것만큼 흥미롭지 않을 수도 있다. 이름을 붙이고 글로 옮겨 적는 과정을 통해 당신은 실제로 쓸 만한 것들이 얼마나 촬영되었는지를 확인하고 그것을 바탕으로 자신감 있게 대본을 쓸 수 있을 것이다.

숏들 기록하기

당신이 직접 편집을 할 것이라면, 모든 클립들의 정보를 모두 기록하는 것은 불필요할 수도 있다. 그러나 중요한 영상들에 대해 기록해둔다면 나중에 도움이 될 것이다. **WS**는 와이드 숏, **MS**는 미디엄 숏, **CU**는 클로즈업, **POV**는 시점 숏, 그리고 **RS**는 반응 숏과 같이 약칭을 사용할 수 있다. **FG**는 전경에 벌어지고 일, **BG**는 배경에서 벌어지고 있는 일을 뜻한다. 〈, 〉, ^, 그리고 v 등은 스크린 방향을 뜻한다. 이것은 움직임의 방향뿐 아니라 인터뷰 대상자의 시선 방향도 포함한다(챕터 10 참조). 또한 자연 음향에 귀 기울여야 한다. 환경음은 스토리의 속도감이나 자연스러움을 더해줄 수 있다. 자동차의 경적 소리나 전화기 울리는 소리, 짹짹거리는 새소리 등은 모두 영상을 더욱 풍부하게 해준다. 마지막으로, **SOT**(Sound on Tape)는 등장인물 간의 대화를 뜻한다. 테이프는 이제 거의 사라졌지만 그 용어는 아직 사용되고 있다.

촬영 현장에서도 숏에 대해 메모하는 것을 고려해보라. 많은 전문가들은 수첩을 가지고 다니면서 숏과 관련된 세부사항을 메모한다. 더욱 확실하게 하려면 촬영 정보를 '대본 슈퍼바이저 양식'에 조직적으로 기록할 수도 있다. 촬영 현장에서 메모를 하면 촬영할 것을 잊는다든지 질문을 빠뜨린다든지 하는 일을 방지할 수 있다.

에미상 수상자인 볼티모어 WJZ-TV의 마이크 슈는 꼼꼼하게 메모를 하는 것의 장점 중 하나가 "뉴스를 수집하는 기자로서 당신이 얼마큼 잘했는지에 대한 즉각적인 피드백을 준다는 것입니다. 꼼꼼한 메모는 무엇을 잘했고 무엇을 못했는지 알게 해줍니다. 다음 촬영 때는 아마 같은 실수를 하지 않게 되겠죠."라고 말한다. 혼자서 모든 일을 해야 하며 시간에 촉박한 상황이라고 하더라도, 인터뷰 내용과 어떤 영상이 촬영되었는지 알고 있다면 대본 쓰기와 편집이 그만큼 수월해진다. "당신이 찾아야 할 것은 액즙, 즉 스토리에 필요한 요소들입니다."라고 슈는 말한다.

슈는 기회가 생기는 대로 촬영된 영상들을 훑어보고 그가 작품에 사용하고 싶은 것들을 기록한다. "처음부터 끝까지 순차적으로 살펴봅니다."라고 말한다.

촬영된 오리지널 영상을 대략적으로라도 전부 봐야 한다. 그러나 분별해가며 기록하라. 모든 클립의 정보를 기록하는 데는 너무 많은 시간이 걸린다. 결국 마이크 슈에게 있어서 효과적인 기록이란 기록한 것들이 거의 빠지지 않고 전부 스토리에 사용되는 것이다.

편집 프로그램에서 클립에 이름 붙이기

대부분의 편집 프로그램은 파일을 불러들일 때 이름을 붙이게 해준다. 이름 붙이는 것은 등장인물들의 말과 영상을 찾는 데 도움이 된다. 최소한 인터뷰 내용에 대한 간단한 메모와 B롤 영상에 대한 간략한 설명은 프로그램에 넣을 수 있을 것이다.

더욱 상세히 하는 방법은 별도의 양식에 기록하는 것이다. 예를 들어 별도의 문서 작성 프로그램을 이용하는 것이다. 모든 것을 접근이 용이한 한곳에 같이 기록하는 것의 장점은 대본을 쓸 때 필요한 자료를 빨리 찾아낼 수 있다는 것이다.

어떤 식으로 이름을 붙이고 말을 받아 적더라도, 집중이 잘 되는 조용한 장소에서 하는 것이 좋다. 헤드폰을 사용하면 방해되는 요소를 피할 수 있다.

영상, 자연음, 그리고 물론 인터뷰 등 모든 요소를 검토하라. 감정을 드러내는 등장인물이나 등장인물들 간에 소통하고 있는 자연스러운 순간을 찾아보라. 쓸 만한 것이 있다면 메모해두어라. 무엇인지, 누가 하는 건지, 그리고 어디서 일어나고

비디오 속기

클립 기록:

03:08:06 WS, 2S > 레베카 SOT: "그는 내게 특별한 사람이에요. 그는 달라요. 그게 그의 이름을 내 몸에 문신으로 새기는 이유예요." (:12)

일상 언어로 번역:

이 숏은 3분 8초 6프레임 위치에 있다. 구도는 와이드 숏이다. 두 명이 나온다. 레베카가 "그는 내게 특별한 사람이에요. 그는 달라요. 그게 그의 이름을 내 몸에 문신으로 새기는 이유예요"라고 말한다. 이 숏의 길이는 12초이다.

이제 처음의 속기가 이해되나요?

있는 것인지 등. 이 모든 기록들이 나중에 대본을 쓸 때와 편집할 때 유용하게 쓰일 것이다.

대본 쓰기

돈과 시간을 절약하기 위해 대본은 촬영 전에 쓰기 시작해야 하고 편집할 때 다듬어야 한다. 시네마 베리테 스타일을 바탕으로 스토리를 만들어 간다면 대본은 내레이션 없이 등장인물들의 말과 영상 이미지로 이루어져 있을 것이다.

내레이션을 중심으로 한 대본 작업은 상대적으로 쉽다. 어려운 작업은 대부분 완료했기 때문이다. 그렇다 하더라도 대본을 쓸 때 참고할 만한 원칙들이 있다.

눈을 위해 쓰지 말고, 귀를 위해 써라

인쇄된 글은 확실하게 이해할 때까지 읽고 또 읽으면 된다. 그러나 영상은 단 한 번의 기회 밖에 주어지지 않는다. **간략한 문장**이나 **대화체 문장**으로 글을 써라. 많은 대본을 보면 잘 쓴 글 같아도 막상 크게 읽어보면 딱딱하고 헷갈릴 수 있다. 당신의 관객들은 당신의 말을 '듣고' 있다. 읽는 것이 아니기 때문에 복잡하고 장황한 문장들을 피하라. 대신 짧고 서술적인 문장이나 문구를 사용하라. 예를 들어, 연극 리허설 시간에 무대 위에 있는 한 고등학생의 영상과 함께 이런 말을 쓸 수 있다.

> 리허설 시간 때 무척이나 열심히 하는 것을 보면 테일러가 연극 활동에 헌신적이라는 것을 분명히 알 수 있다.
>
> 혹은
>
> 테일러의 집념이 드러난다.
>
> 첫 번째 예에서 관객은 이미 그가 무대 위에서 열심히 연습하는 것을 보고 있기 때문에 '열심히 하는 것을 보면'과 '연극 활동'은 불필요한 정보이다.

두 번째 예에서는 중요한 단어들만이 사용되었다. 우리는 무대 위에 있는 테일러의 모습을 보고 있기 때문에 "테일러의 집념이 드러난다."는 문장은 영상 이미지를 받쳐 준다.

능동태를 사용하라

주어-동사-목적어. 이와 같은 간단한 공식은 매우 유용하다. 영어로 봤을 때 'is'와 'was' 혹은 'will be'와 같은 be 동사는 피하라. 행위를 묘사하는 동사를 써야 한다. 밑에 있는 예는 동사가 'is'에서 'trains'로 바뀌었다. 'trains'로 할 경우 어떤 것을 촬영해야 하는지 더욱 명료하다.

> The puppy is trained by Grace.(강아지는 그레이스에 의해 훈련된다)—**수동태**
>
> 혹은
>
> Grace trains her puppy.(그레이스가 강아지를 훈련한다)—**능동태**

휴지 부분에는 생략 부호를 사용하라

내레이션이 멈추는 부분에는 생략 부호를 사용하면 눈에 잘 띈다. 휴지는 극적 강조를 하거나 문장을 쪼개서 일상 대화처럼 들리게 해준다. 생략 표시(...)가 있으면 내레이터는 대본을 읽으면서 거기서 말을 잠시 멈춰야 한다는 것을 알 것이다. 생략함으로써 당신은 불필요한 말들을 피할 수 있다. 이런 말 없는 부분은 극적인 강조 효과가 있으며 어떤 의미가 담겨 있음을 암시한다.

> 그레이스가 강아지를 훈련한다. 하지만 배우는 이는 그녀의 부모인 것 같다.
>
> 혹은
>
> 그레이스가 강아지를 훈련한다... 그녀의 부모가 배운다.

중요한 인물들은 말로 소개하라

중요한 인물들은 화면 하단에 글자만으로 소개하지 말고 간단하더라도 말(내레이션)로 소개하거나 그들 자신의 발언을 이용하라. 잠깐 등장하는 보조 인물들은 자막만으로 소개되어도 충분하다.

어느 한 인물을 두 번째로 언급할 때는 그의 성만을 이용하는 것이 정중한 방법이다. 그러나 감정이입이 크거나 격식을 차리지 않는 스토리 혹은 아이들에 대한 스토리라면, 또는 같은 성을 갖고 있는 몇 명의 인물이 나온다면 성을 제외한 이름만을 사용하는 것도 고려해볼 만하다. 신중하게 판단하도록 하라. 만약 잘 모르겠다면 성을 이용하라.

문장의 힘은 끝에 있다

흔히 문장의 마지막 부분이 관객에게 울림을 준다. 강조하고 싶은 것이 무엇인지 정한 다음에 그것을 문장의 끝에 두어라. 예를 들어 '일순간에 피터의 꿈이 위기에 처했다'라고 하면 위기에 처한 것이 강조되고, '피터의 꿈이 위기에 처했다, 일순간에'라고 하면 일순간에 벌어진 일임이 강조된다.

영상을 설정만 하고 설명하지는 마라

내레이션을 할 때는 관객이 영상을 이해하는 데 필요한 정보만 주도록 하고 관객 스스로 볼 수 있는 것을 설명하려고 하지 마라. 관객은 화면을 보고 있고 그것에서 정보를 추출하고 있다는 사실을 기억하라. 관객에게 숟가락으로 밥을 떠먹이듯이 하지 마라. 관객이 스스로 보고 해석하도록 하라.

예를 들어 마비된 뒷다리에 작은 휠체어를 달고서 양치기를 하는 개에 대한 스토리를 한다고 하자. (드라마틱한 스토리다!) 대본을 다음과 같이 쓸 수 있을 것이다.

듀크는 휠체어를 이용하여 양치기를 한다.

이것은 관객이 화면에서 볼 수 있는 것을 그대로 설명하는 예이다. 이것은 관객이 스스로 판단할 기회를 주지 않는다. 이에 비해 아래의 문장을 보자.

듀크는 신념을 가지고 일하러 간다.

이렇게 표현하면 관객은 듀크가 뭔가 특별한 것을 할 것으로 예상한다. 그리고 곧 그것을 보게 된다. 이것을 다른 방식으로 이야기하자면,

먼저 언어로 '말하고' 영상으로 '증명하는' 것이라고 할 수 있다.

등장인물의 말은 감정을 위해, 내레이션은 사실을 위해. 등장인물의 말은 주관적인 것, 즉 의견을 표하거나 감정을 드러내는 것을 사용하라. 기본적인 정보를 주는 말은 사용을 피하라. 날짜와 숫자 같은 정보는 내레이션으로 처리할 수 있다. 좋지 않은 인용문은 이런 것이다.

"태풍에 의해 이 지역에서 열세 가구가 파손되었고 둘은 완전히 파괴되었어요."(이 인용문은 감정이 없다. 중요한 사실을 포함하고 있지만 그것은 내레이션으로 다루는 것이 더 낫다.)

다음은 좋은 인용문의 예다.

"우리는 집을 잃었지만 삶의 의미를 새롭게 깨달았어요." (정서적이고 간결하고 힘이 있다.)

인용문의 성공을 가로채지 마라

인용문을 잘 배치하여 인물이 가장 힘 있는 말을 하게 하라.

내레이션: 메리는 사랑하는 누군가를 잃는 것에 비하면 집의 피해는 대단한 것이 아니라고 생각한다.

SOT(인터뷰가 아닌, 인물이 일상 행위 중에 한 말): 우리는 집을 잃었지만 삶의 의미를 새롭게 깨달았어요.

여기서 내레이션은 중복적이다. 아래와 비교해보라.

내레이션: 메리는 균형감을 잃지 않고 있다.

SOT: 우리는 집을 잃었지만 삶의 의미를 새롭게 깨달았어요.

여기서는 내레이션이 다음에 나올 인용문을 준비하는 역할을 한다.

내레이션이 내용을 심화하거나 스토리를 앞으로 나아가게 하라. 내레이션이 단순히 인물이 말하는 것을 반복한다면 그것은 스토리 진행을 멈추는 것이고 그것은 당신이 원하는 것이 아니다. 당신의 역할이 볼링장에서 핀을 세우는 것과 같다고 생각하라. 그것을 쓰러뜨리는 것은 등장인물이다.

마우스가 궁극적인 통제자다

시청자들이 마우스를 다른 데 클릭하지 않도록 스토리가 끊임없이 나아가도록 하라. 한 가지 요점을 이야기했으면 다음 것으로 넘어가라.

속도

스토리가 적당하고 다양한 속도를 갖게끔 하라. 긴장감이 도

◀ **'듀크는 신념을 가지고 일하러 간다.'** 관객은 듀크가 휠체어를 달고 있는 것을 볼 수 있다. 당신은 관객이 스스로 볼 수 있는 것을 설명할 필요가 없다.

는 부분에서는 짧은 내레이션과 인용문을 사용할 수 있을 것이다. 반면 상황을 반추하는 장면은 더 길게 보여주며 숨을 고를 수 있는 여유를 준다.

짧은 음향을 사용하라

스토리의 중요한 메시지를 강화시키기 위하여 짧은 자연음을 사용하라. 일상적으로 대수롭게 여기지 않는 음향도 사용할 수 있다. 문이 꽝 닫히는 소리, 계산대 소리, 새 소리 등은 관객들에게 다른 속도감과 정서를 느끼게 할 수 있다.

현재형 시제

모든 동사는 현재시제로 하라. 인터뷰 대상자의 말을 인용할 때 '말했다' 대신에 '말한다'를 사용하라. 어떤 행동에 대하여 설명할 때는 '하였다' 대신에 '한다'를 사용하라. 단 '링컨 대통령이 게티즈버그 연설을 하였다'와 같이 역사적인 내용을 언급할 때는 예외이다.

작은 것부터 큰 것으로

복잡한 소재를 쉽게 이해할 수 있도록 하는 방법의 하나는 작게 시작해서 점차 크게 가는 것이다. 감정을 자연스럽게 끌어올려 효과를 극대화시킬 수 있다. 이해하기 어려운 숫자를 다루는 스토리에서는 특히 그렇다.

예를 들어, 주차 위반 딱지를 가장 많이 받은 5명을 얘기한다고 할 때, 딱지를 가장 적게 받은 사람부터 시작해서 가장 악질까지 가는 것이 자연스럽다. 이렇게 함으로써 지루한 숫자를 나열하는 것에 그칠 수도 있는 이야기에 긴장감을 줄 수 있다. 관객들은 정확한 숫자를 기억하지는 못하겠지만 마지막 것이 처음 것보다 훨씬 더 크다는 것은 쉽게 이해할 것이다.

큰 숫자를 다루는 또 다른 방법은 사람들이 쉽게 마음에 그릴 수 있게끔 도와주는 것이다. 비유를 사용하라. 어떤 것이 '미식축구 경기장 세 개를 합쳐 놓은 것만큼 크다.'라든지 '엠파이어스테이트 빌딩보다 높다.'라든지 혹은 '이어서 놓으면 지구를 한 바퀴 돌 수 있다.'는 식으로 말하는 것이다.

마지막으로, 숫자를 다룰 때 정확한 숫자의 사용이 필수가 아니라면 근사치도 보통 허용된다. 예를 들어, 필라델피아에서 보스턴까지의 거리가 차로 307.5 마일이다. 그러나 '약 300마일' 혹은 '300마일 조금 더'라고 말하는 것이 말하는 사람에게나 듣는 사람에게나 훨씬 편하다. 매우 큰 숫자의 경우에는 관객들이 문맥을 재빨리 이해할 수 있도록 하라. 인구 비율을 얘기할 때는 '20퍼센트'라고 하지 말고 '5명 중 1명'이라고 하라. 관객이 스토리에 집중해야 할 때 머릿속에서 계산을 하고 있으면 절대로 안 될 것이다.

어떤 '목소리'가 가장 좋은가?

1인칭(나)은 보통 비디오 저널리스트 자신이 스토리의 참여자일 때만 사용된다. 이것은 흔하지 않으며, 객관적이지 않다는 느낌을 줄 수 있기 때문에 조심스럽게 사용해야 한다.

2인칭(당신)도 다큐멘터리에서 대개 부적절하다. 당신은 관객을 상대로 내레이션을 하지만 그들을 스토리의 참여자로 간주하는 것은 아니다. 그들은 그 스토리를 경험하지만 그 과정에 직접 관련되어 있지는 않다.

3인칭(그/그녀)이 보통 적절하다. 당신은 관찰자로서의 역할을 한다. 그러나 모든 것을 다 알며 잘난 체 하는 것처럼 들리면 안 된다. 객관적이고 자연스러워야 한다. 이는 앞서 '신의 목소리'에 대해 논의할 때 말한 것과 같다.

대본 구성 방식

밑의 '니콜슨의 스토리'처럼 실제 대본은 두 칼럼으로 구성되어 있다. 오른쪽에는 내레이션과 등장인물의 대화와 인터뷰 내용이 정확히 말한 그대로 적힌다. 왼쪽에는 영상에 대한 정보가 적힌다. 만약 당신의 작품을 직접 편집하는 것이라면 모든 영상의 정보를 적을 필요는 없다. 대본을 쓸 때가 되면 이미 무슨 숏들을 사용할지 머릿속에 있을 것이다. 그러나 어느 특정한 숏에 대한 설명이 들어가야 한다면 왼쪽에 쓰면 된다.

대본을 쓸 때 대부분의 리포터들은 처음부터 끝까지 순서대로 대본을 쓴다. 그러나 일부 비디오 저널리스트들은 대본의 첫 부분과 끝 부분을 쓴 후에 중간 부분을 쓴다. 이렇게 할 경우 대본의 가장 중요한 두 부분에 노력을 집중하게 된다. 이것은 또한 대본에 쓸 아이디어가 떠오르지 않을 때 도움이 된다. 특히 시간에 쫓길 때, 세세한 단어 선택에 시간을 너무 많이 쓰면 편집할 시간이 없을 수 있다. 전체적 윤곽을 가지고 있으면 대본을 쓸 때 막히는 문제가 덜 발생한다.

대본을 쓸 때 조심해야 할 점들

- **당신이 선택한 단어들을 너무 좋아하는 것.** 사용하지 말아야 될 것을 아는 것은 사용해야 할 것을 아는 것만큼 중요하다. 간혹 내레이션 한 마디나 인용문 한 구절이 너무 좋아서 꼭 써야 할 것 같을 수 있다. 그러나 당신의 스토리의 초점과 맞지 않는다면 사용하지 말아야 한다.
- **인쇄 매체용 글.** 초보 작가들이 극복하기 어려운 것들 중의

P-NICKERSON'S STORY
9/59/04

Tape #	Time Code	Time	Format	Date
Unknown	Unknown	04:50	PKG	9/29/04

News Central Archive

Production Cues:

[0]

TAPE 3 3:04:55---

[1]

TAPE 3 3;42:17--GREAT NATS--
AND COUNTRY SHOT

[2]

CRICKET SOUND

CORNFILELD-CHURCH-FARM
SHOT???

[3]

TAPE 3 3:20:44---

[4]

welcome sign

[5]

car passes in still pond

[6]

--OMIT--MAYBE TOO LONG???

[7]

Text:

(NATS-[0]-turning farm gauge)

THE SIMPLE SERENITY OF THE EASTERN SHORE.

[1](NATS)-crop duster-

IT'S WHERE CORNFIELDS CAN OUTNUMBER CARS...

[2](NATS)-crickets-

AND STEEPLES ARE THE ONLY SKYSCRAPERS.

-Music???? (soft piano-solitude)

(voice) [3]"its nice being out here.. kind of quiet"

[4]A TOWN LIKE STILL POND IN KENT COUNTY, DOESN'T GET TO GREET A LOT OF VISITORS.

(NATS) [5]

IT NEVER HAS A TRAFFIC JAM. [6]

[7] (voice) "and we'll play football today...")

AND ALL OF THAT SUITS THE NICKERSON'S JUST FINE.

[8](NATS) "ready??? catch..."

[9](nats (CATCH) "all right")

[10](PHIL NICKERSON) "its a nice place for the kids to grow up"

[11](NATS) -Baxter running after the ball-

◀ 여기의 **샘플 대본**을 보면 영상에 대한 정보는 왼쪽 칼럼에 있고 내레이션과 등장인물의 말과 음악은 오른쪽 칼럼에 있다.

하나가 내레이션을 학기 말 논문처럼 쓰는 것이다. 당신이 쓴 것을 크게 읽어보고 보고 듣기가 편한지 체크하라.

- **식상한 표현.** 간혹 식상한 표현이 도움이 된다. 그러나 대개의 경우 그것은 게으름의 산물이다. 영어에서, 엄청나게 비싸다는 의미로 "팔다리를 내놔야 한다(costs an arm and a leg)."라고 쉽게 말할 수 있지만 독창성이 떨어진다. 당신만의 표현을 만들어보라.
- **놀라운 내용을 너무 빨리 드러내는 것.** 거의 모든 스토리는 놀라움을 줄 기회를 가지고 있다. 무엇이 당신의 스토리 혹은 주인공을 특별하게 만드는 것인지 생각해보라. 거기에 놀라움의 기회가 있다. 처음부터 최고의 요소를 공개해버리지 마라. 관객이 스스로 놀라움을 발견하도록 하라. 그것이 훨씬 더 힘이 있다.
- **따라 하기.** 인터뷰 대상자의 말 앞뒤로 내레이션을 쓸 때에는 그 말을 따라하지 마라. 대신 그 말을 준비시켜줘야 한다. 만약 내레이션과 등장인물의 말이 똑같다면 둘 중에 하나는 포기해야 된다.

내레이터: 데이비스는 그것은 끔찍한 시련이었다고 말한다.
데이비스: 끔찍했어요.

- **관객들이 현장에 없었다는 것을 잊는 것.** 당신은 스토리에 대해 사전 조사를 했고 촬영도 했기 때문에 관객보다 긴밀한 정보를 훨씬 많이 가지고 있다. 관객은 스토리의 주제에 대한 전문가가 아니다. 그래서 그들이 배우는 입장이라고 생각하여야 한다. 시간이 있다면 1차 편집이 끝난 후에 그것을 일반인들에게 보여주고 잘 이해하는지 확인하는 것이 바람직하다.
- **지나치게 쉽게 하려는 것.** 이것은 텔레비전 뉴스에 대해 흔히 가지는 불만 사항이다. 일반인들이 이해하기 어려운 스토리를 만들면 안 되지만, 반대로 관객에게 숟가락으로 밥을 떠먹이듯이 하지도 마라.
- **관련 URL을 알려줘라.** 온라인 저널리즘의 장점 중 하나는 관객들이 원한다면, 스토리에 더 깊이 파고 들 수가 있다는 것이다. 관객들에게 관련 웹페이지 주소를 알려주어 그들이 주제에 대한 정보를 더 찾아볼 수 있게 해줘라.

한 번 쭉 읽어라

대본을 다 쓴 후에는 소리 내어 한 번 쭉 읽어보라. 문장들이 자연스럽게 이어지는가? 읽었을 때 어색하게 느껴지는 것이나 문법이 틀린 것은 없는가? 수정하는 것은 프로들에게도 매우 중요한 마지막 단계이다. 미니애폴리스 KARE-TV의 보이드 휴퍼트는 "저는 시간이 있을 때는 집착적으로 수정해요."라고 말한다. "쓰고 난 후에 읽고 또 읽고 다시 써요. 대본의 문장 하나하나를 이거다 싶을 때까지 수정해요. 문장을 보고 생각하죠. 이것이 말하는 바가 무엇인가? 더 나은 문장으로 쓸 수 있는가? 문장 마지막에 힘이 있어야 하는데 그러한가? 좋은 문장은 서서히 고조되어야 한다. 더 흥미롭게 만들기 위해서 어떻게 해야 할까?"

시간을 들여 대본을 검토하고 다른 사람들로부터 조언을 구하라. 특히 스토리에 대해 잘 알고 있지 않은 사람들로부터 피드백을 받으면 좋다. 휴퍼트는 가끔 그의 대본을 가족들에게 보여준다. 새로운 시각은, 저널리즘을 모르는 사람의 것이라고 해도, 스토리를 향상시키는 데 큰 도움이 될 수 있다.

대본 작가이자 선생인 데니스 보스트롬은 다른 사람에게 내레이션을 읽게 해서 들어보는 것을 제안한다. 또한 그녀는 관객들에게 음향 없이 영상만 보여주어도 그들이 주제를 파악할 수 있는지 보라고 얘기한다.

녹음 준비하기

이제 당신은 보이스오버 내레이션을 녹음할 준비가 되었다. 많은 비선형 편집 프로그램은 내레이션을 녹음할 수 있게 되어있는데 그것은 큰 장점이다. 컴퓨터로 편집을 하면서 동시에 보이스오버를 녹음할 수 있다. 많은 컴퓨터에 마이크가 내장되어 있다. 이는 카메라에 녹음을 하고 난 후에 파일을 컴퓨터로 옮기는 작업을 필요 없게 해준다. 또한 촬영된 영상 이미지를 보면서 내레이션과 맞대어 시간 길이를 재볼 수도 있을 것이다. 마지막으로, 컴퓨터에 바로 내레이션을 녹음하고 난 후 편집을 하다가 내용을 바꿔야 할 것 같다고 생각되면 바로 다시 녹음하면 될 것이다.

그러나 전문가용 마이크나 믹서를 연결할 단자가 컴퓨터에 없으면 음향의 질이 카메라에 내레이션을 녹음하는 것보다 떨어질 수 있다.

▲ **임시 녹음 부스 역할을 하는 자동차.** WBFF-TV의 리포터 캐서린 케언스가 자동차에서 보이스오버 내레이션을 녹음하려고 준비를 하고 있다. 그녀는 말소리가 창문에 반사되는 것을 줄이기 위해 재킷을 덮어쓸 것이다.(사진 촬영: 스탠리 하이스트)

마이크 선택

카메라에 녹음을 하든 컴퓨터를 통해 바로 편집 프로그램에 녹음을 하든, 가장 좋은 마이크를 사용해야 한다. 여러 마이크를 테스트해보고 내레이션 녹음에 어떤 마이크가 가장 좋을지 선택하라(챕터 8 참조).

장소

보이스오버 내레이션을 녹음할 장소를 정하는 것은 마이크를 정하는 것만큼 중요하다. 방음장치가 되어있는 곳을 사용할 수 없다면 소음이 나는 곳과는 거리가 있고 선풍기나 백색소음이나 소리를 울리게 하는 표면이 없는 작은 공간을 선택해야 한다. 마땅한 장소가 없으면 일부 전문가들은 차 안에서 녹음을 한다. 창문에 목소리가 반사되어 울리는 것을 방지하기 위하여 그들은 머리 위에 재킷을 뒤집어쓰고 녹음하기도 한다. 울림 현상이 없다는 전제하에 옷장 역시 괜찮을 수 있다. 옷과 같은 부드러운 물건은 울림 현상을 약화시키지만 안에 아무것도 걸려 있지 않은 옷장은 좋지 않다.

똑바로 앉아라

어디서 내레이션을 녹음을 하든지 간에 자세를 올바르게 하는 것은 목소리를 최대한 활용하는 데 도움이 된다. 서서 녹음을 하는 것도 좋다. 절대 구부정한 자세를 취하지 마라. 좋지 않은 자세를 취하면 횡격막에 압력이 가해지기 때문에 강하고 또렷하게 말하기 힘들다. 등을 쭉 피고 한다면 자신감도 붙을 것이

◀ **보이스오버를 녹음하기에 좋지 않은 장소.** 이 내레이터는 오디오를 녹음하기에 좋지 않은 장소에 있다. 그는 크고 휑한 회의실에 있다. 화이트보드와 테이블은 그의 목소리가 울리게끔 할 것이고 그의 목소리가 또렷하게 들릴 수 없을 만큼 마이크는 그의 입으로부터 너무 멀리 떨어져 있다. 또한 구부정한 자세는 횡경막을 압박한다.

◀ **보이스오버를 녹음하기 좋은 장소.** 빈 사무실은 조금 더 낫다. 내레이터는 샷건 마이크를 자신의 입을 향하게 하고 있다. 그는 똑바로 선 자세로 말하고, 벽면이 카펫이어서 음향 반사량이 적다.(사진 촬영: 스탠리 하이스트)

며 이 자신감은 목소리로 전해질 것이다. 미소를 짓는 것도 도움이 된다.

3, 2, 1... 이제 녹음이 시작되었다.

좋은 위치를 찾았다면, 녹음을 시작해야 한다. 볼륨을 체크하기 위해 대본의 몇 문장을 읽어보라. 긴장을 풀고 대본을 마지막으로 검토하고 평상시 수준의 볼륨으로 말을 하도록 준비하라.

오디오 볼륨을 맞췄다면 내레이션 녹음을 시작한다. 3부터 카운트다운을 하라.

> 3... 2... 1... (리듬에 맞춰 1초 쉬고) 내레이션의 첫 문장을 말한다.

내레이션 대본은 흔히 짧은 말들과 그 사이의 휴지 부분들로 되어 있다. 처음 쉬는 부분이 나올 때까지 읽어라. 그리고 잠시 쉬고 다시 그 다음 휴지 부분이 나올 때까지 읽는 식으로 진행하라. 각 부분은 한두 개의 구절로 이루어져 있다. 잠깐 쉬고 대본의 다음 부분을 읽어라.

중간 중간에 멈췄다가 다시 시작하는 식으로 가면 말의 흐름이 끊기는데, 이것에 대해 리치몬드 WTVR의 앵커이자 리포터인 그렉 맥퀘이드는 자연스럽지 않고 뉴스 보도 같은 느낌을 준다고 말한다. "내가 처음에 시작했을 때는 대본을 들고 3, 2, 1을 (대본의 휴지 부분마다) 세었죠. 그런데 그것은 뉴스 보도처럼 들렸어요. 내가 다른 사람이 된 것 같았죠. 자연스럽지가 않았어요. 난 친구한테 이야기를 들려주는 그렉이 되고 싶었지 녹음실의 '기자 그렉 맥퀘이드'가 되는 걸 원하지 않았어요." 대본의 휴지 부분에 잠깐만 멈춤으로써 맥퀘이드는 내레이션이 더 대화 같은 느낌을 갖게 할 수 있었다.

대화체는 신뢰감을 준다.

대화를 하는 것 같이 들리게 하는 또 다른 방법은 밖에서 일상적으로 얘기할 때와 같이 행동하는 것이다. 평상시에 손을 많이 쓰며 활기차게 얘기하는 경향이 있다면 대본을 내려놓고 손을 편하게 움직이며 내레이션을 읽어라. 마이크를 들고 있다면 대본을 스탠드 같은 곳에 올려놓아라.

우리는 일상적으로 친구와 얘기할 때 손동작을 많이 한다. 인터내셔널 커뮤니케이션의 목소리 코치 닉 댈리는 "메시지가 우리에게 중요할 때 항상 손동작을 하죠. 그것은 더 명확히 이해되었음을 시각적으로 나타내는 것입니다."라고 말한다. 댈리는 녹음을 할 때 적어도 한 손이 자유롭게 움직일 수 있게 하는 것을 권한다. 맥퀘이드도 그 조언을 따른다. 녹음 부스의 그를 보고 있는 사람이 전혀 없음에도 말이다. 그럼으로써 내레이션을 할 때의 억양이 거리에서 친구와 얘기할 때 쓰는 억양과 같아진다.

녹음하고 있는 방에 누군가가 있다고 상상하라. 문장을 말할 때 편안한 느낌을 받는다면 관객 역시 편안하고 일상적으로 받아들일 것이다.

이 모든 노력은 내레이션을 더욱 신뢰감 있게 들리게 할 것이라고 보이스 코치 댈리가 말한다. 테드 백스터와 권위적인 신의 목소리 시대는 이미 끝났다. 다시 말해, 효과적인 의사 전달을 위해 완벽한 목소리를 가질 필요가 없다. 댈리는 친구에게 얘기할 때처럼 깨끗하고 알아듣기 쉬운 목소리가 좋은 내레이션의 목소리라고 얘기한다.

리듬이 생겼는가?

또 고려해야 할 것 중 하나는 목소리의 리듬이다. 당신의 문장들이 다 길이가 같거나 같은 음절 패턴을 가지고 있거나 억양이 같지는 않은가? 내레이션이 마치 시를 읊는 것 같이 들리기 시작하지는 않는가? 내레이션의 리듬이 뻔해지는 것은 흔히 있는 일이다. 아래의 문장들을 큰 소리로 읽어보라.

> 스미스가 식당에 들어온다. 그가 부스에 자리를 잡는다. 그가 커피를 주문한다.

리듬이 형성되는 것이 들리는가? 패턴이 뻔해진다. 다음과 비교해보라.

> 스미스가 식당에 들어온다. 그가 부스에 자리를 잡고 커피를 주문한다.

똑같은 내용이지만 하나의 짧은 구절 뒤에 하나의 긴 구절이 이어졌다. 간단한 해결책이 많은 것을 바꿀 수 있다. 댈리가 얘기하듯이, 우리는 평상시에 예상하기 쉬운 리듬으로 말하지 않기 때문에 내레이션도 그렇게 해서는 안 된다.

목소리 음역을 넓게 사용하라

단조로운 톤으로 말하지 마라. 그렇다고 당신의 정상적인 음역을 벗어나라는 말은 아니다(시청자들은 잘못된 것을 잘 알아낸다.). 그러나 당신의 목소리 톤의 범위 안에서 최대한 목소리를 활용하라.

숨 쉬기

마침표에서 숨을 충분히 쉬어라. 마침표에서 숨을 충분히 쉬지 않으면(혹은 침을 삼키지 않으면) 다음 문장 중간에 숨을 쉬게(침을 삼키게) 된다. 문장 중간에 그러는 것은 통제를 잃은 것으로 인식된다.

들어보라

녹음을 다 하고 난 후 들어보라. 오디오 볼륨이 일정한지, 목소리가 너무 작아 쉬익 하는 잡음이 들리거나 소리가 너무 커서 왜곡되지 않는지 확인하라. 음향이 제일 큰 볼륨에서 깨끗하고 또렷하게 들리면 편집할 준비가 된 것이다.

좋은 음향은 완벽한 목소리를 의미하는 것이 아니라는 점을 기억하라. 관객들에게 좋은 목소리는 이해하기 쉽고 보통 사람의 목소리로 들리는 것이다.

유연하라

마지막으로, 가끔 최고의 대본은 편집을 할 때 수정하면서 탄생한다. 키스(KISS) 법칙을 따라라—Keep it Simple, Sweetie(자기야, 간단하게 해). 관객에게 멋있게 보이려고 복잡한 언어와 기법을 사용한 때문에 좋은 스토리를 망치는 경우가 있다.

또 하나의 오래된 법칙이 있다. 항상 (넘치는 것보다는) 아쉬움을 남기라는 것이다. 이런 점들을 인지한다면 앞으로 당신의 대본 쓰기와 내레이션이 즐거워질 것이다. ■

▲ **편집 소프트웨어.** 비디오 편집을 위한 애플의 파이널 컷 프로 X

13

스토리 편집하기

케이시 킬리체프스키
〈디트로이트 프리프레스〉 사진 및 비디오 부국장

편집은 편집실에서 시작되지 않는다. 스토리를 선택하는 것부터 시작해서, 질문을 선택하고, 촬영할 숏을 선택하고, 최종 컷을 할 때까지 당신은 편집을 한다. 제작 과정에서 당신은 항상 최종 작품에 대해 생각해야 한다. 시퀀스를 구성하기 위해서는 어떤 숏들이 있어야 할까? 인물들의 어떤 말과 어떤 자연음이 스토리를 충실히 전달할 것인가? 처음부터 계속 편집에 대해 생각해왔다면 당신은 컴퓨터 앞에 마침내 앉았을 때 잘 구성된 스토리를 엮어낼 수 있을 것이다.

이 아이콘은 〈비디오 저널리즘〉 웹사이트에 가면 더 자세한 정보를 얻을 수 있거나 언급된 비디오 작품을 볼 수 있음을 나타낸다. 작품의 제목 및 책에서 거론된 챕터와 페이지가 나와 있다. 책에 있는 것과 동일한 사진도 볼 수 있다.
http://www.kobreguide.com/content/videojournalism.

최고의 비디오 작가는 편집자였던 사람이라는 말이 있는데, 이 단계에서 당신은 그 말을 이해할 것이다.

편집자의 입장이 된 다음에는 당신은 180도 법칙을 잊은 숏이나, 너무 짧은 숏이나, 줌을 마구 사용한 숏들을 촬영한 사람(바로 당신이다)의 목을 조르고 싶을 것이다. 당신은 헤드폰을 쓰지 않아 잡음이 있는 걸 몰랐던 인터뷰어(바로 당신이다)의 귀를 잡아당기고 싶을 것이다. 당신은 모든 자원과 기술을 동원하여 간신히 완성할지 모른다. 아니면 프로젝트를 아예 포기해야 할지도 모른다. 그러나 다음 스토리에서는 당신의 작업이 훨씬 세련될 것이다.

요즘 사용되는 편집프로그램에는 다음과 같은 것들이 있다. 애플의 아이무비(iMovie)와 파이널 컷 프로 X(Final Cut Pro X), 어도비의 엘리먼트(Elements)와 프리미어 프로(Premiere Pro), 아비드의 익스프레스 프로 스튜디오 HD(Express Pro Studio HD) 등. 피너클의 비디오스핀(Videospin)이나 마이크로소프트의 무비메이커(Movie Maker) 같은 무료 프로그램도 있다. 당신이 아직 배우는 단계라면 이런 무료 프로그램으로 연습을 해볼 수 있다. 어떤 프로그램이든 효율적으로 사용하려면 사용자 설명서를 잘 읽어야 한다.

당신의 비디오 편집프로그램

워낙 많은 비디오 편집 프로그램들이 있기 때문에 특정 프로그램의 고유 기능들을 모두 설명할 수는 없다. 여기서는 대부분의 프로그램에 공통되는 기본적인 개념들을 설명할 것이다.

KobreGuide.com에 가면 공부하는 데 도움을 줄 다양한 링크를 볼 수 있다. 아래는 온라인 강좌를 제공하는 곳들이다.

- Lynda.com은 다양한 편집 프로그램에 대한 온라인 교육을 제공한다. 일련의 비디오 클립들을 사용하여 쉽게 단계적으로 배울 수 있게 한다.
- 뉴욕 비디오 스쿨(New York Video School)은 일련의 쉽고 짧은 과정들을 통해 저널리스트 비디오를 촬영하고 편집하는 기본적인 기법을 배울 수 있게 한다.
- MediaStorm.com은 기본적인 능력을 갖춘 전문가나 상급 과정의 학생들, 일반인 저널리스트, 양질의 교육용 콘텐츠를 찾는 교사들 등을 대상으로 한 교육을 제공한다.

편집 프로그램은 대부분 비슷한 구조와 기능을 가지고 있기 때문에 한 프로그램에서 다른 프로그램으로 전환하는 것은 크게 어렵지 않다.

비파괴 편집

아이무비, 파이널 컷, 스튜디오, 프리미어 등과 같은 비파괴 편집 프로그램들은 촬영 원본 파일을 건드리지 않는다. 대신 당신은 프로그램으로 하여금 필요한 파일을 찾아가서 어디서부터 어디까지 재생하게 할 것인지 지정한다. 편집을 아무리 바꿔도 원본 파일은 온전하게 있다.

저장을 자주 하라

대부분의 프로그램은 자동으로 저장하는 기능을 갖고 있으며 그 간격은 조절할 수 있다. 이것이 얼마나 도움이 되는 것인지는 컴퓨터가 다운이 되고 당신이 작업한 것을 잃었을 때 알게 될 것이다. 자동 저장이 되어 있으면 가장 마지막에 저장한 것을 불러올 수 있다. 당신이 사용하는 프로그램에 자동 저장 기능이 없다면 필히 자주 저장을 하도록 하라.

정리를 잘 하라

촬영이 끝나고, 요약문도 썼고, 내레이션도 녹음했고, 당신은 이제 편집을 시작하려고 한다. 그러나 먼저 정리를 해야 한다.

스토리보드

스토리보드는 스토리의 내러티브 구조에 대한 계획안이라고 할 수 있다. 당신은 이것을 현장 취재 전에도, 도중에도, 끝나고 나서도 계속 수정하면서 작업해야 한다. 당신은 간단한 스토리의 경우에는 아마 머릿속에서 스토리보드를 짤 수도 있을 것이다. 그러나 대부분의 경우에는 실제의 스토리보드로 작업하는 것이 좋다.

스토리보드는 기본적으로 스토리의 윤곽을 일목요연하게 볼 수 있도록 한 것이다. 이것은 원래 극영화 제작의 목적으로 사용되었는데, 장면의 스케치나 메모들로 구성된다.

각 장면의 스틸 이미지를 작게 프린트하여 긴 탁자 위에 나열해보라. 이 방법은 스토리를 시각화하는 데 도움을 줄 뿐 아니라, 더 중요한 것은 장면들을 재배열하거나 다른 내러티브 구조를 실험해볼 수 있다는 것이다.

어느 시점에서 가서는 당신은 다른 저널리스트나 프로듀서나 편집자들과 협력하게 될 수 있는데 그럴 때도 스토리보드가 같이 논의하는 데 도움이 된다. 특히 무료 소프트웨어인 셀틱스(Celtx) 같은 스토리보드 작성 프로그램은 협동 작업하는 데 좋다.

스토리보드 작업을 할 때는 꼭 요약문을 작성하여(챕터 4 참조) 첫 제목으로 사용하라. 스토리나 기사의 개요를 작성하는 법을 상기하라. 개요는 일반적으로 논지를 한두 마디로 진술하는 것을 포함한다. 요약문이 그것과 같다. 한 문장으로 그 스토리가 무엇에 관한 것인지 표현하라. 개요는 스토리가 말하고자 하는 바들과 각 주요 장면들에 대한 묘사를 포함해야 한다. 개요는 도입부를 어떻게 할지, 말하고자 하는 바를 어떻게 보여줄지, 그리고 결말을 어떻게 할지 설명해야 한다.

스토리보드를 어떤 식으로 만들든, 당신은 그것이 내러티브 구조를 설계하고 시험하는 데 큰 도움이 된다는 것을 알게 될 것이다. 스토리보드가 정말 완성이 되고 나면, 최종 작품을 편집하는 것은 어렵지 않다.

▲ 일부 저널리스트들은 작은 점착 메모지들을 책상 위나 벽에 나열하는 방식으로 **스토리보드**를 만든다. 각 메모는 두세 문장으로 숏/장면을 설명하거나 인터뷰/대사의 핵심을 쓴 것이다.

편집 프로젝트 준비

정리를 하는 것은 편집 과정의 매우 중요한 부분이다. 간단한 스토리라고 하더라도 2~3개의 인터뷰가 있을 것이고 1시간 이상의 B롤이 있을 것이며 많은 사진이 있을 것이다. 이런 것들을 프로젝트의 '자산'이라고 부른다.

먼저, 충분한 여유 공간이 있는 하드디스크에 **프로젝트 폴더**를 만들어라. 모든 보조 자료를 다 갖춘 전체 프로젝트는 수백 GB에 달할 수 있다. 그 폴더 안에 또 폴더들을 만들어서 파일을 유형별로 정리하라.

나중에 번거로움을 피하려면 시간이 걸리더라도 편집을 시작하기 전에 당신의 비디오에 필요한 모든 파일들을 모아라. 예를 들어, 디트로이트 프리프레스가 '잔해에서 일어서다'(자동차산업의 성장과 몰락 그리고 재기를 다룬 5부작 다큐멘터리)를 제작했을 때 프로젝트 폴더에는 13개의 서브폴더가 있었다. 그것은 프리프레스가 직접 촬영한 영상들, 다른 출처에서 가져온 영상들, 신문 자료의 PDF 파일들, 음악, 타이틀, 대본 등 모든 것을 포함했다.

이 폴더들은 다시 편집프로그램에서 6개의 빈(bin)으로 재분류되었다. 영상/미디어, 인트로(Intro)/아우트로(Outro)/타이틀, 음악, 내레이션, 사진, 시퀀스. 이들 메인 빈 안에 다시 빈들을 만들어서 가령 인터뷰 비디오는 인물별로 세분류하였다.

하드디스크에 있는 비디오 파일들을 프로젝트로 불러온 다음에는 그 파일들을 옮기는 것을 피하라. 의도적이든 아니든 파일들의 위치가 변하면 그 파일들과 편집프로그램 사이의 링크가 깨어진다. 편집을 계속하려면 다시 찾아서 연결을 해주어야 한다. 자세한 내용은 사용자 매뉴얼을 참조하라.

◀ **각 클립에 이름 붙이기.** 프랑스 페르피냥에서 비디오 워크숍에 참여한 학생들이 자신들의 클립을 기록하고 있다.(사진 촬영: 켄 코브레)

◀ 대부분의 비디오 저널리스트들은 비디오 파일들이 하드드라이브 공간을 많이 차지하기 때문에 **외장 하드드라이브**를 사용한다. '잔해에서 일어서다'를 만들 때는 1테라바이트의 드라이브가 사용되었다.

비디오 클립에 이름 붙이기

카메라에 있는 촬영한 파일들을 하드디스크에 복사하면 즉시 각 비디오 클립에 이름을 붙여라. '클립'은 카메라의 녹화 버튼을 누른 후 멈출 때까지 기록된 영상을 말하는 것으로, '숏'과 같은 것이다. 그 용어는 필름을 편집하던 시절에 필름 조각을 클립으로 고정하던 것에서 유래한다. 비디오를 다루는 지금에는 그런 과정이 없지만 영상 한 조각을 의미하는 단어로 계속 사용되고 있다.

당신은 클립에 이름을 붙이는 일관된 방식을 개발하는 것이 좋다. 그래야 나중에 클립을 쉽게 찾을 수 있다. 인터뷰 파일 같은 경우에는 말 내용 중의 한두 마디를 활용하라.

일부 프로그램은 불러들인 파일들을 자동으로 분석한다. 즉 파일들을 스캔하여 카메라 데이터, 숏 유형, 그리고 그 숏에 한 사람이 있는지 두 사람이 있는지 아니면 여러 사람이 있는지 등을 파악하여 태그를 단다. 당신이 물론 키워드를 추가할 수도 있다.

인터뷰 내용 받아 적기

디트로이트 타이거즈의 전설적인 아나운서 어니 하웰의 삶과 죽음에 관한 다큐멘터리를 만들 때 디트로이트 프리프레스는 15명을 인터뷰했다. 주인공 하웰의 예전 인터뷰 자료 외에 방송계 옛 동료들, 디트로이트 타이거즈의 선수들, 야구 팬들, 야구 전문가들 등이었다. 방송 부스에서 게임을 중계하는 하웰의 영상들과 그의 중계 스타일에 대한 사람들의 코멘트를 교차해서 배치하였다.

이 스토리는 또 역사적 사진들과 하웰의 장례식 사진들도 포함하였다. 이 이미지들은 인터뷰한 사람들의 말소리와 함께 사용되었다.

스토리를 엮어내기 위해 편집자는 모든 인터뷰와 자연음 대화의 내용을 받아 적었다. 이것은 편집 과정에 필수적이다. 스토리가 짧고, 마감 시간에 쫓기는 경우에는 인터뷰를 모두 받아 적는 사치를 누리지 못할 수도 있다. 그러나 긴 다큐멘터리에서는 이 과정은 매우 중요하다.

▲ **마이크를 든 어니 하웰의 조각상.** (제작 책임 및 편집: 케이시 킬리체프스키/비디오 촬영: 맨디 라이트, 디트로이트 프리프레스)

프리프레스의 편집자들은 그 받아 적은 걸 가지고 '종이 편집'을 하였다. 질문자의 질문들은 제거하고 대답들만을 잘라서 재배열하여 조리 있는 스토리가 되게 한다. 그 다음, 편집자들은 그것을 실제로 읽어보고 타이밍 같은 것들을 테스트한다. 마지막으로, 하웰의 경력의 주요 부분을 요약하기 위한 내레이션을 만들어 넣었다.

모든 것을 합치기

비디오 편집은 개별 클립들을 조합하여 시퀀스를 만들고, 시퀀스들을 연결하여 일관성 있는 스토리를 만드는 과정이다. 편집의 기초 원칙들을 잘 알아야 관객의 마음을 끄는 비디오나 멀티미디어 작품을 만들 수 있다.

이미지보다 오디오가 먼저

에미상 수상 비디오 저널리스트이며 디트로이트 프리프레스의 편집자인 브라이언 카우프만은 오디오가 바로 스토리라고 말한다. 또한 그는 "오디오로 스토리를 전달할 수 있기 전까지는 다른 건 아무것도 중요하지 않아요."라고 말한다. 그는 오디오 트랙을 넣을 때에는 그것에 집중할 수 있도록 편집프로그램의 영상 재생 창을 닫을 것을 권한다.

소리만 들어도 스토리를 이해할 수 있도록 만들어야 한다. 영상은 아름답지만 인터뷰 내용이 약하고 자연음이 없다면, 당신의 스토리는 보기 좋을지는 모르지만 불완전한 것이 될 가능성이 크다.

그래서 편집은 오디오부터 시작한다. 인터뷰한 것을 들으면서 중요한 부분들을 찾고 그것들을 받아 적어야 한다. 그렇게 받아 적어 정리를 하면 그 인터뷰 내용만으로 스토리가 구성이 될지, 아니면 디테일이나 배경을 설명하는 내레이션이 들어가야 할지 알게 될 것이다. 어느 경우이든, 말 내용을 종이에 쓴 것이 있으면 그것들을 배열하기가 용이하다. 컴퓨터 앞에 앉아 실제로 편집을 하기 전에 스토리가 거의 구성된다.

그래서 당신 스토리의 오디오 부분은 사실 라디오 다큐멘터리처럼 되어야 한다. 그림이 없어도 스토리가 된다면, 그림이 추가될 때 더욱 좋아질 것이다.

디트로이트 프리프레스의 어니 하웰 스토리를 종이에 적음으로써 편집자는 오디오 트랙의 각 말 내용에 어떤 영상을 연결할 것인지 계획을 세울 수 있다.

오디오는 다음의 순서로 편집하라.

- 인터뷰
- 자연음(인물들의 자연스러운 대화와 현장음)
- 보이스오버 내레이션
- 음악

컷의 유형

편집프로그램은 클립의 앞뒤를 잘라내고 중요한 부분만 쓸 수 있게 한다. 촬영할 때 최소한 10초는 찍었지만 편집이 되었을 때는 1~2초밖에 안 될 수 있다. 어떤 것은 30분이나 그 이상이 될 수도 있다. 5분짜리 다큐멘터리에 수백 개의 개별 클립이 들어있을 수 있다.

일반적인 컷

두 클립을 '**컷**'으로 연결하는 것은 단순히 나란히 붙이는 것을 의미한다. 단순 컷으로 숏을 전환하는 것은 일상에서 대화하는 두 사람이 있을 때 우리가 한 사람을 보다가 다른 사람으로 시선을 옮기는 것만큼이나 자연스러운 것이다. 우리는 우리의 눈이 두 사람 사이의 빈 공간을 지나간다는 사실을 별로 깨닫지 못한다. 어떤 한 사람을 보다가 순간적으로 시선 이동한 것으로 느껴진다. 대부분의 다큐멘터리는 수백, 수천 개의 이런 단순 컷으로 이루어져 있다.

동작 중의 컷

'동작 중의 컷'은 인물이 어떤 동작을 하는 중에 컷을 하는 것을

▼ **과거 사진.** 디트로이트 타이거즈의 전설적인 아나운서 어니 하웰이 경기를 자세히 보고 있다.(사진 촬영: 스콧 에커, 디트로이트 프리프레스)

스크립트 샘플

이것은 어니 하웰 스토리의 스크립트 일부이다. 왼쪽은 오디오인데, 인터뷰, 자연음, 내레이션 대본 등을 포함한다. 오른쪽은 영상이다.

오디오	영상
디커슨 SOT 난 그의 스타일의 일부를 정말 좋아했고, 내가 실황 중계할 때도 그 스타일을 채용하려고 했습니다.	말하는 디커슨
내레이션: 댄 디커슨은 어니가 은퇴한 후 그의 후임자가 되었다.	타이거즈가 경기할 때 부스에 있는 디커슨
디커슨 SOT 그의 스타일이 다른 이유는 그가 처음 시작했던 때는 달랐기 때문이라고 봐요. 50년이 지난 지금은 정보량이라든지 접근 방식이 다르죠.	
내레이션: 50년 전에는 중계자들이 항상 팀과 같이 다닌 것은 아니었다. … 그래도 그들은 중계를 해야 했다. … 그래서 그들이 가진 정보는 경기장에서 보내주는 전보밖에 없었다.	야구 중계방송 명예의 전당에 있는 사진
어니 SOT	옛 라디오 방송 이미지
맥그로 SOT 수백 마일 떨어진 곳의 경기를 재현하는 것은 대단한 훈련이었을 것으로 짐작합니다. 그러나 나 자신이 그걸 하는 건 상상이 안 됩니다.	말하는 맥그로
어니 SOT('재현'에 대해 말한다)	말하는 어니

말한다. 동작을 시작하자마자 할 수도 있고 중간 정도에 할 수도 있다. 그리고 컷이 바뀌면 동작을 보여주는 각도도 바뀌는 것이 일반적이다. 두 숏은 실제로는 서로 몇 시간의 간격을 두고 촬영된 것일 수 있지만 '동작 중의 컷'으로 연결하면 연속적인 것으로 느껴진다.

한 클립에서 인물이 동작을 시작하고 다음 클립에서 그 동작이 마무리되면 관객은 두 클립 사이에 약간 매치가 안 되는 것이 있다 해도 잘 모르고 넘어가며, 아예 컷이 되었는지조차도 깨닫지 못할 수 있다. 예를 들어, 한 남자가 자신의 사무실에서 열린 문을 통해 밖으로 나가는 뒷모습을 보여준 다음에, 밖에서 그가 문을 통과해 나오는 것을 촬영하여 연결하면 (다른 시간에 촬영했더라도) 연속적인 동작으로 여겨진다.

휴지에 컷하기

휴지에 컷을 한다는 것은 인물이 밖으로 다 걸어 나가서 (예를 들어) 둘러보기 위해 멈추었을 때 컷을 한다는 의미다. 그는 주차장에서 자기 차를 찾고 있다. 그가 둘러본 후 다음 컷은 그 장소로(주차장으로) 넘어갈 수 있다. 그 숏은 그의 시점에서 촬영된 것일 수 있다.

팬이나 줌이나 틸트 중에 컷하지 마라

팬, 줌, 틸트 중에 컷하는 것 자체도 좋지 않지만, 그렇게 컷해서 또 다른 팬, 줌, 틸트 숏으로 넘어가는 것은 특히 좋지 않다. 이런 종류의 움직임 있는 숏은 시작과 끝이 움직임 없이 안정되어야 한다. 줌 도중에 컷하여 다른 줌 숏으로 넘어가는 것은 관객을 완전히 혼란스럽게 만든다.

컷 어웨이

컷 어웨이는 이어지는 액션을 보여주는 두 클립 사이에 넣는 클로즈업 숏을 말한다. 이것은 액션이 끊기는 것을 커버하기 위해 사용하거나 생략하기 위해 사용한다. 예를 들어 한 여자가 크리스마스 트리를 장식하고 있다. 당신은 와이드 숏에서 여자가 장식품 하나를 달기 시작하는 것을 보여준다. 다음에 컷 어웨이로 그 장식품의 클로즈업을 보여준다. 그러고 나서 미디엄 숏으로

음악 사용하기

음악은 제작자나 편집자가 직접 만들거나, 사용료를 내고 기존 음악을 쓸 수 있다. 사용료를 내지 않아도 되는 공공 영역의 곡도 인터넷에서 쉽게 구할 수 있다. 저작권 관련 사항은 크리에이티브 커먼즈(Creative Commons)를 참조하라.

음악은 촬영 현장에서 나올 수도 있다. 카오디오라든지 밴드의 라이브 공연 같은 것처럼 현장에서 들리는 음악이다.

음악은 장면의 분위기나 속도감에 큰 영향을 미친다. 지나치게 사용되거나 관객의 감정을 강요하는 경우도 종종 있다.

그 장면에 존재하지 않는 감정이나 드라마를 음악으로 만들어내려 하지 마라. 강한 감정을 담고 있는 장면을 촬영했다면, 음악을 사용하는 것이 방해가 될 수도 있다.

음악의 다양한 유형을 익히고, 장면에 따라 어떤 장르의 음악이 어울리지 연구하라. 힙합 음악과 로데오 경기는 아마 어울리지 않을 것이다. 컨트리 뮤직과 도시 장면도 마찬가지다.

토론토스타의 랜디 리슬링과 루카스 올레닉이 만든 '윌리엄과 풍차'에서는 음악이 스토리와 일체가 되어 있으며 템포감이 뛰어나다. 부족 음악 느낌의 리듬이 회전하는 풍차의 이미지와 소리에 동반된다. 그 조합은 당신을 그 스토리의 장소인 말라위의 윔비로 데려다 준다. 풍차가 도는 소리는 그 타악기의 음조와 너무나 잘 어울려 마치 하나의 음악인 것처럼 여겨진다.

윌리엄이 풍차를 만드는 데 성공하고 계속 만들어나감에 따라 음악이 바뀐다. 승리와 성공의 느낌을 강화한다. 마지막에는 도입부의 음악이 다시 사용되어 순환 구조를 갖는다. 이 작품은 음악이 내러티브를 방해하지 않으면서도 얼마나 적절하게 속도감을 설정하고 분위기를 부여하며 감정을 강화하는지 보여준다. ■

▶ **윌리엄과 풍차.** 토론토스타의 이 비디오는 가난한 아프리카 소년이 그 지역의—그리고 국제적으로—영웅이 되는 스토리를 담고 있다. 음악이 큰 도움을 준다.(랜디 리슬링과 루카스 올레닉, 토론토스타)

빠져나와 여자가 그 장식물 다는 것을 끝내는 것을 보여준다. 그 컷 어웨이는 마술사의 눈속임처럼 관객의 주의를 빼앗아 시간이 축약된 것을 깨닫지 못하게 한다. 그 장식품을 다는 데 실제로는 몇 분이 걸렸을 수 있지만 컷 어웨이를 사용함으로써 몇 초로 줄여 보여줄 수 있다. 컷 어웨이는 시간을 연장하는 목적으로 사용될 수도 있지만 이렇게 줄이는 목적으로 사용될 때가 더 많다.

평행 편집

평행 편집은 동시에 나란히 진행되는 두 액션을 보여줄 때 사용된다. 초기의 무성 영화의 예를 들자면, 여주인공이 철로에 묶여있는 것을 보여주고 컷하여 다가오는 기차를 보여주고 다시 빠져나오려고 몸부림치는 여주인공을 보여주고 다시 컷하여 기차를 보여주는 그런 것이 평행 편집이다. 이런 종류의 편집은 분명히 긴장감을 강화한다.

평행 편집의 예는 앞서 거론한 적 있는 프리프레스의 '잔해에서 일어서다' 시리즈에서도 볼 수 있다. 자동차 회사의 한 노동자가 "난 '노조원'이다."라고 외친다. 다음 숏에서는 시위대의 다른 쪽에서 노동자들이 "우리는 '파업'한다."라고 외친다. 또 다음 숏에서는 지나가는 차 안의 운전자가 주먹을 들어 올리며 지지를 표현한다. 편집을 통해 이 모든 액션들이 동시에 발생하고 있는 것처럼 여겨진다. 실제로도 대략적으로는 동시였다고 할 수 있다. 그러나 그 모든 것들을 하나의 숏으로 촬영할 수는 없었을 것이다.

점프 컷

점프 컷은 연속된 인터뷰 비디오의 중간 일부를 덜어내고 나머지를 이어 붙였을 때 발생하며, 보통 그 편집 지점에서 인물의 머리가 갑자기 '툭' 움직인 것처럼 느껴진다. 해결책은 컷 어웨이 숏으로 그 편집 지점을 덮는 것이다(챕터 10 참조).

매치 컷

매치 컷은 두 장면을 시각적으로 유사한 요소를 활용하여 연결하는 것을 말한다. 영화 역사에서 가장 유명한 매치 컷의 하나는 스탠리 큐브릭 감독의 〈2001년 스페이스 오디세이〉에서 볼 수 있다. 첫 장면의 마지막에 유인원이 뼈를 공중으로 던진다. 다음 컷에는 그것과 모양이 비슷한 우주선이 우주 공간을 떠간다. 이 장면 전환은 매우 급작스럽게 여겨질 수 있지만, 관객은 시각적 유사성 때문에 그 두 숏을 연결할 수 있다.

매치 컷을 하기 위해 스탠리 큐브릭이 될 필요는 없다. 매치 컷은 일견 연속성이 낮은 두 장면을 효과적으로 연결하는 방법이 될 수 있다.

도공이 손으로 항아리를 빚고 있다. 그가 그 항아리를 물레에서 들어올린다(CU). 다음, 장면이 바뀌어 매치 컷으로 도공이 그 항아리를 가마에 집어넣는다(CU). 앞 클립이 끝날 때의 화면상의 손 위치와 다음 클립이 시작할 때의 화면상의 손 위치가 비슷하면 도공의 손 움직임이 연속되는 것처럼 보일 수 있다. 이렇게 매치 컷을 함으로써 장면을 부드럽게 연결할 수 있다.

그런 매치 컷을 하려면 물론 그 도공을 촬영할 때 미리 계획을 해야 한다. 다른 작업을 할 때도 손을 비슷한 구도로 촬영했어야 하는 것이다. 이것은 편집은 당신이 컴퓨터 앞에 앉기 전에 시작된다는 것을 보여주는 또 하나의 예다.

분할 편집

분할 편집(split edit)은 비디오와 오디오 중 하나가 다른 하나보다 먼저 시작하도록 하는 것을 말한다. 관객은 다음 장면(비디오)이 나오기 전에 그 소리를 먼저 듣는다. 예를 들어, 자동차 경주 선수를 클로즈업으로 인터뷰하는데, 처음에는 그 인터뷰 소리만 있다가 자동차 경주 소리가 들리기 시작한다. 그리고 컷이 되면 그 자동차 굉음이 이어지면서 자동차 경주 장면이 보인다.

분할 편집은 단지 오디오를 비디오보다 약간 먼저 시작하게 하는 것이다. 말하는 사람을 보여/들려주다가 장면 전환과 동시에 자동차 경주 소리가 들리면 너무 갑작스럽게 느껴질 수 있다.

비디오를 오디오보다 먼저 시작하는 분할 편집도 가능하다. 이때는 보통 앞 클립의 소리가 다음 클립에 (새 오디오가 시작하기 전까지) 이어진다.

분할 편집은 '**L컷**' 혹은 '**J컷**'이라고도 하는데, L컷은 비디오가 먼저 시작하는 경우이고, J컷은 오디오가 먼저 시작하는 경우이다.

스포캔리뷰의 비디오 저널리스트 콜린 멀바니는 "분할 편집은 컷 연결을 부드럽게 하고 전문가처럼 보이게 한다."라고 말한다.

화면 방향

화면 방향은 컷이 되어도 동일 피사체의 움직임 방향은 유지해야 하는 것을 말한다. 한 숏에서 자동차가 화면 왼쪽에서 오른쪽으로 이동하는데, 다음 숏에서 같은 차가 같은 길에서 화면상 반대 방향으로 움직이면 혼란스러울 수 있다(챕터 10 참조).

크로스 디졸브

크로스 디졸브는 한 숏이 점점 어두워지는 것과 동시에 (겹쳐서) 다음 숏이 점점 밝아지는 것을 말한다. 크로스 디졸브는 장면 사이에 시간 및 장소 변화를 부드럽게 하는 역할을 한다. 그것은 또한 장면 사이의 유사성을 강조하기 위해 사용되기도 한다. 예를 들어 하와이의 해변에서 디졸브하여 로스앤젤레스의 해변으로 넘어가는 것이다.

스포캔리뷰의 멀바니는 이렇게 말한다. "크로스 디졸브는 자주 사용하지 마세요. 대부분의 초보 편집자들은 시퀀스 만드는 법을 잘 몰라서 유사한 와이드 숏들을 크로스 디졸브로 연결하는 경우가 너무 많아요. 나 자신도 경험이 축적되면서 예전보다 디졸브를 적게 사용하고 있음을 깨달았어요. 초기의 작품들을 되돌아보면 불필요한 크로스 디졸브를 많이 사용한 것에 몸이 오그라들어요."

딥 투 블랙

딥 투 블랙(dip to black)은 화면이 어두워졌다가, 즉 **페이드아웃**했다가 다음 숏이 밝아지는, 즉 **페이드인** 하는 것을 말한다. 이것 역시 자주 사용하지 않는 것이 좋다. 그러나 적소에 잘 사용하면 하나의 큰 단락이 끝나고 새로운 단락이 시작되는 느낌을 효과적으로 줄 수 있다.

팁 **크로스 디졸브와 딥 투 블랙은 화면 전환의 예들이다. 그런 전환을 위해서는 앞 클립의 끝과 다음 클립의 시작에 일정 길이의 여유(내용이 중요치 않은 부분), 즉 '핸들'이 있어야 한다. 그래야 화면이 겹치거나 어두워지거나 할 때 관객이 중요한 부분을 놓치는 경우가 생기지 않는다. 핸들이 없으면, 즉 비디오 클립의 처음부터 끝까지 중요하다면, 화면 전환을 넣을 수 없다. 이것은 촬영할 때 항상 최소한 10초는 찍어야 하는 여러 이유들 중의 하나다.**

시퀀스 구축하기

초보 비디오 저널리스트는 흔히 장면을 하나의 긴 와이드 숏으로 보여주는데, 그러면 아무리 상황 자체가 역동적이라도 정적이고 단조로울 수밖에 없다. 때때로 중요한 감정의 클로

▲ 아비드 스튜디오

즈업이나 인물의 시점 숏을 삽입하여 강조할 필요가 있다. 이것이 시퀀스 구축이다.

시퀀스는 현장에서 촬영한 개별 클립들로 구축된다. 각 클립의 길이는 (불필요한 부분을 잘라낸 후) 몇 초 정도일 수도 있고 10초 혹은 그 이상이 될 수도 있다.

이 클립들은 5개의 기본 숏을 포함해야 한다. 와이드 숏, 미디엄 숏, 클로즈업, 시점 숏, 그리고 반응 숏. 그것은 또한 달리 숏이나 팬 숏 같은 다른 유형을 포함할 수도 있다(챕터 10 참조).

옆의 그림은 와이드 숏, 미디엄 숏, 그리고 클로즈업을 사용하여 간단한 시퀀스를 만든 예를 보여준다. 이것은 콩고민주공화국에서 전기도 수돗물도 없이 수술을 하는 장면의 일부다.

이 수술 장면에서 클립들의 순서는 당신이 이야기를 어떻게 풀어나가고 싶은가에 달렸다. 당신은 수술실 전체를 보여주는 와이드 숏에서 시작할 수도 있고, 환자의 클로즈업에서 시작할 수도 있다.

당신은 아마 여러 각도에서 많은 숏을 촬영했을 것이다. 장면이 복잡한 정도에 따라, 혹은 당신의 취향에 따라, 10개나 그 이상의 클립으로 하나의 시퀀스를 만들게 될 수도 있다.

모든 시퀀스에 다섯 개의 기본 숏을 항상 포함해야 하는 것은 아니며, 촬영한 순서대로 숏을 편집해야 하는 것도 아니다. 그러나 숏의 종류가 다양할수록 시퀀스가 시각적으로 더 흥미로워진다. 시퀀스 전체의 최종 길이는 각 클립의 길이에 따라 좌우되기도 하지만, 오디오 트랙의 길이에 의해서도 정해진다.

자막은 절제하여 사용하라. 대부분의 온라인 비디오 스토리

◀ 삽입 자막은 보이스오버 내레이션을 대신할 수 있다. '매순간 데드라인'이라는 다큐멘터리에서 간단한 삽입 자막을 사용하여 설명적 내레이션이 없어도 되게 하였다.(제작: 켄 코브레와 존 휴잇)

시퀀스 편집

수술

콩고민주공화국의 한 수술실에서 의사들이 전기와 수돗물 없이 일한다. 이 다섯 클립의 길이는 각각 2초에서 10초 사이이다(사진 촬영: 켄 코브레).

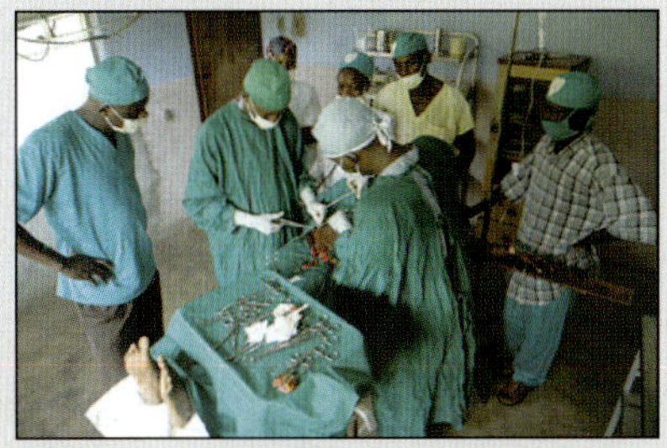

와이드 숏—하이앵글

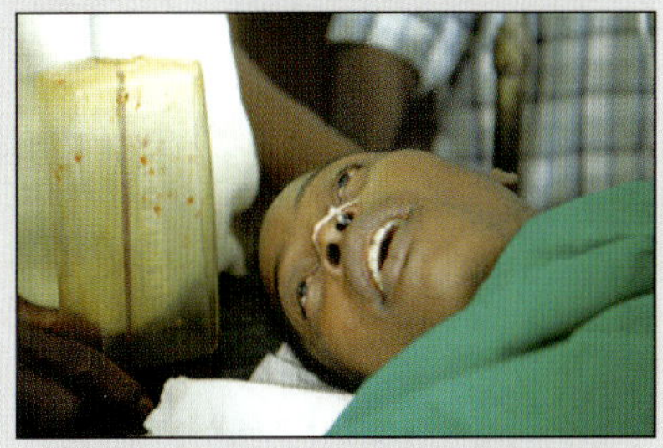

클로즈업—얼굴

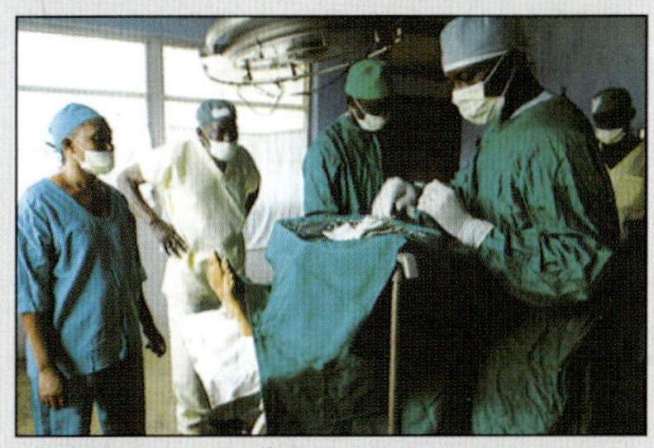

미디엄 숏—로우앵글

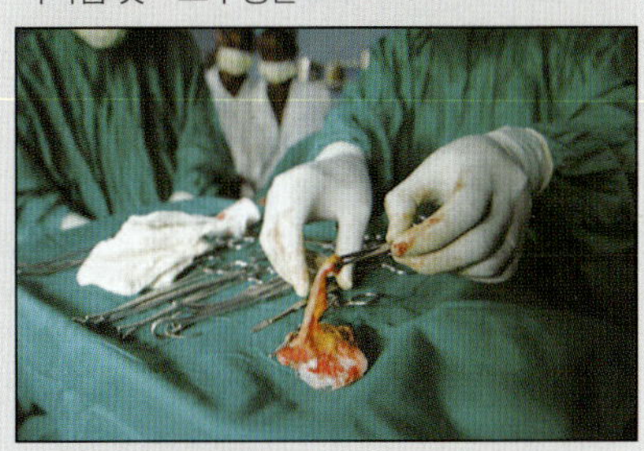

클로즈업—디테일

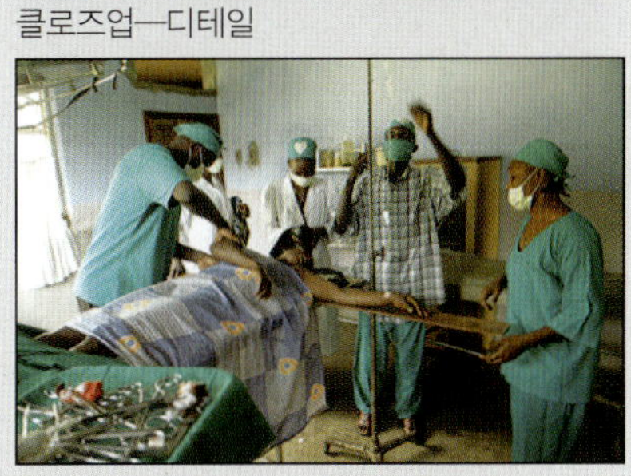

와이드 숏—조금 가까이

에는 자막이 들어가 있지만, 관객들이 특히 처음에 너무 많은 자막을 읽게 만들지 마라. 글이 많으면 관객은 지루해 할 가능성이 크다. 10초 내에 관객의 주의를 붙들어야 한다면 글을 사용하는 것은 대체로 좋은 방법이 아니다. 자막을 꼭 써야 한다면 확실한 이유가 있어야 하며, 시작 때 사용하는 것은 피하라. 인물을 소개하는 데 시간이 너무 많이 걸리거나 인물이 인터뷰에서 한 가지 내용을 너무 길게 이야기할 때, 진행을 빨리 하기 위해 자막을 사용할 수 있다. 또는 간단한 역사적 배경 지식을 제공하기 위해 사용할 수도 있다.

다큐멘터리에 자막은 두 가지 방식으로 넣을 수 있다. 비디오가 재생되는 도중에 (보통) 화면의 하단에 넣는 방식과 비디오 재생을 중단하고 무지 배경에 넣는, 소위 '삽입 자막(intertitle)' 방식이 있다.

일부 제작자들은 스토리의 배경이나 구체적 정보를 전달하기 위해 보이스오버 내레이션 대신에 삽입 자막을 사용하는 것을 선호한다. 이 방식은 할리우드의 무성영화 시절부터 사용되던 것이다. 필요한 정보를 전달하는 것 외에, 삽입 자막은 작품의 섹션들 사이를 분리해주는 역할도 한다. 어떤 제작자들은 이런 자막을 사용함으로써 보이지 않는 내레이터의 '신의 목소리' 효과(챕터 12 참조)를 피할 수 있다고 생각한다. 반면 다른 제작자들은 그런 삽입 자막은 스토리의 흐름을 끊고 관객에게 부담을 준다고 생각한다.

어쨌든 삽입 자막은 나중에 덧붙이는 것이 되지 않게 하라. 그리고 간략하게 하고 교정을 꼼꼼히 보라.

전체적으로 고려해야 할 것들

도입 시퀀스

벨 섬은 디트로이트 강에 있는 섬으로서 디트로이트의 대표적 공원인데, 외래종의 침입으로 환경이 파괴되고 있다. 이 섬에 관한 다큐멘터리 '벨 섬의 실상'은 그 섬의 한 박물학자가 강에서 어망으로 뭔가를 건져내는 와이드 숏으로 시작된다. 배경에는 그 섬에 이르는 다리가 보인다.

프리프레스의 편집자 브라이언 카우프만은 이 첫 숏으로 장소가 벨 섬이라는 것을 전달(설정)한다. 다음 숏은 물에서 나오는 어망의 미디엄 숏인데 아직 그 안에 무엇이 있는지는 알 수 없다. 그래서 약간의 서스펜스가 형성된다. 그러고 나서 어망 안에 물고기들이 퍼덕이는 것을 클로즈업으로 보여준다. 다음은 미디엄 숏으로서 그 학자가 물고기 한 마리를 들어 올리며 "이것이 라운드 고비입니다."라고 말한다.

카우프만은 즉시 그 학자의 손에 있는 고비의 극 클로즈

▲ **벨 섬의 실상.** 이 벨 섬 숏처럼 영화는 흔히 장소를 보여주는 와이드 숏으로 시작한다.(제작: 브라이언 카우프만, 디트로이트 프리프레스)

업으로 컷한다. 화면은 다시 와이드로 빠져 나와 그 상황을 조금 더 보여주는데, 이번에는 배경이 디트로이트의 스카이라인이다. 다음 컷은 그 학자가 어망에서 물고기를 다시 하나 꺼내는 극 클로즈업이고, 그 다음은 그가 그 물고기를 비닐봉지에 넣는 미디엄 숏이다. 그 다음에는 다시 한 번 봉지에 든 물고기의 클로즈업을 보여준다.

브라이언 카우프만은 이렇게 말한다. "난 도입 시퀀스를 어떻게 구성해야 하는지에 대한 규칙을 가지고 있지 않아요. 구체적인 주제와 구체적인 맥락에 따라 정해집니다. 전체적인 내러티브와 조화되어야 하고 표현하고 싶은 분위기를 고려합니다."

속도

스토리의 성공은 템포와 밀접하게 관계가 있다. 뜻밖의 것들이 드러나는 방식과 인터뷰, 내레이션, 그리고 자연음이 편집된 방식이 스토리의 속도감을 결정한다. 그 속도는 당신의 비디오의 주제 및 분위기와 어울려야 한다.

뛰어난 비디오는 뛰어난 음악과 같다. 멜로디뿐만 아니라 각 부분의 속도도 중요하다. 음악의 속도는 전체적인 속도도 있지만, 부분적으로 빠르기도 하고 느리기도 하여 대비와 다양성을 보여준다. 비디오에 대해서도 같은 말을 할 수 있다. 어떤 부분은 스토리를 빨리 나아가게 해야 하지만, 다른 부분은 느린 리듬을 요구한다.

말하는 내용과 말하는 방식, 그리고 그때 보이는 화면 내용 등을 고려하여 속도감을 맞춰라. LA타임스의 스토리 '죽음을 기다리는'의 속도감은 매우 느린데, 이것은 인물들의 힘든 호흡이나 머뭇거리는 어조와 어울린다. 이미지도 정적이고 조용하다. 인물이 달변이거나 (응급실에 갔던 경험에 대해 차분히 이야기하는 게 아니라 실제로) 응급실에 급하게 실려 가는 상황이라면 그런 느린 속도는 어울리지 않을 것이다.

미네소타 주의 매캘러스터칼리지에서 있었던 강연에서 라디오 프로듀서 이라 글라스는 '45초 법칙'으로 템포를 설명

반복적인 행동의 편집

예상을 초월하는 볼링 선수

발달장애를 가졌음에도 수없이 만점을 기록한 콜란이라는 볼링 선수에 대한 스토리에서 시퀀스 구축은 매우 중요한 역할을 하였다. 콜란이 차례에 따라 공을 여러 번 던졌으므로 비디오 저널리스트(촬영자)는 구도를 바꿔가며 다양하게 찍을 수 있었는데, 편집에서는 그 숏들을 가지고 아래 그림과 같이 한 번의 공 던짐을 '구축'하였다.

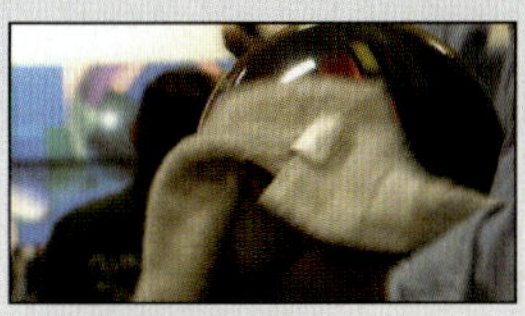

숏 1: 공을 닦고 있는 콜란의 극 클로즈업

숏 2: 콜란의 얼굴 클로즈업

숏 3: 콜란 뒤에서 레인 방향으로 와이드 숏

숏 4: 레인으로 걸어가는 콜란의 발 미디엄 숏

숏 5: 공을 던지기 직전, 팔을 뒤로 빼는 콜란의 미디엄 숏

숏 6: 손에서 떨어져 나오는 공 미디엄 숏

숏 7: 콜란의 시점 숏—레인을 굴러가서 핀과 충돌하는 공

숏 8: 돌아서 자신의 자리로 가는 콜란 미디엄 숏

이 시퀀스 구축이 가능했던 이유는 콜란이 같은 종류의 행동을 반복했기 때문이다. 비디오 저널리스트는 콜란이 공을 던질 때마다 각도를 바꿔 촬영을 하여 다양한 숏을 얻을 수 있었다. 그래서 편집할 때 그 숏들을 가지고 이와 같이 하나의 시퀀스를 합성할 수 있었다. 예산이 많고 카메라를 여러 대 쓸 수 있는 할리우드라면 한 번의 촬영으로 이런 시퀀스를 만들 수 있을 것이다. 그러나 혼자 작업하는 비디오 저널리스트는 반복 행동을 여러 각도에서 촬영하여 이런 시퀀스를 구축할 수밖에 없다.

이런 식의 시퀀스 구축은 시간을 압축하는 역할도 한다. 볼링공을 한 번 던지는 데 시간이 많이 걸리는 건 아니지만, 이 시퀀스는 실제 시간보다 몇 초 짧다. ■

한다. 45초 동안 한 가지 일화와 그것에 대한 설명을 하고, 또 45초 동안 한 가지 일화와 설명을 하고, 그런 식으로 가는 것이다(이라 글라스의 강의 내용을 current.org에서 볼 수 있다.).

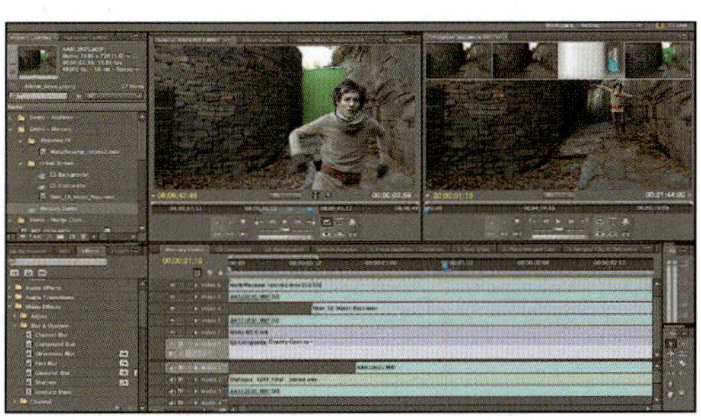

▲ 어도비의 프리미어 프로

실제로 작품들을 보라. 각 일화의 분량이 정확히 45초는 아닐지 모르지만, 잘 만들어진 비디오는 싱코페이션이 있는 음악과 같다. 브라이언 카우프만의 '경제의 배달부'에서는 한 가지 일화 + 해설의 길이가 30~38초이다. 45초 기준보다는 조금 작지만, 그 리듬은 뚜렷하고 처음부터 끝까지 일관성이 있다(챕터 3 참조).

PBS와 선댄스 채널 등에 작품을 선보인 적 있는 프로듀서이자 감독인 톰 퍼트넘은 템포가 모든 것이라고 생각한다. "한 컷의 길이가 몇 프레임만 잘못되어도 장면 전체의 균형이 무너질 수 있습니다. 그리고 한 장면이 잘못되면 영화 전체가 무너질 수 있죠."

알맞은 속도를 실제로 어떻게 찾아나가야 할까? 당신이 편집한 것을 다른 사람들에게 보여주고 반응을 살펴보라. 스

▲ 애플의 아이무비

▲ 애플의 파이널 컷 X

스로에게 이렇게 질문하라. '어디를 더 잘라낼 수 있을까?' 적을수록 좋다는 사실을 항상 명심하라. 비디오 편집자는 불필요한 것을 잘라내어 작품을 완성하는 조각가와 같다.

비디오 편집의 단계

비디오를 편집하는 단계는 다음과 같다. 개요 작성, 모든 재료를 집합시키는 어셈블리, 1차 편집(러프 컷), 오디오 및 비디오의 세부 조정. 세부 조정 단계에서는 편집해 놓은 것을 조금 더 다듬고 최종 상영 길이를 확정한다. 그리고 크레디트를 넣고 배급 준비를 한다.

개요 작성

이 챕터의 앞에 나오는 '스토리보드' 부분을 보라.

어셈블리

프로젝트 파일을 만들고 인터뷰를 모두 받아 적었으면 당신은 이제 시작할 준비가 된 것이다. 이 단계에서는 모든 재료를—인터뷰(SOT 혹은 A롤), 보이스오버와 자연음, 영상 자료(B롤) 등을—편집 프로그램의 타임라인에 배열한다. 여기서 당신은 스토리의 골격을 보게 되며, 당신이 계획했던 구성이 말이 되는지 그리고 부족한 게 없는지 보게 된다.

이 단계에서는 아직 개별 클립의 길이 조정은 없으며, 화면 전환 효과나 삽입 자막 같은 것도 없다.

러프 컷

스토리의 완벽한 구성을 찾는 것이 다큐멘터리 작업에서 가장 어려운 부분일 수 있다. 러프 컷은 비디오, 오디오, 음악, 자막 등 모든 것을 조합하여 처음으로 대략적인 구조를 완성하는 것이다. 이 단계에서는 개별 클립의 길이가 완벽한지 걱정할 필요는 없다. 당신은 단지 퍼즐의 모든 조각들이 어떻게 조립되는지 파악한다.

피드백의 시간

프리프레스에서는 종종, 어떤 비디오가 러프 컷 단계에 있으면 사람들이 모여 그것을 보고 피드백을 한다.

- 스토리가 처지는 때가 있었는지?
- 어떤 이미지가 스크린에 너무 오래 머물러 있었는지?
- 혹은 너무 짧았는지?
- 리듬이 불규칙하거나 말이나 화면 내용의 분위기와 불일치했는지?
- 그 인용문이 문제인가, 동반된 영상이 문제인가?
- 자연음 장면이나 '결정적 순간'이 너무 부족하지 않은지?
- 음악이 작품의 분위기와 잘 일치하는지? 비디오의 컷 리듬이 음악의 리듬과 일치하는지?

이 모든 것들은 속도감에 영향을 주며, 다른 사람들의 눈과 귀는 객관적인 시각을 제공해줄 수 있다. 당신은 다른 사람들의 피드백을 진지하게 받아들이고, 컴퓨터에서 편집해 놓은 것을 다듬어야 한다.

오디오의 세부 조정

타임라인 위에 스토리가 일단 구성이 되었으면 그것을 들어보라. 말이 되는가? 너무 길게 느껴지는 인용문은 없는가? 자연음은 충분한가? 인용문과 내레이션이 잘 조화가 되는가? 장면 전환은 매끄러운가? 스토리는 튼튼한 오디오의 바탕 위에 구축되어야 한다. 스토리의 오디오는 라디오 방송처럼 (영상 없이) 그 자체로 이해가 잘 되고 짜임새가 있어야 한다.

오디오를 마지막으로 손질하는 것은 단조로운 작업일 수 있지만 필수적이다. 모든 오디오 클립의 레벨을 조절하여 피크를 −12 dB가 되게 하라.

디트로이트 프리프레스의 브라이언 카우프만은 오디오는 작품 전체에 걸쳐 이음매 느낌 없이 부드럽게 가야 한다고 말한다. 사운드를 가장 깨끗하게 듣는 방법 중의 하나는 고급 헤드폰을 착용하는 것이다.

카우프만은 모든 A롤의 음향 레벨이 일관되도록 다른 오디오 트랙은 끄고 그 트랙만 분리한다. 다음에는 B롤 트랙을 분리하여 필요에 따라 레벨을 조정한다. B롤 오디오는 보통 영상이 시작하기 전에 페이드인하며, 끝날 때도 점차적으로 페이드아웃한다.

섞지 않은 오디오는 거슬릴 수 있다. 예를 들어, 조용한 사무실에서 시끄러운 거리로 갑자기 전환하면 좋지 않다. 조용한 사무실의 음향 몇 프레임과 시끄러운 거리 음향의 몇 프레임을 겹치면 귀에 부담을 주지 않고 부드럽게 넘어갈 수 있다. 이것을 **오디오 크로스 페이드**라고 하며 비디오의 크로스 디졸브와 비슷하다.

인터뷰 도중의 긴 휴지 부분이나 더듬는 소리, 목청을 가다듬는 소리 같은 것을 잘라내는 것을 망설이지 마라. 다만, 그럴 때는 비디오도 함께 잘려나간다는 것을 염두에 두어라.

비디오의 세부 조정

오디오 부분에 만족하였으면 이제 B롤 영상을 편집할 수 있다. 즉, 영상을 오디오 트랙의 내용에 일치시키는 것이다.

오디오와 함께 영상을 보라. 말 내용과 그 영상이 서로 잘 보완하는가? 듣는 것과 보는 것은 밀접하게 관련되어 있다. 비디오 클립의 내용이 오디오의 내용과 일치한다고 하더라도, 한 프레임 늦거나 빠른 것 때문에 거슬릴 수 있다.

이제 오디오 없이 비디오만 보라.

◀ **잔해에서 일어서다.** 자동차 산업의 성장과 몰락과 재기를 다룬 이 5부작 다큐멘터리에서 크레디트는 상당히 길었다. 그것은 제작 책임자부터 대본 작가까지 모든 사람을 포함하였다.(제작 책임: 케이시 킬리체프스키, 디트로이트 프리프레스)

- 시각적으로 스토리가 전달되는가?
- 시퀀스 구축이 잘 되었는가?
- 너무 정적이거나 불필요하게 느껴지는 이미지가 있는가?
- 페이드나 디졸브 같은 비디오 효과가 필요한 부분이 있는가?

팁 페전문적인 비디오 편집프로그램에서는 색 보정이 가능하다. 간단한 색 보정 필터를 적용하려면 그 필터에 해당하는 아이콘(흔히 점안기 모양)을 선택한 후 화면에서 흰색이 되어야 할 부분에 클릭하기만 하면 된다. 그러면 즉시 전체적인 색조가 조절된다. 이것은 너무 차갑고 푸른 느낌의 영상을 즉시 따뜻하게 균형을 맞추는 데 효과적이다. 스틸사진에 움직임(줌, 팬, 틸트)을 주는 것도 가능하다. 켄 번즈라는 다큐멘터리 감독이 이 효과를 많이 썼기 때문에 '켄 번즈 효과'라고 부르기도 한다. 이 기법은 이미지의 중요한 부분을 강조하는 데 효과적이지만 절제하여 사용하는 것이 좋다. 너무 자주 사용하면 그 모든 움직임이 억지스럽게 느껴질 수 있다. 비디오 편집의 법칙에 충실하라.

크레디트 넣기

이브 라이트 혼세이너의 〈영화 제작 핸드북〉을 보면 한 섹션 전체가 크레디트를 다루고 있다. 영화나 비디오의 크레디트를 결정하는 것은 상당히 복잡한 과정일 수 있다. 영화인 노조나 조합에서 크레디트를 어떻게 어떤 순서로 표시해야 하는지에 대한 가이드라인을 만들어 놓기까지 한다.

최소한 초기에는 당신이 이런 문제에 부닥칠 가능성이 별로 없다. 당신이 만들게 될 단순한 비디오, 즉 당신이 기획하고 촬영하고 편집한 그런 비디오에는 아마 '제작 ***'라는 단 한 줄의 크레디트만 있어도 될 것이다.

그렇지 않다면, 크레디트는 보통 그 사람의 중요도나 기여한 정도에 따라 결정된다. 디트로이트 프리프레스의 '잔해에서 일어서다'처럼 복잡한 스토리에서는 크레디트가 상당히 많았다. 필자(이 챕터의 저자)는 거기서 제작 책임자였다. 본인의 역할은 모든 영상물을—방송, 인쇄, 온라인 등을 위한 비디오 및 사진 제작을—총괄하는 것이었다. 그래서 크레디트에 첫 번째로 올라갔다.

브라이언 카우프만은 편집자 및 프로듀서로서의 광범위한 역할 때문에 두 번째로 크레디트에 올랐다. 순서를 생각할 때는, 그 사람 없이 그 작품이 가능했을지를 고려해 보라. 카우프만 다음으로는 촬영자 이름이 올라갔고 그 다음으로는 대본 작가 이름이 올랐다.

어떤 크레디트는 의무적으로 들어가야 한다. 동영상이나

▲ **'존경'의 40년.** 이 비디오의 제작자들은 그 노래 '존경'의 사용 허가를 받았음을 크레디트에 포함할 필요가 있었다.(온라인 및 비디오 제작 책임: 낸시 앤드류스/오디오 및 비디오 제작: 맨디 라이트, 디트로이트 프리프레스)

사진, 음악 등을 차용했을 때는 그 콘텐츠 제공처의 이름을 올려야 한다. 아레사 프랭클린의 1967년 히트곡 '존경(Respect)'에 대한 스토리인 '존경의 40년'의 경우에는 프리프레스가 노래 사용료를 지불했을 뿐 아니라, 크레디트를 정확히 어떻게 써야 하는지에 대해서도 지시를 받았다.

로열티가 없는 음악, 즉 스톡 음악일 경우에는 대개 노래 제목과 아티스트 이름만 크레디트에 들어가면 된다. 스톡 동영상이나 사진의 경우도 마찬가지다. 그래서 자료의 출처를 잘 확인하고 적절한 허가 절차를 밟는 것이 중요하다.

당신은 크레디트에서 '특별히 감사한 분들'을 종종 보았을 것이다. 이것은 의무적인 것은 아니지만, 당신의 비디오를 위해 비공식적이지만 물심양면으로 도와준 사람들에게 고마움을 표시할 수 있는 좋은 기회이다.

앞서 논의한, 디트로이트 프리프레스의 어니 하웰 스토리의 경우에는 많은 사람들에게 특별한 감사를 표하였는데, 그 중에는 그 아나운서의 개인 소장 사진 자료를 사용할 수 있게 해준 그의 변호사도 있었다.

등장인물은 특별한 감사의 대상에 포함하지 않는 것이 일반적이다. 크레디트에 이름을 올리는 대가로 스토리에 참여했다는 인상을 주지 않기 위해서다. 잘 모르겠으면 그냥 넘기는 것이 좋다.

당신이 무엇인가를 창작하는 순간 당신은 그 창작물의 저작권 소유자가 된다. 하지만 크레디트에 저작권 마크와 날짜를 넣으면 그 작품이 저작권 보호를 받는다는 사실을 사람들에게 알리는 효과가 있다. 이것은 보통 크레디트의 맨 마지막에 들어간다. "모든 권리는 보호되어 있음(All Rights Reserved)"이라는 문구를 추가함으로써 당신의 작품을 바탕으로 다른 2차 저작물 만들 권리를 당신이 가지고 있음을 확실히 밝힐 수 있다.

"모든 권리는 보호되어 있다."라고 하는 대신에 당신은 당신의 비디오를 다른 사람들과 공유하여, 그들이 그것을 자신의 웹사이트에 올리거나, 재편집하거나, 일부를 자신의 프로젝트에 사용하는 것을 허용할 수도 있다. 크리에이티브 커먼즈(Creative Commons)는 당신의 원래 저작권을 유지하면서 당신의 작품을 더욱 광범위하게 활용하는 방법을 제공한다.

작품 전체 길이

TV를 위한 스토리를 만들 때는 전체 상영 시간이 제한된다. TV 뉴스 프로에서는 한정된 시간을 뉴스, 날씨, 교통, 스포츠 등에 배분해야 한다. 인터넷의 경우는 이론적으로 상영 시간이 제한되지 않지만 방문객의 주의력은 분명 제한되어 있다.

말(인용문)이 아무리 멋있어도, 사진이 아무리 아름다워도, 아무리 놀라운 삶의 순간이 있어도, 그것이 스토리의 주제에서 벗어나 있다면 과감히 제외해야 한다. 비유적으로 "당신의 애를 죽여라."라는 말도 한다.

프로듀서이자 편집자로서 ESPN과 히스토리 채널 등에 작품을 발표했으며 첫 장편 다큐멘터리 〈마웬콜(Marwencol)〉로 2010년 SXSW(South by Southwest: 사우스 바이 사우스웨스트 뮤직 페스티벌)에서 심사위원상을 받은 바 있는 제프 맘버그는 짧을수록 좋다고 믿는다. "반응이 좋다고 너무 오래 끌어서는 안 되며, 모든 것에 답할 필요가 없습니다. 난 관객이 궁금함을 가지고 나가길 바랍니다. 그들이 나중에 식사 자리에서 스스로 추리하도록 하세요. 당신 자신이 그랬듯이, 그들이 관찰과 판단으로 스스로 궁금함을 해소하는 게 더 좋습니다."

사람들이 온라인에서 점점 더 많은 그리고 더 긴 비디오를 본다는 것이 연구조사 결과에 나타났다. 시장조사 회사인 콤스코어(comScore)의 2010년 7월 보고서에 따르면 1억 7800만

▲ **마웬콜.** 마크 호간캠프가 장난감 군인들로 이루어진 영화 장면을 만들고 있다. 제작자 제프 맘버그는 "반응이 좋다고 너무 오래 끌어서는 안 되며, 모든 것에 답할 필요가 없다."라고 말한다.

명의 미국인이 그 달에 온라인 비디오를 보았으며 평균 시청 시간은 4.8분이었다. 이것은 당신이 모든 비디오를 4.8분 분량으로 만들어야 함을 의미하는가? 당연히 아니다!

비디오의 분량은 내용에 따라 정해져야 한다. 미니애폴리스 KARE 11 TV의 보이드 휴퍼트는 자신의 작품의 길이를 놀라움의 양으로 결정한다고 말한다. '놀라움'은 작은 보석 같은 정보나 삶의 순간을 말하며, 사람들이 나중에 화젯거리로 삼을 수 있는 그런 것이다. 그는 이렇게 말한다. "10개의 놀라움이 있으면 난 4분 길이의 스토리를 만들 수 있어요. 그러나 놀라움이 3개밖에 없는데 여전히 4분 길이의 비디오를 만들려고 하면 관객은 곧 흥미를 잃을 겁니다. 3개의 놀라움으로는 90초 정도밖에 지탱할 수 없어요. 이런 관점에 동의하지 않는 사람이 있다는 것은 인정합니다. 그러나 그것이 내가 작품 길이를 결정하는 방식입니다. 놀라움을 다 써버렸으면 스토리를 끝내야 합니다." 즉 스토리의 길이는 관객을 사로잡는 순간이 얼마나 많은가에 따라 정해져야 한다는 것이다.

이제 상영 시작!

시사회를 했었더라도 마지막으로 다시 한 번 사람들을 모아서 정확성, 템포, 공정성 등을 점검하라.

그들은 처음부터 끝까지 몰입되어 보는가? 아니라면 다음과 같은 사항을 확인해 보아야 한다. 느슨한 부분은 어디이며 그 부분을 어떻게 조일 것인가? 속도가 스토리의 주제나 분위기와 어울리는가? 관객이 혼란스러워한 지점이 있는가? 기술적인 문제는 없는가?

마지막 남은 문제들을 다 처리했다면 이제 편집을 마무리하고 최종 출력을 시작하라! ■

▲ **올바른 선택하기.** 비디오 및 멀티미디어 프로듀서인 프리츠 노덴그렌이 베트남에서 한 비영리 단체를 촬영하고 있다. 그는 "도덕은 선과 악 사이의 선택입니다. 윤리는 두 가지 옳은 길 중에 선택하는 문제입니다."라고 말한다.(사진 촬영: 후이 웬)

14

윤리

도날드 윈슬로
〈뉴스 포토그래퍼〉 매거진 편집장

경쟁 사회에서 스토리텔링의 목표는 공정하고 정확함에 있다. 동시에 우리는 관객의 관심을 끌고 붙들어두는 것도 원한다. 그럼 이 두 목표는 상치되는 것인가? 관객을 매료시키면서도 윤리적인 선을 지키는 비디오 스토리를 만들려면 어떻게 해야 하는가?

이 아이콘은 〈비디오 저널리즘〉 웹사이트에 가면 더 자세한 정보를 얻을 수 있거나 언급된 비디오 작품을 볼 수 있음을 나타낸다. 작품의 제목 및 책에서 거론된 챕터와 페이지가 나와 있다. 책에 있는 것과 동일한 사진도 볼 수 있다.
http://www.kobreguide.com/content/videojournalism.

윤리적 결정의 철학

비디오 저널리스트는 세 가지 원칙에 따라 윤리적 판단을 한다. **황금률**, **공리주의**, 그리고 **절대적 의무**. 때로는 이 세 원칙이 하나의 동일한 결론을 낼 수가 있다. 그러나 그 세 원칙이 서로 충돌할 때도 있다.

황금률

그리스에서 유래된 '호혜의 윤리'는 '황금률'로도 알려져 있다. 이는 '너희가 대접을 받고자 하는 대로 너희도 남을 대접하라'는 것이다.

우리는 우리의 선택이 다른 사람들의 인생에 어떠한 영향을 미칠지를 알아야 한다. 비디오 저널리즘에 그 원칙을 적용한다면, '당신 자신이 촬영되기를 원하는 방식으로 다른 사람을 촬영하라'가 될 것이다. 당신이 교통사고를 당해 크게 다쳤는데 한 비디오 저널리스트가 당신이 피 흘리는 모습을 촬영하여 저녁 뉴스에 내보낸다면 어떻겠는가?

공리주의

그리스의 철학가 에피쿠로스까지 거슬러 올라가는 공리주의는 1800년대 영국 법학자 제레미 벤담과 영국 철학자 제임스 밀에 의해 많은 사람들에게 알려졌다. 이 원칙은 행동의 결과가 무엇인가에 따라 행동이 선택되어야 한다는 것이다. 구체적으로 말하면, 최대 다수의 최대 행복을 낳는 행동을 선택해야 한다는 것이다.

저널리즘은 일반적으로 공리주의 원칙에서 수행되고 있다. 예를 들어 교통사고 현장을 촬영한다고 할 때, 피해자를 촬영하는 것은 다친 그들에게 일시적으로 정신적인 고통을 안겨 줄 수 있지만 그 영상을 보는 이들이 조심할 수 있는 계기가 된다면 많은 사람들의 목숨을 건질 수도 있다.

절대적 의무

성경의 십계명은 절대적인 규칙의 예다. 예를 들어, '살인하지 말라'는 재량을 발휘할 수 없는 절대적인 의무이다. 전쟁터에서 사람을 죽이거나 정당방위 살인과 같이 사회에 도움이 되는 (다수의 행복) 것일지라도 살인은 근본적으로 나쁜 것으로 간주된다. 절대론자의 시각에서는, 살인은 사회에 어떤 이득이 있다 해도 항상 금지되어야 된다.

비디오 저널리즘 분야에서는 미국의 전국사진기자협회(NPPA)가 비디오 저널리즘의 십계명이라고 할만한 것을 제시하고 있다. NPPA의 웹사이트에서 그것을 볼 수 있다.

원칙들이 충돌할 때

"사람은 사생활의 권리가 있다."라는 말을 들어봤을 것이다. 이것은 저널리즘이 공공의 이익에 봉사한다는 것과 어떻게 조화될 수 있는가? 아이가 익사하여 절규하는 가족을 보여주는 영상이 있다고 하자. 공익을 앞세우는 사람들이라면 이 장면을 방송에 내보냄으로써 사람들이 수영할 때 안전과 사고 예방에 더욱 신경 쓰게 될 것이라고 생각할 것이다. 반면 사생활의 절대적 권리를 주장하는 사람은 이 영상을 내보내는 것에 반대할 것이다. 그들은 어떠한 사회적 이득이 있다하더라도 가족들의 사생활 권리가 그것보다 더 중요하다고 주장할 것이다. '사생활'이란 말 그대로 다른 누군가의 사적 공간을 침범하지 않는 것이다. 황금률은 당신에게 이러한 질문을 하게끔 할 것이다. "만약 이 죽은 아이가 내 아이라면 나의 절규하는 모습을 영상에 담아 수백만 명의 사람들에게 보여주는 걸 허락할 것인가?" 이 상황에서는 비디오 저널리스트마다 다른 반응을 보일 것이다. 아이러니하게도 당신이 어떤 사람이며 어떤 원칙을 믿느냐에 따라 둘 다 윤리적인 것이 될 수 있어 보인다.

옛 시절의 텔레비전 저널리즘 윤리

오늘날의 스토리텔링의 윤리적인 기준 정립은 텔레비전 윤리가 뚜렷하게 확립되어 있지 않았을 때 시작되었다. 다렐 바튼이 1967년에 위치타의 채널 10 KAKE에서 텔레비전 뉴스 일을 시작할 때에는 특집 스토리에 대한 윤리 기준이 매우 느슨했다. 바튼은 "스토리텔링에 필요한 시각적 요소를 재창조하기 위해 사람들을 데려와 역할극을 하게끔 했죠."라고 회상한다.

바튼은 두 명의 저널리스트가 취재한 위치타의 거대한 미끄럼틀에 대한 스토리를 기억하고 있다. 스토리를 흥미롭게 만들기 위해서 그들은 여자 아이가 미끄럼틀을 내려가는 것을 무서워하고 그 아이의 남자 친구가 타도록 설득하는 스토리를 '개발'하였다.

그들은 한 예쁜 소녀와 그녀의 남자 친구에게 그 역할을 연기하도록 시켰다. 의기양양한 음악과 함께 소녀는 두려움을 극복하였고 "그들은 그 후에 영원히 행복하게 살았다."라는 내레이션이 사용되었다.

바튼은 다른 사건 하나도 기억한다. 한 사진사의 두 친척이 박람회 도중에 실종된 한 소년과 그를 찾게 되는 누나 역할

▶ **미래의 죽음을 방지하기 위해서?** 시체 운반용 부대에 있는 아이는 방금 익사하였다. 이 가족들은 절규하고 있다. 이 사진을 신문이나 텔레비전, 혹은 인터넷에 올리는 것이 미래에 죽음을 방지하는 데 도움이 되는가?(사진 촬영: 존 하트, 캘리포니아 베이커스필드)

을 맡아 연기하였다. 이 두 사례에서 연기를 하는 것은 당시의 윤리적 규범에 어긋나지 않았기에 용납이 되었다.

바튼은 "댄스 경연 대회에 대한 스토리를 할 때 대회 우승자를 공원으로 데려가 다시 춤을 추게 하여 촬영을 했죠. 이 스토리로 나는 상을 받았습니다."라고 얘기한다. 그는 장면을 연출하여 촬영을 했던 것이다. 또한 그는 이렇게 말한다. "그것은 내가 그런 것을 한 마지막이었습니다. 그 스토리는 걸프 지역 사진 기자 대회에서 최고상을 받았는데, 밥 브랜든의 기차 탈선 폭발 스토리가 2등을 하였죠. 나는 1등상을 받았지만 밥은 병원에 3주 동안 입원했어요. 난 수치심을 느꼈고 다시는 거짓을 하지 않게 되었죠."

방송에서 '연출'의 정의는 상당히 포괄적이었음에도 당시에는 많은 '창의성'이 발휘되었다. 그러다 CBS 뉴스가 기자들이 연출을 하지 못하게 하고 이를 어길 시에는 해고를 하는 방침을 세우면서 상황이 바뀌었다. 다른 저널리스트가 연출하는 것을 묵인하고 보고하지 않은 사람도 해고될 수 있었다.

바튼은 이렇게 회상한다. "놀라운 것은 그게 빈말이 아니었다는 것입니다. 당신이 앞으로 가기 위해 조금만 기다려 달라고 하는 것도 허용되지 않았습니다. 나중엔 그것이 오히려 좋은 것이라는 걸 깨달았어요. 날 더 영민하게 만들어주었어요. 윤리적 자긍심을 느끼게 해주었어요. 발생을 하면 촬영하는 것이고, 놓치면 놓치는 것이었죠. 일어나지 않은 일이면 일어나지 않은 것이었습니다."

▼ 저널리즘 윤리에 대한 가이드라인을 얻으려면 아래와 같은 전문협회를 찾아보라.

▲ **라디오 · 텔레비전 · 디지털뉴스 협회(RTDNA).** RTDNA는 전자 형태의 뉴스 종사자만을 대상으로 하는 전문가 조직이다. 3000명 이상의 회원이 소속되어 있다.

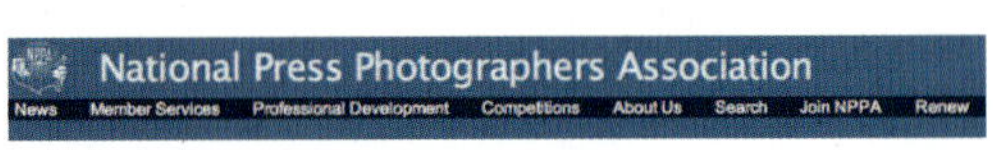

▲ **전국사진기자협회**는 스틸 사진가, TV 촬영가, 비디오 저널리스트 등으로 구성된 단체다.

▲ **전문기자협회**의 회원은 작가, 프로듀서, 사진 저널리스트, 비디오 촬영가, 비디오 저널리스트 등을 포함한다.

행동 표준과 윤리를 위한 규정

하나의 직업으로서 저널리즘은 자신의 윤리 기준을 만들고 이를 따랐다. 전국사진기자협회(NPPA)나 전문기자협회(SPJ), 라디오 · 텔레비전 · 디지털뉴스협회(RTNDA)와 같은 전문 언론인 단체들은 사람들이 받아들일 수 있는 윤리 규정을 오랜 기간에 걸쳐 만들고 개정하였다. 기관마다 조금씩의 차이를 보이지만 저널리즘의 윤리 기준은 몇 가지 기본적인 원칙들을 공유한다. 정직함, 정확함, 객관성, 공정함, 그리고 책임감(근래에는 '투명성'이라고 부른다) 등이 그것이다.

시민 저널리스트

인터넷 블로거나 시민 저널리스트도 원한다면 유사한 규정을 따를 수 있다. cyberjournalist.net은 시민 저널리스트를 위한 윤리 규정을 만들었다. 그 규정은 좋은 지침일 수 있지만 블로거와 월급을 받으며 일하는 전문 저널리스트 간에는 차이가 있는데, 전문가들은 그들의 업무를 감독하며 윤리 규정을 강제하는 편집자나 관리자들이 있다는 것이다. 프리랜서와 솔로 비디오 저널리스트, 그리고 독립 인터넷 블로거들은 스스로를 규제해야 한다.

당신이 언론사에서 일한다면 윤리 위반은 징계로 이어질 수 있다. 가벼운 질책부터 해고까지 징계 수위는 다양할 수 있다. 그러나 어디서 일을 하든, 어떤 윤리 위반이 범죄의 영역에 들어간다면 (누군가를 명예 훼손 한다거나 저작권 침해를 한다거나) 그 문제는 실제로 형사소송이나 민사소송의 대상이 될 수 있다.

저널리즘의 신뢰성을 위해 기성 언론사의 전통적 편집자들은 시민 저널리스트의 작품을 게재할 때는 특별히 조심한다. 시민 저널리스트들은 신뢰성이 검증되지 않았기 때문이다. 실제로, 상당한 노력을 기울여 언론사에 사기를 치는 사람들이나 조작극을 만드는 사람들이 있다. 그래서 시민 저널리스트

▲ **데모틱스: 당신이 만드는 뉴스**는 하나의 웹사이트로서 일반인들이 사진을 올리면 그것을 뉴스 대행사에 판매하는 것을 도와준다.

의 작품은 엄격한 기준으로 다루어져야 한다. 거짓으로 판명 났을 때 언론사가 그 개인에게 어떻게 할 수 있는 게 별로 없기 때문에 더욱 그렇다.

인터넷은 부정직한 사람들을 벌하는 나름의 방법을 갖고 있다. 전통적인 언론사는 잘못을 저지른 시민 저널리스트를 해고하거나 할 수 없지만, 온라인 감시 단체는 조작된 스토리나 사진을 폭로하고 비난할 수 있다.

선물이나 뇌물을 피하라

예를 들어 어떤 노숙자에 대한 스토리를 만든다면 당신은 그가 사진을 찍게 해주고 인터뷰에도 응해준 것이 고마워 약간의 돈을 주고 싶을 수 있다. 그들이 불쌍해 보이고 돈을 좀 준다면 뭐라도 사먹을 수 있을 것이다. 그렇다면 돈을 줘도 괜찮은 것인가? 절대 주지 마라!

저널리즘 윤리 규정은 기자나 사진 저널리스트들이 인터뷰나 정보의 대가로 돈을 제공하는 것을 금지하고 있다. 이 규정은 인터뷰를 해주는 조건으로 선물을 주는 것도 금하고 있다. 저널리스트는 돈을 주고 싶은 유혹을 떨쳐버려야 한다. 어떤 언론사는 잠재적 인터뷰 대상자에게 밥 한 끼 사주는 것도 금지하고 있다.

왜 그럴까? 우선, 그것은 뇌물이거나 적어도 뇌물처럼 보인다. 뇌물을 주면 안 되는 이유는 저널리스트들이 정보의 대가로 돈을 주는 순간 그 대상자와의 관계는 사업적인 것이 되기 때문이다. 사업적 관계는 정보의 진실성과 정확성에 영향을 끼칠 수 있다.

예를 들어 그 노숙자는 자신의 답변이 돈과 연결되어 있다고 생각하면 진실을 다 말하지 않을 수 있다. 그는 돈을 더 받기 위해 질문자가 듣고 싶어 하는 말을 할 수가 있다.

또한 뇌물은 나쁜 선례를 만든다. 사람들은 인터뷰 촬영을 허락하는 대가로 갈수록 더 많은 돈을 요구할 수 있다. 아마도 가장 중요한 것은, 돈 거래가 있었던 인터뷰는 사람들이 신뢰를 하지 않는다는 것이다. 결론적으로 돈을 절대로 주지 말아야 하며 돈을 달라는 요구가 있다면 거절하라.

윤리적 함정

촬영할 것인가 말 것인가?

예상하지 않은 상황이 카메라 앞에서 빠르게 벌어질 경우 촬영자는 촬영을 할 것인지 말 것인지 판단을 해야 한다. 답은 거의 대부분, '촬영을 하라'이다. 우선 촬영을 하고 나중에 결정하는 (상의하고 편집하는) 것이 답이다. 촬영 기회를 놓치면 다시 찍을 수 없게 된다. 무엇을 어떻게 보여줄 것인가에 대한 윤리적 판단은 나중에 해도 된다.

▲ **대런 둘라흐,** 볼티모어 WBBF-TV. 16세의 보행자가 차에 치어 사망한 다음 날 사고 현장에 나가 있다.(사진 촬영: 마이크 부셔)

어니 크리스프 NPPA 촬영상을 받은 보스턴글로브의 멀티미디어 프로듀서인 대런 둘라흐는 현장에 도착하면—뭔가 불타고 있거나 폭발하고 있지 않는 한—어떤 소리가 나는지 귀 기울인다. 어떤 소리가 곧 끝날지, 어떤 소리가 당분간 이어질지 판단을 한다. 그래서 그는 빨리 끝날 것 같은 소리부터 먼저 포착을 하고 지속될 소리는 순서를 뒤로 한다. 이렇게 함으로써 둘라흐는 "그 소리가 없어졌네. 그걸 먼저 기록할 걸." 하고 후회하는 일이 없게 된다.

또한 이런 식으로 접근하기 때문에 둘라흐는 촬영하지 못한 부분에 대해 "방금 한 것을 다시 해주세요."라고 부탁할 필요가 없어진다.

클립의 병치는 스토리의 의미를 바꿀 수 있다

오스틴 아메리칸스테이츠맨의 멀티미디어 프로듀서이자 사진 저널리스트인 호르헤 산후에자는 90초 분량의 짧은 비디오에도 수백 개의 편집이 있을 수 있다고 말한다. "클립을 어떻게 병치하느냐에 따라 스토리는 완전히 다른 방향으로 나갈 수 있다."

텍사스 오스틴주립대학교에서 강의를 하고 있는 산후에자는 대학원생들에게 편집할 때 영상을 어떻게 병렬시키느냐에 따라서 스토리의 내용을 바꿀 수 있다고 얘기한다. 예를 보여주기 위해 그는 그의 학생들에게 편집이 되지 않은 상태의 촬영 자료를 보여준다. 그러고 나서 다양한 방식으로 편집한 것을 보면서 어떻게 완전히 다른 스토리가 탄생할 수 있는지를 보여준다.

예를 들어, 산후에자는 학생들에게 사람들의 반응 숏을 포함하여 화재 현장의 편집되지 않은 촬영 자료를 보여준다. 대부분의 뉴스 촬영 현장에서 촬영자는 다양한 반응을 보이는 사람을 찾을 수 있다. 비통해하는 사람들, 차분하게 바라보는 사람들, 혹은 화재와 관련 없는 일로 웃고 있는 사람도 있을 것이다. 산후에자는 "화재 이미지 다음에 그중에서 어떤 반응 숏을 보여주는가에 따라 스토리의 맥락이 달라진다."라고 말한다.

비디오의 속도 조절

볼티모어 WBFF 방송국에서 촬영자로 있었던 스탠 하이스트는 이렇게 말한다. "편집할 때 비디오의 속도를 바꾸면 관객에게 매우 다른 인상을 줄 수 있지요. 어떤 필요에 따라 영상을 빠르게 혹은 느리게 조절하고 싶을 때가 있습니다." 예를 들어, 누군가가 체포되는 영상이 있는데 보이스오버 해설을 입히기에 시간적으로 영상이 부족할 경우를 생각해보자. 체포 장면 영상의 길이를 늘여 느린 화면을 만듦으로써 보이스오버를 할 수 있도록 할 것인가?

"누군가가 걷는 모습을 느린 화면으로 보여준다면 관객은 그 사람에 대해 불길한 느낌을 받을 수 있다. 같은 장면을 빠른 화면으로 보여준다면 그 인물이 멍청해 보이거나 초인간적으로 보일 수도 있다. 이 경우 관객은 웃을 수도 있을 텐데, 이런 효과를 사용함으로써 당신은 그 사람의 성격이 어떻다고 암시하려는 것인가? 그것은 공정한 것인가?

"나 자신의 의도와 관객이 어떻게 그 편집을 받아들이느냐가 중요합니다. 사실이 아닌 것을 관객이 믿게끔 하려는 것인가, 아니면 관객은 그렇지 않다는 것을 알고 있는가?"라고 하이스트는 말한다.

컬러 밸런스는 결과를 다르게 만든다

하이스트는 또한 후반 작업 때 컬러를 조정하는 것은 윤리적 문제를 동반할 수 있다고 말한다. 그는 이론적인 질문을 하나 한다. "만약 촬영자가 현장에서 화이트 밸런스를 잘못 맞추는 실수를 하면 어떻게 되나? 예를 들어 원래 색보다 더 차가운 색상으로 나왔다고 하자. 편집할 때 빨간색과 노란색 필터를 사용하여 색을 보정했다면 진실에 어긋나는 것인가? 영상은 원래 색에 가까워졌겠지만 그건 인위적으로 조작한 것인가?"

▲ **스탠 하이스트,** 볼티모어 WBFF 방송국

하이스트는 실수를 보정하는 것은 사실에 더 가까워 보이도록 하려는 것이기 때문에 용납될 수 있다고 본다. 그러나 불길하고 불건전하게 보이도록 원래 색보다 차가운 색상으로 바꾼다면 그것은 윤리적인 잘못이 될 수 있다. 이 두 가지는 미묘하지만 명확한 차이가 있다. 실수를 수정하는 것은 윤리에 어긋나지 않지만 원래 장면에 존재하지 않던 느낌을 주는 것은 윤리에 어긋난다.

거슬리는 배경 소음을 줄여라

인디애나대학교의 제임스 브라운은 자전거 가게에 관한 스토리를 촬영하였다. 하지만 편집된 비디오에는 라디오에서 흘러나오는, 거슬리는 배경 소음이 있었다. WISH 방송국의 비디오 저널리스트인 스티브 스와이처에게 조언을 구하기로 했다. 스와이처는 오디오가 깨끗해야 했다고 말했다. 그러자 브라운은 "그럼 라디오 볼륨을 줄이거나 아예 껐어야 했다는 건가요?"라고 물었다.

스와이처는 이렇게 대답했다. "네, 상황에 따라서는요. 스토리가 무엇에 관한 것인지 생각해봐요. 만약 그 라디오가 스토리의 일부분이라면 당연히 그것을 건드리면 안 되죠. 그러나 라디오 소리가 단지 스토리를 방해하는 것에 불과하다면(예를 들어 정비사와 고객의 대화가 잘 들리지 않게 만든다면) 그 소리를 줄여야겠죠."

스와이처는 윤리적인 이유로 라디오의 볼륨을 건드리고 싶지 않다면 카메라에 장착된 스테레오 마이크 대신 옷에 부착하는 라발리에를 사용하면 된다고 말한다. 그러나 마이크를 바꾼다고 주변 소음 문제가 모두 해결되는 것은 아니다. 그는 "때로는 주위에 있는 사람들에게 조용히 해달라고 얘기하거나 밖에서 잔디 깎는 기계 소리가 들리지 않도록 창문을 닫아야 합니다."라고 말한다.

자전거 가게의 그 라디오 소리를 줄이는 게 옳다는 생각의 배경에는 공리주의 사상이 있다고 볼 수 있다. 대부분의 관객은 대화 내용이 음악 소리의 방해 없이 또렷하게 들리는 것이 더 낫기 때문이다.

그러나 "아무것도 건드리지 마라."라고 얘기하는 절대주의자는 그 비디오 저널리스트가 라디오에 손을 대지 못하게

◀ AP(Associated Press)의 '기준과 관행'은 이 세계 최대 통신사의 저널리스트들에게 명확한 규정들을 제시한다.

할 것이다. 이 경우에는 시끄러운 환경에서 촬영을 할 수 있는 방법을 찾거나 아예 촬영을 포기해야 한다.

세계 최대의 뉴스 수집 기관인 AP 통신에서는 오디오의 기준이 매우 명확하다. "오디오는 항상 사실을 전달해야 하며 우리는 어떤 형태로든 뉴스 사실의 내용을 조작하지 않는다. AP 통신원의 말은 휴지 부분이나 더듬는 부분만 삭제될 수 있다."

오디오 편집에 대한 기준은 다음과 같다. "AP는 볼륨을 일관성 있게 하는 것, 전체적인 볼륨 조절, 소리를 분명하게 하기 위한 이퀄라이제이션, 전선 등에서 발생하는 잡음을 줄이는 것, 그리고 말의 시작과 끝에 페이드인과 페이드아웃을 하는 것 등은 허용한다. 그러나 그 어떤 것도 오디오의 내용을 숨기거나 가리거나 삭제하는 결과를 낳으면 허용되지 않는다." AP 통신 직원이 여기에 언급된 것 외에 다른 오디오 조절을 하고자 한다면 그들의 상사와 상담해야 한다.

말을 깨끗하게 만들기

NPR과 PRI에서 그러듯이, 당신은 인물의 말을 명료하게 하기 위해 오디오 편집을 할 수 있다. 물론 신문 기사에서 누군가의 말을 편집한다면 당신은 해고당할 수도 있다. 그러나 글의 경우에는 말을 바꾸어 표현하거나 생략 부호를 사용하여 말이 생략되었음을 표현할 수 있지만 라디오 방송에서는 그것이 불가능하다.

뉴욕타임스의 사진 기자이며 사진 편집을 맡고 있는 제임스 에스트린은 그와 동료들이 오디오를 너무 수정하지 않기로 했으며, 인물이 말하는 스타일을 알 수 있도록 하여 중간에 "어"라고 하며 머뭇거리는 부분 역시 살린다고 말한다.

음향 이동

편집할 때 오디오와 비디오 트랙의 연결을 풀면 인터뷰 말이나 자연 음향을 이동하여 다른 시간에 촬영된 영상과 겹치게 할 수 있다.

인터뷰 영상 같은 경우, 대부분의 전문가들은 오디오 트랙을 풀어서 이동하는 것에 대해 문제를 느끼지 않는다. 오디오는 그 내용에 맞는 영상 이미지, 즉 B롤과 겹치게 할 수 있다. 이 같은 편집은 텔레비전이 탄생하기도 전인, 영화관에서 뉴스를 보던 시절만큼이나 오래된 것으로서, A, B롤 편집이라고 한다(챕터 10 참조).

그러나 일부 언론인들은 한 시점에 기록된 자연음을 다른 시점에 기록된 비디오와 합치는 것에 윤리적 딜레마를 느낀다. 예를 들어 이스라엘 군대와 돌을 던지는 팔레스타인 청년들이 충돌하는 과정에서 총소리가 계속 났는데, 카메라가 군인들을 향할 때는 총소리가 크고 시위자들을 향할 때는 총소리가 작게 들렸다. 분명 시위 도중의 총소리는 일정했다. 소리가 작아진 이유는 단지 카메라의 지향성 마이크가 음원(총)을 등졌기 때문이다. 이때, 큰 총소리를 시위대 영상에 가져와서 장면 전체에 (군인을 보여주든 시위대를 보여주든) 총소리가 일관되게 한다면 이것은 윤리적인가? 당신이 그 현장에 있었다면 쳐다보는 방향과 상관없이 일관된 타다닥 소리를 들었을 것이다. 그래서 모든 숏에 일관된 총소리를 넣는 게 현실에 더 가까울 것이다.

일부 비디오 저널리스트들은 '음향의 이동' 관례에 문제가 있다고 보지 않는다. 멀티미디어 프로듀서 산후에자-라이언은 한 이미지에서 음향을 떼 내어 다른 이미지로 옮기는 것은 필수적인 기법이라고 말한다. "시청자들은 그들이 보고 듣는 모든 것에 일정 수준의 편집이 이루어졌다는 것을 알고 있거나 그렇게 생각합니다. 모든 것은 꾸며진 것이죠."

예를 들어, 스틸사진에 내레이션을 넣은 멀티미디어 작품은 본질적으로 인위적인 것이다. 사진가가 사진을 찍을 때 동

▲ **오스틴 아메리칸스테이츠맨의 호르헤 산후에자-라이언.** 텍사스 오스틴에서 서커스를 촬영하고 있다.(사진 촬영: 도널드 윈슬로, 뉴스포토그라퍼 매거진)

시에 자연음을 녹음하고, 편집할 때 그 소리를 정확히 같은 위치에 넣지 않는 한 인위적인 이미지-소리 결합일 수밖에 없다.

그러나 NPAA의 윤리 담당 존 롱은 사운드를 이동하는 것에 대해 명백한 반대 입장을 표명한다. 저널리즘에는 그런 것이 허용될 수 없다고 말한다. "천둥소리를 번개 치는 순간에 가깝게 이동하는 것이든, 사이렌 소리를 다른 데서 가져오는 것이든, … 그것은 거짓입니다." 그는 "애초의 오디오가 실패했으면 보이스오버 같은 다른 방법을 찾아보세요. 단, 영상과 오디오가 같은 순간에 기록된 것이라는 인상을 관객에게 주면 안 됩니다."라고 말한다.

비디오 저널리즘이라는 새 분야에 있어서 오디오를 다루는 문제는 언론 기관마다 다른 견해를 보이고 있다. 일부 편집자들은 스토리를 바꾸거나 관객을 속이는 것만 아니면 오디오를 이동시키는 것은 괜찮다고 생각한다. 하지만 다른 언론인들에게는 그것은 용납이 되지 않는 행동이다.

당신이 기성 언론 기관에서 일하고 있지 않고 독립적으로 활동하는 비디오 저널리스트라면 이 문제는 스스로 결정해야 할 것이다. 만약 당신이 관객을 속이고 있다고 느껴지거나 그들이 이미지와 사운드의 인위적인 결합에 대해 알아채는 것이 불편하다면 다른 방법을 찾아야 할 것이다.

음악—현장 녹음 혹은 편집할 때 추가?

일부 프로듀서들은 작품의 분위기를 살리기 위하여 편집할 때 음악을 넣는다. 촬영 당시에 녹음된 음악이 아닌 음악을 추가로 넣는 것은 논란의 여지가 된다. 많은 다큐멘터리에서 음악이 사용되고 있는 것이 사실이다. PRI의 〈디스 아메리칸 라이프〉 같은 경우에도 취재 내용의 분위기를 살리기 위하여 음악을 종종 사용한다. 그러나 어젯밤에 일어난 대형 화재 사고에 도어즈의 '라이트 마이 파이어'라는 노래를 사용하는 것은 당연히 안 된다. 음악은 분별력 있게 사용해야 한다.

덴버 KUSA-TV의 베테랑 비디오 저널리스트 데이브 델로지어는 현장에 음악이 항상 있는 것은 아니지만, 관객들은 스토리의 느낌에 맞춰 음악이 인위적으로 추가되었을 때 그것을 잘 이해한다고 생각한다. 그는 "음악이 스토리에 잘 맞는가? 혹은 스토리에 방해가 되는가? 스토리 주제에 잘 맞으며 방해가 되지 않는다면 그 음악을 쓰는 것에 아무런 문제가 없다."라고 말한다.

▲ **데이브 델로지어** KUSA-TV의 비디오 저널리스트(사진 촬영: 매트 맥케인)

연출은 아직 행해지고 있다

영부인 미셸 오바마가 비만한 아이들의 운동을 장려하기 위해 캠든 야드(볼티모어에 있는 야구장)를 찾았다. 철저하게 준비된 이벤트였고 미셸 오바마는 아이들과 같이 야구하기로 되어 있었다. 그러나 그녀는 야구 대신 아이들과 서서 이야기만 나누었다. 어느 한 방송국의 촬영자가 이벤트가 진행되는 도중 큰 소리로 이렇게 말했다. "미셸 오바마가 아이들과 경기하게끔 해줄래요?" 그것은 매우 무례한 행동인 것은 둘째 치고 매우 비윤리적이었다고 볼티모어 WBFF-TV에서 근무한 대런 둘라흐는 말한다.

둘라흐는 인터뷰 촬영에서 리포터나 프로듀서가 인터뷰 대상자에게 복도를 걸으라거나 책장에서 책을 꺼내라거나 하는 요청을 하는 경우가 있다고 지적한다. "나는 근래에 그런 숏을 한 번도 촬영한 적이 없어요. 그리고 편집실에서도 '그런 숏이 있으면 좋을 텐데'라고 아쉬워한 적이 없어요. 그런 장면들은 스토리에 거짓의 느낌을 주죠."

그래서 인터뷰 대상자에게 복도를 걸으라고 요청하는 대신에 둘라흐는 "만약 우리가 여기 없었더라면 무엇을 하고 계셨을 것 같으세요?"라고 묻는다. 비디오 저널리스트가 알아두어야 할 점은 인터뷰 대상자들로 하여금 그들이 일상적으로 하는 일을 하게끔 하고 그것을 촬영해야 한다는 것이다.

그러나 그 역시도 인터뷰 대상자를 카메라 앞에서 무언가를 하게끔 하는 것이다. 일상적으로 하는 일을 하는 것이라도 그것을 촬영하는 것 자체가 인위적 상황이 되게 한다. 그러나

▲ 영부인 미셸 오바마가 볼티모어에 왔을 때 어느 한 방송국의 촬영자는 이벤트 도중 큰 소리로 "미쉘 오바마가 아이들과 경기하게끔 해줄래요?"라고 말했다. 이것은 괜찮은 것인가?

윤리 테스트

아래는 윤리적인 딜레마를 해결하고자 할 때 스스로 점검할 수 있는 테스트이다.

테스트 1: "나의 영상과 오디오가 어떤 식으로 만들어졌는지를 관객이 알아도 불편하지 않을 것인가?" 비디오 저널리스트인 당신이 거짓 없이 '예'라고 답할 수 있다면 당신의 결과물은 아마 문제없을 것이다.

테스트 2: 당신이 내린 결정이 옳은 것인지 확인하기 위해 스스로에게 물어보라. "누구에게 득이 되는가?" 흔히 당신이 하고자 하는 조작은 관객을 위한 것이 아니라 당신 자신의 만족감을 위한 것일 수 있다. 복도를 걷는 장면을 촬영하지 못해서 촬영을 위해 다시 한 번 걸으라고 요청하는 것은 시청자에게 득이 되는 일인가? 당신의 결정은 관객의 스토리 이해를 돕기 위한 것이어야 하며, 상사의 칭찬이나 상을 받기 위한 것이어서는 안 된다는 것을 기억하라.

차이가 미묘하고 크지 않다고 해도, 일상 행위를 하는 것을 촬영하는 것은 편집에 도움을 주려고 복도를 일부러 걷게 하는 것보다는 솔직하고 정확한 것이라고 해야 할 것이다.

둘라흐는 이렇게 말한다. "나는 조작을 피하고 자연스럽게 어울리도록 최선을 다합니다. 인터뷰 대상자가 당신이 지시를 내려주기를 바래도 난 그것을 피합니다. 대신 어떤 상황이 실제로 일어났을 때를 대비하여 촬영 준비를 잘 하도록 노력합니다. 상황을 포착하는 것이 상황을 창조하는 것보다 훨씬 진실하고 자연스럽습니다.

예를 들어, 촬영을 위해 누군가에게 수화기를 들라고 얘기하면 그들은 당신이 원하는 식으로 하려고 노력하죠. 그런 경우 대개 행동이 어색하고 부자연스러워 보입니다. 그러나 전화기 벨이 울릴 때까지 기다리면 더욱 자연스러운 모습을 촬영할 수 있을 것입니다. 실제 상황만 촬영한다는 생각을 갖고 있으면 촬영이 오래 걸릴 수 있지만 난 괜찮아요."

방송국에서 근무했었으며 현재 메릴랜드대학교에서 교수로 있는 하이스트는 말한다, "무엇을 기대해도 되는지 알고 있으면 그것을 준비할 수 있게끔 해줍니다. 촬영 전에 나는 인물들에게 어떤 것을 예상할 수 있는지(그들이 대략 어떤 행동들을 할지) 물어봅니다. 그러면 미리 대비를 할 수 있지요. 그리고 그들에게 어떤 행동을 해달라고 요청하지 않아도 됩니다."

사례 연구

여기에 당신의 저널리즘 윤리 이해를 테스트하기 위한 사례를 두 개 제시한다. 각 사례를 읽어보고 당신이라면 결말이 나오기 전에 어떻게 했을지 생각해보라.

개싸움 조작, 큰 파문

에미상 수상 이력을 가진 KCNC-TV 기자 윈디 버겐과 촬영자 짐 스테어와 스콧 라이트는 '피의 스포츠'라는 개싸움에 관한 4부작 시리즈를 만들었다. NBC 계열 방송국에서 한 주간 방영할 예정이었는데 이때는 매년 세 번 실시하는 방송국 시청률 조사 기간이었다. 시청률은 광고 수입을 결정하기 때문에 이 기간에는 경생이 치열하다.

위의 세 명이 촬영을 위해 개싸움을 연출하고 훈련 장면을 (진짜 시합인 것처럼) 사용한 것이 발견되었을 때 그 기자와 촬영자들은 해고를 당했을 뿐 아니라 버겐은 대배심에서 다수 건의 위증죄로 기소되었다. 연출된 개싸움에 촬영 목적으로 참여하였기 때문에 스테어와 라이트 역시 불법 개싸움과 음모 혐의로 기소되었다.

스테어와 라이트는 유죄를 인정하였고 집행유예를 받았다. KCNC의 뉴스 책임자 마브 락포드는 직원들을 잘 관리하지 못한 것에 책임을 지고 문책을 받았다. 버겐은 2만 달러의 벌금형을 받았다(법정 최고형은 10년 징역에 30만 달러 벌금이었다).

버겐의 윤리에 어긋나는 결정은 시청률 경쟁의 압박과 에미상 수상자로서의 명성을 유지하고픈 욕심에서 비롯되었다. 버겐은 〈아메리칸 저널리즘 리뷰〉와의 인터뷰에서 이렇게 말한다. "조그만 잘못된 결정들이 하나둘 이어져왔죠. 나의 결정이 옳지 않다는 건 알았지만 일이 이렇게 커질 줄은 아무도 몰랐어요."

지나고 나서 보면 잘못이 너무나 분명하고 왜 그랬을까 싶지만 실제로는 저널리즘의 명예와 개인의 인생에 큰 손상을 입고 난 다음에야 깨닫는다. 많은 방송국들이 '스타'를 중시하고 있고 이 특정 기자의 이력이 좋았기 때문에 그녀의 개싸움 스토리는 처음에 전혀 의심을 받지 않았다.

그 저널리스트들이 법에 대해 조사를 했더라면, 개싸움을 참관하는 것만으로도 불법이며 표현의 자유를 보장한 미국 수정헌법 제1조의 보호를 받지 못한다는 것을 알았을 것이다. 그리고 시간 압박이 심한 텔레비전 뉴스 환경(버겐은 방송 전에 라인프로듀서가 "2분 검토" 한다고 말한다)이 조작된 스토리가 방송에 나가는 데 일조하였다.

서류 가방 건네주기

1989년에 ABC뉴스는 〈월드뉴스 투나잇〉에서 간첩 용의자이

▲ **파산하기에는 너무 큰.** 이 다큐드라마는 실제 사건을 바탕으로 제작되었다. 연기자를 쓰는 다큐드라마를 비디오 저널리즘과 혼동하지 마라. 비디오 저널리즘은 '실제의 것'을 보여준다.(연출 및 제작: 커티스 핸슨, HBO)

자 국무부 직원인 펠릭스 블록이 소련 외교관과 서류 가방을 교환하는 장면을 연출하여 내보냈다. 출연자는 ABC 직원들이었다. 이 장면은 블록이 소련 요원에게 가방을 넘겨주는 게 목격되었다는 한 FBI 문서에 바탕을 두고 만들어졌다. 편집 때 ABC는 그 영상을 마치 FBI의 첩보 영상처럼 보이게 원래의 컬러를 흑백으로 바꾸고 화질을 떨어트렸다. CCTV처럼 보이게 가운데 십자 표시도 넣었다. 저녁 6시 30분 뉴스에서는 '재연'이라는 자막이 부주의로 빠진 채 방영되었고 저녁 7시 방송에서는 '재연'이라는 설명이 들어갔다. 그러나 대부분의 국민은 첫 번째 것을 보았다.

블록은 어떤 혐의도 받지 않았고 재판도 없었다. 그러나 그는 국무부 일자리를 잃었다. ABC뉴스의 간부들 사이에서는 그 문제가 된 기법을 다시 사용하는 것에 대해 찬반 논쟁이 있었지만, ABC뉴스 통신원 샘 도날드슨은 그것이 매우 잘못됐고 비윤리적이라고 강하게 믿고 있었다.

도날드슨이 뉴욕타임스와의 인터뷰에서 이렇게 말한다. "순수한 보도에는 사실이 아닌 것을 섞지 말아야 합니다. 그 스토리를 본 많은 사람들은 '블록은 범죄자예요. 서류 가방 건네주는 것을 봤어요'라고 하겠죠. 그러나 물론 그들은 보지 못했습니다."

요즘 대부분의 저널리스트들은 '재연'이라는 자막이 나온다고 해도 재연은 비윤리적이라고 생각한다. 그 이유는 '재연'이라고 명시한다 하더라도 시청자들이 오해할 수 있기 때문이다. 위험한 것은 많은 시청자들이 방송에 묘사된 것이 아마도 실제로 일어났을 거라고 생각한다는 점이다. 말 그대로, '보는 것이 믿는 것'이기 때문이다.

비디오 저널리즘과 다큐드라마

많은 프로듀서들은 역사적 사건을 다룰 때 재연 기법을 애용한다. 예를 들어 연기자들이 19세기의 링컨 대통령이나 그랜트 장군처럼 차려 입고 작가가 생각하는 150년 전의 그들의 행동과 말을 연기한다. 시청자들은 의상을 차려 입은 그 연기자들을 실제의 것으로 착각하지 않는다. 그래서 다큐드라마는 사실에 바탕을 둔 다큐멘터리와 허구적인 드라마가 합쳐진 것이다.

물론 영화에서 역사적 사건을 재연하는 것은 드문 일이 아니다. 최근의 사건을 재연하기도 한다. 예를 들어 HBO는 미국에 거의 제2의 대공황을 가져올 뻔한 금융위기에 대한 다큐드라마를 만들었다. 연기자들은 현재 생존해 있는 인물들을 연기했다. 앤드류 로스 소킨의 저서 〈파산하기에는 너무 큰〉을 바탕으로 한 이 영화는 미국 경제가 위태로웠을 때 뉴욕과 워싱턴에서 열렸던 일련의 비공개회의들을 재연하였다. 이 다큐드라마는 사실을 바탕으로 만들어졌으나 폴 지아마티, 윌리암 허트, 에드워드 애스너 등과 같은 배우들이 출연하였다.

사실을 기록하는 비디오 저널리즘은 다큐드라마나 할리우드 영화 같은 오락물과 큰 차이가 있다. 비디오 저널리즘은 자신이 보는 것이 실제로 있었던 일이라는 시청자들의 믿음을 져버리지 않는다는 윤리적 기초 위에 서 있다. 비디오 저널리스트는 현장에 있었고 그대로 기록하여 관객들에게 보여주는 것이다. 비디오 저널리스트는 무언가를 창조하지 않는다. 시청자들은 실제 인물들의 목소리를 듣는다. 그들이 보는 그 인물들은 연기자가 아니다.

비디오 저널리즘은 다큐드라마가 아니다. 저널리즘, 사진 저널리즘, 그리고 비디오 저널리즘은 조작되지 않은 진실을 보여주는 것에서 힘을 얻는다. 비디오 저널리스트가 윤리적 선을 넘는다면 관객은 그들이 보는 것이 실제로 있었던 일인지에 대해 의구심을 가질 것이다. 그리고 언젠가는 그 매체 자체에 등을 돌릴지도 모른다. ■

▲ **공무 집행 중인 경찰을 촬영.** 캘리포니아주립대학교 노스리지에서 사람들이 KKK 전 대표 데이비드 듀크의 등장을 반대하는 시위를 하고 있고, 경찰이 최루탄을 쏘며 시위자들이 선을 넘지 못하게 막고 있다. 미국에서는 당신이 길거리나 공원과 같은 공공장소에 있는 한 경찰이든 누구든 합법적으로 촬영할 수 있다.(피트 에릭슨, 골든게이터, 샌프란시스코주립대학교)

15

법

데이비드 와인트럽
사우스캐롤라이나대학교 커뮤니케이션대학 강사

비디오 저널리스트는 사진가와 똑같은 권리들을 갖고 있으며 똑같은 규율을 따라야 한다. 어떤 종류의 카메라를 사용하든 주요한 법률적 사항은 같다. 어디서 촬영할 수 있는가? 무엇을 촬영할 수 있는가? 촬영 후에 찍은 영상은 어떻게 사용할 수 있는가? 이 문제들은 법률적으로 봤을 때 무단침입, 명예 훼손, 그리고 저작권과 관련된다. 당신이 기본적인 저널리즘 수업들을 들었다면 이런 법에 대하여 알고 있을 것이다. 그러나 비디오 저널리스트에게는 (사진에는 없는) 추가적인 고려 사항들이 있기는 하다. 예를 들자면, 어떤 특정 사운드를 추가함으로써 비디오가 가지고 있는 의미를 왜곡시킬 수 있는가? 각기 다른 시간과 장소에서 촬영된 비디오를 연결시키면 그 영상의 '진실성'이 어떤 영향을 받는가? 이 챕터는 비디오 저널리스트들에 해당되는 특별한 법들에 대하여 논의할 것이다.

이 아이콘은 〈비디오 저널리즘〉 웹사이트에 가면 더 자세한 정보를 얻을 수 있거나 언급된 비디오 작품을 볼 수 있음을 나타낸다. 작품의 제목 및 책에서 거론된 챕터와 페이지가 나와 있다. 책에 있는 것과 동일한 사진도 볼 수 있다.
http://www.kobreguide.com/content/videojournalism.

이 챕터에서 논의되는 법은 미국에 한정된다. 일부 다른 나라들은 사진과 비디오 촬영에 대해 매우 다른 법률제도를 갖고 있다.

무단 침입: 어디서 합법적으로 촬영할 수 있는가?

표현의 자유를 보장한 미국 수정헌법 제1조에 따르면 우리가 말하고 출판할 수 있는 범위를 매우 넓게 정하고 있다. 저널리즘과 관련하여 그 법은 대형 미디어 그룹부터 독립 비디오 저널리스트까지 적용된다. 그리고 그 법은 저널리스트들에게만 해당하는 것이 아니다. 미국에 살고 있는 모든 사람은 수정헌법 제1조가 보장한 다섯 가지 자유, 즉 종교의 자유, 언론의 자유, 출판의 자유, 집회의 자유, 그리고 청원의 자유를 누릴 수 있다.

◀ **길거리**에서는 합법적으로 촬영할 수 있다.(사진 촬영: 켄 코브레)

공공장소에서의 촬영

공공장소란 무엇인가? 길거리, 상점가, 공원, 다리, 그리고 시가 운영하는 버스나 지하철 등이 모두 포함된다. 그런 장소의 구조물만을 의미하는 게 아니다. 공공장소에 있는 한, 정치인이든 연예인이든 군인이든 경찰이든 일반인이든 합법적으로 촬영할 수 있다. 그 인물이 화면에 크게 나오든 작게 나오든 상관없다. 그런데 공공장소에서 사람들을 촬영하는 것에 거의 아무런 제한이 없지만, 그 영상의 사용에는 제한이 있다. 그리고 상식적으로 알 수 있는 것들도 역시 잊지 마라. 만약 누군가가 자기를 촬영하지 말아달라고 한다면 촬영을 멈추고 촬영된 영상을 사용하지 않을 것임을 밝혀라. 그리고 아이들을 촬영할 경우 그들의 부모에게 먼저 물어보라.

공공장소에 있다면 일반적으로 마음껏 촬영하여도 되지만 보행자나 차량의 통행을 방해하면 그 자유가 제한될 수 있다. 보행자들이 당신의 카메라 장비를 우회하기 위해 도로로 내려서야 한다면 문제가 될 수 있으므로 촬영 허가를 받아야 한다. 그런 경우가 아니라면 공공장소에서 촬영을 하거나 사진을 찍을 권리가 있다.

당신의 허가증을 볼 수 있습니까? 많은 장비를 갖고 있다면 촬영 허가증과 보험 증명서가 필요할 수 있다. 촬영 허가증은 상업적 용도의 촬영이나 공공 시설을 많이 이용하는(예를 들어 거리 하나를 막는) 촬영의 경우 보통 필요하다. 보험증명서는

▶ **길거리와 개인 소유지의 차이.** 어느 집의 차고 앞에서 농구를 매우 잘하는 아이를 발견하였다면 길거리에서 그 아이를 촬영하는 것은 괜찮지만 그 아이가 살고 있는 집으로 들어가기 위해서는 적어도 구두 허가가 필요하다.(사진 촬영: 앤드류 크래프트, 페이엣빌옵서버)

◀ **워싱턴의 유니언 철도역.** 합법적으로 촬영할 수 있는 장소였음에도 경비원은 폭스5 뉴스 팀의 촬영을 제지하였다.

촬영 도중 누군가가 전선에 걸려 넘어져 다친다거나 할 때 책임질 수 있다는 증거가 된다.

난 단지 내 일을 하고 있어요. 간혹 경찰관이나 다른 공무원 혹은 행인들이 자기 일을 하려는 저널리스트를 방해할 때가 있다. 〈촬영자들을 위한 법률 핸드북〉의 저자인 변호사 버트 크레이지스는 9·11테러의 충격 이후 공무원들은 기자들이 공항이나 기차역, 그리고 전철역에서 촬영하는 것을 막으려고 하고 있다고 얘기한다. 그러나 이런 장소에서 촬영을 금지하는 규정은 실제로 거의 없다. 워싱턴 시에서 2007년부터 2010년 사이에 촬영자들이 공공장소에 있었음에도 촬영을 제지당하는 일이 열 번 있었다고 워싱턴포스트 온라인이 보도하였다.

예를 들어 워싱턴의 유니언 철도역에서 폭스5의 뉴스 팀이 경비원에게 촬영 제지를 당했다. 경비원은 뉴스 팀에게 허가증 제시를 요구하였다. 연방 건물의 경비원이 촬영자에게 질문을 할 권리는 있지만 공공장소에서 연방 건물 촬영하는 것을 막지는 못한다.

권위와 통제. 사우스캐롤라이나대학교의 제이 벤더 교수는 "경찰은 (촬영 대상이 되고 있는) 개인의 재산이나 사생활을 보호한다고 생각하거나, 아니면 자기들의 권위를 행사하여 상황을 통제하길 원할 수 있다."라고 말한다. 벤더는 사우스캐롤라이나의 신문사협회와 방송협회의 변호사이기도 한데, 사우스캐롤라이나 주 컬럼비아에서 한 사진 기자가 주차 위반 차량들을 견인해 모아놓은 주차장에서 무슨 일이 일어나고 있는지 알아보다가 체포당한 이야기를 들려준다. 그 기자는 친구들과 있었는데 그 친구들은 컬럼비아의 유명한 번화가에서 차를 견인당했다.

경찰은 자동차 주인들이 주차장에 들어가는 것은 허락하였지만 그 사진기자는 못 들어가게 하였다. 사진사는 자신이 기자라는 것을 밝히고 책임자가 누구냐고 물었다. 그러자 경찰은 그를 체포하였다. 벤더는 "물론 그 체포는 부당한 것이었고 경찰이 권력을 남용하는 모습이 담긴 영상이 있어서 결국 공소는 기각되었다. 그러나 웬만하면 충돌은 피하는 것이 좋다."라고 말한다.

캘리포니아 주 오클랜드의 KGO-TV에서 은퇴한 비디오 저널리스트 더그 로플린은 오클랜드 경찰국 최악의 날에 그 여파를 촬영하기 위해 2009년 3월 21일 하일랜드 병원 밖에 있었다. 두 개의 사건으로 오클랜드 경찰관 네 명이 총에 맞아 사망했다. 로플린이 병원에 도착하는 구급차를 촬영하려고 했

▼ **경찰은 당신을 막을 권리가 없다.** 팜비치포스트의 두 사진 기자가 무장 강도 용의자의 체포 과정을 촬영하고 있는데 플로리다 주 경찰관 한 명이 불법적으로 막았다. 결국 고속도로 순찰대가 사과를 하였다.(J.C. 워커, 팜비치포스트)

▲ **전철역.** 비디오 저널리스트가 촬영할 권리가 있음에도 경찰이나 경비원들이 그것을 금지하려는 경우가 종종 있다. 한 경비원이 "마이애미의 더글라스로드 지하철역에서 촬영을 하는 것은 법으로 금지되어 있다."라고 말했다고 카를로스 밀러가 웹사이트 Pixiq에서 밝혔다. 그러나 경비원은 법원 명령 없이 공공장소에서 촬영을 금지할 권한이 없다.(사진 촬영: 칼로스 밀러)

을 때 몇몇 경찰관이 그를 주차된 차에 밀어붙이며 공격했고 카메라 뷰파인더도 부서졌다. 로플린은 오클랜드 경찰서를 인권 침해 혐의로 샌프란시스코 지방 법원에 고소하였다.

로플린이 촬영한 영상 속에는 뉴스 가치가 있는 장면을 공공장소에서 촬영했음에도 경찰이 욕설을 하며 그를 밀치고 체포하겠다고 협박을 하는 모습이 나온다. 결국, 경찰은 로플린이 병원으로 들어오지 못하게 범죄 현장에서 사용되는 노란색 테이프를 내걸었다. 로플린의 소송은 보상금을 요구하고 경찰이 언론의 자유를 침해하지 않도록 요청했다.

로플린의 변호사 찰스 버던은 이렇게 말한다. "대중은 알 권리가 있고 기자는 뉴스를 보도할 권리가 있습니다. 로플린은 대중에게 뉴스 가치가 있는 스토리를 전하기 위한 일을 하고 있었고 경찰의 공무집행에 전혀 방해가 되지 않았습니다." 그 충돌 영상을 직접 보고 판단해보라. 당신이 촬영자였다면 어떻게 했을 것인가? 동료를 잃은 경찰관이었다면?

물론 경찰관과 응급 구조대원들은 방해받지 않고 그들의 업무를 수행할 수 있어야 한다. 일반적인 상황에서는 촬영을 한다든지 질문을 하는 것은 방해가 되는 행위가 아니다. 그러나 취재 행위가 수사에 방해가 된다든지 하면 경찰은 취재를 제한할 수 있다.

촬영을 중지하라거나 뒤로 물러서라는 지시를 받았는데 당신이 그것을 거부한다면 경찰 업무 방해로—이건 중범죄일 수 있다—체포될 수 있다. 벤더는 경찰관과 논쟁을 벌이지 말

◀ **호텔 밖.** KGO-TV의 비디오 저널리스트 더그 로플린은 캘리포니아 주 오클랜드에 있는 하일랜드 병원 앞에서 뉴스 가치가 있는 장면을 길거리에서 촬영했음에도 경찰이 욕설을 하며 그를 체포하겠다고 협박하였다.

라고 충고한다. 우선 뒤로 물러서서 자신이 일하는 기관에 전화를 하라고 말한다. 무엇보다, 경찰관이나 응급 구조대원들을 물리적으로 방해를 해서는 안 된다. 흥분하여 이성을 잃지 말고 올바른 판단을 하도록 하라.

공공건물

수정헌법 제1조는 언론의 자유를 보장하지만 기자가 아무 데나 들어갈 수 있다는 것은 아니다. 연방 정부, 주 정부, 그리고 지방자치단체는 공공건물이라 할지라도 어디서 촬영이 가능하고 가능하지 않은지 규정하고 있다. 당신이 정부 관청, 학교, 법원, 병원, 그리고 교도소와 같은 공공건물에서 촬영하고자 한다면 사전에 관련 규정이 어떻게 되는지 담당자에게 확인하라.

개인 소유 장소

무단침입법은 초청받지 않은 사람이 개인 소유의 공간에 들어가지 못하게 한다. 개인 소유 장소는 가정집, 마당, 자동차 등을 포함한다. 벤더는 무단 침입은 수정헌법 제1조로 보호받지 못한다고 말한다. 당신이 비디오 저널리스트이든 사진 작가이든 신문 기자이든 주인이 사유 공간에 들어오지 말라고 하면 당신은 이를 따라야 한다. 사유지에서 화재와 같이 뉴스가 될 만한 사건이 발생해도 주인이 원하지 않으면 안으로 들어갈 수 없다.

그러나 길거리와 같이 공공장소에서 개인 소유의 집 마당에 있는 사람들, 현관 앞에 앉아 있는 사람들, 혹은 창문을 통해 보이는 사람들을 촬영할 수 있다. 이 사람들이 보도나 길거리에서 눈에 띈다면 촬영 대상이 될 수 있다. 자신이 공공장소에서 보이는 곳에 있다는 것은 남이 보는 걸 상관하지 않겠다는 것이다.

잠복 취재하는 기자. 두 명의 ABC 기자가 식품점 체인인 푸드라이언에 무단 침입한 사건이 있었다. 1992년 봄, 그 기자들은 잠복 취재를 위해 푸드라이언에 취직하였다. 한 명은 사우스캐롤라이나에 있는 점포에, 다른 한 명은 노스캐롤라이나에 있는 점포에 취업한 것이었다. 거기서 그들은 초소형 카메라로 음식을 비위생적으로 다루는 모습을 촬영하였다. 충격적이고 뉴스 가치가 있는 영상이 ABC의 〈프라임타임 라이브〉에 방영되었다. 푸드라이언은 그들을 고소하였는데, 명예 훼손(즉 그 영상이 사실과 다르다는 것)이 아니라 사기죄, 의무 위반, 무단 침입 등이 사유였다. 푸드라이언은 그들이 거기서 일하기 위하여 거짓말을 했다고 말했다.

결국 미연방 고등법원은 ABC 기자들의 무단 침입과 의무 위반에 대해 유죄를 선고하였다. 어떻게 무단 침입에 해당될 수

비디오 저널리스트가 촬영할 수 있는 장소와 시간은?				
	언제나	아무도 제지하지 않는 경우	제한적	허가 필요
공공장소				
도로	X			
보도	X			
공항			X	
해변	X			
공원	X			
동물원	X			
기차역	X			
버스 정류장	X			
공립 학교				
유치원			X	
초등학교			X	
고등학교			X	
대학 캠퍼스	X			
수업 중				X
공공장소-제한적으로				
경찰 본부			X	
정부 청사			X	
법정				X
교도소				X
군부대				X
국회				X
의료 시설				
병원				X
재활 센터				X
구급차				X
정신보건센터				X
진료소				X
클리닉				X
개인 소유이지만 대중에게 개방되어 있는 장소				
극장 로비		X		
사무실		X		
호텔 로비		X		
식당		X		
카지노				X
박물관			X	
쇼핑몰				X
쇼핑몰 안의 상점				X
개인 소유이지만 외부에서 볼 수 있는 곳				
집의 창문	X			
현관	X			
마당	X			
사적 공간				
집		X		
현관		X		
마당		X		
아파트		X		
호텔 방		X		
자동차		X		

▶ **법정 안.** 판사가 허락한다면 법원 내 촬영은 가능하다.(존 버지스, 산타로자 프레스데모크랫)

있는가? 푸드라이언의 직원으로서 그들은 그 식품점에 당연히 들어갈 수 있었던 것 아닌가? 법원은 기자들이 몰래 촬영한 것이 '부당 행위'라고 결정한 것이다. 다시 말해, 푸드라이언은 가게에서 은밀한 촬영을 하라고 그들을 고용한 것이 아니라는 것이다. 법원은 ABC의 표현의 자유 주장을 받아들이지 않았으며 "미디어 종사자들은 불법 행위를 저지르지 않고서도 업무를 효과적으로 볼 수 있다."라고 말하였다.

경찰관이나 소방관의 요청. 경찰관이나 소방관이 그들의 업무의 일부로 기자를 개인 소유지에 불러들일 수 있는가? 플로리다 주 잭슨빌의 한 집에서 화재가 났을 때(화재로 17세의 신디 플레처가 사망했다) 경찰부장이자 소방국장인 사람이 기자들을 화재 현장에 불렀다. 잭슨빌 타임스유니언 신문사의 사진기자 빌 크랜포드는 화재 원인을 조사하는 데 도움이 될 사진들을 찍어달라는 요청을 받았다. 그 소방국장은 필름이 떨어졌던 것이다. 신디의 어머니는 당시에 집에 없었으나 다음 날 타임스유니언 신문을 펼쳤을 때, 불에 탄 바닥 위에 실루엣 형태로 보이는 딸의 끔찍한 시신 사진이 있었다. 신디의 어머니는 타임스유니언을 소유하고 있는 플로리다 출판 회사를 고소하였다.

재판의 법률적 쟁점 사항은 다음과 같았다.

- 뉴스 가치가 있는 상황에서 기자들이 개인 소유지에 들어가도 되는가?
- 경찰이나 긴급 구조대원이 개인 소유지에 기자를 불러들여도 되는가?
- 대중의 알 권리가 중요한가 아니면 무단 침입과 사생활 침해에서 자유로울 권리가 더 중요한가?

플로리다 대법원은 플로리다 출판 회사의 손을 들어주었다. 대법원은 뉴스 가치가 있는 상황에서 촬영자들이 경찰이나 소방대원들과 함께 개인 소유지에 들어가는 것은 관례라고 말했다. 또한 당시에 집 주인이 없었으며, 아무도 기자들에게 나가라고 말하지 않았다. 끝으로, 기자들은 거기에 강제로 들어간 것이 아니며 아무런 손상을 초래하지 않았다. 1977년 미국 대법원이 항소를 기각함으로써 원심이 확정되었다.

그러나 버트 크레이지스의 〈촬영자들을 위한 법률 핸드북〉에 따르면 그 플로리다 사건은 예외적인 것이었다. 대부분의 법원들은 공무원이 주인의 허락 없이 기자들을 개인 소유지에 초청할 권리가 없다는 판결을 했다. 그리고 1999년에 미국 대법원은 경찰관이 업무와 관련하여 기자를 사유지에 데려가는 것은 불법 수색과 압수를 금지한 수정헌법 제4조에 위배된다고 판시했다.

일반인들에게 열려 있는 개인 소유지

대중에게 개방된 개인 소유지인 식당과 쇼핑몰에서의 촬영은 어떠한가? 이에 대한 법은 명료하지 않다. 상점 주인들은 사진이나 비디오 촬영 금지라고 쓰인 팻말을 내걸어야 하는가? 관리자가 촬영하지 말라고 할 때까지는 촬영할 수 있는가? 1972년에 CBS 뉴스 팀이 위생법 위반 행태를 조사하기 위해 뉴욕의 레 미스트랄 레스토랑에 촬영을 하면서 들어갔다. 뉴욕 검찰은 그 CBS 저널리스트들을 무단 침입죄로 기소하였다. 왜일까?

첫째, 그 식당의 매니저가 뉴스 팀에게 나가라고 말했으나 그들은 그 말을 따르지 않았다. 둘째, 뉴스 팀은 그 식당에 식사를 할 목적(이 목적으로 식당이 대중에게 개방된 것이다)으로 간 것이 아니었다. 셋째, 뉴스 팀은 밝은 조명을 비추는 등 식당의 업무를 방해하였다. 마지막으로, 손님들은 텔레비전에 나올 의무가 없었다. 실제로 많은 손님들이 식당을 나갔고 냅킨으로 얼굴을 가리거나 탁자 밑으로 들어간 사람도 있었다. 법원은 수정헌법 제1조를 들고 나선 방송국의 주장을 받아들이지 않았으며 그 법이 다른 권리를 무효화하는 것은 아니라고 말하였다.

큰 쇼핑몰은 많은 사람들이 모이는 번화가나 광장 같은 역할을 한다. 그런 쇼핑몰은 미술 전시회, 식물 전시회, 콘서트, 그리고 기념일 축제 같은 특별 행사들을 연다. 그래서 쇼핑몰의 통로 같은 데서 촬영하는 것은 문제가 안 될 것 같아 보일 수 있다. 그러나 몇몇 주에서는 촬영하기 전에 쇼핑몰 주인이나 관리자에게 허가를 받아야 한다. 촬영하고자 하는 인물로부터 허락을 받아야 할 수도 있다. 일반적으로 쇼핑몰 주인이나 그

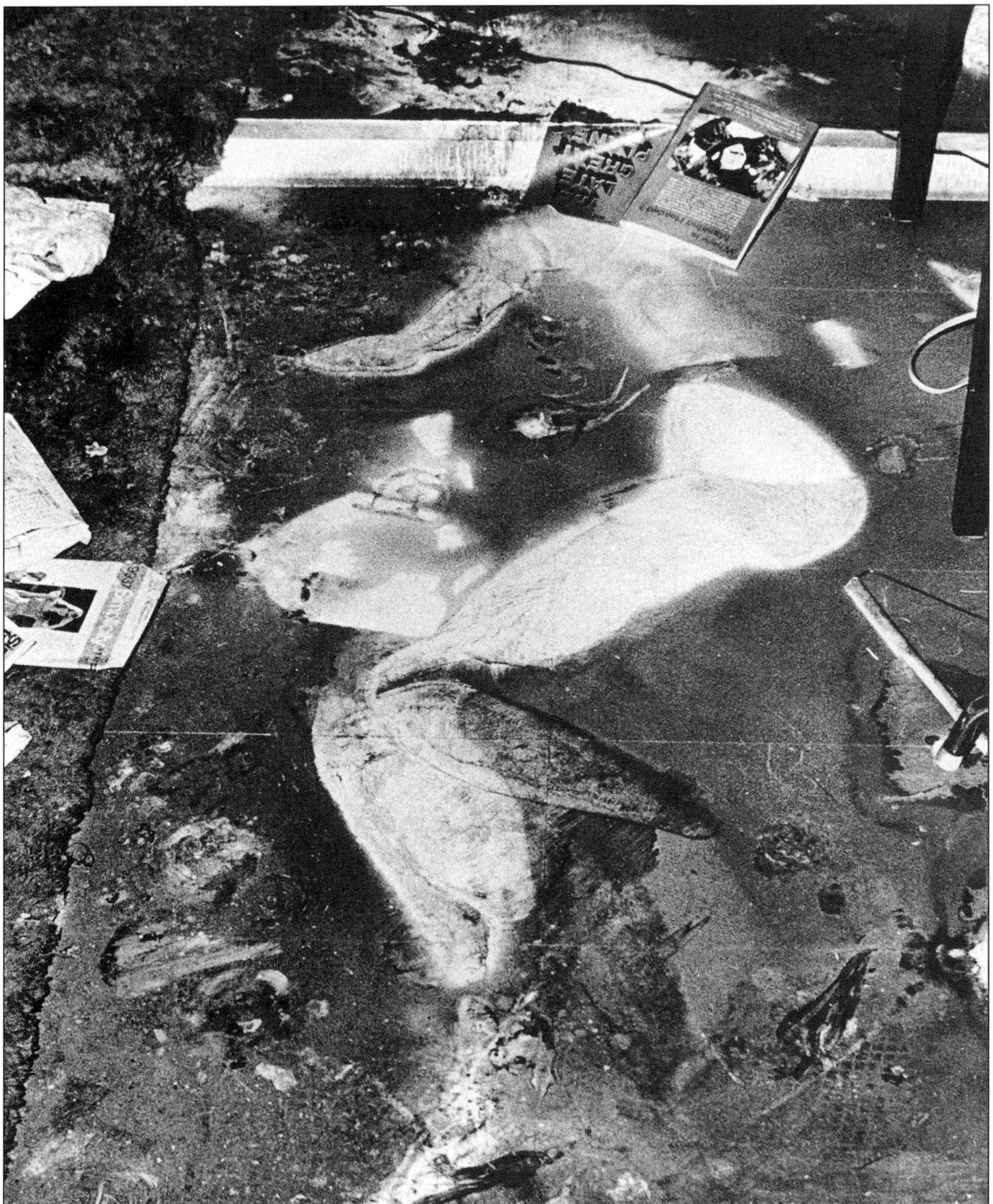

◀ **공무원에 의해 사유지에 초청되다.** 한 소녀를 사망하게 한 어느 화재 현장에 소방국장이 잭슨빌 타임스유니언의 사진기자를 초청했다. 사진이 공개되고 난 후, 소녀의 어머니는 고소를 하였고 이는 여러 가지 법적 논란을 초래하였다.(사진 촬영: 빌 크랜포드, 잭슨빌 타임스유니언)

를 대신하는 담당자가 촬영을 중지하라고 요청하면 그것을 따라야 한다.

아무도 촬영 자료를 가져가지는 못한다. 촬영을 멈추고 자리를 떠나라는 명령을 받아도 그 전에 촬영한 자료는 수정헌법 제1조의 사전 억제 금지 원칙에 따라 보호받는다. 이 원칙은 아마 표현의 자유를 보장하는 가장 강력한 법일 것이다. 다시 말해, 누구도 당신의 카메라나 메모리 카드를 압수하지 못한다. 누군가가 당신의 카메라나 몸을 건드리면 폭행죄에 해당될 수 있다.

사생활: 혼자 있을 수 있는 권리

사생활의 권리는 헌법이 언급하고 있지는 않지만 미국인 모두가 누리는 기본권이다. 어떻게 그렇게 되었나? 많은 법학자들은 두 하버드 법대 졸업생 루이스 브랜데이스(나중에 대법관이 되었다)와 사무엘 워렌이 1890년 12월에 〈하버드 로 리뷰〉에 게재한 논문에서 비롯되었다고 본다. 두 변호사는 '신문사의 악독한 사생활 침해로부터 보호받을 권리'를 제안하였다. 두 사람은 갑부나 유명인들의 성생활에 대한 소문을 게재하는 가십 칼럼에 대해 특히 분노했다.

브랜데이스가 1928년의 한 대법원 판결에서 소수 의견을 내며 표현한 '방해받지 않을 권리'는 그렇게 해서 미국의 법 틀에 들어오기 시작했다. 그리고 1973년에 대법원이 수정헌법 제4조가 보장하는 개인의 자유에 '사생활의 권리'가 포함된다고 해석함으로써 정점에 달했다. 그러나 대중의 알 권리와 언론의 자유는 어떻게 되는가? 이 두 권리는 종종 충돌하며, 브랜데이스와 워렌도 그 역사적 논문을 쓸 때 그것을 알고 있었다.

사생활 보호법은 어떤 것인가?

사생활 보호법은 개인을 다음 네 가지로부터 보호하고자 한다. 침범, 사생활 정보 공개, 오해 정보, 그리고 이름 및 사진 남용. 그러나 미국의 모든 주가 이 네 영역을 전부 인정하고 있지는 않다. 그리고 몇 개의 주는 사생활보호에 관한 추가적인 법규를 가지고 있다. 사생활법에 대한 가장 좋은 안내서는 언론 자유를 위한 기자위원회가 온라인 출판한 〈촬영자의 사생활법 가이드〉이다. 이 책에는 사생활 침해에 대한 기본적인 지식과 각 주의 차이, 그리고 사생활 침해 소송을 피하는 아홉 가지 방

▶ **파파라치의 권리.** 파파라치 론 갈레라는 배우 말론 브란도가 그의 턱을 부러뜨린 이후에도 그를 계속 촬영하였다. 스타가 공공장소에 있는 한 촬영은 합법적이다.(사진 촬영: 폴 슈멀박)

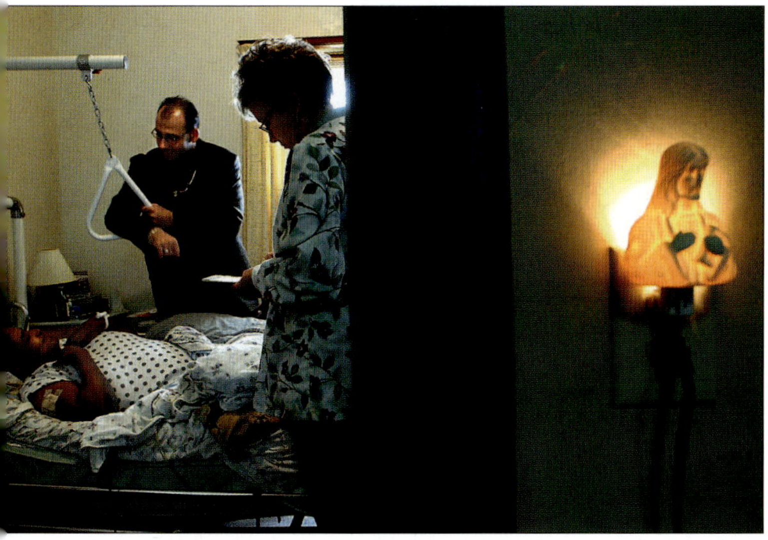

▲ **집(혹은 병실)은 개인의 성(城)과 같다.** 집이나 병실에서는 집 주인이나 환자의 허락 없이 촬영할 수 없다. 이 폐암 말기 환자는 자기 집에서 의사와 간호사의 진찰을 받는 모습을 촬영하는 것을 허락하였다.(사진 촬영: 앤드류 크래프트, 페이엣빌옵저버)

법이 소개되어 있다.

침범

행인들의 시야에 들어오지 않는 집 안처럼, 상식적으로 간섭 없는 사생활을 기대할 수 있는 공간에 있는 사람을 당신이 의도적으로 촬영을 한다면 사생활 침해에 해당될 수 있다.

언론으로부터의 자유? 그래서 개인 소유지는 허락 없이는 명백하게 촬영 금지다. 그러나 완전한 개인 공간은 아니더라도, 어느 정도는 미디어의 시선에서 보호받는 것을 기대할 수 있는 상황이라면 어떤가?

루스 슐먼과 그녀의 아들 웨인은 고속도로에서 교통사고를 내서 차가 뒤집어지며 하수구에 빠졌고 그들은 다친 상태로 그 안에 갇혀 있게 되었다. 다른 가족 두 명도 함께 차 안에 있었다. 구조 헬기가 현장으로 출동하였다. 헬기 안에는 그룹 W 방송사에서 파견한 한 명의 촬영자가 있었다. 촬영자는 그 두 사람이 차에서 구출되는 과정과 헬기를 타고 병원으로 가면서 응급치료 받는 것을 촬영하였다. 몇 달 후, 이 영상은 〈현장 속에서: 비상 대응〉이라는 텔레비전 다큐멘터리에 9분 동안 방영되었다. 그러자 슐먼 가족들은 사생활 침해로 방송사를 고소하였다.

예심 재판소에서는 수정헌법 제1조를 언급하며 그룹 W 방송사의 손을 들어주었다. 그러나 항소 법원에서는 반대의 결과가 나왔고 결국 이 사건은 캘리포니아 대법원까지 가게 되었다. 대법원은 그 모자의 사생활 침해 주장을 받아들였다. 구급차나 병실과 마찬가지로 구조 헬기는 사고를 당한 환자가 최소한의 사생활 권리를 기대할 수 있는 공간이라고 대법원은 말했다.

◀ **허락받을 필요 없는 경우.** 소방대장이 자신이 운전하던 트럭 밑에 깔린 한 여성을 진정시키고 있다. 촬영자는 공공장소에 있었기 때문에 허락을 받지 않고 촬영을 할 권리가 있었다.(사진 촬영: 릭 로치, 바카빌리포터)

또한 사운드 녹음 역시 당사자들이 사적 대화라고 생각했을 만한 것들을 포함하므로 사생활 침해에 해당한다고 판결내렸다.

그 헬리콥터에서 촬영하고 녹음한 것이 그렇게나 불쾌한 것이었나? 판사는 배심원들에게 그런 결론이 가능하다면서 다음과 같이 말했다.

> "몸을 다친 피해자가 망가진 자동차 밖으로 구조되어 나오면서, 자신의 모든 대화를 방송 기자가 시청자들의 교육과 오락을 위해 촬영하는 것까지 걱정해야 한다고 요구할 수는 없다."

이 판결은 사고 현장을 공공장소에서 촬영하는 것을 금하는 것이 아니라는 점을 알아두라. 그리고 환자가 허락한다면 구조 헬기나 구급차 혹은 병실에서 촬영을 할 수 있다. 허락은 촬영을 시작하기 전에 받아두는 것이 가장 좋은 방법이다. 이러한 장소에서 촬영을 한다는 것 자체가 거슬리는 행동으로 여겨질 수 있기 때문이다.

회사 내 직원들의 사생활. 회사에 있는 직원들은 기자의 잠입 취재로부터 사생활의 권리를 보호받을 수 있는가? '원거리 심령술' 전화서비스 업체에서 일하고 있던 사람들이 잠입 취재를 당했는데 1999년에 캘리포니아 대법원은 그 직원들의 손을 들어줬다. 직원들은 자신의 대화 내용이 다른 동료들에게 들린다는 것은 알고 있지만, 언론과 관련해서는 제한된 범위의 사생활 권리를 가진다고 대법원은 판시했다. 판결문을 쓴 캐스린 미클 버디거 판사는 적어도 캘리포니아에서는 사생활법은 흑백논리가 아니며 어중간한 영역이 있을 수 있다고 주장하며 이렇게 말한다. "사생활 권리에 대한 사회의 인식에는 미묘한 차이들이 있을 수 있다. 어떤 상황에서 완전한 사생활 권리를 기대하지 않는다고 해서 아무런 사생활 보호를 받을 수 없다는 것은 아니다."

버디거 판사는 몰래카메라의 사용이 반드시 법을 어기는 것은 아니라는 점을 확실히 한다. 그러나 잠입 취재자는 사생활 침해로 고소당할 수 있으니 항상 조심해야 한다. 우선적으로 당신이 일하고 있는 주의 사생활 보호법이 어떤지를 확인하도록 하라.

몰래카메라 관련 법. 티모시 호츠맨이 〈펜스테이트 로 리뷰〉 2007년 겨울호에 쓴 논문에 따르면 미국의 26개 주에 훔쳐보기와 관련된 법규가 있다고 한다. '피핑 톰(Peeping Tom)' 법은 훔쳐보거나 몰래 촬영/녹음할 목적으로 사유지에 침입하거나 그 근처에서 어정거리는 사람을 대상으로 한다. '상황' 법은 개인이 사생활 보호를 합리적으로 기대할 수 있는 상황에서 그 사람의 몸을 (옷을 입었든 안 입었든) 몰래 촬영하는 것을 금한다. '장소' 법은 일반인이 접근할 수 있는, 화장실이나 탈의실 같은 장소에 있는 사람을 몰래 촬영하는 것을 금한다.

호츠맨의 그 논문 '놀라운 디지털 신세계에서 사생활 보호하기: 휴대폰 카메라의 위협과 그것을 막기 위해 정부는 무엇을 해야 하는가'는 구체적으로 소위 '업스커팅'이라는, 여성의 치마 아래를 몰래 촬영하는 혐오스러운 행태에 대한 것이다. 당연하게도, 많은 주의 사생활 보호법이 이런 최신 범죄에 뒤쳐져 있고, 일부는 따라잡기 위해 노력하고 있다. 연방정부도 2004년에 '비디오 훔쳐보기 금지법'을 제정하였다.

사생활 정보

다른 사람의 사생활에 대한 정보를 공개하면 사생활 침해에 해당될 수 있다. 단, 그 정보 공개는 당사자가 심하게 불쾌감을 느낄 만한 것이어야 하며 공익과는 별로 상관이 없어야 한다. 공공장소에서 뉴스 가치가 있는 인물이나 사건을 촬영하는 것은 일반적으로 사생활 침해에 해당되지 않는다. 그러나 변호사이자 저널리즘학 교수인 제이 벤더는 개인 소유지에서 정치인과 정부 간의 성관계 장면을 촬영하고 그것을 유튜브에 올리는 것은 사생활 침해에 해당된다고 말한다. 또한 범죄 피해자, 특히 성범죄 피해자와 소송사건의 증인을 촬영할 때 조심해야 한다.

오해를 살 만한 정보

당신이 오해의 여지가 있는 정보를 공개한다면 사생활 침해에 해당될 수 있다. 단, 당사자가 심하게 불쾌감을 느껴야 하고, 당신이 정보가 사실이 아니라는 점을 인지하고 있어야 한다. 언론자유를 위한 기자위원회에 따르면 스토리를 압축하거나 가공하면 그런 위험에 처할 수 있다. 또한 당사자가 등장하는 스톡(즉 스토리와 직접 관계가 없는) 영상을 사용해도 그럴 수 있다.

그러나 일반적으로 사진이나 비디오 자체는 문제가 되지 않고 그것에 곁들여진 자막이나 보이스오버 내레이션이 문제가 된다. 미국의 모든 주가 오해를 살 만한 정보에 의한 사생활 침해를 인정하지는 않지만, 인정을 하는 주인 경우에는 당신이 합법적으로 촬영을 했고 명예 훼손을 하지 않았어도 문제가 될 수 있다. 어떻게 그럴 수 있는가? 오해를 살 만한 정보에 의한 침해는 당사자의 심리적 피해를 고려한다. 당신의 묘사가 그들의 자긍심을 건드리고 심적 고통을 초래하였는가? 명예 훼손은 나중에 보겠지만 그 사람의 명성과 관련되는 것이다.

야구선수 워렌 스폰 사건은 오해 정보로 인한 사생활 침해의 유명한 사례이다. 그의 전기가 출판되었는데, 실재하지 않은 대화와 꾸며진 사건 등으로 그를 2차 세계대전의 영웅으

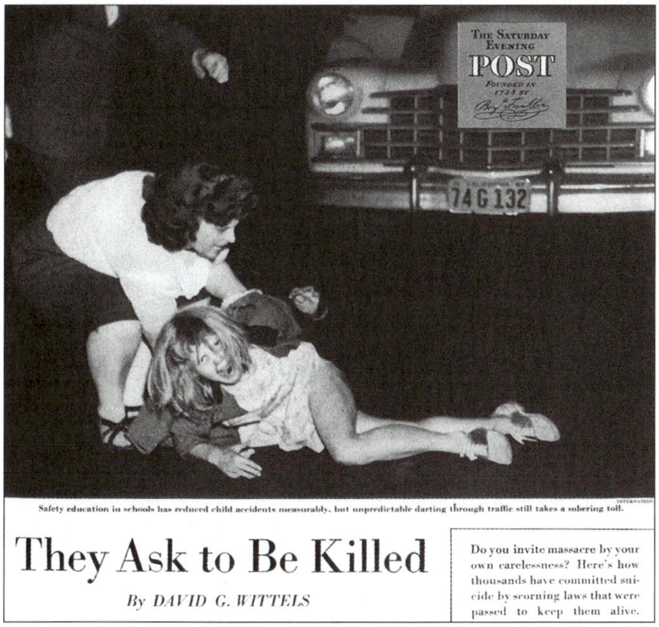

Safety education in schools has reduced child accidents measurably, but unpredictable darting through traffic still takes a sobering toll.

They Ask to Be Killed

By DAVID G. WITTELS

Do you invite massacre by your own carelessness? Here's how thousands have committed suicide by scorning laws that were passed to keep them alive.

▲ **사진에 곁들여진 글이 문제가 될 수 있다.** 새터데이 이브닝포스트 매거진은 '죽음을 자초한다'라는 캡션을 자료 사진에 달았다가 고소당했고 판결에서 패소하였다. 그 글과 사진의 조합은 사진 속 인물에 대한 오해를 초래하였다.

로 묘사하였다. 그러나 스폰 자신이 보기에는 자신은 평범한 군인이며 영웅이 아니었다. 책에 영웅으로 묘사된 것이 그의 명예를 손상시키는 것은 분명 아니었다. 하지만 그 묘사는 자신의 생각과 달랐고 전쟁 때 실제로 있었던 일과도 일치하지 않았다. 그래서 그는 뉴욕 주에서 오해 정보에 의한 사생활 침해로 소송을 제기하였고 판결에서 이겼다. 스폰은 그의 이력이 꾸며지고 돈벌이에 이용된 것에 따른 피해를 만회하였다.

남용

다른 사람의 이름이나 이미지를 개인적 이득을 위하여 사용한다면 남용에 의한 사생활 침해에 해당될 수 있다. 이것에 대한 논리는 무엇인가? 첫째, 만약 당신의 이름이나 이미지가 당신 허락 없이 특정 상품이나 서비스 광고에 쓰였다면 어떻겠는가? 그리고 그 광고가 당신이 싫어하는 것에 대한 광고였다면? 둘째, 만약 당신이 유명인이라면 아마도 많은 시간과 에너지, 그리고 아마도 많은 돈을 들여 원하는 이미지를 만들었을 것이다. 당신의 이미지는 당신의 것이다. 당신의 허락 없이 아무도 당신의 이미지를 '빌릴' 수 없다.

그래서 촬영한 영상을 특정 상품이나 서비스를 홍보하는 데 이용할 때는 당사자에게서 양도서를 받아야 한다. 교육적인 용도나 정보를 제공하기 위한 용도로 사용하는 경우에는 양도서가 일반적으로 필요 없다.

광고 혹은 기사? 지금 말한 구분의 좋은 예가 광고와 기사의 구분이다. 영상을 돈을 받고 광고에 이용하는 것은 허락이 필요하고, 신문의 기사에 이용하는 것은 교육적 또는 정보 제공의 목적이므로 허락이 필요 없다.

법적인 문제는 당신이 돈을 받고 촬영을 하였는지 혹은 당신의 상사가 이윤을 목적으로 하고 있는지에 달려있는 것이 아니다. 어떤 사람들은 이미지의 사용이 상업적인지 아닌지에 따라 결정된다고 잘못 알고 있다. 신문, 잡지, 책, 그리고 언론사 웹사이트 모두 상업적인 것이다. 사업을 유지하려면 이윤을 남겨야 한다. 그러나 발행물의 내용은 대중에게 뉴스와 정보를 전달해 주기 위한 것이다. 반면 그 발행물 안의 유료 광고는 목적이 다르다. 상품이나 서비스를 팔고자 하는 것이다.

양도서는 필요한가? 당신이 멕시코 만 기름 유출에 책임이 있는 영국 석유회사 BP의 본사 앞에서 환경 운동가들이 시위를 하고 있는 장면을 취재하고 있다고 하자. 당신이 촬영한 영상을 언론사 웹사이트에 올리기를 원한다면 그 영상에 나온 사람들에게서 양도서를 받아야 하는가? 이 사건이 공공장소에서 발생했고 뉴스와 정보 전달이 목적이기 때문에 양도서는 필요 없다.

그러나 촬영하는 동안 사람들이 아이폰을 사용하는 모습을 포착했다고 하자. 그리고 애플의 마케팅 부장이 이 영상을 보고, 애플이 환경 문제에 많은 관심을 가지고 있는 것을 보여주기 위해 다음 광고에 그 영상을 사용하고 싶으니 큰돈을 주겠다고 하는 내용의 이메일을 보냈다고 하자. 당신이 그 제안을 받아들인다면 양도서가 필요한가? 당연히 그렇다. 똑같은 영상이지만 특정 상품을 팔기 위한 광고 목적으로 사용되기 때문이다.

▲ 미술 시간을 자연스럽게 촬영한 이런 영상은 저널리즘의 목적으로 사용될 수는 있지만, 사진 속 인물들의 서명된 동의서 없이는 이곳(이탈리아의 한 워크숍)을 광고하는 데 쓰일 수 없다.(사진 촬영: 켄 코브레)

명예 훼손

명예 훼손이란 다른 사람의 명성에 해를 끼치는 것이다. 누군가가 한 말이나 쓴 글은 표현의 자유와 언론의 자유가 존재함에도 불구하고 명예 훼손죄가 성립될 수 있다. 명예 훼손 소송으로 사람들은 자신의 이미지를 보호할 수 있지만 한편 민주주의를 위해 사람들을 감시하는 언론사에는 그것이 상당한 압박을 줄 수 있다.

그 사람이 공인인가 아니면 일반인인가?

법원은 명예 훼손 소송을 다룰 때 고소인이 어떤 사람인가를 가장 먼저 판단해야 한다. 고소인이 '공인'이라면 이길 확률은 매우 낮다. 왜 그런지 뉴욕타임스와 설리번 사이에 일어난 1964년의 소송 사건을 보자. 앨라배마 주에서 처음 재판이 이루어졌을 때 주 법원은 몽고메리 시 경찰국장이었던 설리번이 인권단체가 뉴욕타임스에 게재한 광고로 인해 명예가 훼손되었음을 인정했다. 당시로서는 거액인 50만 달러의 배상금을 지불하라는 판결도 내려졌다. 그러나 미국 연방 대법원은 고소인이 관료이면 그가 상대(언론)의 잘못에 '실제적 악의'가 있었다고 증명하지 않는 한 명예 훼손죄에 해당되지 않는다고 판결했다.

'실제적 악의'란 무엇인가? 그것은 언론이 '허위임을 알고서도 그랬거나 사실 여부에 전혀 개의치 않은 것'을 말한다. 뉴욕타임스의 그 광고에는 사실이 아닌 내용이 있었고 신문사는 사실 확인을 제대로 하지 않은 잘못이 있지만, 그것이 실제로 악의에 의한 것은 아니었던 것이다.

이후에 대법원은 상대의 실제적 악의를 증명해야 하는 고소인을 '공인'으로 확대했다. 공인은 누구를 일컫는가? 대법원에 따르면 공인은 사회에 큰 영향력을 끼치는 인물이다. 일반인도 뉴스 가치가 있는 사건에 관련되면 일시적으로 공인이 될 수 있다.

명예 훼손 주장에 대한 방어

진실은 명예 훼손 주장에 대한 가장 좋은 방어이다. 당신의 비디오나 멀티미디어 작품이 인물이 한 말이나 행동을 사실대로 표현했다면 명예 훼손죄로 기소당하지 않을 것이다. 스토리의 핵심을 진실하게 포착했다면 약간의 오류는 용서가 된다.

훌륭한 저널리스트가 되라. 진실하며 편향되지 않은 보도를 하도록 노력하라. 사람을 철저히 확인하라. 이름을 정확하게 받아 적었는가? 피의자를 다룰 때는 특히 더 신경 써야 한다. 내레이션 대본을 읽고 또 읽어 법적인 문제의 소지가 없는지 체크하라.

아무것도 당연하게 받아들이지 마라. 공적인 소식통이라도 무조건 믿으면 안 된다. 정보를 제공한 사람이 틀리지 않았다는 것을 어떻게 아는가? 그는 믿을 만한 사람인가? 정보가 맞는지에 대하여 당신의 인터뷰 대상자와 논의해보라. 근거 없는 결론을 내리지 않도록 하라. 당신은 자신이 내레이션으로 한 말의 정확성뿐 아니라, 인터뷰 한 사람들의 말의 정확성에 대해서도 책임을 져야 한다.

다른 일반적인 방어 방법들. 정부나 의회나 법원의 공식 회의록 같은 것들을 인용하는 것은 문제가 되지 않는다. 마찬가지로, 공공 단체의 이사회 같은 것을 취재한 것도 명예 훼손을 걱정할 필요가 없다. 그리고 이미 명예가 실추된 사람은 당신을 명예 훼손죄로 고소하기 힘들 것이다.

당신의 비디오가 뚜렷한 주관을 가지고 만들어진 것이라면, 예를 들어 환경 파괴에 대한 비판이라면 내레이션에서 약간 과하게 비판해도 용인될 수 있다. 사람들은 그것을 맥락 속에서 이해하기 때문이다. 끝으로, 누군가 당신을 명예 훼손으로 고소하겠다고 위협하면 대부분의 주는 당신이 발언을 철회할 기회를 준다. 철회를 하면 대개 그것으로 더 이상 법적 문제는 없다.

편집과 관련된 명예 훼손

각기 다른 시간에 촬영된 숏들을 이어 붙였을 때 명예 훼손 문제가 생길 수 있는가? 변호사이자 저널리즘학 교수인 제이 벤더는 문제가 생길 수 있다고 말한다. 다른 시간과 장소에서 촬영된 영상들을 마치 한 장소에서 같은 시간에 발생한 것처럼 이어 붙였는데 그것이 어떤 사람의 명예에 해를 끼친다면 명예 훼손죄가 될 수 있다.

하지만 난 휴가 중이었어요. 벤더는 어떤 사람이 바하마 소재의 한 호텔 앞에 있는 것을 촬영한 영상이 나중에 스톡 영상으로 마피아의 카지노 장악에 대한 다큐멘터리에 쓰였다고 가정해보자고 한다. 그 사람은 그 스토리와 전혀 상관이 없고 단지 거기 휴가차 갔을 뿐이었어도 그 다큐멘터리는 그가 마피아나 도박과 관련된 것처럼 보이게 한다. 그래서 그것은 그 사람에 대한 명예 훼손이 될 수 있다.

원하는 장면을 위한 연출. 스토리 내용을 예시하기 위해 장면을 약간 연출하는 건 어떤가? 벤더는 공원에서 사람들이 술 마시는 것에 대한 기사를 위해 상황을 약간 연출한 사진기자의 사건을 이야기한다. 기자는 공원에서 젊은이 몇 명을 발견하고 그들에게 탁자 앞에 앉으라고 부탁한 후 공원에 있던 빈 맥주 캔들을 가지고 와 탁자 위에 올려놓았다. 기자는 그 젊은이들의 얼굴을 알아볼 수 없게끔 한 후에 사진을 게재할 의도를 가지고 있었다.

그러나 신문사는 사진을 그대로 실었고 젊은이들의 얼굴은 모두 드러났다. 더 안타까웠던 점은 그 젊은이들이 공원에서 주일학교 수업을 받고 있었다는 것이다. 사진 기자와 신문사가 잘못한 것인가? 벤더는 당연히 그렇다고 말한다. 이런 식의 명예 훼손 사건을 피하려면 아예 장면을 연출할 생각을 하지 마라.

양도서: 명예 훼손죄를 막아주지 않는다

그 공원의 주일학교 학생들에게서 양도서를 받았다면 명예 훼손 문제가 없었을까? 그렇지 않다. 양도서는 이름이나 이미지를 무단으로 사용하지 않았음을 확인하는 것일 뿐이다. 허구적인 내용으로 다른 사람의 명예에 해를 끼친다면 양도서가 있다 해도 도움이 되지 않는다.

저작권: 당신 작품의 소유주는 누구인가?

저작권에 대해 잘못 알고 있는 사람이 많다. 작품을 창작하는 사람들은 저작권법을 잘 알고 있어야 한다. 그렇지 않으면 자신의 지적 재산권을 빼앗기고 경제적 이익을 얻지 못할 수 있다. 개인 작품에 대한 보호는 헌법에 명시될 정도로 매우 중요하게 여겨진다. 헌법 1조 8절은 의회가 다음과 같은 권리를 가진다고 명시한다. "저작자와 발명자에게 그들의 저술과 발명에 대한 독점적인 권리를 일정 기간 확보해 줌으로써 과학과 유용한 기술의 발달을 촉진한다."

어떤 작품이 저작권 보호를 받을 수 있는가?

저작권법의 보호를 받기 위해서는 작품이 독창적이고 구체적으로 표현되어 있어야 한다. 다시 말해, 사진이나 비디오는 저작권 보호를 받을 수 있지만 비디오 다큐멘터리에 관한 '아이디어'는 적어도 대본이나 스토리보드가 만들어지기 전까지는 보호받을 수 없다. 당신이 카메라의 녹화 버튼을 누르는 순간 저작권 보호 대상이 되는 것이 만들어지는 것이다. 당신은 그것의 저작권을 소유한다. 이것은 재산의 한 형태로서 '지적 재산'이라고 한다. 당신이 저작권을 위해 따로 해야 할 것은 없다. 만들어지는 순간 저작권은 보호된다.

▼ **쓰나미의 여파.** 이 사진은 인도네시아에 쓰나미가 발생한 후에 촬영되었다. 만약 이 사진을 찍은 사람이 신문사나 잡지사의 사진 기자였다면 저작권은 회사에 속할 것이다. 그러나 이 경우에는 프리랜서였으므로 저작권은 그가 가진다.(사진 촬영: 켄 코브레)

피고용인 혹은 독립적 계약자?

당신이 피고용인이고 사진이나 비디오 촬영이 일상 업무라면 당신이 촬영하는 모든 것의 저작권은 당신의 고용인이 가진다. 이것을 '직무저작물'이라고 한다. 그러나 4대 보험 혜택을 받는 정규직 직원이어야 하며 사진이나 비디오 촬영이 주 업무인 경우에 한한다. 당신이 신문사 기자이지만 사진 촬영이 주 업무가 아니라면 당신이 촬영한 사진들은 당신의 것이지 신문사 소유가 아니다.

당신이 프리랜서로서 독자적으로 언론사와 계약을 하였다면 작품은 당신의 것이다. 회사에서 모든 비용과 장비를 지원했어도 마찬가지다. 단, 명시적으로 '직무 저작물'로 계약을 하여 저작권을 포기한 경우는 예외다. 피고용인과 독립 계약자의 구분은 저작권 소유 문제에 있어서 매우 중요하다.

이미 말한 바와 같이, 독립적으로 계약을 하더라도 '직무저작물'로, 즉 피고용인처럼 직무상 만드는 것으로 계약을 하면 저작권을 갖지 못하게 된다. 이 계약은 업무를 시작하기 전에 당신과 고객(회사) 사이에 이루어지는데, 당신은 꼭 그 계약을 할 필요가 없다는 것을 기억하라. 고객이 당신의 영상을 특정 상황에서 사용할 수 있도록 하되 저작권은 당신이 가질 수 있도록 계약서 내용을 바꿔달라고 요청할 수 있다.

출판

저작권법에 '출판'이라는 것은 당신의 작품을 대중에게 배포하거나 배포하기 위해 제공하는 것을 말한다. 다시 말해, 당신의 다큐멘터리 작품을 DVD로 구워 당신의 고객에게 건네주었다면 당신은 당신의 작품을 '출판'한 것이다. 당신의 사진이나 비디오를 수업 시간에 보여주는 것도 저작권법상 출판에 해당된다. 이것은 우리가 일반적으로 생각하는 '출판'과 다르다는 점에 유의하라(일반적으로는 복사본을 만들어 배포하는 것을 출판이라고 한다.). 저작권법에서 출판은 매우 중요한 개념이다. 누군가 당신의 작품을 허락 없이 사용, 즉 출판했을 때 당신이 법적 대응을 할 수 있는 기간은 그 출판 시점에 시작되기 때문이다.

저작권 표시

이제는 저작권 보호를 받기 위해 저작권 표시를 할 필요가 없지만, 그래도 당신이 만드는 모든 작품에 저작권을 표시하기를 권한다. 저작권 표시는 세 요소로 되어 있다. 기호 © 혹은

▼ **유월절 준비.** 예루살렘의 초정통파 유대교인들이 유월절에 대비하여 음식을 받고 있다. 이 사진을 당신이 프리랜서로 촬영했다면 저작권은 당신 소유이다. 당신이 원하면 팔 수도 있고, 인터넷에 올릴 수도 있으며, 영화제에 출품할 수도 있다. 그러나 정규 직원의 업무로 촬영한 것이라면 당신의 고용주가 저작권을 갖는다.(© 2010 켄 코브레)

'Copyright'라는 단어, 처음 출판(저작권법상의 출판)한 연도, 그리고 저작권자의 이름. 그래서 예를 들자면, '© 2010 데이비드 와인트럽' 이런 식으로 된다.

저작권 보호를 얼마 동안 받을 수 있는가?

일반적으로, 당신 작품의 저작권은 당신이 죽은 후 70년 동안 보호된다. 그래서 당신은 적어도 당신이 살아있는 동안에는 당신의 작품을 다른 사람들이 마음대로 쓰는 걸 걱정하지 않아도 된다. 또한 당신이 죽고 난 후 70년 동안 당신의 작품에 대한 수입이 생길 경우 당신 후손들의 몫이 된다. 직무 저작물의 경우에는, 최초 출판일로부터 95년간 혹은 작품 창작일로부터 120년간 중 짧은 것이 저작권 보호 기간이 된다.

저작권 등록

저작권 등록을 위해서는 몇 가지 간단한 서류를 작성하고 약간의 수수료와 함께 당신의 작품 사본을 미국 저작권 사무소에 보내면 된다. 동일 비용으로 한꺼번에 여러 작품을 등록할 수도 있다. 당신의 작품을 꼭 등록해야 하는 것은 아니지만 등록을 하면 몇 가지 장점들이 있다. 가장 중요한 장점은 누군가 당신의 작품을 허락 없이 사용하고 법정에 가게 됐을 때 발휘된다.

당신의 작품에 대한 저작권을 제때 등록한 상태에서 재판에 이겼을 경우 당신은 '법정 손해배상'과 변호사 비용을 청구할 수 있다. 고의적 저작권 침해에 대한 법정 손해배상액은 최고 15만 달러에 이른다. 반면, 등록을 안 했거나 등록 시한을 놓쳤을 경우에는 당신은 실 손해액과 침해한 사람이 당신의 작품을 통해 벌어들인 수익만 받을 수 있다. 이 금액은 당신의 소송비용에도 못 미칠 수 있다. 당신의 작품은 만들어지는 순간부터 저작권 보호를 받지만, 등록을 하면 더 강력한 권리를 행사할 수 있게 된다.

크리에이티브 커먼즈는 사용 허가

크리에이티브 커먼즈 사용 허가는 당신으로 하여금 전통적인 저작권 보호의 틀 안에서 당신의 작품을 공유할 수 있게 해준다. 크리에이티브 커먼즈는 저작물을 부분적으로 공유하고자 하는 개인 창작자나 기업 혹은 단체에게 간단하고 표준화된 도구들을 제공한다. 인터넷에서는 이런 사용 허가가 부여된 콘텐츠가 크게 증가하고 있다. 이런 콘텐츠는 마음대로 복사하고 편집하고 배포할 수 있다.

공정 사용

저작자가 아닌 사용자에 관점에서 저작권법을 보도록 하자. 작품을 사용하기 위해서는 저작권자의 허락이 항상 필요한가? 놀랍게도 이에 대한 답은 그렇지 않다는 것이다. 저작권법의 '공정 사용' 단서에 따르면 제한된 특정한 목적을 위해서는 타인의 저작물을 허락 없이 사용할 수 있다. 이 특정한 목적에는 비평, 코멘트, 뉴스 보도, 교육, 연구, 그리고 패러디 등이 포함된다. 대개 이런 일들을 공평하게 하려면 타인의 저작물을 허락 없이 사용할 수 있어야 한다.

당신이 자신의 블로그에 현재의 비디오 저널리즘에 대한 생각을 쓴다고 하자. 당연히 당신이 좋은 비디오 저널리즘이라고 생각하는 작품과 좋지 않은 비디오 저널리즘이라고 생각하는 작품의 예를 보여줘야 할 것이다. 그런데 그러기 위해서 각 작품의 저작권 소유자에게서 허락을 받아야 한다면 어떻게 될까? 자신의 영상물을 사용하지 못하게 하는 사람도 있을 것이고 허락하는 사람도 있을 것이다. 또 어떤 사람은 당신이 좋다고 생각하는 영상물에 대해서만 사용 허가를 할 것이다. 이러한 점들은 당신이 미디어 비평가로서 공정한 시각을 갖는 데 걸림돌이 된다.

공정 사용인지 판단하기 위한 네 가지 테스트. 저작권법에 따르면 어떤 특정한 이용이 공정 사용에 해당하는지 판단하고자 할 때는 다음 네 가지를 고려해야 한다.

1. 이용의 목적(영리적인지 아닌지) 및 성격
2. 저작물의 특성

◀ 원래의 〈배니티 페어〉 표지. 애니 레보비츠가 촬영한 이 표지 사진은 여기에 정보 전달 및 교육의 목적으로 사용되었다. 임신한 배우의 누드 사진을 표지에 사용하여 그 잡지와 배우 모두 유명해졌다.(사진 촬영: 애니 레보비츠, 배니티 페어)

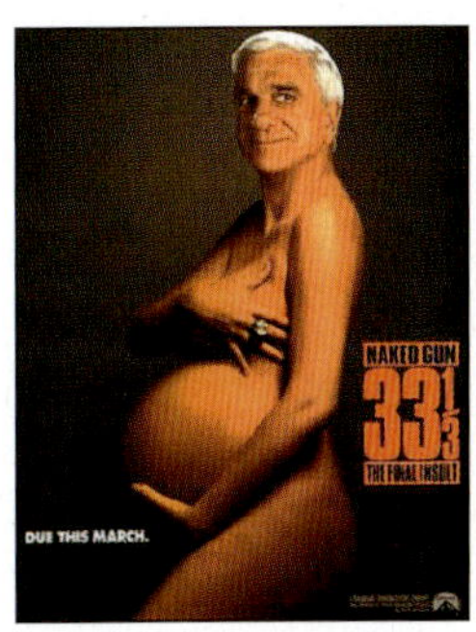

◀ 영화 포스터 패러디. 〈배니티 페어〉 표지에 나온 임신한 데미 무어의 누드 사진은 많은 모방작을 낳았다. 영화 〈총알탄 사나이 3〉의 이 포스터도 한 예다. 〈배니티 페어〉 표지의 그 이미지는 저작권 보호를 받지만 재창조될 수 있다. 패러디를 하려면 그것을 사용할 수밖에 없고, 패러디는 비평이나 코멘트의 한 형태이기 때문이다. 데미 무어 사진의 저작자 레보비츠는 파라마운트 영화사를 상대로 소송을 걸었지만 재판에서 졌다.

3. 이용된 부분이 저작물 전체에서 차지하는 비중과 중요성
4. 저작물의 이용이 그 저작물의 현재 시장 또는 가치나 잠재적인 시장 또는 가치에 미치는 영향

여기에는 단어의 개수나 비디오의 프레임 수, 혹은 음악의 길이나 사진의 크기 같은 것이 전혀 언급되어 있지 않다는 점에 유의하라. 그래서 얼마나 많이 혹은 적게 사용해도 된다는 이야기를 들은 적이 있다 해도 다 잊어라. 중요한 것은 이런 것들이다. 상업적인 목적의 이용인가, 교육적인 목적의 이용인가? 그 저작물이 주로 사실을 보도하는 것인가 아니면 수익을 기대한 예술가의 창의적 산물인가? 저작물의 전체나 가장 중요한 부분을 사용했는가 아니면 예를 들기 위해 작은 한 부분만을 사용했는가? 저작권 소유자에게 금전적 손해를 끼쳤거나 끼칠 수 있는가? 당신이 다른 사람의 비디오를 어떠한 비평 글이나 분석 없이 통째로 당신의 블로그에 올렸다면 그건 공정 사용이라고 하기 어렵다. 반면 비평을 목적으로 한 부분을 사용하였다면 공정 사용에 해당할 가능성이 크다.

다른 사람들의 저작권을 존중하라

창작자들에게 그들의 작품은 무엇보다 소중한 것이다. 그렇기에 다른 사람들이 당신의 저작권을 존중했으면 하는 만큼 당신 역시 다른 사람들의 저작권을 존중해주어야 한다.

그러나 세상의 모든 것은 이미 다른 누군가가 촬영을 하지 않았나? 그렇다고 해도 당신이 샌프란시스코에서 앨커트래즈 섬을 배경으로 케이블카를 촬영하는 것은 저작권 침해에 해당되지 않는다. 많은 사람들이 (아마도 수천 명의 사람이) 이전에 그것과 같은 장면을 촬영했었다고 해도 말이다. 중요한 것은 당신이 다른 사람의 창의적 저작물을 의도적으로 베끼려고 했느냐는 것이다. 팝 아티스트 제프 쿤스는 아트 로저스의 사진 작품 '강아지들'을 바탕으로 하여 실물 크기의 조각품을 만들었다. 유명한 예술가였던 쿤스는 그렇게 해도 괜찮을 줄 알았지만 소송에서 패했다. 그의 조각품은 패러디도 비판도 아닌 단순히 예술 작품이었기 때문이다. 불확실하다면 저작권자로부터 허락을 받든지 하고 그것이 힘들다면 모방하지 마라. 이는 간단한 문제다.

배경에 있는 것들은 어떻게 되나? 가끔 타인의 저작물이 당신이 촬영하는 장면의 배경에 나오는 경우가 있다. 어떤 사람의 사무실에서 뉴스 인터뷰 촬영을 하는데 벽에 다른 사람의 사진 작품이 걸려 있다면 그 사진가의 허락을 받고 촬영을 해야 할까?

인터뷰 대상자의 뒤에 있는 예술 작품이 촬영되는 것은 '부수적이고 우연적으로 이루어진 복사'로 여겨지며 뉴스나 정보 전달이 목적일 경우 공정 사용에 포함된다. 만약 광고나 영화를 찍는 것이었다면, 그 사진의 저작권자로부터 허락을 받든지 사진을 다른 곳으로 치우는 것이 현명한 선택이다. 또한, 사진이나 다른 저작물이 당신의 비디오에서 (배경이 아니라) 중요한 역할을 한다면 공정 사용이라고 말하기 어렵다.

허락 없이 타인의 작품을 사용한 경우. 변호사이자 저널리즘학 교수인 제이 벤더는 이렇게 말한다. "다른 사람의 이미지를 가져와서 당신 작품의 일부로 사용하면 그것은 하나의 파생 작품으로서 당신은 그것에 대해 독자적인 저작권을 가질 수는 있습니다. 그러나 당신이 원래 이미지의 사용 허가를 받지 않았다면 저작권 침해에 해당됩니다."

오바마의 '희망' 포스터가 유명한 사례이다. 벤더는 "그 포스터의 작가는 그 포스터가 AP 통신사의 한 사진을 본떠서 만든 것이라는 사실을 마침내 시인했지요. 그것은 AP의 저작권을 침해한 것이었고 소송이 발생했어요."라고 말한다.

AP와 포스터를 만든 셰퍼드 페어리는 결국 합의를 보았다. AP의 웹사이트는 "합의 과정에서 AP와 페어리는 서로의 관점을 이해하였다. 페어리는 앞으로 AP의 사진을 허락 없이 자신의 작품에 사용하지 않겠다고 약속했다. 양측은 또한 '희망' 이미지의 상업적 활용을 공동으로 해나가기로 하였으며, AP의 사진들을 바탕으로 한 이미지를 만드는 데 서로 협력하기로 하였다."라고 밝히고 있다.

모든 저작권 관련 소송이 이렇게 사이좋게 끝나는 것은 아니다. 벤더는 자신의 행동이 잘못된 것인지도 모른 채 인터넷에서 파일을 다운받아 마음대로 사용하는 젊은이들을 보면 걱정스럽다고 하면서 "불행하게도, 우리는 아이들로 하여금 훔치기 기술을 익히도록 하는 것 같다."라고 말한다.

◀ **저작권 침해.** LA의 거리 미술가인 셰퍼드 페어리가 디자인한 이 이미지는 워낙 인기가 있어서 페어리가 직접 서명을 한 사본은 이베이 같은 데서 수천 달러에 팔리곤 했다. 소송에 이르러서야 작가는 이 포스터가 AP의 사진을 바탕으로 만들어진 것임을 시인했다.(사진 촬영: 매니 가르시아, AP/디자인 셰퍼드 페어리)

소환장, 영장, 비밀 유지

비디오 저널리스트로서 당신은 법 집행기관이 관심을 가질 사건을 촬영하게 될 수 있다. 예를 들어, 평화적인 시위를 촬영하고 있는 중에 일부 시위자들이 교통을 방해하고 기물을 파손했다고 하자. 경찰이 와서 그 사람들을 체포하고 당신은 그 모든 것을 촬영하여 인터넷에 올렸다. 다음 날 당신이 공개한 부분뿐 아니라 모든 촬영 자료를 요구하는 법원의 소환장이나 수색영장을 받는다면 어떻게 할 것인가? 우선 변호사와 상담하라. 만약 당신이 뉴스 기관에서 일하고 있다면 편집장과 상담하라. 무엇보다 당신이 촬영한 것들을 없애버리지 마라. 잘못하면 법정 모욕죄 혹은 다른 심각한 법적 책임을 지게 될 수도 있다. 또한 촬영 대상자에게 그들의 신분을 노출시키지 않겠다는 약속을 함부로 하지 마라. 약속을 지키지 않을 경우 법적 싸움에 휘말릴 수 있으며 교도소에 가게 될 수도 있다.

왜 저널리스트들은 소환장에 반대할까?

어떤 비디오 저널리스트들은 스토리를 얻기 위해서 촬영 대상자에게 비밀 유지를 약속한다. 수정헌법 제1조가 언론의 자유를 보호한다고 하지만 정부가 저널리스트들의 행동을 항시 살핀다면 진정한 언론의 자유는 불가능하다고 많은 저널리스트들은 말한다. 대중을 위해 감시자 역할을 하는 탐사 보도 같은 것은 취재원에게 비밀을 약속할 수 없다면 매우 힘들어질 것이라고 언론인들은 말한다. 저널리스트들이 경찰과 협력하여 수시로 촬영된 자료를 경찰 수사팀에 넘긴다면 언론에 대한 대중의 신뢰가 추락할 것이다.

당신이 촬영한 모든 사진을 건네라. 사진 저널리스트 데이비드 모스는 샌프란시스코의 독립 미디어센터인 인디베이라는 곳에서 일한다. 2009년 12월 11일, 모스는 캘리포니아대학교 버클리 캠퍼스 총장인 로버트 버지노의 집 앞에서 발생한 시위 장면을 촬영하였다. 수십 명의 사람이 예산 삭감과 학비 인상에 반대하며 시위를 하고 있었다. 그들은 창문과 전등을 깨고 화분을 엎었다. 그중 8명이 캘리포니아대학교 경찰에게 체포되었고 모스 역시 유효 기간이 지난 언론인 출입증을 갖고 있어서 체포당했다.

경찰은 모스가 시위 때 촬영한 모든 사진을 보기 위하여 수색 영장을 발부받았다. 경찰은 영장을 청구하면서 판사에게 모스가 언론인이라는 사실을 밝히지 않았다. 캘리포니아 법에는 경찰이 저널리스트의 비공개 자료들과 관련하여 소환장을 발부할 수 없게 되어 있다. 2010년 6월, 앨러미다 카운티 대법원의 판사는 캠퍼스 경찰이 모스의 사진들을 불법적으로 가지고 갔음을 밝히고 다시 돌려줄 것을 명령하였다.

당신이 촬영한 모든 영상을 봅시다. 다큐멘터리 작가인 조 벌링어는 2009년에 만든 〈원유: 석유의 실제 비용〉이라는 다큐멘터리에서 정유회사 셰브런이 에콰도르의 우림을 오염시키는 데 일조했다는 주장을 하였다. 셰브런과 그 회사의 고위 관계자 두 명은 에콰도르 국내의 형사 및 민사 소송, 그리고 국제중재재판에 필요하다고 하며 벌링어의 모든 비공개 영상을 요구했다. 미국 법에 따르면 연방법원은 해외 소송과 관련된 증거물의 제출을 명할 수 있다. 벌링어는 수정헌법 제1조에 따라 자신의 미사용 영상(600시간이 넘는 분량이었다)을 제출하지 않을 권리를 주장하였다. 그는 또한 정보를 제공한 사람들에게 비밀 보장을 약속했었다는 점도 강조했다.

2010년 5월, 뉴욕 남부지방법원 판사 루이스 캐플런은 다큐멘터리 제작자들에게 일정 부분 언론인으로서의 권리를 인정했다. 그러나 그 판사는 셰브런 역시 그 비공개 영상이 필요하다는 점을 인정하였다. 또한 벌링어가 비밀 유지 약속에 대한 부분을 증명하지 못했다고 하였다. 2010년 7월, 상소 법원은 셰브런이 소송에서 이기는 데 도움을 줄 수 있는 영상이라면 벌링어는 그것을 제출해야 한다고 판결하였다.

수정헌법 제1조의 특별 권한 부정. 미국 대법원은 1972년의 한 판결에서 수정헌법 제1조의 언론인들을 위한 특별 권한을 인정하지 않았다. 다른 국민들과 마찬가지로 언론인들도 소환장에 응해야 한다고 판결하였다. 다만 취재원을 보호하기 위

▲ **원유: 석유의 실제 비용.** 조 벌링어의 다큐멘터리 〈원유〉의 장면들. 2010년 7월 상소 법원은 셰브런이 소송에서 이기는 데 도움을 줄 수 있는 영상이라면 벌링어는 그것을 제출해야 한다고 판결하였다.(제작: 조 벌링어)

▲ 코판 원주민 대표의 한 명인 에머길도 크리올로가 에콰도르의 아마존 우림 지역에서 셰브런에게 불리한 증언을 하고 있다. 조 벌링어가 제작, 연출한 다큐멘터리 〈원유〉의 한 장면(사진 촬영: 데이비드 길버트)

▲ 암 피해자인 마리아 가로팔로가 에콰도르의 아마존 지역에 있는 그녀의 집 뒤에서 개울에 자신을 비춰보고 있다. 조 벌링어의 〈원유〉의 한 장면(사진 촬영: 후안 디에고 페레즈)

한 연방법은 의회가 제정할 수 있다고 하였다. 그 법안은 계속해서 통과에 실패하였지만, 많은 주에서는 취재원을 보호하는 법안이 따로 마련되어 있다. 미국 각 주의 관련법을 알고 싶다면 Citizen Media Project를 참조하라. ■

POLICE LINE DO NOT

▲ **반라의 서빙.** 그렇다. 섹스는 돈이 된다. 웨이트리스가 반라의 상태로 서빙하는 한 카페에 대한 비디오 스토리가 인터넷에 확산되었다.(제작: 브리짓 갠스키)

16

스토리 마케팅

메리 쏘스비
독립 상업문 작가

이제 아주 좋은 스토리가 담긴 훌륭한 작품이 완성되었다. 약간의 섹스어필도 있다. 이제 당신의 작품을 사고 싶어서 안달하는 웹사이트만 찾으면 된다. 어떻게? 항상 그렇듯, 여기에도 좋은 뉴스와 나쁜 뉴스가 있다.

이 아이콘은 〈비디오 저널리즘〉 웹사이트에 가면 더 자세한 정보를 얻을 수 있거나 언급된 비디오 작품을 볼 수 있음을 나타낸다. 작품의 제목 및 책에서 거론된 챕터와 페이지가 나와 있다. 책에 있는 것과 동일한 사진도 볼 수 있다.
http://www.kobreguide.com/content/videojournalism.

◀ **아이티에서의 배신.** 아이티 대지진 후의 참혹한 현장에서 다큐멘터리 작가 숄 슈워츠와 줄리 플래트너는 사랑하는 가족을 잃고 슬퍼하는 사람들과 살기 위해선 다리를 잘라야 하는 젊은 이들을 목격했다. 그들은 그 스토리를 Time.com에 팔았다.(사진 촬영: 숄 슈워츠, Time.com)

좋은 뉴스

숄 슈워츠는 비디오와 멀티미디어 작품을 만들고 판다. 2010년 아이티 지진 발생 직후에 촬영한 '배신'은 Time.com에 팔았다. 슈워츠는 자신의 돈을 들여 도미니카 공화국으로 무작정 갔다.

그는 현장에 가장 먼저 도착한 사람들 중 한 명이었다. 여행 도중에 그의 대리인이 그가 촬영할 사진을 CNN과 타임에 파는 것으로 계약을 맺었다.

재빨리 움직이기

슈워츠는 "얼마나 큰 스토리가 될지는 몰랐지만 전에 두 번 아이티에 가본 적은 있었어요. 나의 가장 큰 장점은 빠르고 결단력이 있었다는 거예요. 지진 바로 다음 날 달려갔죠. 원하는 언론사가 있으면 사진을 바로 제공해줄 수 있도록 말이죠."라고 말한다.

슈워츠는 8일 동안 촬영을 하며 강렬한 시간을 보냈다. 절망한 사람들이 신에 대한 믿음을 회의하는 말들도 들었다. 그가 촬영한 사진들은 타임 웹사이트에 10쪽에 걸쳐 실렸다. CNN 역시 지진이 난 후 며칠 동안 그의 사진들을 꾸준히 내보냈다—주로 광고 시간대와 스토리가 전환되는 사이에 사용되었다.

타임과 CNN에 제공할 사진 촬영이 끝난 후 슈워츠는 하루를 쉬었다. 그러나 그는 들었던 대화 내용들을 잊을 수 없었다. 그는 이렇게 말한다. "사람들은 신앙이 무너지는 것에 대해 이야기를 했고, 난 그게 좋은 스토리가 될 수 있다고 생각했어요. 그러나 그것을 사진으로 표현하는 것은 힘들어 보였어요. 다른 매체가 필요했어요."

먼저 찍고 나중에 팔아라

다음 날 슈워츠는 사진을 찍을 때 사용했던 캐논 카메라를 들고 비디오 인터뷰 촬영을 시작하였다. 당시에는 누구에게 팔 것인가라는 생각은 하지 않았다. 브룩클린의 집에 돌아왔을 때 그는 촬영한 영상들을 타임의 사진 편집자인 키라 폴락에게 보여주었다. 그녀는 슈워츠에게 약간 편집을 해보라고 하였고 그는 11분 분량(요즘 기준으로는 여전히 길다)으로 줄였다. 그녀는 그것을 타임의 동료들에게 보여주었는데 그들은 모두 매우 좋은 반응을 보였다.

슈워츠는 키라가 자신에게 한 말을 회상했다. "이 작품 마음에 들어요. 우리에게도 비디오 촬영하는 직원들이 있지만 이런 것을 늘 만들기는 어려워요. 당신의 작품은 독특하고 특별해요. 얼마나 많은 사람들이 클릭을 할지, 사람들이 11분이나 되는 걸 볼지 확신할 수는 없지만, 1년에 몇 편씩은 이런 것이 있으면 좋겠네요."

'배신'은 처음에는 유료로 아이패드에서 볼 수 있었고, 지진 몇 개월 후에는 사설과 함께 타임 홈페이지에 실렸다. 타임은 홈페이지 방문자 수를 공개하지 않지만 타임의 멀티미디어 책임자인 크레이그 더프는 회사가 결과에 매우 만족하였다고 말한다.

탄탄한 저널리즘, 관객의 주목

더프는 말한다. "그 작품은 우리 웹사이트에서 매우 성공적이었어요. 사람들이 짧은 비디오를 선호하는 건 사실이지만 슈워츠는 사람들이 끝까지 흥미를 느낄 만한 매우 탄탄한 스토리를 건네주었어요."

타임은 슈워츠에게 그 비디오의 대가로 돈을 더 주었고 그는 한 달 동안 편집을 도와준 프리랜서 편집자 브라이언 창과 함께 나눠가졌다. 그러나 상대적으로 크지 않은 금액의 (슈워츠는 그 작품을 만드는 데 100시간을 소모했다) 그 돈보다 더 중요한 것은 타임이 그를 고용하여 그런 작품을 더 만들게 했다는 것이다.

슈워츠는 "그 작품은 더 길고 더 좋은 프로젝트들로 이어졌어요. 좋은 작품을 인정해주고, 그런 작품은 많은 시간과 에너지가 필요하다는 것을 아는 고객을 만나서 너무 좋아요."라고 말한다.

나쁜 뉴스

모든 사람이 로버트 카파 골드 메달을 수상한 숄 슈워츠처럼 언론사의 인정을 받는 것은 아니다. 그러나 슈워츠도 한때는 그랬다. "나에게도 이건 새로워요. 작품의 수준에 달려있어요. 당신의 작품에 대해 잘 알고 있으면 언론사 문을 두드려야 할 때와 시간 낭비하지 말아야 할 때를 알 거예요. 작품을 너무 일찍 발표하면 당신의 미래를 망칠 수 있어요."

언론 매체

일부 언론사 웹사이트는 비디오 제작 담당 직원들을 두고 있지만, 많은 웹사이트들이 독립 비디오 저널리스트들을 필요로 한다. 아래는 프리랜서를 활용하는 언론사들이다.

뉴욕타임스

미국 뉴욕에 위치하며 경제, 기술, 환경, 과학, 건강, 여행, 예술 등의 국내 및 국제 뉴스를 다룬다. 1851년도에 설립되었으며 신문과 온라인 뉴스의 독자 수는 2240만 명이다. 뉴욕타임스 웹사이트는 방문자 수 기준으로 1위이다. 뉴욕타임스의 비디오 및 TV 책임자인 앤 데리는 18명이 일하는 비디오 부서를 관리하며 다른 기자나 편집장이 제의하는 스토리를 각 부서원에게 할당한다. 그녀는 또한 독립 비디오 저널리스트로부터 스토리를 사들인다.

스토리가 먼 곳에 있을수록—예를 들어 베이징에서 흥미로운 일이 생겼다면—데리는 출장비를 지급하며 뉴욕의 직원을 보내기보다는 현장에서 가까운 비디오 저널리스트에게 연락을 한다. 게다가 이런 비디오 저널리스트들은 그 지역의 언어가 가능한 경우가 많기 때문에 더욱 효율적이다.

데리는 소문을 통해 프리랜서 비디오 저널리스트들을 찾아낸다. 그리고 그녀가 이용하는 몇몇 프리랜서 사진가들은 비디오 촬영도 할 줄 안다. 수준 높은 작품을 만들 수 있어야 한다는 것과 기자들이나 편집장과 잘 협력할 수 있어야 한다는 것은 자격 요건이다.

데리는 이렇게 말한다. "우리는 제작 과정을 꼼꼼히 감독해요. 비디오 저널리스트가 촬영을 시작하기 전에 이야기를 나누고, 다음에 비디오 저널리스트는 기자와 협력하고, 촬영을 마치고 난 후에 다시 토의를 하죠. 그 다음에야 대본이 나오고요. 꽤 긴 과정이에요."

▲ 뉴욕타임스 웹사이트의 한 비디오 스토리

데리는 항상 5명에서 10명 정도의 프리랜서 비디오 저널리스트가 제작을 하고 있다고 말한다. 그녀는 또 외부 사람이 스토리 아이디어를 제시하는 것을 듣기도 하지만 대부분의 비디오스토리는 신문사가 보도하려는 내용에 초점을 맞춘다. 데리는 "우리 신문사가 집중적으로 보도하고 있는 어떤 토픽과 관련된 인물에 당신이 독점적인 접근권을 가지고 있다면 우리는 관심이 있습니다. 또 아무도 가지고 있지 않은 어떤 놀라운 것을 당신이 가지고 있다면 우리는 역시 관심이 갑니다."라고 말한다.

데리는 함께 일한 경력이 있는 비디오 저널리스트들이 새롭게 같이 일하는 사람들보다 돈을 조금 더 받는다고 말한다. "만약 내가 비디오 저널리스트라면, 외국과 관련된 스토리나 사람들의 라이프 스타일과 관련된 스토리를 하고 싶어요. 그 쪽에 상당히 많은 기회가 있어요."

MSNBC.com

NBC는 방송 채널과 뉴스 전문 케이블 채널 그리고 웹사이트를 가지고 있다. 이 웹사이트는 MSNBC.com이며 NBC 유니버설과 마이크로소프트가 공동으로 소유하고 있다.

오락, 경제, 정치 등을 포함하여 세계 곳곳에서 일어나는 사건들을 다룬다. MSNBC.com은 포괄적이고 다양한 관점을 전달하며 매달 4천만 명의 시청자를 끌어들인다.

MSNBC.com 웹사이트는 자체적으로 고용한 직원들이 있으며, 그중에는 사진과 비디오를 모두 할 수 있는 사진 저널리스트가 있고 비디오만을 전문으로 하는 사람도 있다.

MSNBC.com은 독립 비디오 저널리스트들에게 관심이 있는가? MSNBC.com의 멀티미디어 프로듀서 메레디스 버켓은 이렇게 말한다. "당연합니다. 여기서의 내 업무가 바로 그것입니다. 누가 무슨 작업을 하고 있으며 그들의

▲ MSNBC.com의 한 비디오 스토리

◀ **군인.** 한 미국인이 이라크에서 죽은 수천 명의 군인에 대해 생각하고 있다. 이 스토리는 사랑하는 아들을 잃은 한 가족의 이야기이다.(제작: 봅 사챠, 브라이언 소콜)

◀ 올림피안의 웹사이트

작품 수준이 어떤지 파악하는 것이죠. 사진이든 TV든 영화든 배경과 관계없이 모든 비디오 저널리스트를 환영합니다." 실제로, 웹사이트에는 전문가들이 그들의 프로젝트를 제출하고 영상과 함께 아이디어를 제공하는 부분이 따로 있다.

또한 버켓은 컨퍼런스나 다른 행사에서 향후에 같이 일할 수 있는 비디오 저널리스트를 만나는 것을 좋아한다. 전화나 이메일 역시 언제든 환영한다고 한다. "많은 사람들이 우리가 문의 전화나 영상 제출에 관심이 없을 것이라고 생각하지만 난 사람들이 연락주는 것이 기쁩니다."

버켓이 멀티미디어 스토리를 맡길 때 업무를 수행할 사람이 혼자여도 되고 팀을 꾸려서 해도 된다고 한다. 연출, 촬영은 물론 기자 역할까지 모두 다 해 줄 수 있어야 한다. 하루 일당이 700~800달러 정도 된다. 프리랜서에게 부탁하는 작품은 평균적으로 매달 두 개 정도이다. 이미 완성된 비디오의 경우에는 그때그때 맞는 사용료를 지급한다.

버켓은 비디오 저널리스트가 정당한 대가를 받아야 한다는 데 적극 동의한다. 그녀는 수정 작업에 많은 시간이 소요될 수 있다는 것에 유의하라고 프리랜서들에게 조언한다. 그래서 비디오 저널리스트는 초과 업무량에 대해 고객과 미리 협의를 해야 한다고 말한다.

버켓은 봅 사챠의 첫 판매 작품이었던 〈5년 후—어느 한 군인의 유산〉에 2,500달러를 지불하였다. 이것은 2분 길이의 비디오로서 이라크 전쟁에서 아들을 잃은 아버지에 관한 이야기이다. 사챠는 한 워크숍에서 알게 된 친구를 통해 버켓과 연결되었다. 그때는 2000번째의 전사자 발생을 눈앞에 두고 있던 시점이었기 때문에 이 작품의 타이밍이 좋았다.

사챠와 소콜은 촬영을 하고 오디오 인터뷰를 하는 데 이틀이 걸렸다. 그리고 사챠가 이틀에 걸쳐서 편집을 하였다. 그래서 일당이 500달러가 된 셈이었고 둘은 그 돈을 반씩 나눠 가졌다.

버켓은 통신사와 NBC 방송국으로부터 사진과 비디오를 받아서 쓰는 경우가 많기 때문에 많은 업무를 비디오 저널리스트들에게 맡기지는 않는다고 한다. 외부인의 프로젝트 제안에 대해서도 '예스'보다는 '노'를 더 많이 한다고 말한다.

올림피안

캐시 스트라우스는 워싱턴 주 올림피아에 본사를 두고 있는 올림피안 신문사에서 가끔 프리랜서 사진사로 일했다. 그녀는 경험을 더 쌓고 싶은 생각으로 그 신문사 웹사이트를 위해 비디오 작업을 무급으로 해보겠다고 제의했다. 그중에는 아홉 살짜리 바이올린 연주자 매기 네더린에 대한 스토리도 있었다.

그래도 올림피안은 스트라우스에게 약간의 돈을 주었다. 스트라우스는 "많지는 않았어요. 스토리 하나에 100달러였어요. 그것들을 만드는 데 든 시간을 생각하면 아무것도 아닌 액수죠. 하지만 난 배우는 단계였고 나의 작품을 발표할 곳이 필요했어요."라고 말한다.

그녀는 올림피안에 6개의 작품을 올렸다. 이후로 올림피안은 프리랜서 예산을 없애버렸지만, 스트라우스는 이제 그녀의 작품을 본 사람들로부터 더 나은 조건의 의뢰를 받기 시작했다. 한 번은 이벤트 기획자로부터 한 컨퍼런스를 촬영해달라는 요청을 받았다. 보수는 1200달러였다. 그 컨퍼런스에서 많은 참석자들이 그녀의 명함을 요청했다. 그녀는 현재 몇몇 고객을 위한 비디오를 동시에 제작하고 있다.

타임

1923년에 창간된 타임지는 매주 일어난 뉴스를 잘 요약한다. 타임지의 웹사이트인 Time.com은 신뢰성 있는 최신 뉴스와 사진, 비디오, 그리고 최근 이슈나 인물을 심층 분석한 내용을 제공한다. 미국에서 급성장하고 있는 뉴스 웹사이트 중 하나

▲ **경이로운 바이올린 연주자 매기 네더린.** 워싱턴 주 올림피아의 매기 네더린은 한 아마추어 밴드의 리드 바이올리니스트이다.(제작: 캐시 스트라우스)

▲ 타임의 웹사이트

이며 한 달에 한 번 이상 방문하는 사람이 7백만 명에 달한다.

매주 종이로 발행되는, 우리에게 익숙한 그 잡지와 이 웹사이트 외에도 타임은 아이패드와 태블릿 앱에도 뉴스를 올린다. Time.com의 멀티미디어 책임자인 크레이그 더프는 아이패드에 매주 8개의 멀티미디어 작품을 올리고 그중 몇 개는 웹사이트에도 올린다. 대부분의 작품들은 회사 내부에 있는 두 명의 비디오 저널리스트, 한 명의 아이패드 담당 프로듀서 겸 편집자, 한 명의 시간제 편집자, 그리고 두 명의 인턴들이 만든다. 더프 역시 직접 촬영하고 기자 역할을 하며 대본을 쓰고 편집까지 한다.

Time.com의 일부 기자들은 비디오 촬영도 하는데 더프는 더 많은 기자들의 손에 카메라를 쥐어주려고 한다. 더프는 기자들이 직접 작품을 만들 수 있도록 워크숍도 진행하고 있다. "그러나 그들이 배워야 할 것들이 많은데 내가 원하는 대로 진행하기에는 자원과 시간이 부족해요."라고 더프는 말한다.

더프는 회사 내 직원 외에도 독립 비디오 저널리스트들과 함께 일을 한다. 더프는 완성된 비디오는 거의 받지 않지만, 아이디어 제안은 환영한다. 그는 스토리 아이디어와 관련하여 독립 비디오 저널리스트로부터 매주 대여섯 개의 이메일을 받는다. 더프는 계속 보내주기를 원한다. 그가 당신의 아이디어를 채택하지 않는다 해도 다른 프로젝트를 위해 당신을 고용할 수도 있다.

더프는 이렇게 말한다. "같은 장소나 같은 주제로 아이디어를 제의하는 사람들이 자주 있어요. 최근에는 아이티에서 세 명의 비디오 저널리스트가 비슷한 내용으로 아이디어를 제공했었죠. 하지만 우리는 이미 아이티의 지진과 관련된 스토리를 여러 편 하였고 큰 비극에 집중적으로 초점을 맞추는 것도 중요하지만 제작비도 생각해야 하고 취재의 균형도 맞추어야 합니다. 비슷한 예로, 아프가니스탄에서 종군한 비디오 저널리스트들로부터 비슷한 내용의 제의를 여러 번 받았어요."

그러나 더프를 가장 내키지 않게 만드는 것은 그 아이디어가 비디오 저널리즘의 조건을 갖추지 못했을 때이다. 더프는 "관객을 휘어잡을 수 있는 캐릭터가 필요해요. 비디오는 시각적인 것이라서 아무리 중요한 주제라고 해도 벌어지고 있는 일을 보여줄 수 없으면 신문으로 나가는 게 더 낫습니다."라고 말한다.

더프는 사람을 뽑기 전에 그들이 전에 했던 영상들을 꼼꼼하게 보고 많은 질문을 한다. 그리고 그의 기준에 맞지 않으면 거절을 한다. 그러나 더프는 계속 프리랜서들에게 관심을 가지고 있고, 특히 필요한 지역의 프리랜서라면 더욱 그렇다. 더프는 이렇게 말한다. "그게 바로 내가 학생들에게 하는 말입니다. 뉴욕에는 가지 않는 게 좋아요. 뉴욕에는 이미 수많은 비디오 저널리스트들이 있죠. 대신 뉴스거리가 있지만 취재가 별로 되지 않은 곳이라면 경쟁이 덜하고 따라서 당신의 가치를 끌어올릴 수 있어요. 특정 지역 전문가가 되는 것도 좋지요."

보수는? 그것은 작품에 따라 다르다고 한다. 더프와 꽤 오래 같이 일한 사람들은 새내기들보다 보수를 조금 더 받는다. 더프를 아는 사람에게는 촬영 비용이 대개 선불로 지급된다.

멀티미디어 저널리스트이자 Time.com의 프리랜서인 제이슨 못라크는 버지니아 출신으로서 현재 터키 이스탄불에 정착해있다. 중동 지역의 취재를 재빨리 할 수 있기 때문이다. 그는 "아프가니스탄의 카불이든 수단의 하르툼이든 금방 갈 수 있어요."라고 말한다.

크레이그 더프는 못라크에게 이메일로 맡을 업무를 설명한다. 한편 못라크도 타임지와 타임 웹사이트에 자신(그는 프리랜서 작가이기도 하다)이 기고한 기사에 곁들일 수 있는 영상을 위한 아이디어를 더프에게 이메일로 보낸다.

못라크는 자신이 2008년에 만든 인도 뭄바이의 언더그라운드 레슬링에 대한 스토리를 언급하며 "비디오는 좀 더 인간적인 이야기를 할 수 있게 해준다."라고 말한다. '뭄바이에서

▲ **뭄바이에서 경찰이 되기 위한 레슬링.** 1800만 인구의 대도시에서 많은 남자들이 직업을 얻기 위해 온갖 노력을 한다. 그중에는 전통 레슬링을 하는 사람들도 있다. 액션이 있기 때문에 타임 잡지보다는 타임의 인터넷에 올리는 것이 더 적합하였다.

▲ **뭄바이에서 경찰이 되기 위한 레슬링.** 경찰이 되고 싶어 하는 사람들을 포함한 젊은 남자들이 전통 레슬링으로 체력을 단련한다. 이 운동은 인도의 빈민층 사람들에게 인기가 있다.(제작: 제이슨 못라크)

경찰이 되기 위한 레슬링'이란 제목의 4분 26초짜리 이 비디오는 인도의 빈민층 젊은이들이 경찰에 지원하는 데 필요한 체력과 자신감을 얻기 위해 전통 레슬링을 하는 것을 보여준다.

못라크는 "이 스토리는 타임 잡지에 글로 싣기보다는 웹사이트에 비디오로 올리는 게 훨씬 좋았어요. 시골에서 기차 타고 올라온 남자들을 이틀에 걸쳐 촬영했어요. 그리고 며칠에 걸쳐서 편집을 한 후 크레이그에게 비디오를 보냈죠."라고 말한다.

프론트라인

1983년 이래 프론트라인은 PBS의 대표적인 시사교양 프로그램으로서 예리한 시선으로 만든 다큐멘터리들을 보여준다. 작품의 일부가 TV의 프론트라인 프로그램에 방영되기도 하지만 웹사이트에는 그 전체가 올라간다. 긴 것은 한 시간짜리도 있다.

영화 연출자이자 저널리스트인 트래비스 폭스는 워싱턴포스트에 있었을 때보다 지금이 더 바쁘다. 워싱턴포스트에 있었을 때 그는 인터넷을 통한 새로운 방식의 멀티미디어 스토리를 처음 실험한 사람들 중 한 명이다. 그는 개성 있는 스타일로 태풍 카트리나에 대한 스토리를 만들어 2006년 에미상 시상식에서 웹 비디오 부문상을 받았다.

▲ 프론트라인 웹사이트

▲ **텐트 도시의 경제.** 지진 발생 후 10주가 지나면서 아이티 사람들의 임시 거주지는 복잡한 커뮤니티로 발달해갔다.(제작: 트래비스 폭스)

폭스는 워싱턴포스트에 있을 때부터 현재 프론트라인의 동료들과 가깝게 지내왔다. 그 덕에 그가 2010년 1월 1일에 워싱턴포스트를 떠난 직후 프론트라인에서 일거리를 얻었다. 불과 12일 후에 아이티에서 지진이 발생하였고 프론트라인에서 폭스에게 지진의 여파를 취재하도록 한 것이다. 프론트라인은 프로듀서에게는 주당 2천~3천 달러, 촬영자에게는 보통 하루에 8백~1천 달러 정도를 지불한다고 한다. 폭스는 자신이 제작하고 촬영하고 편집을 하므로 프론트라인과 특별한 계약을 한다고 한다.

알자지라

알자지라는 카타르 도하에 본사를 두고 있는 국제적인 뉴스 방송사이다. 처음에는 그 이름으로 아랍어 뉴스 보도를 하는 위성 방송으로 시작하였으나 지금은 웹사이트를 비롯하여 다양한 언어로 세계 여러 곳에서 방영하고 있다.

원래의 알자지라 방송은 극단적인 견해도 거리낌 없이 방영을 하여 페르시아 만의 아랍 국가들에서 논란을 일으켰다. 그 방송국은 9·11테러 당시 아프가니스탄에서 유일하게 생방송을 할 수 있는 채널로서 세계적으로 유명해졌다.

Time.com에서 프리랜서로 일하는 못라크는 알자지라 방송을 위해서도 취재를 한다. 다른 대부분의 언론사에 비

▲ 알자지라 웹사이트

▲ **군부 지도자의 복귀.** 아프가니스탄의 악명 높은 군부 지도자의 복귀는 아프간의 민주화에 무엇을 의미하는가?(제작: 제이슨 못라크, 릭 로울리)

해 보수도 훨씬 좋다. 완성된 비디오 1분에 최대 천 달러 정도를 준다고 못라크는 말한다. 그는 알자지라 영어 채널에 매년 20~30분짜리 비디오 스토리 서너 개를 공급한다.

'군 지도자의 복귀'의 경우, 못라크와 그의 파트너 릭 로울리는 라시드 도스텀이라는 악명 높은 군부 지도자에 초점을 맞추었다. 못라크는 편당 대개 2주에서 4주 동안 취재를 하고 3주 동안 편집을 한다.

스미스소니언

스미스소니언은 워싱턴 DC에 있는 스미스소니언협회가 매달 발행하는 잡지다. 역사, 과학, 자연, 예술, 여행, 세계 문화, 기술 등을 심도 있게 다룬다. Smithsonian.com에는 잡지 내용 외에도 비디오를 비롯하여 블로그와 독자들이 토론할 수 있는 포럼이 있다.

스미스소니언의 필자인 레어드 해리슨은 자신이 쓴 글에

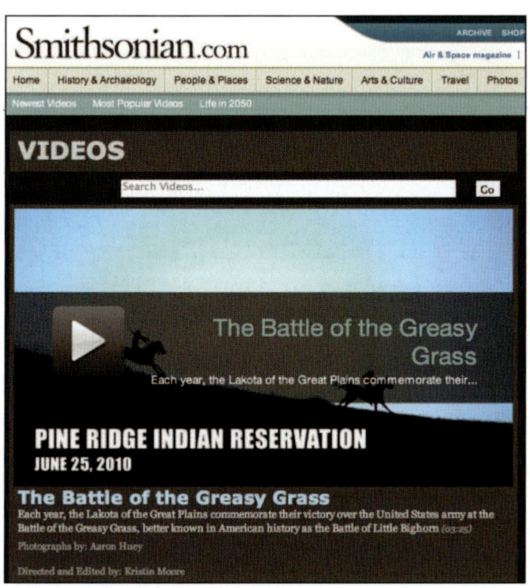

▲ 스미스소니언 웹사이트

▲ **올로니 언어의 부활.** 민족지적 자료를 이용하여 린다 야마니가 캘리포니아 북부의 원주민 부족 올로니의 언어를 부활시키고 있다.(비디오 촬영: 레어드 해리슨)

곁들일 비디오의 제작을 오랫동안 준비하였다. 캘리포니아 원주민들의 잃어버린 언어에 대해 쓴 글을 바탕으로 비디오를 만들고자 했을 때 편집장이 흔쾌히 동의하였다.

이 '올로니 언어의 부활'이 나오기까지 해리슨은 20여 시간을 투자하였고 몇 백 달러를 받았다. 그것은 그가 쓴 글에 대한 원고료와는 별도였다.

내셔널지오그래픽

내셔널지오그래픽은 1888년 이래 사람들이 지구에 대해 관심을 가질 수 있도록 하는 데 앞장섰다. 이 잡지는 지리, 과학, 세계 역사, 문화, 시사 등에 대한 기사와 전 세계와 우주를 망라하는 다양한 사진들을 싣고 있다.

내셔널지오그래픽의 전자출판부는 애플의 아이패드와 아이폰 같은 모바일 장치에 초점을 맞추고 있다. 내셔널지오그래픽 잡지의 사진 편집장이었다가 전자 출판부의 책임 편집장으로 옮긴(현재는 워싱턴포스트에 재직 중이다) 데이비드 그리핀은 내셔널지오그래픽의 전통적 강점인 우수한 사진 수준을 멀티미디어 스토리텔링에도 적용했다고 말한다.

그리핀은 이렇게 말한다. "우리는 잡지 쪽 기자들에게 디

▲ 내셔널지오그래픽 웹사이트

지털 방식으로 사고하는 것을 가르쳤어요. 비디오, 오디오, 그래픽, 3D, 인터랙티비티 같은 것들이죠. 이것들은 모두 새로운 형태의 스토리텔링이며 그것은 사진가의 가방에 또 다른 렌즈들이 있는 것과 같아요."

그리핀은 내셔널지오그래픽의 전자 출판 프로젝트를 위해 한 달에 한두 개의 비디오를 기획했다. 그 대부분은 내셔널지오그래픽의 직원들이나 정기적으로 기여하는 프리랜서 사진가들이 촬영하고 편집했지만, 그리핀은 독립 비디오 저널리스트들이 이메일로 접촉하는 것에도 개방적이었다. 그리핀은 워싱턴포스트로 이직하였지만 내셔널지오그래픽은 여전히 새로운 비디오 스토리를 찾고 있다.

그 외에 어떤 곳이 있을까?

프리랜서 비디오 저널리스트에게는 자금에 쪼들리는 신문이나 잡지의 웹사이트보다는 멤버십 기반으로 운영되는 단체의 웹사이트가 더 좋은 선택일 수 있다. 이런 곳에서 만드는 것은 대개 얄팍한 홍보용 비디오일 거라고 생각할지 모르지만, 그렇지 않고 진지한 다큐멘터리가 많이 있다.

미국은퇴자협회

외부의 독립 비디오 저널리스트를 고용하는 단체들 중에는 4천만 명의 회원을 보유하고 있는 미국은퇴자협회(AARP)가 있다.

내셔널지오그래픽과 게티 이미지에서 일한 적 있는 AARP의 멀티미디어 프로듀서 니콜 시어는 종종 프리랜서들을 고용한다. 시어는 AARP 회원들이 어떻게 살고 있으며 그들이 직면한 상황을 어떻게 생각하는지에 대한 비디오에 관심이 많다.

"멀티미디어 담당 직원이 두 명뿐이기 때문에 특집 비디오의 거의 대부분을 프리랜서 비디오 저널리스트에게 맡겨요." 시어는 〈디지털저널리스트〉 2009년 4월호에 기고한 글에서 이렇게 말한다. 그녀는 이어서 "그래서 이 새로운 분야의 뛰

▲ 미국은퇴자협회 홈페이지

▲ **마라톤 여자.** 64세의 마가렛 해거티는 담배를 끊고 달리기 시작하였다. 채 1년도 지나지 않아 그녀는 마라톤 코스를 완주했고, 전 세계에서 최고령의 마라톤 주자로 기네스북에 올랐다.(캣 킨 호그, 비디오 저널리스트 겸 편집자: 니콜 시어, AARP 멀티미디어 프로듀서)

어난 사람들과 함께 작업할 수 있게 돼요. 하지만 재능 있는 신인을 찾는 것이 쉽지는 않고, 우리 같은 특별한 단체의 성격을 잘 이해시켜야 해요." 라고 말한다. 그녀는 50대 시상이 주축인 AARP 회원들의 관심사에 부응하는 스토리를 원한다. 그녀는 70세의 알프레드 윌리엄스가 초등학교에서 글을 배우는 스토리인 '단어의 세계'를 언급하며, 인물의 환경을 잘 드러내는 작품들이 바람직하다고 한다.

시어는 회원들에게 중요한 이슈들을 흡인력 있는 캐릭터와 스토리로 다루기를 원한다. 예를 들어 '앤디에게 무슨 일이 일어날까?'는 장애 성인 자녀를 둔 부모들이 일반적으로 겪는 상황에 대한 이야기이다. 이런 부모들은 자신들이 죽고 난 후를 대비하여 자녀들을 위해 재정적인 면이나 생활적인 면에서 어떤 준비를 하고 있는가? 단지 질문을 던지는 것 외에 유익한 정보를 제공하기 위해 시어는 장애 성인 자녀의 미래를 어떻게 준비해야 하는지에 대해 정보를 제공하고 조언하는 영상물의 제작도 의뢰하였다.

VJ 무브먼트

영국의 비디오 저널리스트 아담 웨스트브룩은 네덜란드에 본사를 두고 있는 VJ 무브먼트에 스토리 아이디어를 제안한다. 매주 일요일, 그 사이트는 세계 각국의 방문자들로 하여금 투표를 하게 하여 프로젝트를 결정한다. VJ 무브먼트는 그렇게 정해진 프로젝트에 비용을 지불하여 제작하게 하고 그들의 사이트에 올린다. 이 VJ 무브먼트 웹사이트는 '크라우드 소싱'(전문가나 아마추어 등 다양한 사람들을 참여시킴으로써 그들의 기술을 활용하는 것)의 한 예이다(252쪽 참조).

지금까지 〈선거권 싸움: 범법자에서 입법자로〉를 포함하여 웨스트브룩이 제안한 아이디어 두 개가 일요일 투표에서 선정되었다. 이 멀티미디어 작품은 존 허스트라는 전과자에 대한 이야기다. 그는 교도소에 있을 때 독학하여 변호사가 되

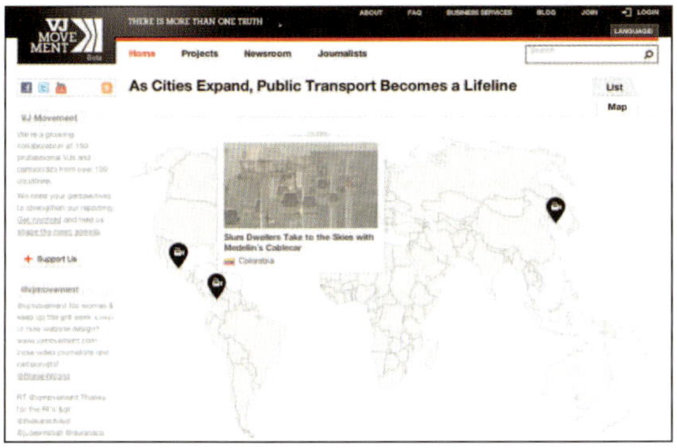

▲ 스미스소니언 웹사이트

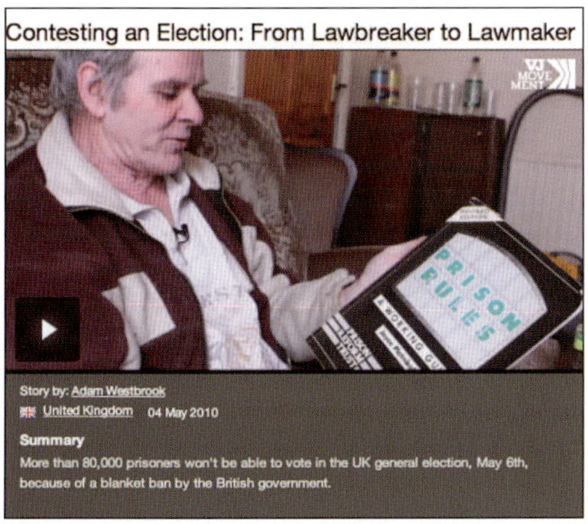

▲ **선거권 싸움.** 존 허스트는 재소자들의 권리를 위하여 싸운다. 아담 웨스트브룩이 만든 그에 대한 스토리는 VJ 무브먼트에 나왔고, 라디오와 잡지에도 팔렸다.(아담 웨스트브룩, VJMovement.com)

었고, 출소 후에 재소자들의 투표권 확보를 위해 싸웠다.

허스트는 재소자들의 투표권 확보에 아직 성공하지 못했지만, 웨스트브룩이 만든 그의 스토리는 VJ 무브먼트에 나왔고, 라디오 네덜란드 월드와이드와 잡지사에도 팔려 웨스트브룩은 400달러 정도를 더 벌었다.

기관, 재단 등의 조직

MSNBC.com의 메레디스 버켓은 이렇게 말한다. "기관, 재단, NGO, 대학 같은 곳들은 좋은 고객입니다. 이런 고객을 갖고 있는 것은 인터넷 비디오 저널리스트로 살아가기 위해서 매우 중요하다고 봅니다."

브라이언 스톰은 재단이나 기관들이 멀티미디어의 큰 고객이라고 말한다. MediaStorm.org의 직원들은 소로스재단, 빌과 멜린다 게이츠 재단, 외교협회 등 많은 기관들과 협력하고 있다. 스톰은 소로스가 태풍 카트리나의 현장을 취재하기 위해 백만 달러를 투자하여 31개 팀을 보냈다고 말한다.

비디오 저널리스트 밥 사챠는 회사와 재단에 초점을 맞춘다. "신문이나 잡지는 예산이 없어요."라고 사챠는 말한다. 사챠와 그의 동료이자 멀티미디어 프로듀서인 마이크 슈미트는 소로스 재단의 일부이자 더 나은 민주화를 위한 오픈소사이어티 인스티튜트(OSI)라는 기관이 필요로 하는 비디오를 만든다.

인권을 보호하고 변호하는 독립 단체인 휴먼라이츠와치는 독립 비디오 저널리스트인 브렌트 포스터를 고용하여 인도의 고통 완화 치료에 대한 스토리를 만들게 하였다. 브렌트 포스터는 당시 뉴델리에 살고 있었는데 휴먼라이츠와치는 여행 경비를 대주었고 인도 전역의 의사들을 취재하기 위해 15일의 시간을 주었다. 그 단체는 인쇄물용으로 스틸 사진을, 그리고 웹사이트용으로 멀티미디어 작품을 원했다.

많은 사람들이 고통 속에 죽어가고 있지만, 이 작품은 고통 완화 치료로 그 고통을 경감시킬 수 있음을 보여준다. 브렌트는 "요즘에 그 정도 기간의 작업에 적절한 보수를 지급하는 언론사는 별로 없어요."라고 말한다.

웹사이트들은 어떤 스토리를 사는가?

메인 주 배설버로에 있는 그랜드뷰 토플리스 커피숍의 종업원에서부터 파키스탄의 카라치에서 제조된 성인 용품까지 … 웹사이트에서 가장 인기 있는 것이 무엇인지 알아맞힐 수 있는가?

올림피안 신문의 프리랜서 프로듀서 캐시 스트라우스는

▼ **고통 완화에 대한 권리: 인도의 고통 완화 치료.** 인도의 의사들은 인도 정부가 의료제도에 고통 완화 치료를 도입해야 한다고 말한다.(사진 및 비디오 촬영: 브렌트 포스터, 휴먼라이츠와치)

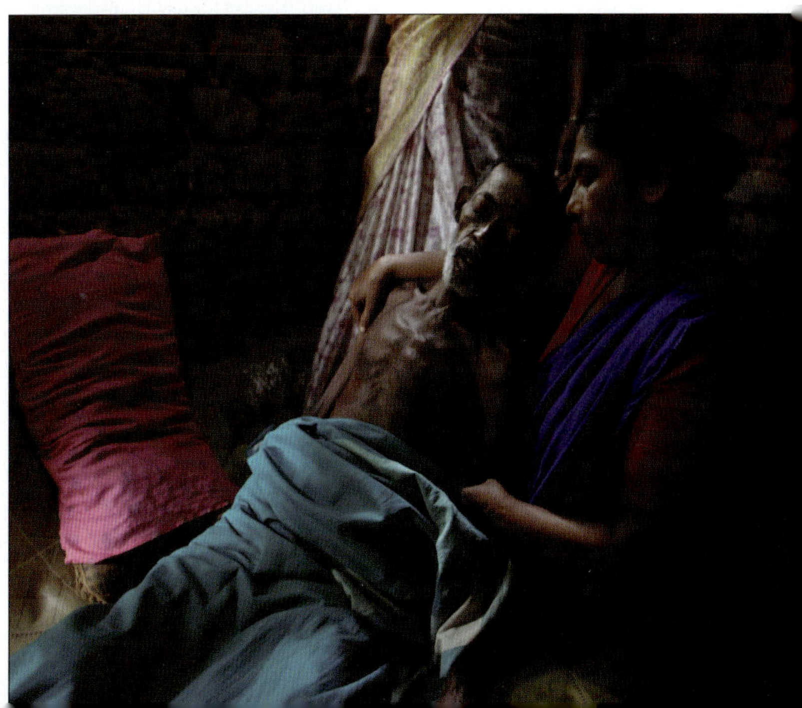

"섹스가 팔린다."라고 말한다. "암울한 스토리도 주목을 받지만 가장 방문자가 많은 토픽은 섹스와 관련된 것이죠." 비디오 저널리스트 브리짓 갠스키에게는 그것은 새로운 사실이 아니다. 그녀가 2009년에 메인 주 포틀랜드의 한 다큐멘터리 학교 학생으로서 배설버로에 있는 그랜뷰 토플리스 커피숍에 대한 스토리를 만들었을 때 그곳은 이미 상당한 관심을 끌고 있었다(안타깝게도 얼마 안 되어 이 커피숍은 불에 타버렸고 방화 용의자가 나중에 체포되었다.).

대중으로부터 기금을 모아 운영되는 포틀랜드의 멀티미디어 웹사이트인 더 선데이 베스트는 갠스키의 비디오를 사이트에 올렸다. "그것이 시작이었어요. 방문자가 엄청났어요. 그러고는 온갖 웹사이트들이 거기에 링크를 걸었죠. 인터넷에서는 정말 빨리 퍼져요."라고 갠스키는 말한다.

사진 및 비디오 저널리스트인 에드 카쉬는 현실을 받아들이기가 쉽지 않다. 그는 "사람들은 유명인과 관계된 것들을 원해요. 이라크와 아프가니스탄 이야기에는 지쳤죠. 난 내가 중요하다고 생각하는 것과 대중이 중요하게 여기는 것 사이에서 항상 갈등을 합니다."라고 말한다.

그럼에도 여전히 대부분의 웹사이트에서 스토리의 성공 기준은 홈페이지에 무엇이 게재되어 있고 얼마나 많은 사람들이 클릭했느냐는 것이다.

더 많은 대중을 목표로 하라

MSNBC.com의 버켓은 스토리를 제작할 때 미국의 모든 뉴스 시청자들에게 공감을 줄 수 있는 것을 원한다. "뉴욕에 사는 사람들과 캔자스의 작은 마을에 사는 사람들 모두 관심을 가질 스토리를 만들고 싶어요." 버켓은 회사의 제한된 출장비 때문에 외국의 스토리에도 관심이 있다. "프리랜서들이 엄청난 도움이 되죠. 그들이 세계 곳곳에서 일어나고 있는 스토리에 대해 눈과 귀의 역할을 해줍니다."

그러나 MSNBC.com에 실리는 국제적인 스토리는 사이트의 주 방문자인 미국 사람들과 공감대를 형성할 수 있어야 한다고 한다. 그녀는 이렇게 말한다. "이라크나 아프가니스탄, 북한 혹은 러시아 같은 나라에 대한 스토리는 잘 팔릴 수 있죠. 가나? 가나는 좀 어렵죠. 아프리카에 대한 스토리는 원하는 만큼 만들지는 않아요."

버켓이 거절하는 스토리들은 어떤 것일까? "너무 한 지역에 국한된 스토리죠. 미네소타 주 로더데일에 사는 사람들이 관심을 가지는 스토리는 전체 국민이 관심 가질 스토리가 아닐 수 있습니다."

어떤 웹사이트를 목표로 해야 하는가?

그렇다면 당신의 훌륭한 아이디어나 새로 만든 작품을 어떤 웹사이트에 제출 혹은 응모해야 하는가? Tlme.com 등에서 프리

▸ **반라의 서빙.** 2009년 2월에 메인 주 배설버로에서 그랜드뷰 토플리스 커피숍이 개점했을 때 리사 보드로와 스타 커닝햄은 그곳에 일자리를 얻었다. "네, 난 토플리스 웨이트리스에요. 하지만 난 평범한 사람이에요."라고 커닝햄이 말한다.(브리짓 갠스키, 솔트 다큐멘터리학교)

랜서로 일하는 숄 슈워츠는 이렇게 말한다. "나는 그 웹사이트에 어울릴 것으로 생각하는 스토리 아이디어를 제안합니다. 1시간짜리 대작을 제안하지는 않죠. 고객에 대한 기대가 합리적인 수준이어야 합니다. 나도 거절당하는 경우가 더 많아요. 인생이 그런 거죠. 계속 시도를 하고 피드백도 받아보아야 해요."

중요한 것은 그 웹사이트와 그곳의 방문자들에 대해 알아야 한다는 것이다. 그리고 그 사이트에 과거에 어떤 스토리들이 실렸는지도 중요하다. 그들이 앞으로 구매할 작품은 그들이 과거에 게재한 것과 비슷한 것일 가능성이 크다.

길이는 중요한가?

2분? 4분? 아니면 14분? 최적의 비디오 분량은 3분인 것 같다. 시청자들의 관심도와 행동을 함께 분석한 브라이트코브와 튜브모굴 두 회사에 따르면 그러하다. 튜브모굴의 커뮤니케이션 디렉터 데이비드 버크는 이렇게 말한다. "2분이나 3분짜리 다큐멘터리는 괜찮다. 그러나 그보다 길면 떨어져나가는 사람이 크게 증가한다. 얼마나 더 가치가 있는 건지는 모르겠지만 어쨌든 사람들은 TV 프로그램 같은 것은 길게 보는 경향이 있죠. 그러나 뮤직비디오 같은 것은 2분, 뉴스 사이트에 있는 비디오는 그보다 더 짧게 보죠."

마이크로 혹은 미니?

Nytimes.com의 앤 데리는 대개 3분에서 5분 정도 분량의 비디오를 제작한다. 그러나 그녀의 팀이 오랜 기간 심도 있게 취재한 스토리의 경우는 더 길 수 있다. 이런 것은 7~8분, 길면 15분까지 될 수도 있다.

Time.com의 크레이그 더프는 짧고 긴 비디오들을 섞는다. 더프는 이렇게 말한다. "좋은 작품이면 절반 정도의 관객이 끝까지 봅니다. 숄 슈워츠가 아이티 대지진에 대해 만든 스토리는 11분 분량이지만 많은 사람들이 봤어요. 일을 하고 있는 중에도 말이죠."

데이비드 그리핀이 내셔널지오그래픽의 전자출판 부서에 있을 때 그는 항상 비디오를 2분 분량으로 제작했다. "그것이 나의 최대치였어요. 정말 관객을 사로잡을 수 있는 게 나타나면 예외로 할 수는 있었겠죠."라고 그리핀은 말한다.

분할하여 정복하라

토킹아이즈미디어의 '미래를 향한 인도의 빠른 길'은 그리핀이 예외로 취급한 예이다. 이 비디오는 에드 카쉬가 촬영하고 줄리 위노커가 편집하였는데, 인도의 새 고속도로와 그것이 나라에 미치는 영향을 다루었으며 30분 분량이었다. 그러나 위노커는 이것을 하나의 비디오로 올리지 않고 5개 챕터로 나누었다. 위노커는 "사람들은 30분짜리 비디오는 보고 싶어 하지 않을 수 있지만 5분이나 6분이면 보겠죠."라고 얘기한다.

사실, 분량의 문제가 아니라 얼마나 흥미 있느냐가 문제일지도 모른다. 위노커는 "당신의 스토리가 재미있으면 사람들은 볼 겁니다."라고 말한다. 이어서 그는 자신이 제작한 두 작품을 언급하여 이렇게 말한다. "'샌드위치 세대'는 13분이었지만 사람들은 끝까지 봤죠. '거부되다'는 10분이었지만 MSNBC.com에 처음 올라간 날 가장 인기 있는 항목이었습니다."

주목해주세요

MSNBC.com의 메레디스 버켓은 선호하는 영상의 길이는 없다고 말한다. "20분 길이의 비디오를 올린 적도 있어요. 모든 사람들이 끝까지 보는 것은 아니지만 끝까지 보는 사람도 있어요.

관건은 사람들의 관심입니다. 스토리가 너무 느려지면 바로 사람들은 다른 것을 클릭하죠. 처음 15초에서 20초 동안 사람들의 관심을 얻는 것이 매우 중요해요. 도입부가 편집에서 가장 중요합니다."

이 말은 중요한 정보를 도입부에 제시해야 한다는 것을 의미한다.

너무 짧은가?

영상 관련 서비스를 제공하는 회사인 브라이트코브와 튜브모굴은 비디오가 너무 짧아도 안 된다고 말한다. 그들의 연구에 따르면 비디오 분량이 1분 미만일 때도 사람들이 제대로 보지 않을 확률이 크다는 것이다.

버크는 "왜 그런 건지는 우리도 잘 모르겠어요. 아마도 비디오가 아주 짧으면 핵심을 빨리 보려고 건너뛰는 것 같아요."라고 말한다.

어떤 형태: 촬영 원본, 가편집, 혹은 완성된 비디오?

프로듀서들은 여러 형태의 비디오를 받을 수 있다. 편집되지 않은 원본, 편집이 어느 정도 된 것 혹은 완성된 비디오를 보고 싶어 할 수 있다.

MSNBC.com의 버켓은 "나는 상관없어요. 편집이 되지

▲ **미래를 향한 인도의 빠른 길.** 골든 4변형 고속도로는 인도의 거대한 사회 기반 시설 프로젝트의 하나이다. 사실, 이것은 21세기에 들어서며 세계 경제의 강자가 되기 위해 현대화하는 인도를 상징하는 것이라 할 수 있다.(사진 촬영: 에드 카쉬)

않은 영상을 사서 회사의 제작팀이 완성을 하는 것도 좋아요." 라고 말한다.

이어서 그는 이렇게 말한다. "완성된 비디오의 장점은 평가를 바로 할 수 있다는 것이죠. 그러나 우리가 줄 수 있는 금액에 비해 편집하는 데 시간을 너무 많이 소모한 경우가 자주 있어요. 한 작품을 편집하는 데 두 달을 소모한 한 사진 작가를 만난 적 있어요. 두 달의 작업을 보상할 수 있는 곳은 아무데도 없지요. 작품을 만들기 위해 시간을 많이 쓸수록 그 대가를 지불할 수 있는 회사를 찾기 어려워집니다. 우리가 가장 많은 시간을 주었던 것은 태풍 카트리나 스토리였어요. 6주를 주었죠."

LA타임스에서 일한 적이 있는 독립 비디오 저널리스트 브렌트 포스터는 다음과 같은 말을 통해 비디오를 완성하고 나서 팔려고 하는 것은 좋지 않은 방법이라고 한다. "가장 어려운 방법이에요. 상당한 시일에 걸쳐 작업하고 나서 어디에서도 받아주지 않을 때 곤혹스럽죠."

그런 이유로 그는 1년간 작업하며 지낼 계획으로 뉴델리에 갔을 때 미리 몇몇 편집장들에게 자신의 계획을 알려주었다. 시기가 잘 맞아떨어졌다. 마침 영화 〈슬럼독 밀리어네어〉가 아카데미상의 여러 부문에서 수상 후보에 올랐던 것이다. 포스터는 영화 촬영 장소의 하나인 빈민가 다라비의 실제 삶을 주제로 한 다큐멘터리를 제안하였다. 결국 그는 다큐멘터리 〈슬럼독의 실제 빈민가〉를 Time.com에 팔게 되었다.

촬영 먼저하고 나중에 팔기?—사례 연구

물론 먼저 작품을 만들고 좋은 금액을 제시하는 곳에 파는 것이 불가능하지는 않다. 줄리 위노커와 에드 카쉬가 초기에 그런 방식으로 하였다. 부부 사이인 그들은 매일 같이 일하며 서로 부족한 점을 보완해주는 동료이기도 하다. 카쉬는 사진 기자이고 위노커는 기자이며 다큐멘터리 연출자이다. 둘은 영상을 제작하고 배급하는 '토킹 아이스 미디어'라는 회사를 운영한다.

관심을 끈 기사들

1995년에 그들은 21세기 중반이 되면 55세 이상의 미국 인구가 18세 이하의 인구를 뛰어넘을 것이라는 기사를 보고 흥미를 가졌다. 그래서 그 둘은 자신들의 자금으로 잡지를 위한 스

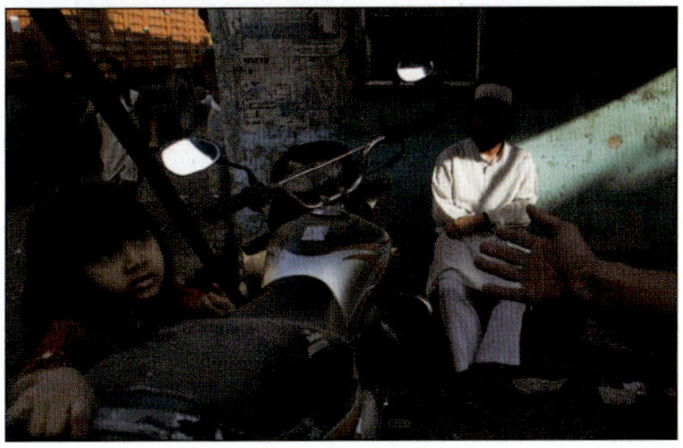

▲ **영화 〈슬럼독 밀리어네어〉에 나온 실제 빈민가.** 인도 뭄바이의 다라비는 아시아에서 가장 큰 빈민가이다.(사진 촬영: 브렌트 포스터)

토리 제작에 착수했고, 그것이 그들의 프로젝트 '미국의 노령화: 미래'의 시작이었다.

그들은 첫 작품(노인 재소자들에 관한 것이었음)을 뉴욕 타임스 매거진에 팔았다. 그런데 반응이 너무 좋아서 그들은 이후 7년 동안 거의 30개 주를 다니며 미국인의 노령화를 주제로 한 잡지 스토리를 계속 만들었다. 위노커는 "우리는 책 출판을 목표로 하고 있었어요. 그리고 두어 군데 재단에서 제작비를 지원받았어요."라고 말한다.

학교로 돌아가기

그 프로젝트 일정의 중간쯤에 카쉬는 6일짜리 단기 비디오 제작 과정에 등록했다.

"그것은 자연스러운 수순이었어요." 위노커는 〈디지털저널리스트〉에 쓴 글에서 이렇게 말한다. "멀티미디어 시대에 비디오 촬영을 할 수 있는 사진가는 뚜렷한 장점을 갖고 있죠. 난 에드가 그 과정에 돈과 시간을 투자하는 것에 적극 찬성했어요." 그러나 에드가 만 달러에 달하는 장비를 사들이려고 했을 때 위노커는 놀라며 말리려고 하였다.

"날 믿어봐." 카쉬는 아내에게 말했다.

멀티미디어의 얼리 어답터

이제 위노커는 카쉬의 선택이 옳았다는 것을 즐겁게 인정한다. 둘은 멀티미디어의 얼리 어답터가 되었다. 위노커는 "어차피 인터뷰 (녹음) 하는 거, 비디오 촬영도 하면 더 좋죠."라고 말한다.

1년 후 그들은 당시 MSNBC.com에 있던 브라이언 스톰을 만났다. MSNBC.com은 그 당시 비디오 저널리즘 작품에 돈을 지불하고 게재하는 유일한 사이트였다.

위노커는 "브라이언에게 우리의 보물과도 같은 사진들과 오디오 인터뷰들을 보여주었어요. 그는 너무 훌륭하다고 말하며 전부 보고 싶다고 했죠."라고 말한다.

▲ **미국의 노령화.** 루이지애나 배턴루지의 시니어 올림픽. 단순한 시범적 행사로 시작되었으나 15년 만에 12,000명의 선수가 참여하는 국가적인 행사가 되었다.

그러나 스톰이 쓸 수 있는 예산은 3천 달러밖에 되지 않았다. 7년간의 작업량에 비하면 너무 적은 액수였다.

MSNBC를 뚫다

위노커와 카쉬는 결국 네 개의 멀티미디어 작품을 팔게 되었고 스톰을 비롯하여 메레디스 버켓 프로듀서와 함께 편집을 하였다. '미국의 노령화: 늙음의 새 세상'이라는 제목의 이 작품들은 지금도 MSNBC.com 사이트에 남아 있다.

멀티미디어 작품 네 개를 만드는 데 3천 달러가 큰돈은 아니지만 위노커는 MSNBC가 후반 작업에서 적어도 만 달러에 상응하는 서비스를 제공했으며 그 덕에 그들의 프로젝트가 인터넷에 널리 공개될 수 있었다고 말한다.

인터넷에 작품들을 발표한 것 외에 위노커와 카쉬는 원래 희망대로 책으로도 출판하였으며 다큐멘터리 영화도 만들어 많은 상을 받았다.

하나의 성공은 다음으로 이어진다

몇 개의 MSNBC 스토리를 통해 그 둘과 협력한 스톰은 그들에게 노부모 부양에 필요한 책임감과 힘든 점, 예상치 못한 기쁨 등을 다룬 '샌드위치 세대'라는 작품의 연출을 제의했다. 우연하게도 당시 위노커와 카쉬는 치매에 걸린 위노커의 아버지를 돌보고 있었다.

1년 후에 그들은 AARP에서 만 달러의 지원을 받고 '제2부: 허비와 살기'를 만들었다. 이 작품은 MSNBC.com에 팔렸고 일부분은 PBS 등에도 팔렸다. 위노커는 "크게 봤을 때 그 작품은 성공했어요."라고 말한다.

그러나 요즘에는 위노커와 카쉬는 고용이 되어 작품을 만드는 경우가 더 많다. 위노커는 "완성된 작품을 파는 것은 아이디어만 파는 것보다 훨씬 어렵죠. 대부분의 고객들은 그들만의 계획이 다 있는데 누군가가 그들이 원하는 것을 완벽하게 갖춘 작품을 갖고 있기가 어렵죠."라고 말한다.

투자가 가치 있는 것인지 온라인 회사들은 어떻게 알까?

사이트 방문 시간

MSNBC.com의 메레디스 버켓은 이렇게 말한다. "여러 요소가 있죠. 방문자가 얼마나 많은지, 얼마나 많은 사람들이 그 비

▲ **샌드위치 세대.** 83세인 허버트 위노커는 치매에 시달리고 있는데, 최근 뉴저지에 있는 그의 딸의 집으로 이사 왔다. 사진 앞쪽은 이사벨 카쉬, 서 있는 사람이 줄리 위노커, 그리고 뒤쪽이 허버트 위노커이다.(사진 촬영: 에드 카쉬)

디오를 클릭했는지, 얼마나 많은 사람이 끝까지 보는지 등을 봅니다. 사이트 방문 시간이 매우 중요해요. 우리는 또한 페이스북이나 트위터 사용자들이 우리의 비디오를 얼마나 추천하는지도 관심을 가집니다. 독자의 피드백도 물론 중요하고요."

버켓과 동료들은 이런 가시적인 성과를 따지지만 그 스토리의 의의나 중요성도 생각한다. 버켓은 "비디오가 인기를 얻지 못할 수는 있지만 사람들이 알아야 할 중요한 스토리라면 할 의향이 있어요."라고 말한다.

영상이 스토리를 완성시킨다

내셔널지오그래픽에서 일했던 데이비드 그리핀은 비디오가 스토리를 보완할 수 있으면 투자를 한다고 말한다.

"야생 동물 사진가 팀 래먼이 뉴기니의 바우어새를 소재로 하여 훌륭한 작품을 한 적이 있어요. 수컷들은 암컷을 유혹하기 위해 정교한 둥지를 짓죠. 흥미로운 춤도 추고요. 우리는 멋진 사진들을 곁들인 기사를 실었어요. 그러나 춤추는 모습을 담은 30초짜리 '지어라(그러면 올 것이다)'는 금상첨화였죠. 그것은 스토리를 완성시켜주었어요."

매우 훌륭한 비디오 대(對) 저스틴 비버

Time.com의 크레이그 더프는 통계 수치를 무시하지는 않는다. 그러나 그는 그것을 이야기하지 않는다. 작품을 만든 해당 비디오 저널리스트와도 그것에 대해 논의하지 않는다.

그는 "사람들이 숫자에 너무 신경을 쓰지 않았으면 해요. 진지하고 감동적인 뛰어난 비디오스토리를 본 사람의 수와 저스틴 비버 뮤직비디오를 본 사람의 수를 비교하고 싶지 않아요."라고 말한다.

튜브모굴에 따르면 사람들이 젊은 슈퍼스타 저스틴 비버에 관한 비디오를 볼 기회가 엄청 많다. 그가 나오거나 언급되는 비디오는 인터넷에 12,382개가 있으며 조회 수는 250만이 넘는다.

가끔은 그냥 주는 것도 좋다

우리는 모두 멀티미디어 걸작을 만들어 돈을 벌고 싶어 하지만 몇 비디오 저널리스트들은 일부 거저 줌으로써 나중에 더 많은 것을 얻을 수도 있음을 깨달았다.

봉사를 하면 기회는 주어진다

2000년에 마이크 슈미트는 지금의 부인인, 당시에 같은 대학교를 다니던 여자 친구와 함께 줌컬쳐라는 웹사이트를 위해 자원하여 영상물을 만들었다. 줌컬쳐는 노스캐롤라이나 주 채플 힐에 기반을 둔 사이트로, 대학생들이 제작한 비디오를 무료로 올렸다.

슈미트는 이렇게 회상한다. "우리는 지역의 음악밴드나 문신해주는 가게 등 가볼 만한 장소에 대한 짧은 다큐멘터리를 매주 두 개 만들어 올렸어요. 우리는 실력이 형편없었어요. 만들면서 배웠죠. 관련된 책들도 읽고요. 재미는 있었어요."

이 경험으로 슈미트는 줌컬쳐의 본사에서 편집자로 일하게 되었다. 줌컬쳐는 TV 프로덕션 회사가 되어 '힙합네이션'이라는 프로그램을 만들었는데, 그것은 NBC에서 방영된 바 있다. 3분짜리 영상을 만들어 올리던 슈미트는 어느새 힙합네이션의 고참 프로듀서가 된 것이다. 슈미트는 웃으면서 "회사

▼ **지어라(그러면 올 것이다).** 바우어새 수컷이 암컷을 끌기 위해 멋진 둥지를 짓고 있다.(사진 촬영: 팀 래먼)

인터넷에서 기금 모으기

인터넷은 비디오나 멀티미디어 스토리를 올리기 위해서만 사용될 수 있는 것이 아니다. 인터넷은 독립 비디오 저널리스트들이 제작비에 필요한 기금을 모을 수 있는 곳이기도 하다. 아담 웨스트브룩의 재소자 권리에 관한 스토리를 투표로 결정했던 VJMovement.com 같은 사이트가 한 예다. 또한 Emphas.is, Kickstart.com, 그리고 Indiegogo.com과 같은 웹사이트는 개인들이 자신의 프로젝트를 위한 기금을 마련할 수 있는 곳이다.

당신이 좋은 프로젝트를 진행 중인데 제작비가 더 필요하다고 하자. 당신은 사이트들을 둘러보고 어떤 프로젝트들이 이전에 기금 모집에 성공했는지 살펴봐야 할 것이다. 당신이 만들고 있는 작품에 가장 적합한 사이트를 선택해서 등록하여 당신의 프로젝트를 설명하라. 당신의 기금 목표와 기부자들이 당신의 프로젝트를 통해 얻을 수 있는 것이 무엇인지 제시하라. 당신의 프로젝트가 사이트에 게재된다면 사람들은 당신의 프로젝트에 바로 기부를 할 수 있다.

일반적으로 검토위원들은 당락과 상관없이 프로젝트의 질적인 부분을 체크하고 피드백을 할 것이다.

사람들이 기부하는 금액은 10달러에서 3000달러, 혹은 더 많을 수도 있다. 사이트에 따라서는, 제안서가 처음에 설정한 기금 목표를 일정 기간에 달성하지 못하면 돈을 기부자에게 되돌려준다. 목표를 달성하면 프로젝트는 들어오는 기금을 전부 받는다.

그러나 이런 사이트에 올리는 것은 기금 마련 노력의 시작일 뿐이다.

잘 알려진 사진 작가인 토마스 반 휴트리브는 아직 공산주의 체제를 유지하고 있는 나라들에 대한 프로젝트를 진행하고 있었는데, 그는 그 프로젝트를 마무리하기 위해 라오스에 다시 가는 것을 Emphas.is 사이트에 제안하게 되었다. 그는 이미 러시아, 베트남, 쿠바, 북한 등에서는 촬영을 마친 상태였지만 라오스는 조금 더 심도 있는 취재를 위해 다시 가고자 했다. 그는 온라인 기부자들에게 금액에 따라 다른 혜택을 주었다. 10달러 기부자들은 그의 블로그의 '뒷이야기'를 읽을 수 있게 해주었고, 125달러 이상 기부자들에게는 그 외에 그 프로젝트에 대한 책을 주었다. 1000달러 이상 기부한 사람들에게는 자기 사진 작품의 대형 프린트를 주었다. 또한 모든 기부자들에게 자신이 서명한 그림엽서를 보내주었다. 그는 "사람들은 실질적인 무언가를 얻고자 해요."라고 말한다.

반 휴트리브의 성공에서 중요한 점은 무엇이었나? 물론 탄탄한 프로젝트였다는 점과 그가 이미 사진 작가로서 인정을 받고 있었던 점이 중요하다. 그러나 그는 또한 인터넷과 소셜 네트워크를 잘 활용하였다. 그는 이메일 주소록에 있는 모든 사람들을 접촉했고, 그 각자에게 또 그들이 아는 사람들에게 지원을 요청해주기를 부탁했다. 보다시피 이런 방식은 내성적인 사람에게는 어울리지 않는다. 결국 그는 처음 목표로 했던 8,000달러보다 더 많은 기금을 모았다.

▲ **라오스–공산주의는 계속된다.** 라오스 공산당의 첫 번째 지도자인 카이손 폼비한의 포스터 앞으로 한 소녀가 인라인 스케이트를 타며 지나간다.(토마스 반 휴트리브, VII 네트워크)

의 투자자들이 투자를 줄이기 시작했지만 그걸 만들던 6개월 동안에는 매우 좋았어요."라고 말한다.

요즈음 슈미트는 오픈소사이어티 인스티튜트와 같은 비영리단체와 노스캐롤라이나대학교를 위한 영상을 만들고 있다. 또한 고객들을 위하여 웹사이트를 만들어주는 일도 하고 있다.

비디오 저널리즘의 미래는 경제적으로 어떠한가?

요새 영상 제작 일감을 얻는 것이 쉽지는 않지만 좋은 스토리를 찾아내고 좋은 스토리텔링을 할 수 있는 비디오 저널리스트에게는 꾸준하게 기회가 주어진다. 대부분의 성공한 비디오 저널리스트들이 말하듯이, 중요한 것은 열린 마음으로 가지고 다양한 통로를 찾아봐야 한다는 것이다.

첫 시작

첫 단추를 어떻게 풀어야 하는가? 저널리즘 전공 학생들이나 이제 저널리스트로 시작하려는 사람들은 트랜섬(Transom)이나 CNN의 아이리포트(iReports) 같은 반(半)자가 출판 사이트를 이용하는 것이 한 방법이다. 돈을 받지 못해도 그런 사이트에 기여하는 것이 도움될 수 있다. 또한 학교나 지역 미디어에 영상을 발표하는 것도 좋은 출발이 될 수 있다. 영상물이 올라간 후에는 당신의 페이스북이나 링크드인 같은 소셜 네트워크 사이트에 링크를 달아라. 당신을 고용하고자 하는 사람들이 생길 수도 있다.

전방위로 뛰어라

브렌트 포스트는 이렇게 말한다. "사진 프로젝트도 하고 비디오 프로젝트도 하라. 오디오를 라디오 방송국에 팔고 비디오를 TV에 팔아라. 워크숍에 강사로 나가라. 이 모든 것들을 섞어서 잘 활용한다면 당신은 생계를 꾸릴 수 있을 것입니다. 멀티미디어 프로듀서만으로 사는 것은 쉽지가 않지요. 적은 돈으로 살아갈 수 있다면 가능하겠지만 만만치 않아요."

많은 프로젝트를 계획하라

밥 사챠와 같이 오랫동안 비디오 저널리스트로서 성공적으로 살아온 사람도 항상 다음 프로젝트를 생각한다. 사챠는 "항상 여러 프로젝트를 준비하고 있는 게 좋아요. 여러 개의 작품을 동시에 추진하며, 하나의 작품이 완성되면 이어서 다른 작품을 할 수 있어야 해요. 작업이 없을 때는 늘 기획하고 예산을 짜며 준비해야 해요. 당신의 훌륭한 스토리를 담은 포트폴리오 역시 잘 만들어야죠."라고 말한다.

이렇게 한다면 부자가 될 수 있는가? 꼭 그렇지는 않다. 사챠는 이렇게 말한다. "저는 저널리즘 일이 좋아서 시작했어요. 돈을 버는 것은 그 다음의 문제예요. 당신이 저널리즘 일을 하면 부자가 될 수 있다고 말해줄 수 있다면 좋겠네요. 저한테는 비결이 없어요. 저는 스스로 좋아서 하는 거예요."

욕구와 추진력

욕구와 추진력이 있어야 한다. 이 챕터의 처음에 소개한 '배신'의 숀 슈워츠를 기억하라. 그는 2010년 1월의 지진이 일어난 바로 다음 날 아이티에 도착했다. 그는 CNN이나 타임 같은, 고객들이 원하는 사진을 촬영할 수 있다고 확신하였다. 그뿐 아니라 촬영을 시작한 며칠 후 그는 또 다른 스토리, 즉 신앙심 깊었던 아이티 사람들이 신을 의심하는 것에 대한 스토리에도 착안을 하였다. 이 스토리는 스틸 사진 대신 비디오가 더 어울렸다. 그래서 슈워츠는 그의 캐논 카메라를 사진에서 동영상 모드로 바꾸었고 그가 잘 하는 것, 즉 스토리텔링을 계속했다. 타임은 그 비디오를 매우 좋아했고 그것을 구매했다.

남들과 차이를 두어라

다른 비디오 저널리스트들과 차이를 두어라. 어떻게? 로젠블럼 TV의 비디오 저널리즘 개척자인 마이클 로젠블럼은 이렇게 말한다. "고용된 전속 작가와 프리랜서 작가의 차이와 같아요. 다르고 더 나아야 해요."

밝은 미래

당신이 멀티미디어 걸작들을 만들어 큰돈 버는 것이 목적이든, 아니면 단지 다른 사람들의 이야기를 나누며 충실한 삶을 사는 게 목적이든, 비디오 저널리스트의 미래는 매우 밝다고 뉴욕타임스의 앤 데리는 말한다. ■

찾아보기

기호

가

나

다

라

마

바

사

아

자

차

카

타

파

하

비디오 저널리즘

멀티미디어 스토리텔링

2015년 11월 20일 1판 1쇄 인쇄
2015년 11월 25일 1판 1쇄 발행

저 자 ● **케네스 코브레**
역 자 ● **문원립**
발행자 ● **조승식**
발행처 ● (주) 도서출판 **북스힐**
서울시 강북구 한천로 153길 17
등 록 ● 제 22-457 호

TEL (02) 994-0071(代)
FAX (02) 994-0073
E-MAIL bookswin@unitel.co.kr
www.bookshill.com

값 28,000원

ISBN 978-89-5526-989-5